2025

Training

mit Original-Prüfungen

Hauptschule Niedersachsen

Mathematik 10. Klasse

STARK

Bildnachweis

Deckblatt (Training Grundwissen): © djavanrodriguezz/freepik
S. 4: © Amy Richmond/shutterstock
S. 5: © linabob/shutterstock
S. 6: © alexandre zveiger/shutterstock
S. 10: Autoanhänger: © Mikbiz/shutterstock; Familie auf Trampolin: © Dean Drobot/shutterstock
S. 14: © MichaelJayBerlin/shutterstock
S. 17: © sangriana/shutterstock
S. 32: Turm: © Cyrille Lips/Dreamstime.com; Leiter: © Simon Krzic/Dreamstime.com
S. 37: © art-sonik/shutterstock
S. 38: © gresei/shutterstock
S. 39: Murmeln: © Hayati Kayhan/shutterstock; Frau mit Luftballon: © Iryna Kurhan/Fotolia.com
S. 40: Frau mit Luftballon: © Iryna Kurhan/Fotolia.com; Zelt: © Michael Heinrichs;
Kerze: © Michael Heinrichs
S. 41: © Michael Heinrichs
S. 42: © DenisProduction.com
S. 45: Karten: © Sensvector/shutterstock; Lostrommel: © Dzm1try/shutterstock
S. 47: © Roxana Petrean/shutterstock
Deckblatt (Abschlussprüfung): © freepik

© 2024 STARK Verlag GmbH, St.-Martin-Straße 82, 81541 München
17. ergänzte Auflage
www.stark-verlag.de

Inhalt

Fortsetzung siehe nächste Seite

Abschlussprüfung der 10. Klasse an Hauptschulen in Niedersachsen

Sobald die Original-Prüfungsaufgaben 2024 freigegeben sind, können sie als PDF auf der Plattform MySTARK heruntergeladen werden (Zugangscode auf der Umschlaginnenseite).

Bei **MySTARK** findest du:
- **Interaktives Training** zu den wichtigsten Kompetenzbereichen
- **Lernvideos** zu ausgewählten Themen
- **Jahrgang 2024**, sobald dieser zum Download bereit steht

Deinen Zugangscode findest du auf der **Innenseite des Umschlags** vorne im Buch.

Autorin und Autor:
Training Grundwissen: Michael Heinrichs
Lösungen der Prüfungsaufgaben 2021: Kerstin Oppermann
Lösungen der Prüfungsaufgaben ab 2022: Michael Heinrichs

Vorwort

Liebe Schülerin, lieber Schüler,

mit dem vorliegenden Buch kannst du dich selbstständig und langfristig auf die **Abschlussprüfung** nach der **10. Klasse** an **Hauptschulen** im Fach **Mathematik** vorbereiten.

- Im Kapitel **Training Grundwissen** wird der **Mathematikstoff der 10. Klasse** klar strukturiert **zusammengefasst**. Wichtige Begriffe, Formeln und Lösungswege werden übersichtlich hervorgehoben und anhand von anschaulichen **Beispielen** verdeutlicht. Die vielen **Übungsaufgaben** bieten dir die Möglichkeit, den Stoff selbst zu vertiefen. Übe am besten parallel zu dem Thema, das ihr gerade im Unterricht behandelt, mit den Aufgaben aus diesem Buch und bereite dich so **frühzeitig** auf die Anforderungen in der Prüfung vor.
  Zu einigen Themen gibt es zusätzlich **Lernvideos**. An den entsprechenden Stellen im Buch befindet sich ein **QR-Code**, den du mit einem Smartphone oder Tablet scannen kannst. Außerdem kannst du dir die Videos von der Plattform **MySTARK** herunterladen.

- Mit dem Vorwissen aus dem Trainingsteil kannst du jetzt die **Original-Prüfungsaufgaben** lösen, die in den letzten Jahren im Fach Mathematik an Hauptschulen in Niedersachsen gestellt wurden. Hier kannst du deine Fähigkeiten ganz gezielt auf Prüfungsniveau trainieren.

- Zu allen Trainingsaufgaben und zu den Prüfungsaufgaben gibt es ausführlich **kommentierte Lösungen** von unserer Autorin und unserem Autor mit zahlreichen **Hinweisen und Tipps**. Diese erklären den Lösungsansatz und die Hauptschwierigkeit der jeweiligen Aufgabe genau, sodass du die Ergebnisse selbstständig verstehen und nachvollziehen kannst.

- Sollten deine Wissenslücken größer sein, empfehlen wir dir zum Wiederholen deines Grundlagenwissens auch unseren Band „**Original-Prüfungen und Training Hauptschule**“ für die **9. Klasse** (Titelnummer J03309).
  Hier kannst du viele **Themen aus früheren Jahrgangsstufen** (z. B. proportionale und antiproportionale Zuordnungen, Weg-Zeit-Diagramme, Flächen- und Umfangsberechnungen, Volumen- und Oberflächenberechnungen bei Prismen und Zylindern, Neben- und Scheitelwinkel) wiederholen, die ebenfalls wichtig sind, um die Prüfung nach der 10. Klasse erfolgreich zu bestehen.

- Falls nach Erscheinen dieses Bandes noch **wichtige Änderungen** für die Abschlussprüfung 2025 bekannt gegeben werden, erhältst du **aktuelle Informationen** dazu auf der Plattform **MySTARK**. Den Zugangscode findest du auf der Umschlaginnenseite.

Viel Erfolg bei deinen Vorbereitungen und in der Prüfung!

Hinweise und Tipps

Die Aufgaben für die schriftliche Abschlussarbeit im Fach Mathematik werden auf Grundlage des **Kerncurriculums** für das Fach Mathematik an Hauptschulen sowie der **Bildungsstandards** für den Mittleren Schulabschluss erstellt.

Wie ist die Prüfung aufgebaut?

Die schriftliche Abschlussprüfung im Fach Mathematik besteht aus dem **Hauptteil 1 (ohne Hilfsmittel)**, dem **Hauptteil 2** und dem **Wahlteil**. Der Hauptteil 1 ist für beide Kurse (E-Kurs und G-Kurs) gleich. Der Hauptteil 2 und der Wahlteil sind je nach Kursniveau verschieden. Prüfungsaufbau und -ablauf sehen wie folgt aus:

- Im **Hauptteil 1 (ohne Hilfsmittel)** werden deine Grundfertigkeiten in verschiedenen Themenbereichen geprüft. Da es sich um einfachere Rechnungen handelt, darfst du hier **keine Hilfsmittel** (Taschenrechner/Formelsammlung) verwenden. Zur Bearbeitung der Aufgaben stehen dir maximal **50 Minuten** zur Verfügung.
- Nach der Abgabe des Hauptteils 1 bekommst du den **Hauptteil 2** und den **Wahlteil** mit vier **Wahlaufgaben** vorgelegt, aus denen du **zwei** verbindlich auswählen musst. Für die Auswahl hast du **15 Minuten** Zeit. Die beiden nicht gewählten Wahlaufgaben musst du durchstreichen.
- Erst jetzt darfst du mit der Bearbeitung des **verbindlichen Hauptteils 2** und der **beiden gewählten Wahlaufgaben** beginnen.
  Hierfür bekommst du noch einmal **100 Minuten** Zeit. Zum Lösen dieser Aufgaben sind ein **Taschenrechner** und eine **Formelsammlung** erlaubt.

Wie kannst du dich auf die Prüfung vorbereiten?

Besonders gut kannst du dich auf die Abschlussprüfung vorbereiten, indem du wie folgt vorgehst:

- Bereite dich **langfristig** auf die Abschlussprüfung vor. Arbeite parallel zum Thema, das gerade im Unterricht behandelt wird, gezielt mit den **Trainingsaufgaben** aus diesem Buch.
- Versuche stets, alle Aufgaben **selbstständig** zu lösen. Nur wenn du dich selbst anstrengst, bleibt der Stoff auch im Gedächtnis und du lernst dazu! Solltest du jedoch allein nicht weiterkommen, kann ein Blick in die Lösung helfen, da dort wichtige **Hinweise und Tipps** zur Bearbeitung der Aufgabe gegeben werden. Vergleiche zum Schluss deine Lösung mit der Musterlösung und suche gegebenenfalls nach Rechenfehlern oder Verbesserungsmöglichkeiten deines Ansatzes.
- Wenn du das „Training Grundwissen" erfolgreich bearbeitet hast, gehst du zu den **Original-Prüfungsaufgaben** über. Übe unter echten **Prüfungsbedingungen** und löse die Aufgaben nur mit den zugelassenen **Hilfsmitteln**.
- Versuche, die Aufgaben in der **vorgegebenen Zeit** von **150 Minuten** zu schaffen. Wenn du die Aufgaben zunächst nicht in dieser Zeit lösen kannst, solltest du sie in regelmäßigen Abständen wiederholen, bis du beim Rechnen sicherer und schneller wirst.
- Gehe **optimistisch** in die Prüfung. Wenn du dich gut vorbereitet hast, brauchst du dir keine Sorgen zu machen. Übung macht den Meister!

Formelsammlung

Flächenberechnungen

Quadrat

$A = a^2$

$u = 4 \cdot a$

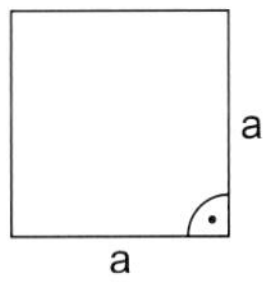

Rechteck

$A = a \cdot b$

$u = 2 \cdot a + 2 \cdot b$

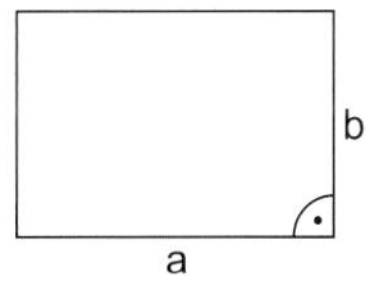

Raute

$A = \frac{e \cdot f}{2}$

$u = 4 \cdot a$

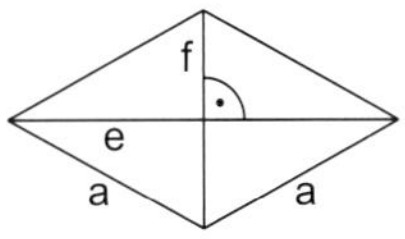

Parallelogramm

$A = a \cdot h_a$

$u = 2 \cdot a + 2 \cdot b$

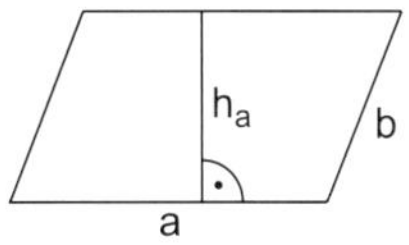

Drachen

$A = \frac{e \cdot f}{2}$

$u = 2 \cdot a + 2 \cdot b$

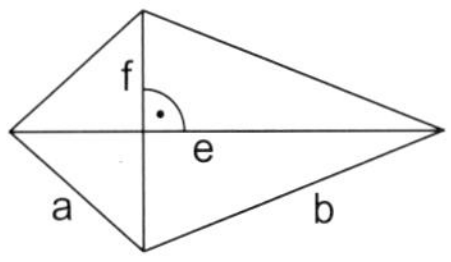

Trapez

$A = \frac{(a + c)}{2} \cdot h_a$

$u = a + b + c + d$

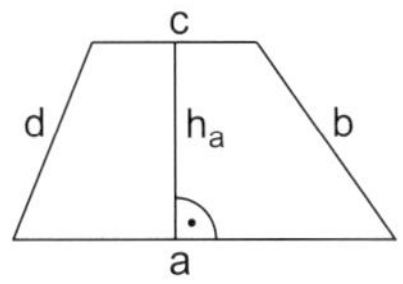

Kreis

$A = \pi \cdot r^2$

$u = 2 \cdot \pi \cdot r = \pi \cdot d$

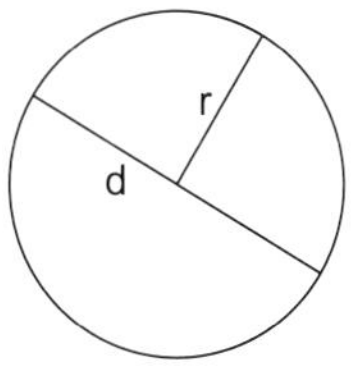

Kreisausschnitt

$A = \pi \cdot r^2 \cdot \frac{\alpha}{360°}$

$b = 2 \cdot \pi \cdot r \cdot \frac{\alpha}{360°}$

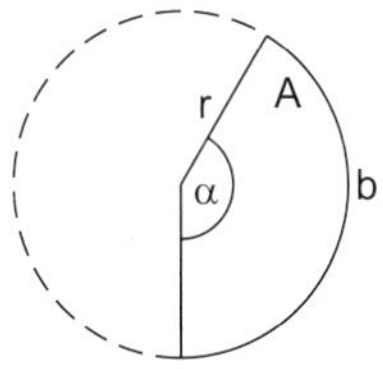

rechtwinkliges Dreieck

$A = \frac{a \cdot b}{2}$

$u = a + b + c$

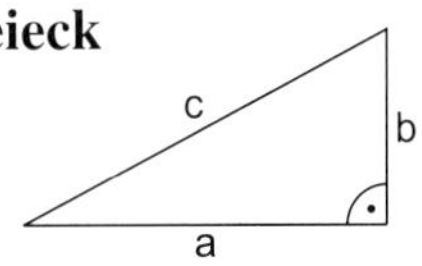

allgemeines Dreieck

$A = \frac{c \cdot h_c}{2}$

$u = a + b + c$

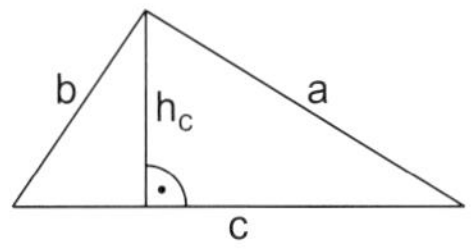

Trigonometrie

Im **rechtwinkligen Dreieck** gilt:

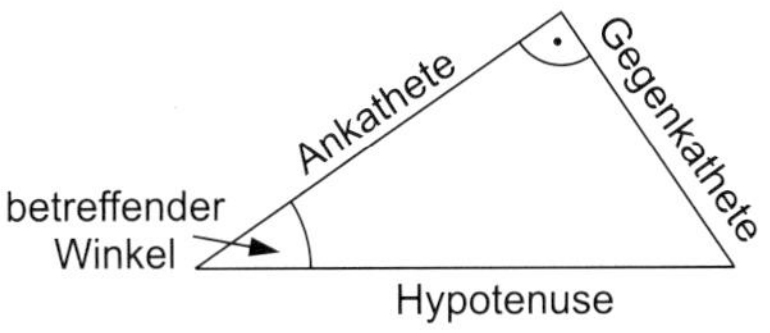

Satz des Pythagoras:

$a^2 + b^2 = c^2$

Winkelbeziehungen:

$\sin(\text{Winkel}) = \frac{\text{Gegenkathete}}{\text{Hypotenuse}}$

$\cos(\text{Winkel}) = \frac{\text{Ankathete}}{\text{Hypotenuse}}$

$\tan(\text{Winkel}) = \frac{\text{Gegenkathete}}{\text{Ankathete}}$

Im **allgemeinen Dreieck** gilt:

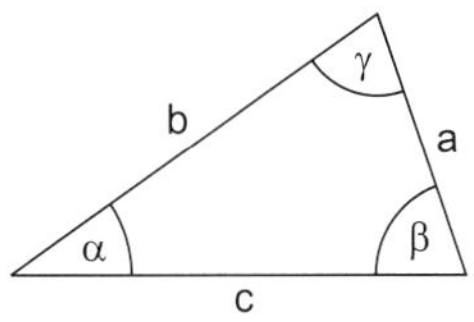

Sinussatz:

$\frac{a}{\sin\alpha} = \frac{b}{\sin\beta} = \frac{c}{\sin\gamma}$

Kosinussatz:

$a^2 = b^2 + c^2 - 2 \cdot b \cdot c \cdot \cos\alpha$

$b^2 = a^2 + c^2 - 2 \cdot a \cdot c \cdot \cos\beta$

$c^2 = a^2 + b^2 - 2 \cdot a \cdot b \cdot \cos\gamma$

Ähnlichkeitsbeziehungen

Wenn zwei Dreiecke in ihren Winkeln ($\alpha = \alpha'$, $\beta = \beta'$, $\gamma = \gamma'$) übereinstimmen, dann sind sie zueinander ähnlich.
Für die Längenverhältnisse gilt:

$\frac{a}{b} = \frac{a'}{b'}$ $\qquad$ $\frac{a}{c} = \frac{a'}{c'}$ $\qquad$ $\frac{b}{c} = \frac{b'}{c'}$

Körperberechnungen

Würfel

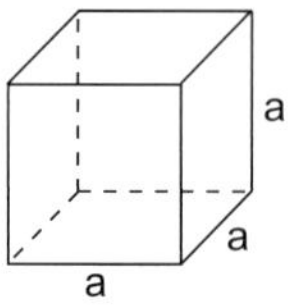

$V = a \cdot a \cdot a = a^3$

$O = 6 \cdot a^2$

Quader

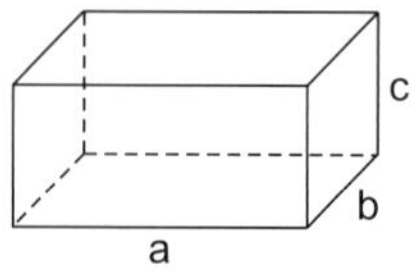

$V = a \cdot b \cdot c$

$O = 2 \cdot a \cdot b + 2 \cdot a \cdot c + 2 \cdot b \cdot c$

Prisma

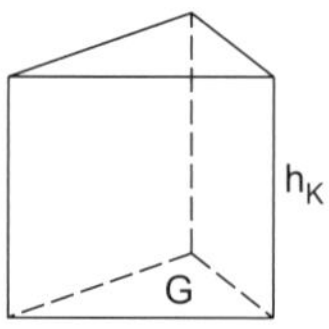

$V = G \cdot h_K$

$M = u_G \cdot h_K$

$O = 2 \cdot G + M$

Zylinder

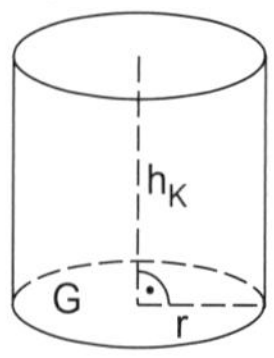

$V = G \cdot h_K$ oder $V = \pi \cdot r^2 \cdot h_K$

$M = 2 \cdot \pi \cdot r \cdot h_K$

$O = 2 \cdot G + M$ oder $O = 2 \cdot \pi \cdot r^2 + 2 \cdot \pi \cdot r \cdot h_K$

Quadratische Pyramide

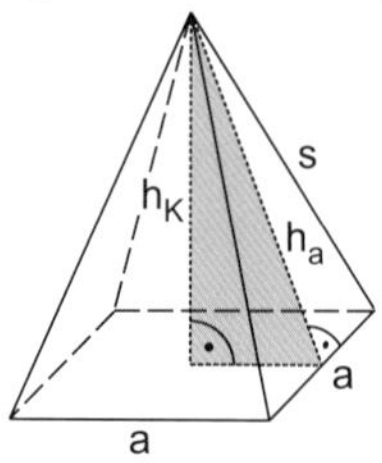

$V = \frac{1}{3} \cdot a^2 \cdot h_K$

$M = 2 \cdot a \cdot h_a$

$O = G + M$ oder $O = a^2 + 2 \cdot a \cdot h_a$

Kegel

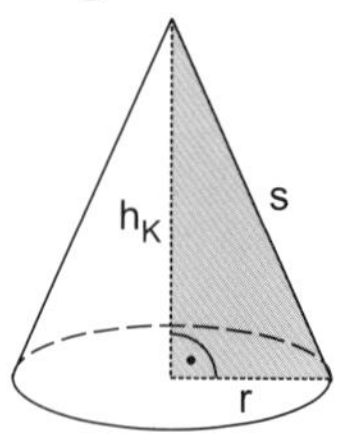

$V = \frac{1}{3} \cdot \pi \cdot r^2 \cdot h_K$

$M = \pi \cdot r \cdot s$

$O = G + M$ oder $O = \pi \cdot r^2 + \pi \cdot r \cdot s$

Kugel

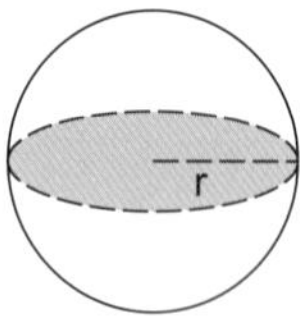

$V = \frac{4}{3} \cdot \pi \cdot r^3$

$O = 4 \cdot \pi \cdot r^2$

Prozent- und Zinsrechnung

Prozentformel

$W = G \cdot \frac{p}{100}$

(G: Grundwert; W: Prozentwert; p: Prozentsatz)

Zinsformel

$Z = K \cdot \frac{p}{100}$ $\qquad Z = K \cdot \frac{p}{100} \cdot \frac{t}{360}$

(K: Kapital; Z: Zinsen; p: Zinssatz; t: Tage)

Lineare Funktionen

$f(x) = y = m \cdot x + b$

(m: Steigung; b: y-Achsenabschnitt)

Quadratische Funktionen

Allgemeine Form

$f(x) = y = a \cdot x^2 + b \cdot x + c$

Scheitelpunktform

$f(x) = y = a \cdot (x + d)^2 + e$

mit Scheitelpunkt $S(-d \mid e)$

Normalform

$f(x) = y = x^2 + p \cdot x + q$

p-q-Formel (Berechnung der Nullstellen)

$x_{1/2} = -\frac{p}{2} \pm \sqrt{\left(\frac{p}{2}\right)^2 - q}$

Exponentielle Zusammenhänge

Wachstum und Zerfall

$q = 1 \pm \frac{p}{100}$ (q: Wachstumsfaktor)

$G_n = G_0 \cdot q^n$

Zinseszins

$q = 1 + \frac{p}{100}$ (q: Zinsfaktor)

$K_n = K_0 \cdot q^n$

Wahrscheinlichkeitsrechnung

Ergebnis und Ereignis

Der Ausgang eines Zufallsversuchs heißt Ergebnis.
Alle günstigen Ergebnisse bilden ein Ereignis.

Laplace-Wahrscheinlichkeit

Sind alle Ergebnisse eines Zufallsexperimentes gleich wahrscheinlich, gilt für das Eintreten eines Ereignisses E:

$$P(E) = \frac{\text{Anzahl der für E günstigen Ergebnisse}}{\text{Anzahl aller möglichen Ergebnisse}}$$

Pfadregeln

- **1. Pfadregel (Produktregel):**
  Die Wahrscheinlichkeit eines Ergebnisses ist gleich dem Produkt der Wahrscheinlichkeiten entlang des Pfades im Baumdiagramm.
- **2. Pfadregel (Summenregel):**
  Die Wahrscheinlichkeit eines Ereignisses ist gleich der Summe der Wahrscheinlichkeiten aller Pfade, die für das Ereignis günstig sind.

Maßeinheiten

Länge

1 km = 1 000 m

1 m = 10 dm = 100 cm = 1 000 mm

1 dm = 10 cm = 100 mm

1 cm = 10 mm

Fläche

1 ha = 10 000 m^2 — 1 a = 100 m^2

1 m^2 = 100 dm^2

1 dm^2 = 100 cm^2

1 cm^2 = 100 mm^2

Volumen und Hohlmaß

1 m^3 = 1 000 dm^3

1 dm^3 = 1 000 cm^3

1 cm^3 = 1 000 mm^3

Liter: 1 ℓ = 1 000 *m*ℓ = 1 dm^3

Milliliter: 1 *m*ℓ = 1 cm^3

Masse

1 t = 1 000 kg

1 kg = 1 000 g

1 g = 1 000 mg

Zusammenhang zwischen Dichte, Masse und Volumen

$$\rho = \frac{m}{V} \quad \text{in } \frac{g}{cm^3}$$

(ρ: Dichte; m: Masse; V: Volumen)

▶ Training Grundwissen

Grundlagen des Rechnens

1 Zehnerpotenzen

Merke

Zehnerpotenzen

Mithilfe von Zehnerpotenzen lassen sich sehr große und sehr kleine Zahlen kürzer darstellen.

- Ein **positiver Exponent** bei einer Zehnerpotenz gibt die **Anzahl der Nullen** an.
- Ein **negativer Exponent** legt fest, an welcher **Stelle hinter** dem **Komma** die erste Ziffer steht.

Zehnerpotenz	Zahl	Bezeichnung
10^{-3}	0,001	$\frac{1}{1000}$ Ein Tausendstel (Milli m)
10^{-2}	0,01	$\frac{1}{100}$ Ein Hundertstel
10^{-1}	0,1	$\frac{1}{10}$ Ein Zehntel
10^{0}	1	Eins
10^{1}	10	Zehn
10^{2}	100	Hundert
10^{3}	1 000	Tausend (Kilo k)
10^{4}	10 000	Zehntausend
10^{5}	100 000	Hunderttausend
10^{6}	1 000 000	Million (Mega M)
10^{9}	1 000 000 000	Milliarde (Giga G)

Zahlen mit Zehnerpotenzen werden als **Produkt** geschrieben:

- Der erste Faktor ist meist eine Zahl zwischen 1 und 10.
- Der zweite Faktor ist immer eine Stufenzahl, die als Zehnerpotenz dargestellt werden kann.

Beispiele

1. $8\,000\,000 = \underbrace{\mathbf{8}}_{\textbf{1. Faktor}} \cdot \underbrace{1\,000\,000}_{\text{2. Faktor (Stufenzahl)}} = 8 \cdot \underbrace{\mathbf{10^6}}_{\textbf{Zehnerpotenz}}$

2. $780\,000 = 7{,}8 \cdot 100\,000 = 7{,}8 \cdot 10^5$

3. $7{,}8 \cdot 10^5 = 7{,}8 \cdot 100\,000 = 780\,000$

4. $0{,}0005 = \underbrace{\mathbf{5}}_{\textbf{1. Faktor}} \cdot \underbrace{0{,}0001}_{\text{2. Faktor (Stufenzahl)}} = 5 \cdot \underbrace{\mathbf{10^{-4}}}_{\textbf{Zehnerpotenz}}$

5. $6{,}9 \cdot 10^{-5} = 6{,}9 \cdot 0{,}00001 = 0{,}000069$

Aufgaben **1.** Schreibe die Zahlen mit Zehnerpotenzen.

a) 800 000 b) 30 000

c) 53 000 000 d) 140 000

e) 0,02 f) 0,0035

g) 0,00006 h) 0,00045

2. Schreibe ohne Zehnerpotenzen.

a) $6 \cdot 10^5$ b) $8 \cdot 10^8$

c) $3{,}8 \cdot 10^7$ d) $7{,}85 \cdot 10^6$

e) $3 \cdot 10^{-3}$ f) $2{,}8 \cdot 10^{-4}$

g) $8{,}9 \cdot 10^{-6}$ h) $1{,}1 \cdot 10^{-5}$

3. Ordne die Zahlen der Größe nach. Beginne mit der kleinsten.

a) $4{,}5 \cdot 10^6$;	4 400 000;	$4 \cdot 10^7$;	$4 \cdot 10^6$;	5 000 000
b) $3{,}7 \cdot 10^6$;	$40 \cdot 10^5$;	$5{,}1 \cdot 10^4$;	$3{,}6 \cdot 10^6$;	3 720 000
c) 0,005;	$5 \cdot 10^4$;	$5{,}1 \cdot 10^4$;	0,0051;	$5{,}12 \cdot 10^4$
d) $6{,}8 \cdot 10^{-3}$;	0,00681;	$65 \cdot 10^{-4}$;	0,00618	

4. Eine in „12pt-Schrift" auf dem Computer verfasste Seite hat durchschnittlich 50 Zeilen mit je 75 Zeichen in einer Zeile.
Gib die Antworten auf folgende Fragen in Zehnerpotenzen an.

a) Wie viele Zeichen sind auf einer Seite?

b) Wie viele Zeichen sind in einem Referat, das zehn Seiten lang ist?

c) Wie viele Zeichen sind in einer Doktorarbeit, die 200 Seiten umfasst?

5. Das Erdvolumen beträgt 1 080 000 000 000 000 000 000 m^3.
Die Sonne hat ein Volumen von $1{,}41 \cdot 10^{27}$ m^3.

a) Schreibe das Erdvolumen als Zehnerpotenz.

b) Schreibe das Sonnenvolumen ohne Zehnerpotenz.

c) Wie viele Erdkugeln füllen in etwa die Sonne aus?

2 Prozentrechnen

Merke

Prozentrechnung

Dreisatz

Prozentrechnen

Für die Prozentrechnung sind folgende Begriffe relevant:

- Der **Grundwert G** ist der Ausgangswert. Er entspricht immer 100 %.
- Der **Prozentwert W** ist ein Teil des Grundwerts.
- Der **Prozentsatz p %** ist die Prozentangabe. Er bestimmt die Größe des Prozentwerts.

Beim Prozentrechnen kann man folgende **Formeln** anwenden oder geschickt mit dem **Dreisatz** rechnen:

$W = G \cdot \frac{p}{100}$ $G = W \cdot \frac{100}{p}$ $p\,\% = \frac{W \cdot 100}{G}\,\%$

Beispiel

Aylins Smartphone hat eine Speicherkapazität von 128 GB (Gigabyte).

a) 48 GB des Speicherplatzes sind mit Fotos belegt.
Berechne, wie viel Prozent das sind.

b) 25 % des Speicherplatzes sind noch frei.
Berechne, wie viel Gigabyte dies sind.

Lösung:

a) Dreisatz:

	Gigabyte	Prozent	
: 128	128	100 %	: 128
· 48	1	0,78125 %	· 48
	48	37,5 %	

Gegeben ist der Grundwert G = 128 GB und der Prozentwert W = 48 GB.

Berechne den Prozentsatz p % z. B. mit dem Dreisatz.

Formel:

$$p\,\% = \frac{48 \cdot 100}{128}\,\% = 37{,}5\,\%$$

Alternative Berechnung mit der Formel:

$$p\,\% = \frac{W \cdot 100}{G}\,\%$$

Vom Speicherplatz sind 37,5 % mit Fotos belegt.

b) Dreisatz:

	Prozent	Gigabyte	
: 100	100 %	128	: 100
· 25	1 %	1,28	· 25
	25 %	32	

Gegeben ist der Grundwert G = 128 GB und der Prozentsatz p % = 25 %.

Berechne den Prozentwert W.

Formel:

$$W = 128 \cdot \frac{25}{100} = 32$$

Alternative Berechnung mit der Formel:

$$W = G \cdot \frac{p}{100}$$

Es sind noch 32 Gigabyte frei.

Aufgaben

6. Berechne jeweils den fehlenden Wert im Kopf.

	G	W	p %
a)	90		30 %
b)	150	75	
c)	100		35 %

7. Ein Bauer baut auf einem Feld Weizen an. Durch Anbau einer anderen Weizenart konnte er seinen Ertrag um 16 % steigern. Dies entspricht einem zusätzlichen Ertrag von 60 t Weizen.
Berechne, wie hoch sein Ertrag vor der Umstellung war.

8. Bei einem Autohändler sind von 400 verkauften Autos 175 Elektroautos.
Bestimme, wie viel Prozent der verkauften Autos Elektroautos sind.

9. Bei einer erwachsenen Person machen die Knochen ungefähr 12 % des Körpergewichts aus.
Berechne das Gewicht der Knochen für eine Person, die 85 kg wiegt.

10. Jeder Mensch in Deutschland verbraucht durchschnittlich eine bestimmte Menge Wasser pro Tag. Das Kreisdiagramm zeigt, wie sich dieser Wasserverbrauch aufschlüsselt.
Berechne, welcher Wassermenge das komplette Kreisdiagramm entspricht, wenn die Toilettenspülung 35,1 Liter ausmacht.

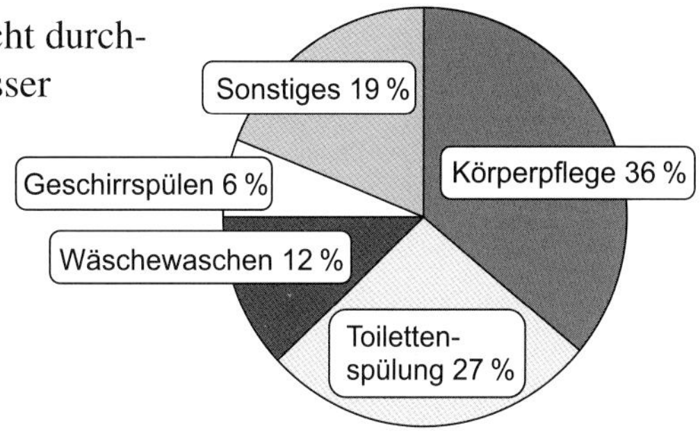

Lineare Zusammenhänge

1 Lineare Funktionen

Eine **Funktion** ist eine **Zuordnung**, bei der jedem x-Wert **genau ein** y-Wert zugeordnet wird.

Merke

Lineare Funktionen

Lineare Funktionen

- Jede **lineare Funktion** hat die **Funktionsgleichung**
  $\mathbf{y = m \cdot x + b}$ bzw. $\mathbf{f(x) = m \cdot x + b}$ (Normalform).
- Die **Steigung m** gibt an, ob die Gerade steigt oder fällt.
  $m > 0$: Die Gerade **steigt** von links unten nach rechts oben.
  $m < 0$: Die Gerade **fällt** von links oben nach rechts unten.
  $m = 0$: Die Gerade ist eine **Parallele** zur x-Achse.
- Die Konstante **b** gibt an, dass die Gerade die **y-Achse** bei $y = b$ **schneidet**.
- Der **Funktionsgraph** einer linearen Funktion ist eine **Gerade**.

Beispiele

1. Das Schaubild stellt die Graphen verschiedener linearer Funktionen dar.
   Gib jeweils das Steigungsverhalten an und lies ab, wo die Gerade die y-Achse schneidet.

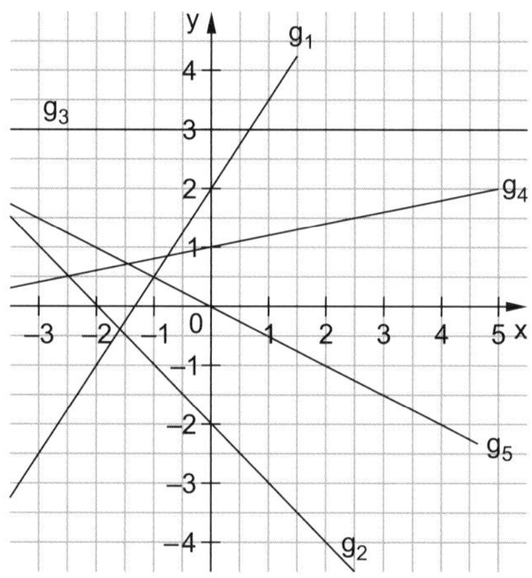

   Lösung:
   - g_1 steigt; $b = 2$
   - g_2 fällt; $b = -2$
   - g_3 ist eine Parallele zur x-Achse; $b = 3$
   - g_4 steigt; $b = 1$
   - g_5 fällt; $b = 0$

2. Lena zündet eine 8 cm lange Kerze an, die gleichmäßig pro Stunde um 2 cm abbrennt.
   Stelle die Funktionsgleichung für die Länge der Kerze in Abhängigkeit von der Abbrenndauer auf und zeichne den Graphen in ein Koordinatensystem.

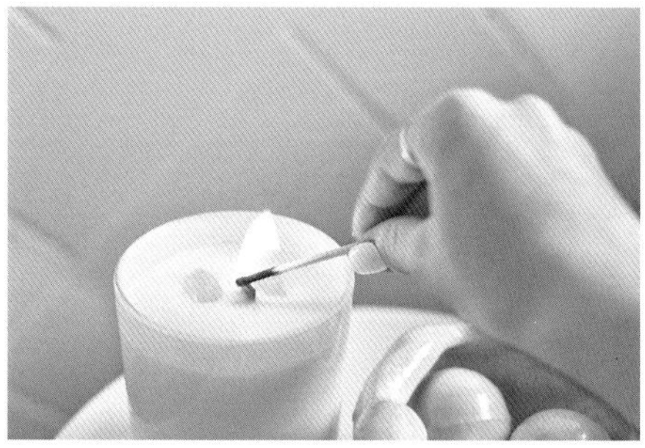

   Lösung:
   Funktionsgleichung:
   $y = -2x + 8$

   pro Stunde 2 cm $\Rightarrow$ $m = -2$
   Anfangslänge 8 cm $\Rightarrow$ $b = 8$

   Wertetabelle:

x (in h)	0	1	2	3	4
y (in cm)	8	6	4	2	0

Graph:

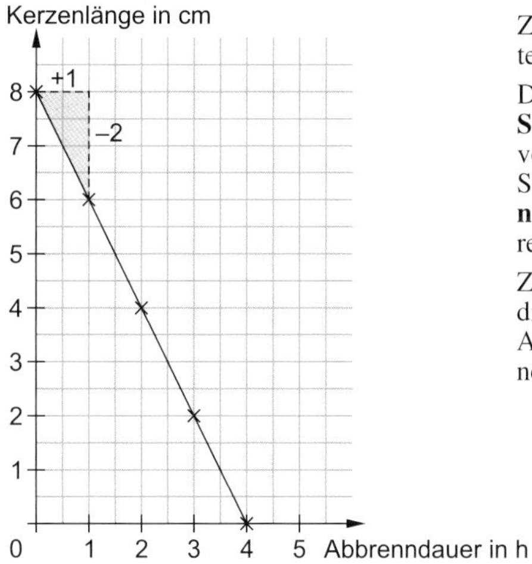

Zeichne den Funktionsgraphen in ein Koordinatensystem. Die Wertetabelle hilft dir dabei.

Du kannst den Graphen aber auch mithilfe eines **Steigungsdreiecks** zeichnen. Trage ausgehend vom Schnittpunkt $b = 8$ auf der y-Achse das Steigungsdreieck an:
negative Steigung $m = -2 \Rightarrow$ 1 Einheit nach rechts und **2** Einheiten **nach unten**.

Zeichne in diesem Beispiel die Gerade nicht über die Achsen hinaus, denn die Kerzenlänge und die Abbrenndauer können keine negativen Werte annehmen.

Aufgaben

11. Zeichne die Graphen der Funktionen in ein gemeinsames Koordinatensystem. Lege dazu eine Wertetabelle an oder zeichne mithilfe der Steigungsdreiecke.

a) f: $y = 2x + 1$ b) g: $y = -0{,}5x + 1$

c) h: $y = x - 4$ d) k: $y = -2x - 0{,}5$

12. Lies die passende Funktionsgleichung aus dem Graphen ab.

a)

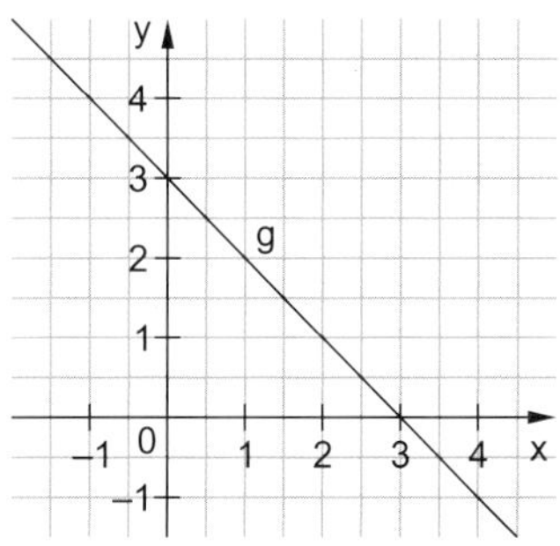

b)

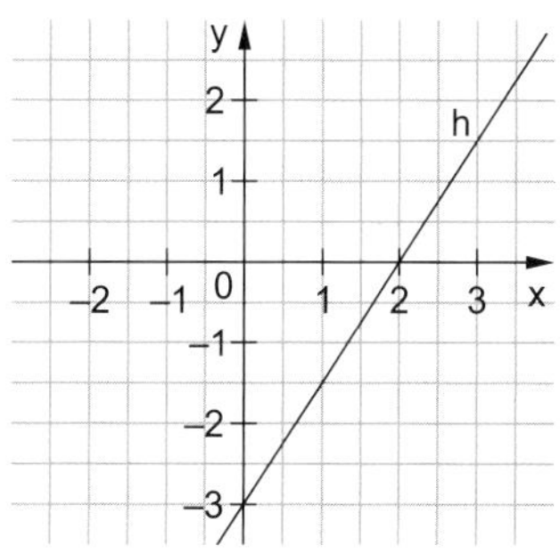

13. Forme die Funktionsgleichungen in die Normalform um und zeichne die Graphen in ein gemeinsames Koordinatensystem.

a) g: $y + 13 = 2x + 15$ b) h: $3y + 9x = -3x + 21$

14. Ein Busunternehmen macht der Klasse 10 a ein Angebot für eine Tagesreise:

- Die Tagespauschale beträgt 85 €.
- Für jeden gefahrenen Kilometer müssen 2 € bezahlt werden.

Stelle eine Funktionsgleichung auf, damit die Klasse den Preis für die Busfahrt schnell berechnen kann.

15. Ein Swimmingpool wird im Herbst leer gepumpt. Nach zwei Stunden sind noch 48 m^3 Wasser im Pool, nach einer weiteren Stunde noch 42 m^3.

a) Zeichne einen Funktionsgraphen, der den Abpumpvorgang beschreibt.

b) Bestimme, nach wie vielen Stunden der Pool vollständig entleert ist.

c) Bestimme, wie viele Liter Wasser anfangs im Pool waren.

d) Gib mögliche Maße für den quaderförmigen Pool an.

16. Durch die Punkte $E(-2|6)$ und $F(2|2)$ verläuft eine lineare Funktion.

a) Zeichne die Gerade h, die durch die Punkte E und F verläuft.

b) Bestimme die Funktionsgleichung der Geraden h.

c) Gib eine Funktionsgleichung einer anderen linearen Funktion an, die die Gerade h im Punkt $F(2|2)$ schneidet.

2 Lineare Gleichungssysteme

Merke

Lineare Gleichungssysteme

Ein lineares Gleichungssystem mit den zwei Unbekannten x und y besteht aus zwei Funktionsgleichungen:

I $y = m_1x + b_1$

II $y = m_2x + b_2$

Lineare Gleichungssysteme kannst du **zeichnerisch**, durch **Probieren mit einer Wertetabelle** oder **rechnerisch** lösen.

- **Zeichnerische Lösung**
  Löse die beiden Gleichungen nach y auf.
  Zeichne die Graphen der beiden Funktionen in ein Koordinatensystem.
  Der **Schnittpunkt S(x | y)** der beiden Geraden bildet das gesuchte Zahlenpaar x und y.
- **Probieren mit einer Wertetabelle**
  Löse die beiden Gleichungen nach y auf.
  Lege für beide Funktionen eine gemeinsame Wertetabelle an.
  Lese am gleichen Wertepaar die Lösungen für x und y ab.
- **Rechnerische Lösung**
  Einsetzungsverfahren:
  Löse eine Gleichung nach einer Variablen (x oder y) auf.
  Setze den Ausdruck für diese Variable in die andere Gleichung ein und löse die Gleichung.
  Berechne mit dem Ergebnis die zweite Variable.
  Gleichsetzungsverfahren:
  Löse beide Gleichungen nach derselben Variablen (x oder y) auf.
  Setze dann die beiden erhaltenen Terme gleich und löse die Gleichung.
  Berechne mit dem Ergebnis die zweite Variable.

Beispiel

Die Klasse 10 a fährt in ein Jugendgästehaus und möchte bereits vor der Fahrt die Zimmer aufteilen. Auf der Homepage des Jugendgästehauses sind jedoch nur folgende Informationen zu finden:

- Es gibt nur Doppelzimmer und Vierbettzimmer.
- In 10 Zimmern gibt es insgesamt 28 Betten.

Berechne, wie viele Doppel- und Vierbettzimmer es gibt.

Lösung:

Gegeben:
Anzahl der Zimmer = 10
Anzahl der Betten = 28

Gesucht:
Anzahl der Doppelzimmer = x
Anzahl der Vierbettzimmer = y

Gleichungssystem:

I $x+y=10$ — Gleichung I für die Anzahl der Zimmer
II $2x+4y=28$ — Gleichung II für die Anzahl der Betten

Möglichkeit 1 (Zeichnerische Lösung)

I $x+y=10 \quad |-x$
$y=10-x$

II $2x+4y=28 \quad |-2x$
$4y=28-2x \quad |:4$
$y=7-0,5x$

Löse beide Gleichungen nach y auf.
Zeichne dann die Funktionsgraphen in ein Koordinatensystem.
Am Schnittpunkt S(x | y) der beiden Geraden kannst du die Lösungen für x und y ablesen.

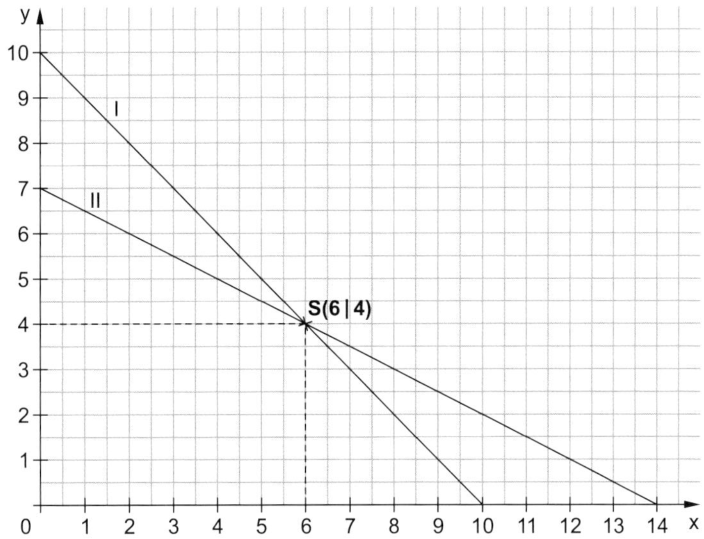

Es gibt **x = 6** Doppelzimmer und **y = 4** Vierbettzimmer.

TIPP

Anhand der zeichnerischen Lösung kannst du sofort die **Anzahl der Lösungen** des Gleichungssystems erkennen:

- Sind die Geraden **parallel**, gibt es **keine Lösung**.
- Haben die Geraden einen **Schnittpunkt**, gibt es **eine Lösung**.
- Bei **identischen** Geraden gibt es **unendlich viele Lösungen**.

Möglichkeit 2 (Probieren mit einer Wertetabelle)

Löse beide Gleichungen nach y auf.
Lege eine gemeinsame Wertetabelle an.
Am gleichen Wertepaar kannst du die Lösungen für x und y ablesen.

$$\begin{aligned} \text{I} \quad x + y &= 10 \quad &&|-x \\ y &= 10 - x \end{aligned}$$

$$\begin{aligned} \text{II} \quad 2x + 4y &= 28 \quad &&|-2x \\ 4y &= 28 - 2x \quad &&|:4 \\ y &= 7 - 0{,}5x \end{aligned}$$

Wertetabelle:

x	0	1	2	3	4	5	**6**
I $y = 10 - x$	10	9	8	7	6	5	**4**
II $y = 7 - 0{,}5x$	7	6,5	6	5,5	5	4,5	**4**

Es gibt $\mathbf{x = 6}$ Doppelzimmer und $\mathbf{y = 4}$ Vierbettzimmer.

Möglichkeit 3 (Rechnerische Lösung – Einsetzungsverfahren)

Löse die Gleichung I nach y auf.

$$\begin{aligned} \text{I} \quad x + y &= 10 \quad &&|-x \\ y &= 10 - x \end{aligned}$$

Setze den Term für die Variable y aus Gleichung I in die Gleichung II ein. Löse dann die Gleichung nach x auf.

$$\begin{aligned} \text{in II} \quad 2x + 4(10 - x) &= 28 \\ 2x + 40 - 4x &= 28 \\ -2x + 40 &= 28 \quad &&|-40 \\ -2x &= -12 \quad &&|:(-2) \\ x &= 6 \end{aligned}$$

Setze das Ergebnis $x = 6$ in eine der beiden Gleichungen (hier: die umgeformte Gleichung I) ein und berechne y.

$$\begin{aligned} \text{in I} \quad y &= 10 - 6 \\ y &= 4 \end{aligned}$$

Es gibt $\mathbf{x = 6}$ Doppelzimmer und $\mathbf{y = 4}$ Vierbettzimmer.

Möglichkeit 4 (Rechnerische Lösung – Gleichsetzungsverfahren)

Löse beide Gleichungen nach x auf.

$$\begin{aligned} \text{I} \quad x + y &= 10 \quad &&|-y \\ x &= 10 - y \end{aligned}$$

$$\begin{aligned} \text{II} \quad 2x + 4y &= 28 \quad &&|-4y \\ 2x &= 28 - 4y \quad &&|:2 \\ x &= 14 - 2y \end{aligned}$$

Setze die erhaltenen Terme gleich und berechne y.

$$\begin{aligned} \text{I} = \text{II} \quad 10 - y &= 14 - 2y \quad &&|+2y \\ 10 + y &= 14 \quad &&|-10 \\ y &= 4 \end{aligned}$$

Setze das Ergebnis $y = 4$ in eine der beiden Gleichungen (hier: die umgeformte Gleichung I) ein und berechne x.

$$\begin{aligned} \text{in I} \quad x &= 10 - 4 \\ x &= 6 \end{aligned}$$

Es gibt $\mathbf{x = 6}$ Doppelzimmer und $\mathbf{y = 4}$ Vierbettzimmer.

TIPP

Kommen in einem Gleichungssystem nur kleine und ganze Zahlen vor, so kannst du es meist sehr einfach durch Probieren oder im Koordinatensystem lösen.
Besteht es überwiegend aus hohen Zahlen und Kommazahlen, wendest du am besten ein rechnerisches Lösungsverfahren an.

Aufgaben **17.** Löse die Gleichungssysteme mithilfe einer Wertetabelle.

a) I $y = 2x - 1$
II $y = 3x - 5$

b) I $y = 1{,}5x - 3$
II $y = -0{,}5x + 3$

18. Löse die Gleichungssysteme zeichnerisch.

a) I $2y + 2x = -4$
II $y - 2x = 4$

b) I $3y - 6x = 12$
II $2y = 2x + 2$

19. Löse die Gleichungssysteme mit einem rechnerischen Lösungsverfahren.

a) I $2x - 3y = 9$
II $2x + 4y = 2$

b) I $2x - 7y = 0$
II $x + 4y = 30$

20. Bestimme jeweils den Schnittpunkt der linearen Funktionen mit einem Verfahren deiner Wahl.

a) I $y = x - 2$
II $y = -0{,}5x + 4$

b) I $y = 0{,}5x + 6$
II $y = -8x + 40$

c) I $-0{,}25x = y - 5$
II $0{,}5 + y = 2{,}5x$

d) I $4y = 12 - 8x$
II $-5y = 15x - 5$

21. Bestimme die Anzahl der Lösungen der Gleichungssysteme.
Ordne dazu jedem Gleichungssystem eines der Schaubilder **A**, **B** oder **C** zu.

a) I $2x + 8y = 8$
II $-2x = 10 - 4y$

b) I $x + 2 - 2y = 0$
II $1{,}5x = 3y + 3$

c) I $4y = 6x - 4$
II $3x - 2y = 2$

A

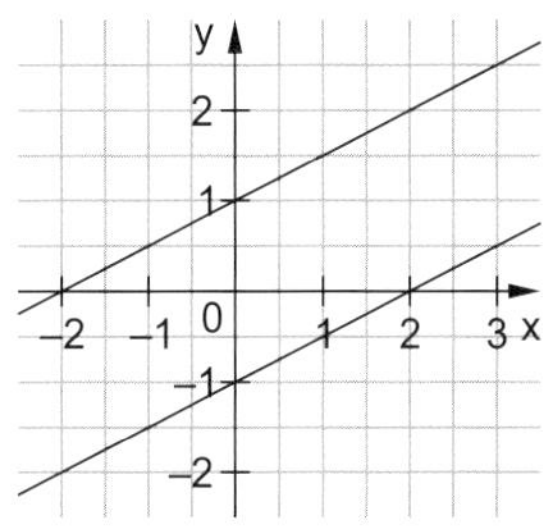

B

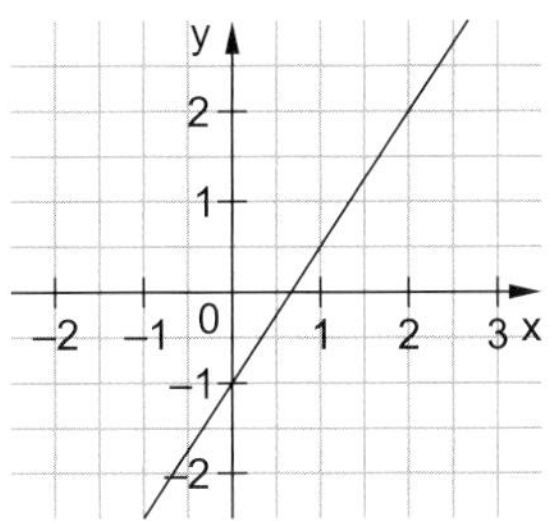

C

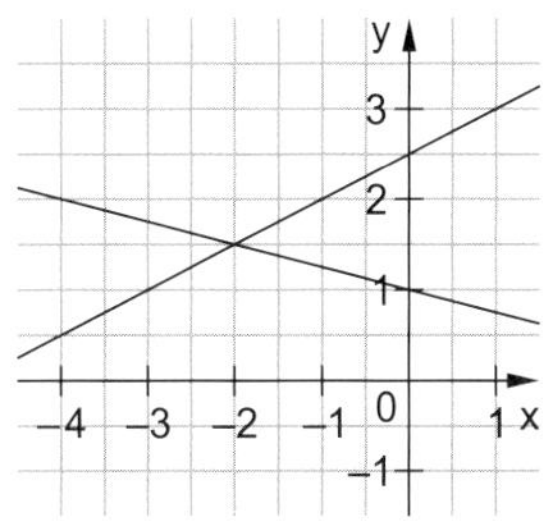

22. Lege jeweils geeignete Variablen fest und stelle dann ein passendes Gleichungssystem auf.

a) Die Summe zweier Zahlen ist 27 und das Produkt 72.

b) Zwei E-Scooter-Firmen haben folgende Angebote:

Togo	*Freischaltgebühr 1 €*	Preis pro km 80 Cent
Elsa	*Freischaltgebühr 3 €*	Preis pro km 60 Cent

c) Im Café bezahlt Marta für 4 Saftschorlen und 4 Waffeln 32 €.
Jannis bezahlt für 3 Saftschorlen und 5 Waffeln 34 €.

23. Sarah hat die Wahl zwischen zwei Streaminganbietern:

Anbieter A	*pro Monat 5 €*	pro Film 3 €
Anbieter B	*pro Monat 3 €*	pro Film 3,50 €

a) Erstelle eine geeignete Wertetabelle.

b) Stelle den Sachverhalt in einem Koordinatensystem dar.

c) Stelle ein passendes Gleichungssystem auf und gib an, bei welcher Anzahl von Filmen beide Anbieter gleich teuer sind.

d) Begründe, wie sich Sarah deiner Meinung nach entscheiden soll.

24. Löse die folgenden Aufgaben mit einem Gleichungssystem.

a) Clara kauft Zitronenlimonade zum Preis von 1 € pro Flasche und Rhabarberschorle zum Preis von 1,50 € pro Flasche. Für 18 Flaschen zahlt sie 21 €. Wie viele Flaschen Zitronenlimonade und Rhabarberschorle hat sie gekauft?

b) Elif kauft für das Familienfrühstück jeden Samstag vier „Weltmeisterbrötchen" und zwei normale Brötchen. Hierfür bezahlt sie 5,60 €.
Diesen Samstag bekommen sie Besuch von Freunden. Sie besorgt deshalb zehn „Weltmeisterbrötchen" und zehn normale Brötchen für genau 17 €.
Wie viel kosten die „Weltmeisterbrötchen" und die normalen Brötchen?

25. Nach der Pause auf einem Parkplatz stellt der Vater seinem Sohn ein Rätsel: Ich habe Autos mit und ohne Anhänger gesehen. Insgesamt habe ich 76 Räder an 16 Fahrzeugen gezählt.
Wie viele Anhänger habe ich gezählt?
Löse das Rätsel.

26. Natascha möchte sich im Urlaub beim Autoverleih für einen Tag einen Kleinwagen leihen. Sie vergleicht zwei Angebote:

VW Polo	*pro Tag 35 €*	jeder Kilometer 50 Cent
Opel Corsa	*pro Tag 25 €*	jeder Kilometer 70 Cent

Stelle beide Angebote in einem Koordinatensystem dar und gib an, wie sich Natascha entscheiden soll.

27. Axel war zweimal in der Trampolinhalle.

- Einmal hat er mit seiner Frau und seinem Sohn 32 € bezahlt.
- Einmal war er mit seinem Sohn und seinen 2 Töchtern da und hat 36 € bezahlt.

Bestimme, wie hoch die Eintrittspreise für Erwachsene und für Kinder sind.

28. Beim Ausleihen von Skiern muss man einmalig die Bindung einstellen lassen und für jeden Tag eine Leihgebühr bezahlen. Nachfolgend siehst du zwei Angebote von Ausleihstationen:

a) Ergänze für beide Angebote die entsprechenden Kosten in der Tabelle.

	1. Tag	2. Tag	3. Tag	4. Tag	5. Tag	6. Tag	7. Tag
Skiverleih Hexenritt							
Verleih am Wurmberg							

b) Stelle ein Gleichungssystem auf, mit dem berechnet werden kann, an welchem Tag die Kosten gleich hoch sind, und gib den Tag und die Kosten an.

c) Berechne, wie viel Prozent man am ersten und am letzten Tag aus der Tabelle sparen kann.

d) Stelle ein eigenes Angebot auf, das nach drei Tagen inklusive Bindung einstellen und Leihgebühr nur 80 € kostet.

Nicht lineare Zusammenhänge

1 Vergleich: Lineares und exponentielles Wachstum

Viele natürliche Vorgänge weisen entweder ein **lineares** oder ein **exponentielles Wachstum** auf.

Merke

Lineares und exponentielles Wachstum

- Bei **linearem Wachstum** gehört zu gleichen Zeitspannen immer eine **Zunahme um** den **gleichen Betrag**.
- Bei **exponentiellem Wachstum** gehört zu gleichen Zeitspannen immer eine **Vervielfachung mit** dem **gleichen Wachstumsfaktor**.

Beispiel

Entscheide, um welche Art von Wachstum es sich jeweils bei den beschriebenen Vorgängen handelt. Lege dann eine Wertetabelle an und zeichne den passenden Graphen.

a) An einer Autobahn wird ein See ausgebaggert. Der See ist zu Beginn der Messung 400 m^2 groß. Durch die Baggerarbeiten vergrößert sich die Fläche wöchentlich um 200 m^2.

b) Auf dem See wächst eine Algenart, die sich sehr schnell vermehrt. Zu Beginn ist die von Algen bedeckte Fläche 10 m^2 groß. Sie verdoppelt sich jede Woche.

Lösung:

a) Es handelt sich um ein lineares Wachstum.

Pro Woche nimmt die Fläche des Sees **um 200 m^2 zu** (+200).

Wertetabelle:

Zeit (in Wochen)	0	1	2	3	4	5	6	7	8
Größe (in m^2)	400	600	800	1 000	1 200	1 400	1 600	1 800	2 000

+200 +200 +200 +200 +200 +200 +200 +200

Graph:

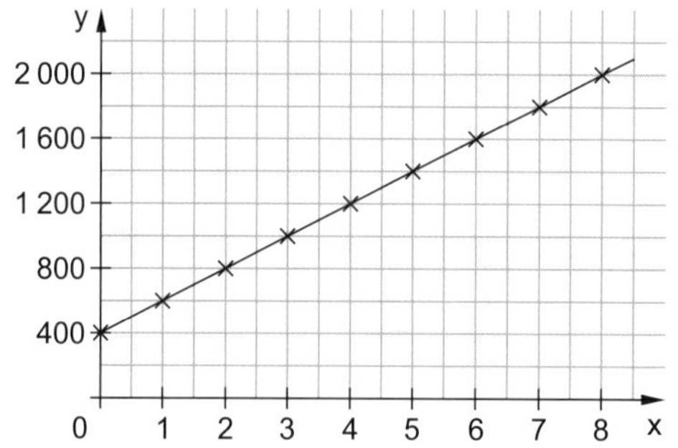

b) Es handelt sich um ein exponentielles Wachstum.

Pro Woche wird die mit Algen bedeckte Fläche **mit** dem Faktor **2 multipliziert** (· 2).

Wertetabelle:

Zeit (in Wochen)	0	1	2	3	4	5	6	7	8
Algenfläche (in m^2)	10	20	40	80	160	320	640	1 280	2 560

·2 ·2 ·2 ·2 ·2 ·2 ·2 ·2

Graph:

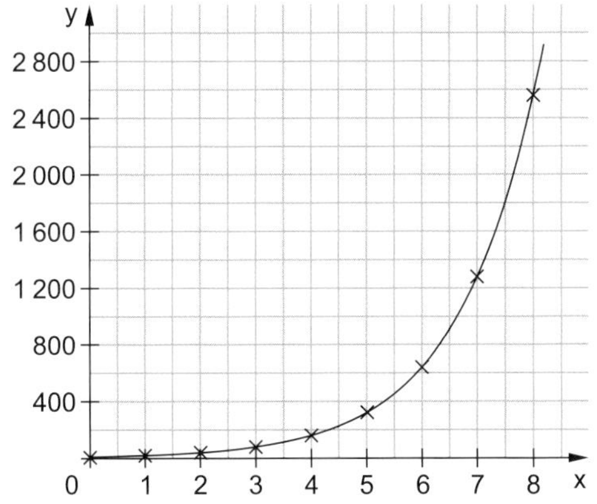

Aufgaben

29. Entscheide, um welche Art von Wachstum es sich jeweils handelt.
Lege eine Wertetabelle an und zeichne den Graphen der Funktionsgleichung.

a) Eine Bakterienkultur vervierfacht sich in einer Stunde.

b) Eine Maschine stellt in einer Stunde vier Motorblöcke her.

30. Entscheide, ob es sich um ein lineares oder exponentielles Wachstum handelt.
Begründe deine Entscheidung jeweils.

a) Die Aufrufe eines TikTok-Videos vervierfachen sich stündlich.

b) In jedem Monat melden sich 10 neue Kunden in einem Fitnessstudio an.

c) Die Stromkosten steigen jährlich um 12 %.

d) In einen Swimmingpool werden jede Stunde 2 000 Liter Wasser gepumpt.

e) Ein gut gepflegter Porsche Oldtimer gewinnt jedes Jahr 15 % an Wert.

31. Gib an, ob ein lineares oder exponentielles Wachstum vorliegt.
Lege jeweils eine Wertetabelle an und zeichne die Graphen in ein gemeinsames Koordinatensystem.

a) Dario bekommt monatlich 15 € Taschengeld. Jedes Jahr soll es um 3 € erhöht werden.

b) Mona bekommt monatlich 10 € Taschengeld. Jedes Jahr soll es um 10 % steigen.

32. Zu seinem erfolgreichen Hauptschulabschluss bekommt Sebastian von seinem Vater einen Basketballkorb. Zusätzlich soll er auch noch etwas Bargeld bekommen. Sebastian darf zehnmal auf den Korb werfen. Für jeden Treffer erhält er einen bestimmten Geldbetrag. Sein Vater macht ihm folgende Angebote:

Angebot 1 *Sebastian bekommt für jeden Treffer 10 €.*

Angebot 2 *Sebastian bekommt für den ersten Treffer 1 €. Bei jedem weiteren Treffer verdoppelt sich jeweils die Auszahlung, die er für den Treffer bekommt.*

Entscheide, welches Angebot besser für Sebastian ist, wenn er höchstens die Hälfte trifft.

2 Zinseszins

Bei einer Geldanlage, die mehrere Jahre angelegt wird, gibt es zwei Möglichkeiten.
Die Zinsen werden am Jahresende jeweils ausbezahlt. Man erhält also jedes Jahr **gleich hohe Zinsen** (lineares Wachstum).
Die Zinsen werden am Jahresende nicht ausbezahlt, sondern zur Geldanlage addiert und im nächsten Jahr mitverzinst. Man erhält also **jedes Jahr mehr Zinsen.** Man spricht dann von **Zinseszinsen** (exponentielles Wachstum).

Merke

Zinseszins

Ein Anfangskapital K_0, das mit einem Zinssatz von p % angelegt wird, wächst in n Jahren mit dem **Zinsfaktor** $\mathbf{q = 1 + \frac{p}{100}}$ exponentiell an.

Die **Zinseszinsformel** für das Kapital K_n nach n Jahren lautet:

$$K_n = K_0 \cdot \underbrace{q \cdot q \cdot \ldots \cdot q}_{\text{n-mal}} = K_0 \cdot q^n = K_0 \cdot \left(1 + \frac{p}{100}\right)^n$$

Beispiel

Ein Kapital von 2 000 € wird mit einem Zinssatz von 3,5 % für einen Zeitraum von 4 Jahren verzinst.

a) Berechne das Endkapital, wenn die Zinsen jeweils am Jahresende ausgezahlt werden.

b) Berechne das Endkapital mit Zinseszinsen.

Lösung:

a) Zinsen pro Jahr: $2\,000\text{ €} \cdot 0{,}035 = 70\text{ €}$

Kapital nach 1 Jahr: $2\,000\text{ €} + 70\text{ €} = 2\,070\text{ €}$
Kapital nach 2 Jahren: $2\,070\text{ €} + 70\text{ €} = 2\,140\text{ €}$
Kapital nach 3 Jahren: $2\,140\text{ €} + 70\text{ €} = 2\,210\text{ €}$
Kapital nach 4 Jahren: $2\,210\text{ €} + 70\text{ €} = 2\,280\text{ €}$

lineares Wachstum: Berechne zunächst die Zinsen pro Jahr und damit das Kapital nach jedem Jahr.

b) Kapital nach 1 Jahr: $2\,000\text{ €} \cdot 1{,}035^1 = 2\,070\text{ €}$
Kapital nach 2 Jahren: $2\,000\text{ €} \cdot 1{,}035^2 = 2142{,}45\text{ €}$
Kapital nach 3 Jahren: $2\,000\text{ €} \cdot 1{,}035^3 \approx 2217{,}44\text{ €}$
Kapital nach 4 Jahren: $2\,000\text{ €} \cdot 1{,}035^4 \approx 2295{,}05\text{ €}$

exponentielles Wachstum: Verwende die Zinseszinsformel, um das Kapital nach jedem Jahr zu berechnen.

Aufgaben **33.** Bestimme jeweils das Endkapital mit Zinseszinsen am Ende der Laufzeit.

	Anfangskapital	Zinssatz	Laufzeit	Endkapital ($K_n = K_0 \cdot q^n$)
a)	5 000 €	3 %	5 Jahre	
b)	25 000 €	4 %	8 Jahre	
c)	2 500 €	2,5 %	3 Jahre	
d)	1 800 €	1,5 %	2 Jahre	

34. Ein Anfangskapital von 1 000 € wird für zehn Jahre zu einem festen Zinssatz von 5 % mit Zinseszinsen angelegt.

a) Erstelle eine Tabelle, welche die Entwicklung des Kapitals zeigt.

b) Zeichne in ein geeignetes Koordinatensystem einen Graphen, der die Entwicklung des Kapitals zeigt.

3 Exponentielle Zu- und Abnahme

Merke

Exponentialfunktionen

Exponentielles Wachstum und exponentieller Zerfall

- Bei exponentieller Zunahme (**exponentiellem Wachstum**) oder exponentieller Abnahme (**exponentiellem Zerfall**) wird eine Anfangsgröße G_0 in gleichen Zeitspannen n jeweils mit dem gleichen Wachstumsfaktor q multipliziert:
  $G_n = G_0 \cdot q^n$
- Bei einer prozentualen Veränderung um **p %** gilt für den **Wachstumsfaktor q**:

  exponentielle Zunahme: $q = 1 + \frac{p}{100}$

  exponentielle Abnahme: $q = 1 - \frac{p}{100}$
- Der **Graph** einer Funktion, die exponentielles Wachstum oder exponentiellen Zerfall beschreibt, ist immer eine **Kurve**.

Beispiele

1. Bestimme aus der prozentualen Veränderung jeweils den Wachstumsfaktor q.

   a) Zunahme um 5 % b) Abnahme um 8 %

   c) Abnahme um 25 % d) Verdopplung

   e) Halbierung

   Lösung:

   a) $q = 1 + \frac{5}{100} = 1 + 0{,}05 = 1{,}05$ p % = 5 %

   b) $q = 1 - \frac{8}{100} = 1 - 0{,}08 = 0{,}92$ p % = 8 %

   c) $q = 1 - \frac{25}{100} = 1 - 0{,}25 = 0{,}75$ p % = 25 %

   d) $q = 1 + \frac{100}{100} = 1 + 1 = 2$ Verdopplung: Zunahme um p % = 100 %

   e) $q = 1 - \frac{50}{100} = 1 - 0{,}5 = 0{,}5$ Halbierung: Abnahme um p % = 50 %

2. Eine Bakterienkultur mit einer Bakterie am Anfang vervierfacht sich in jeder Stunde. Lege eine Wertetabelle an und zeichne einen passenden Graphen. (Hinweis: Eine Vervierfachung entspricht einer Zunahme um 300 %.)

   Lösung:

   Anfangsgröße: $G_0 = 1$

   Wachstumsfaktor:

   $q = 1 + \frac{300}{100} = 1 + 3 = 4$ Vervierfachung: Zunahme um p % = 300 %

   Bakterienzahl nach n Stunden:

   $G_n = G_0 \cdot q^n$

   $G_n = 1 \cdot 4^n$

   $G_n = 4^n$

Wertetabelle:

Anzahl der Stunden (n)	0	1	2	3	4	5
Anzahl der Bakterien (G_n)	1	4	16	64	256	1 024

$\cdot 4$ $\cdot 4$ $\cdot 4$ $\cdot 4$ $\cdot 4$

Graph:

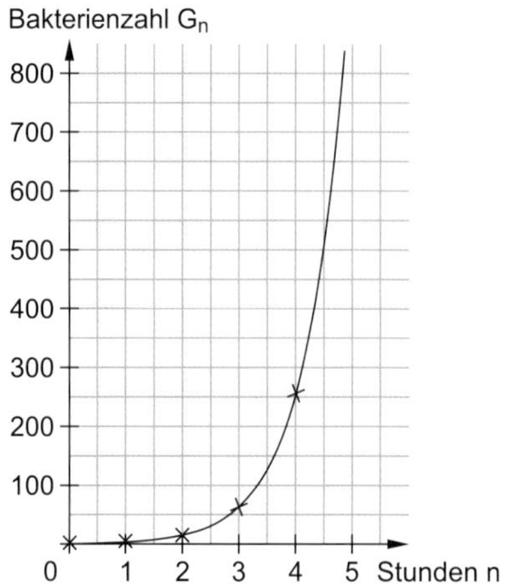

Die **Anfangsgröße G_0** gibt den **Schnittpunkt mit der y-Achse** an.

Der **Wachstumsfaktor q** gibt die „Steigung" an. Je **größer** q ist, desto **steiler** verläuft der Graph.

3. Eine Tierpopulation nimmt jährlich um 25 % zu. Zu Beginn der Untersuchung zählt man 320 Tiere.
Berechne, wie viele Tiere es nach vier Jahren sind.

Lösung:
Anfangsgröße: $G_0 = 320$ Tiere
Wachstumsfaktor:

$q = 1 + \frac{25}{100} = 1,25$ — Zunahme um p % = 25 %

Zeitspanne: n = 4 Jahre

Anzahl der Tiere nach 4 Jahren:
$G_4 = 320 \cdot 1,25^4$ — $G_n = G_0 \cdot q^n$
$G_4 = 781,25$

Nach vier Jahren sind es 781 Tiere. — Du musst hier abrunden. Es gibt nur ganze Tiere.

4. Ein Neuwagen kostet 25 000 € und verliert jährlich 20 % an Wert.
Berechne den Restwert des Autos nach sechs Jahren.

Lösung:
Anfangsgröße: $G_0 = 25\,000$ €
Wachstumsfaktor:

$q = 1 - \frac{20}{100} = 0,8$ — Abnahme um p % = 20 %

Zeitspanne: n = 6 Jahre

Restwert nach 6 Jahren:
$G_6 = 25\,000\text{ €} \cdot 0,8^6$ — $G_n = G_0 \cdot q^n$
$G_6 = 6\,553,60$ €

Nach sechs Jahren hat das Auto noch einen Restwert von 6 553,60 €.

Aufgaben

35. In einem Fischbrötchen befinden sich um 12.00 Uhr 50 Salmonellen. Bei einer Temperatur von 20 °C verdoppelt sich die Anzahl der Salmonellen alle 30 Minuten.
Berechne, wie viele Salmonellen um 14.00 Uhr in dem Fischbrötchen sind.

36. Durch ein Algenvernichtungsmittel lässt sich ein Algenteppich von 200 m^2 täglich um 20 % reduzieren.
Berechne die Größe der Algenfläche nach 5 Tagen.

37. Durch eine Filteranlage lässt sich die Virenlast in einem Klassenraum innerhalb von 10 Minuten halbieren.
Berechne, wann sich die Virenlast auf unter 10 % reduziert hat.
(Hinweis: Nimm z. B. an, dass am Beginn eine Virenlast von 100 vorlag. Berechne den Zeitraum durch Probieren.)

38. Die Tabelle zeigt die aktuellen Preise für vier Modelle eines Autoherstellers. Die Preise der Autos steigen jährlich durchschnittlich um 4 %.
Wie viel kosten die Autos jeweils in fünf bzw. zehn Jahren? Fülle die Tabelle aus. Runde dabei auf ganze Euro.

	Modell	aktueller Preis	Preis in 5 Jahren	Preis in 10 Jahren
a)	Xavier	9 000 €		
b)	Fabio	13 500 €		
c)	Rico	18 900 €		
d)	Cesaro	23 200 €		

4 Vermischte Aufgaben

39. Die Mietpreise in Hannover steigen jährlich um ca. 5 %. Carsten und Helge streiten sich, ob ihre jetzige Miete von 500 € in zehn Jahren mehr als 750 € beträgt.
Entscheide mithilfe einer Rechnung, ob die Miete über oder unter 750 € liegen wird.

40. Die 15-jährige Leila hat in der Zeitung gelesen, dass der Preis für einen Liter Benzin um ca. 12 % pro Jahr ansteigt. Sie möchte gerne wissen, wie teuer der Sprit ist, wenn sie mit 18 Jahren den Führerschein macht. Auf dem Schulweg hat sie gesehen, dass ein Liter im Moment 1,82 € kostet.
Berechne mit diesen Informationen den Spritpreis für den Zeitpunkt, wenn Leila 18 Jahre alt wird.

41. Natascha legt die 400 €, die sie zur Konfirmation bekommen hat, zu einem Zinssatz von 3,5 % für acht Jahre fest an.
Berechne, wie viel Geld sie nach acht Jahren von ihrem Konto abheben kann.

42. Der 13-jährige Yannick hat schon 1 500 € zusammengespart. Bis zu seinem 18. Geburtstag möchte er das Geld anlegen, um dann davon seinen Führerschein zu bezahlen. Die Bank macht ihm folgende Angebote.

Angebot 1 *fester Zinssatz von 4,5 %; Auszahlung der Zinsen jeweils am Jahresende*
Angebot 2 *fester Zinssatz von 4,25 %; Zinsen werden jährlich mitverzinst*

Nimm Stellung zu den beiden Vorschlägen. Welches Angebot sollte Yannick wählen?

43. In Hannover eröffnen zeitgleich zwei Fitnessstudios. Bei der Eröffnungsfeier melden sich bei beiden Studios exakt 100 Leute an. Danach gehen die Anmeldezahlen auseinander:

Fit In *Es melden sich jeden Monat 12 neue Mitglieder an.*
Elan *Die Mitgliederzahl steigt jeden Monat um 10 %.*

a) Stelle für die ersten 6 Monate eine geeignete Tabelle zum Vergleich der Mitgliederzahlen auf.

b) Stelle den Verlauf der Mitgliederzahlen in einem Diagramm dar. (Hinweis: Trage auf der x-Achse die Monate und auf der y-Achse die Mitgliederzahl an.)

Quadratische Funktionen

1 Quadratische Funktionen

Merke

Quadratische Funktionen
Der Graph der quadratischen Funktion mit der Funktionsgleichung **$y = x^2$** heißt **Normalparabel**.
Die Parabel hat ihren **Scheitelpunkt S(0 | 0)** im Koordinatenursprung, ist **nach oben geöffnet** und verläuft **symmetrisch zur y-Achse**.

Beispiel

Lege für die quadratische Funktion $y = x^2$ eine Wertetabelle von –3 bis +3 an und zeichne die Normalparabel in ein Koordinatensystem.

Lösung:
Wertetabelle:

x	–3	–2	–1	0	1	2	3
y	9	4	1	0	1	4	9

Graph:

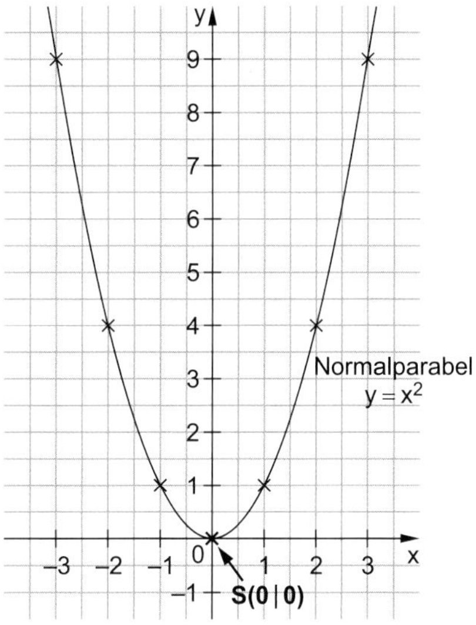

Zeichne die Wertepaare aus der Wertetabelle in ein Koordinatensystem ein und verbinde die Punkte zu einer Parabel.
Achte darauf, dass die Parabel im Scheitelpunkt nicht spitz zuläuft und keinen Knick besitzt.
Für die Normalparabel kannst du auch eine Parabelschablone verwenden.

Aufgaben

44. Gib an, welche der Punkte auf der Normalparabel liegen.

a) A(1 | 1) b) B(3 | 6)
c) C(12 | 133) d) D(9 | 81)
e) E(6 | 32) f) F(0,5 | 0,25)

45. Bestimme die Punkte so, dass sie auf der Normalparabel liegen.
Beachte: Manchmal gibt es zwei Lösungen.

a) A(3 | y) b) B(4 | y)
c) C(1 | y) d) D(2 | y)
e) E(x | 9) f) F(x | 100)
g) G(x | 0,16) h) H(x | 4)

Merke

Gestreckte/ Gestauchte Parabel

Gestreckte und gestauchte Parabeln

Die Graphen der quadratischen Funktionen $\mathbf{y = ax^2}$ sind ebenfalls Parabeln mit dem **Scheitelpunkt S(0 | 0)**.

Der Faktor a bestimmt die **Öffnung** und die **Form** der Parabel:

- **a > 1:** Die Parabel ist **gestreckt**, d. h. **schmaler** als die Normalparabel.
- **a = 1:** Die Parabel ist die **Normalparabel**.
- **0 < a < 1:** Die Parabel ist **gestaucht**, d. h. **breiter** als die Normalparabel.

Ist **a negativ**, wird die Parabel zusätzlich an der x-Achse gespiegelt und ist **nach unten geöffnet**.

Beispiel

Ordne jeder Funktionsgleichung ihren Funktionsgraphen im Koordinatensystem zu.

a) $y = 0{,}25x^2$
b) $y = x^2$
c) $y = 2x^2$
d) $y = -0{,}04x^2$
e) $y = -x^2$
f) $y = -1{,}5x^2$

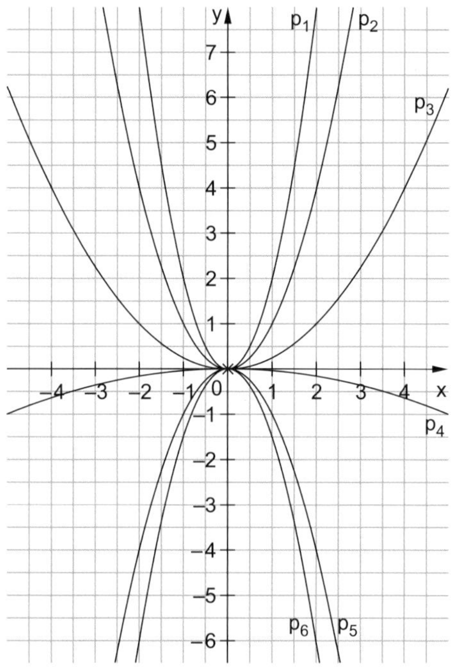

Lösung:

a) $y = 0{,}25x^2$	$\Rightarrow$ p_3	$a = 0{,}25$:	Im Vergleich zur Normalparabel gestaucht (breiter).
b) $y = x^2$	$\Rightarrow$ p_2	$a = 1$:	Normalparabel.
c) $y = 2x^2$	$\Rightarrow$ p_1	$a = 2$:	Im Vergleich zur Normalparabel gestreckt (schmaler).
d) $y = -0{,}04x^2$	$\Rightarrow$ p_4	$a = -0{,}04$:	Nach unten geöffnet und im Vergleich zur Normalparabel gestaucht (breiter).
e) $y = -x^2$	$\Rightarrow$ p_5	$a = -1$:	Nach unten geöffnete Normalparabel.
f) $y = -1{,}5x^2$	$\Rightarrow$ p_6	$a = -1{,}5$:	Nach unten geöffnet und im Vergleich zur Normalparabel gestreckt (schmaler).

Aufgabe **46.** Gegeben sind die folgenden Funktionsgleichungen quadratischer Funktionen.

p_1: $y = 2{,}5x^2$ p_2: $y = 0{,}5x^2$

p_3: $y = -0{,}75x^2$ p_4: $y = -2x^2$

a) Lege für die quadratischen Funktionen eine gemeinsame Wertetabelle von –3 bis +3 an.

b) Gib die Form (gestreckt oder gestaucht) und die Öffnung (nach oben oder unten) der einzelnen Funktionen an.

c) Überprüfe deine Lösung, indem du die Graphen der einzelnen Funktionen in ein Koordinatensystem zeichnest.

Merke

Verschobene Parabeln

Die Graphen der quadratischen Funktionen $\mathbf{y = ax^2 + c}$ sind Parabeln mit dem **Scheitelpunkt S(0 | c)**.

Die Variable c bestimmt die **Lage** der Parabel und gibt an, wo der Scheitelpunkt S auf der y-Achse liegt.

- **c > 0:** Die Parabel ist **nach oben verschoben**.
- **c < 0:** Die Parabel ist **nach unten verschoben**.

Beispiel

Ordne jeder Funktionsgleichung ihren Graphen im Koordinatensystem zu.

a) $y = x^2 + 4$

b) $y = x^2$

c) $y = x^2 - 2$

d) $y = x^2 + \frac{1}{2}$

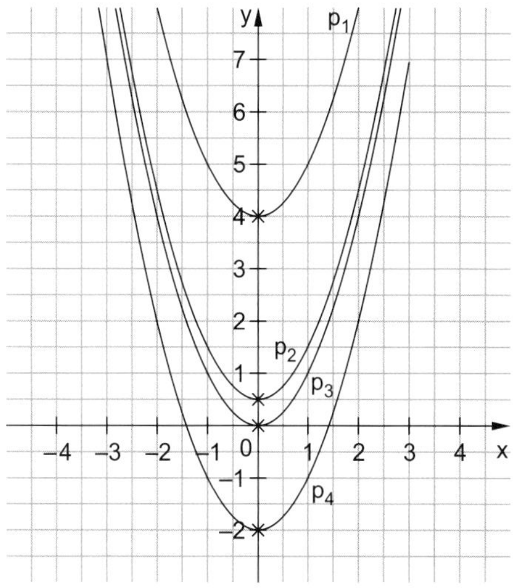

Lösung:

a) $y = x^2 + 4 \Rightarrow p_1$ — $c = +4$: Im Vergleich zur Normalparabel nach oben verschoben; Scheitelpunkt S(0 | 4).

b) $y = x^2 \Rightarrow p_3$ — $c = 0$: Normalparabel mit Scheitelpunkt S(0 | 0).

c) $y = x^2 - 2 \Rightarrow p_4$ — $c = -2$: Im Vergleich zur Normalparabel nach unten verschoben; Scheitelpunkt S(0 | –2).

d) $y = x^2 + \frac{1}{2} \Rightarrow p_2$ — $c = \frac{1}{2}$: Im Vergleich zur Normalparabel nach oben verschoben; Scheitelpunkt $S(0 \mid \frac{1}{2})$.

Aufgaben

47. Ordne jeder Parabel aus dem Koordinatensystem die richtige Funktionsgleichung zu.

I $y = x^2 + 3$

II $y = x^2 - 4$

III $y = -x^2 + 5$

IV $y = x^2$

V $y = -x^2 + 1$

VI $y = x^2 + 5$

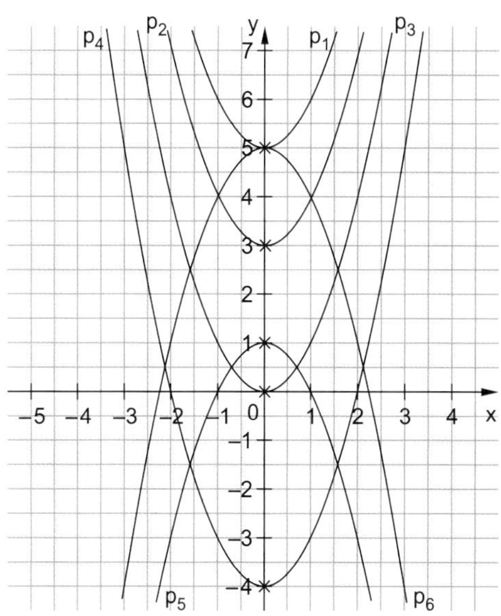

48. Bestimme die Scheitelpunkte der folgenden Parabeln.

a) $y=3x^2+3$ b) $y=2x^2-6$

c) $y=-x^2+0{,}5$ d) $y=-1{,}5x^2-2{,}5$

49. Lege jeweils eine Wertetabelle für die quadratische Funktion an und zeichne die Parabel in ein Koordinatensystem. Vergleiche Lage und Form der Parabel mit der Normalparabel.

a) $y=2x^2-2$ b) $y=-0{,}5x^2$

c) $y=0{,}25x^2+1{,}5$ d) $y=-3x^2+2$

50. Zeichne die Parabel jeweils mithilfe einer Wertetabelle in ein Koordinatensystem. Spiegle sie anschließend an der x-Achse und gib die Gleichung für die gespiegelte Parabel an.

a) $y=0{,}5x^2+1$ b) $y=-2x^2-1$

2 Nullstellen quadratischer Funktionen

Merke

Nullstellen quadratischer Funktionen

Eine **Nullstelle** bezeichnet den **Schnittpunkt** einer Funktion **mit der x-Achse**. Der Graph einer quadratischen Funktion kann unterschiedlich viele Nullstellen haben.

- **keine Nullstelle**
  Der **Scheitelpunkt** liegt **oberhalb** der **x-Achse** und die Parabel ist **nach oben geöffnet**.
  Der **Scheitelpunkt** liegt **unterhalb** der **x-Achse** und die Parabel ist **nach unten geöffnet**.
- **eine Nullstelle**
  Der **Scheitelpunkt** liegt genau **auf der x-Achse**.
- **zwei Nullstellen**
  Der **Scheitelpunkt** liegt **oberhalb der x-Achse** und die Parabel ist **nach unten geöffnet**.
  Der **Scheitelpunkt** liegt **unterhalb der x-Achse** und die Parabel ist **nach oben geöffnet**.

Um die Nullstellen zu berechnen, setze den **Funktionsterm gleich null**: $0=ax^2+c$

Beispiel

Bestimme die Nullstellen der folgenden quadratischen Funktionen.

a) $y=x^2-1$ b) $y=2x^2+2$

c) $y=-0{,}5x^2$

Lösung:

a) Funktionsterm gleich null setzen:

$0=x^2-1 \quad |+1$

$1=x^2 \quad |\text{Seiten vertauschen}$

$x^2=1 \quad |\sqrt{\ }$

$x_{1/2}=\pm 1$

Zwei Nullstellen:
$N_1(-1\,|\,0)$ und $N_2(1\,|\,0)$

Der Scheitelpunkt liegt unterhalb der x-Achse und die Parabel ist nach oben geöffnet.
⇒ Zwei Schnittpunkte mit der x-Achse.

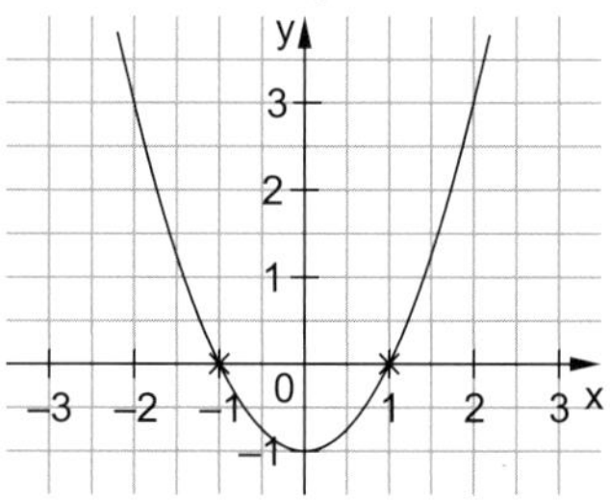

Beachte: Sowohl 1 als auch –1 sind Lösungen der Gleichung $x^2=1$.

b) Funktionsterm gleich null setzen:

$0 = 2x^2 + 2 \quad | -2$

$-2 = 2x^2 \quad | :2$

$-1 = x^2 \quad |$ Seiten vertauschen

$x^2 = -1 \quad | \sqrt{\ }$

Keine Nullstelle

Der Scheitelpunkt liegt oberhalb der x-Achse und die Parabel ist nach oben geöffnet.
⇒ Kein Schnittpunkt mit der x-Achse.

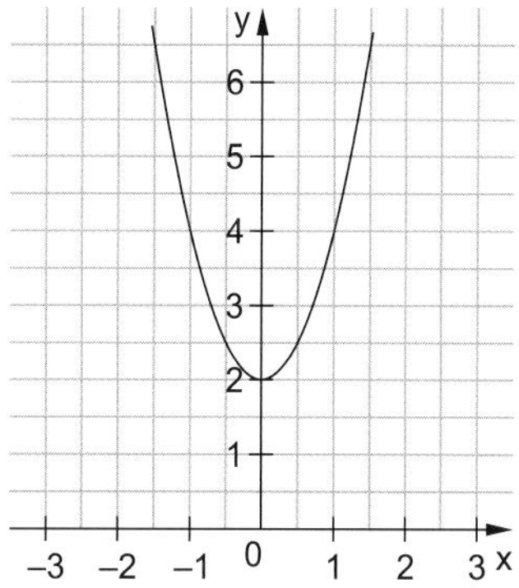

Beachte: Aus einer negativen Zahl kann man keine Wurzel ziehen.

c) Funktionsterm gleich null setzen:

$0 = -0{,}5x^2 \quad | :(-0{,}5)$

$0 = x^2 \quad |$ Seiten vertauschen

$x^2 = 0 \quad | \sqrt{\ }$

$x_{1/2} = \pm 0$

Eine Nullstelle:
$N_1(0|0)$

Der Scheitelpunkt liegt auf der x-Achse.
⇒ Berührpunkt mit der x-Achse.

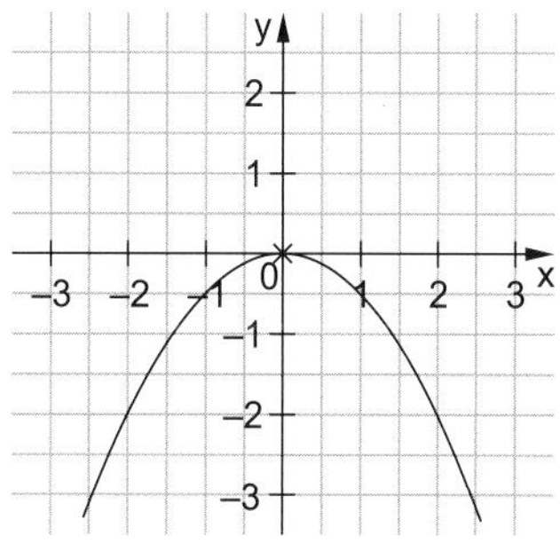

Beachte: Die Wurzel aus 0 ist 0.

Aufgaben **51.** Bestimme die Anzahl der Nullstellen. Begründe deine Lösung.

a) $y = x^2$
b) $y = x^2 + 2$
c) $y = x^2 - 4$
d) $y = 2x^2$
e) $y = -x^2 - 0{,}5$
f) $y = 0{,}2x^2 - 1$

52. Lies aus dem Schaubild jeweils die Schnittpunkte der eingezeichneten Parabeln mit der x-Achse ab. Überprüfe die Ergebnisse mit einer Rechnung.

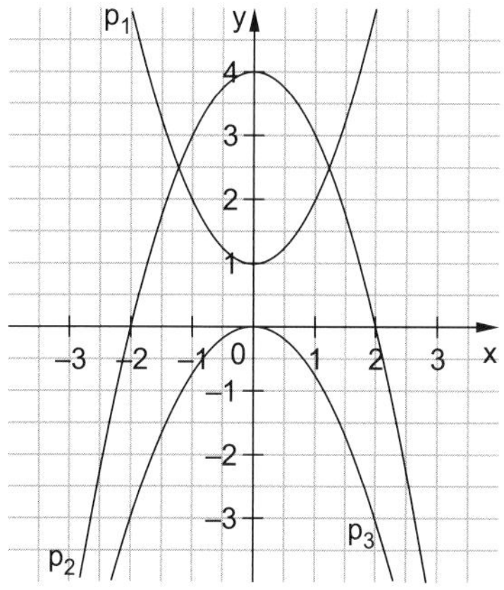

53. Im Koordinatensystem rechts sind drei Parabeln dargestellt.

a) Gib zu jeder Parabel eine Funktionsgleichung an.

b) Berechne die Schnittpunkte der Parabel p_3 mit der x-Achse.

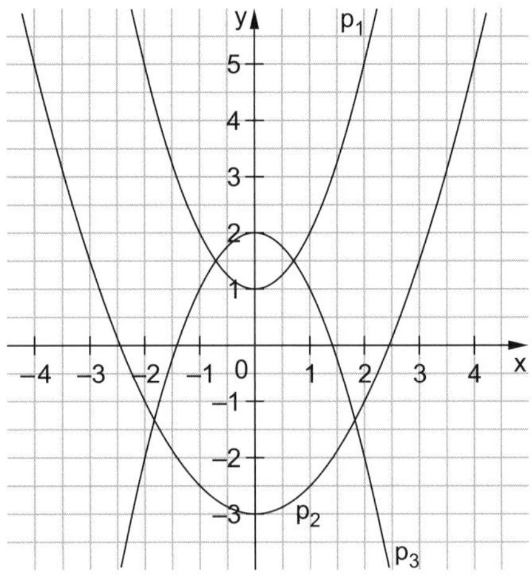

54. Durch die Punkte A(–1 | 3), B(0 | –1) und C(1 | 3) verläuft eine quadratische Funktion.

a) Zeichne die Parabel p, auf der die Punkte A, B und C liegen.

b) Bestimme die Funktionsgleichung der Parabel p.

c) Bestimme die Nullstellen der Parabel p.

55. Ordne folgende Funktionsgleichungen und Wertetabellen ihren jeweiligen Graphen aus dem Koordinatensystem zu.
Gib jeweils auch an, um welche Art von Funktion es sich handelt.

a) $y = -3x + 9$

b) $y = 0{,}5x^2 + 1$

c) $y = 4^x$

d)

x	–2	–1	0	1
y	–1	–4	–5	–4

e)

x	0	1	2	3
y	4	6	9	13,5

f)

x	0	1	2	3
y	0	2	4	6

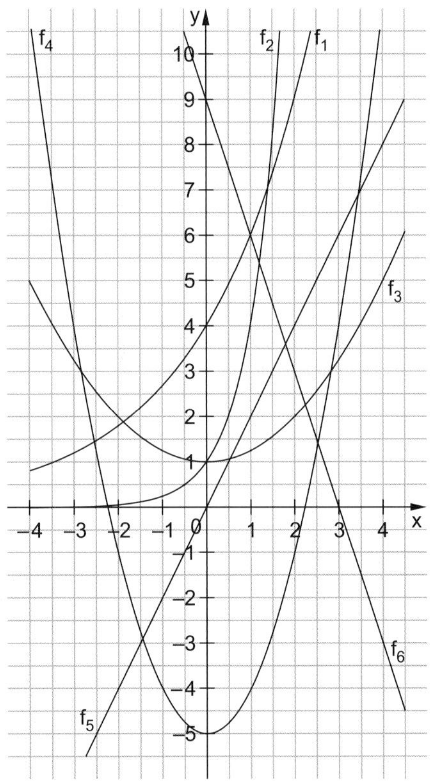

Geometrische Gesetzmäßigkeiten

1 Zentrische Streckung

Zwei Figuren heißen **ähnlich**, wenn sie in **allen Winkeln** und in **allen Seitenverhältnissen übereinstimmen**, d. h., wenn sie durch Vergrößern oder Verkleinern auseinander hervorgehen.
Ähnliche Figuren können beispielsweise durch **zentrische Streckungen** entstehen.

Merke

Zentrische Streckung
Eine zentrische Streckung ist durch das **Streckungszentrum Z** und den **Streckungsfaktor k** festgelegt. Durch den Streckungsfaktor k wird die Figur vergrößert oder verkleinert:
- **$k > 1$:** Vergrößerung
- **$0 < k < 1$:** Verkleinerung

Es gelten folgende Eigenschaften:
- Original- und Bildpunkt liegen auf einer Geraden durch das Streckungszentrum Z.
- Original- und Bildstrecke sind parallel zueinander.
- Das Längenverhältnis von Bild- zu Originalstrecke hat den Wert k.
- Original- und Bildwinkel sind gleich groß.

Beispiel

Strecke das Dreieck ABC vom Zentrum Z aus mit dem Streckungsfaktor $k = 2$.

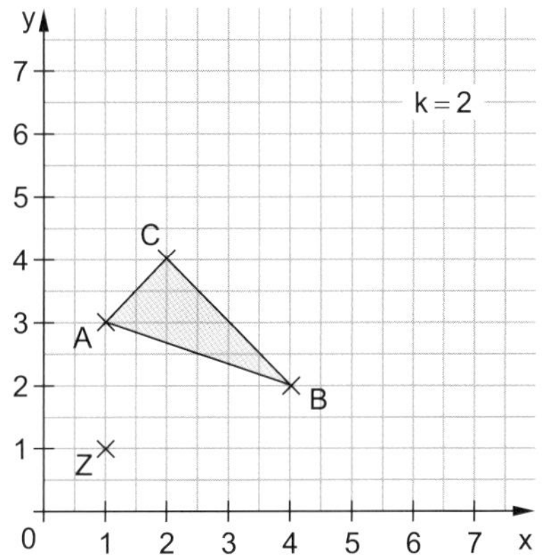

Lösung:

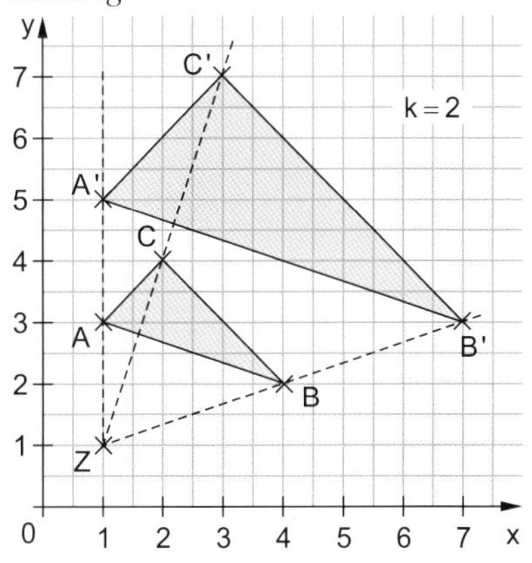

Zeichne ausgehend vom Streckungszentrum Z die Halbgeraden durch die Punkte A, B und C ein. Die Bildpunkte A', B' und C' liegen jeweils auf diesen Halbgeraden.

Die Abstände der Bildpunkte vom Streckungszentrum Z sind jeweils k-mal (hier: doppelt) so groß wie die Abstände der Originalpunkte vom Streckungszentrum Z.

Aufgaben **56.** Übertrage die Figuren in dein Heft und strecke sie jeweils von Z aus mit dem angegebenen Streckungsfaktor.

a) 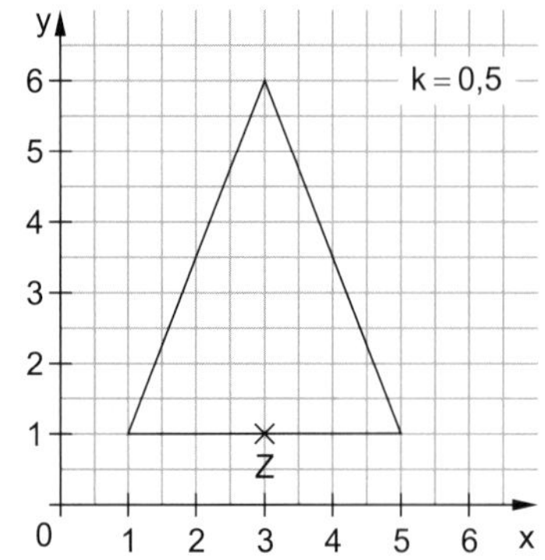

b) 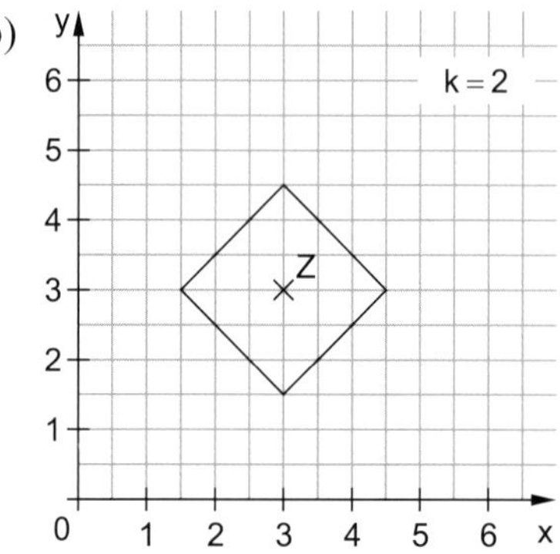

57. Zeichne die Punkte A(1 | 1), B(3 | 1), C(3 | 3), D(2 | 4,5) und E(1 | 3) in ein Koordinatensystem ein und verbinde sie.
Strecke das entstandene Fünfeck von Z(0 | 0) aus mit dem Streckungsfaktor k = 2.

58. Ein Dreieck mit der Grundseite g = 12 cm und der Höhe h = 7 cm wird mit dem Streckungsfaktor k = 0,5 verkleinert.
Berechne den Flächeninhalt des Bilddreiecks.

2 Strahlensätze

Merke

Strahlensätze

Strahlensätze

Gehen von einem gemeinsamen Zentrum Z **zwei Strahlen** aus, die **von zwei parallelen Geraden geschnitten** werden, so gelten folgende Sätze:

- **1. Strahlensatz:**
  Die Streckenabschnitte auf dem einen Strahl verhalten sich wie die entsprechenden Abschnitte auf dem anderen Strahl.

  $\frac{\overline{ZA}}{\overline{ZA'}} = \frac{\overline{ZB}}{\overline{ZB'}}$ $\frac{\overline{ZA}}{\overline{AA'}} = \frac{\overline{ZB}}{\overline{BB'}}$

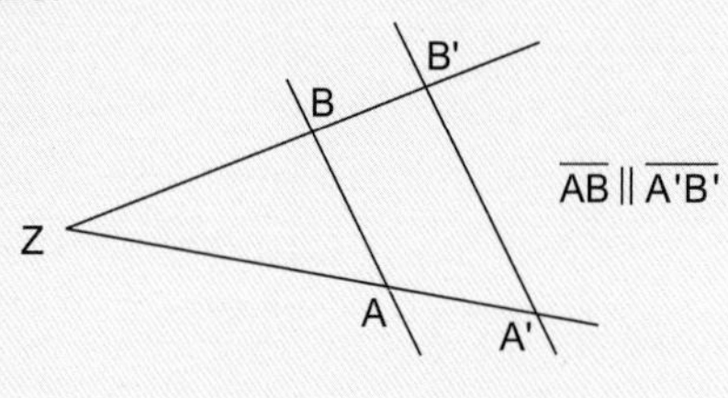

- **2. Strahlensatz:**
  Die Abschnitte auf den Parallelen verhalten sich wie die vom Strahlenzentrum Z aus gemessenen Abschnitte auf jedem einzelnen Strahl.

  $\frac{\overline{AB}}{\overline{A'B'}} = \frac{\overline{ZA}}{\overline{ZA'}}$ $\frac{\overline{AB}}{\overline{A'B'}} = \frac{\overline{ZB}}{\overline{ZB'}}$

Beispiel Berechne die Längen der Strecken $\overline{BB'}$ und $\overline{A'B'}$.

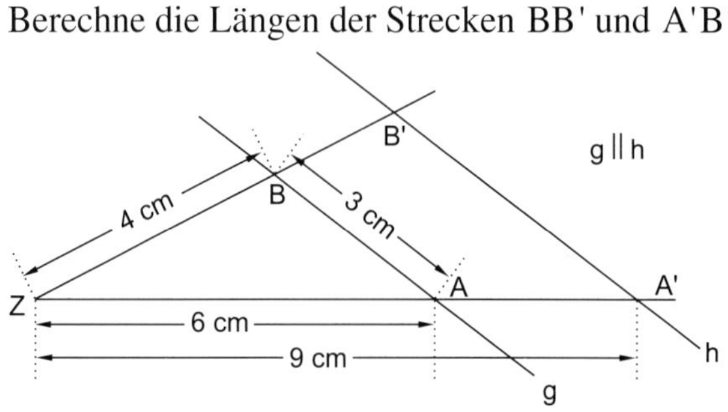

Lösung:

Berechnung von $\overline{BB'}$:

$$\frac{6\text{ cm}}{9\text{ cm}} = \frac{4\text{ cm}}{\overline{ZB'}} \quad |\cdot \overline{ZB'} \quad |\cdot 9\text{ cm}$$

$$6\text{ cm} \cdot \overline{ZB'} = 4\text{ cm} \cdot 9\text{ cm} \quad |:6\text{ cm}$$

$$\overline{ZB'} = \frac{4\text{ cm} \cdot 9\text{ cm}}{6\text{ cm}}$$

$$\overline{ZB'} = 6\text{ cm}$$

$$\overline{BB'} = \overline{ZB'} - \overline{ZB}$$

$$\overline{BB'} = 6\text{ cm} - 4\text{ cm}$$

$$\overline{BB'} = 2\text{ cm}$$

Berechne zunächst die Länge der Strecke $\overline{ZB'}$ mit dem 1. Strahlensatz:
$\frac{\overline{ZA}}{\overline{ZA'}} = \frac{\overline{ZB}}{\overline{ZB'}}$

Berechne mit dem Ergebnis dann die eigentlich gesuchte Länge $\overline{BB'}$.

Alternativ:
Mit $\overline{AA'} = 9\text{ cm} - 6\text{ cm} = 3\text{ cm}$ kannst du auch die andere Formel des 1. Strahlensatzes anwenden und direkt die gesuchte Länge $\overline{BB'}$ berechnen:
$\frac{\overline{ZA}}{\overline{AA'}} = \frac{\overline{ZB}}{\overline{BB'}} \Rightarrow \frac{6\text{ cm}}{3\text{ cm}} = \frac{4\text{ cm}}{\overline{BB'}}$

Berechnung von $\overline{A'B'}$:

$$\frac{3\text{ cm}}{\overline{A'B'}} = \frac{6\text{ cm}}{9\text{ cm}} \quad |\cdot \overline{A'B'} \quad |\cdot 9\text{ cm}$$

$$3\text{ cm} \cdot 9\text{ cm} = 6\text{ cm} \cdot \overline{A'B'} \quad |:6\text{ cm}$$

$$\frac{3\text{ cm} \cdot 9\text{ cm}}{6\text{ cm}} = \overline{A'B'} \quad |\text{Seiten vertauschen}$$

$$\overline{A'B'} = 4{,}5\text{ cm}$$

2. Strahlensatz: $\frac{\overline{AB}}{\overline{A'B'}} = \frac{\overline{ZA}}{\overline{ZA'}}$

Aufgaben

59. Welche Gleichungen passen zur Zeichnung? Kreuze an.

☐ $\frac{\overline{ZA}}{\overline{ZA'}} = \frac{\overline{AB}}{\overline{A'B'}}$

☐ $\frac{\overline{AB}}{\overline{A'B'}} = \frac{\overline{ZB'}}{\overline{ZB}}$

☐ $\frac{\overline{ZB'}}{\overline{ZB}} = \frac{\overline{ZA}}{\overline{ZA'}}$

☐ $\frac{\overline{ZB}}{\overline{ZB'}} = \frac{\overline{ZA}}{\overline{ZA'}}$

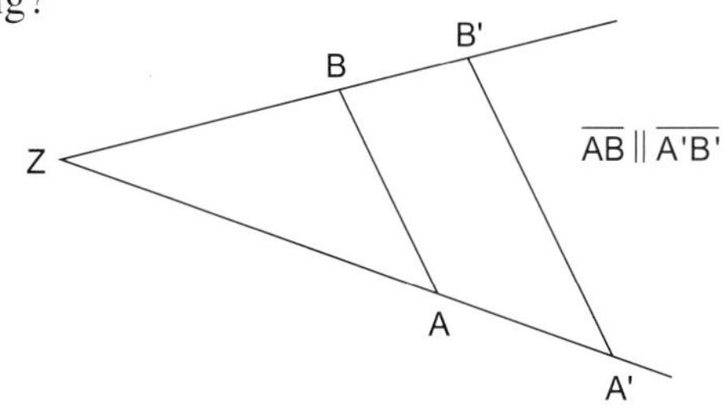

60. Berechne, bis zu welcher Höhe die Leiter reicht, wenn die Längen $\overline{BD} = 8{,}4$ m, $\overline{AD} = 13{,}2$ m und $\overline{BC} = 2$ m gegeben sind.

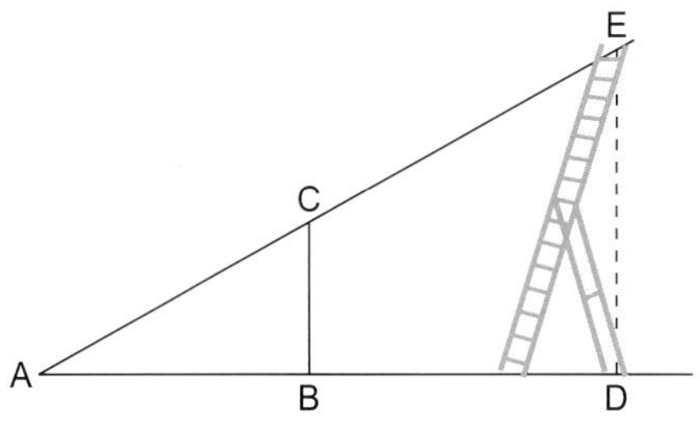

61. Berechne die fehlenden Streckenlängen in den Abbildungen.

a)

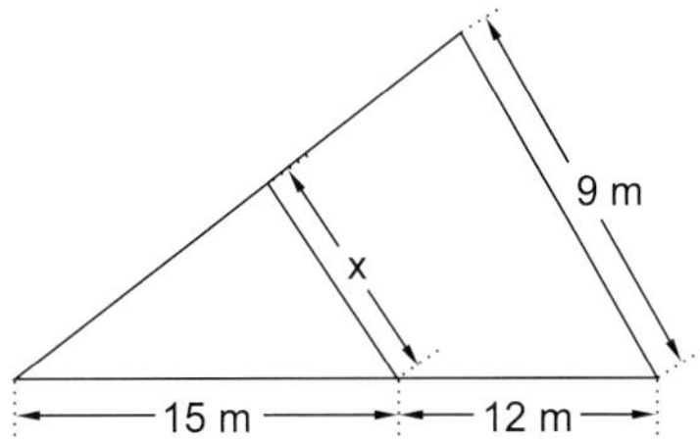

b)

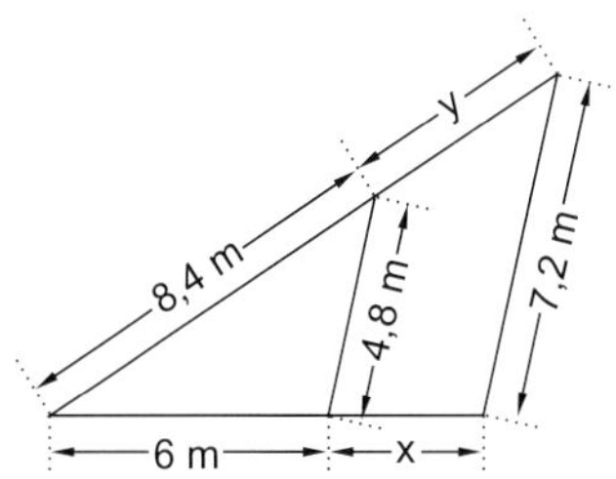

3 Satz des Pythagoras

Merke

Rechtwinklige Dreiecke
Bei rechtwinkligen Dreiecken nennt man die beiden Seiten, die den rechten Winkel einschließen, **Katheten**.
Die längste Seite des Dreiecks liegt dem rechten Winkel gegenüber. Sie heißt **Hypotenuse**.

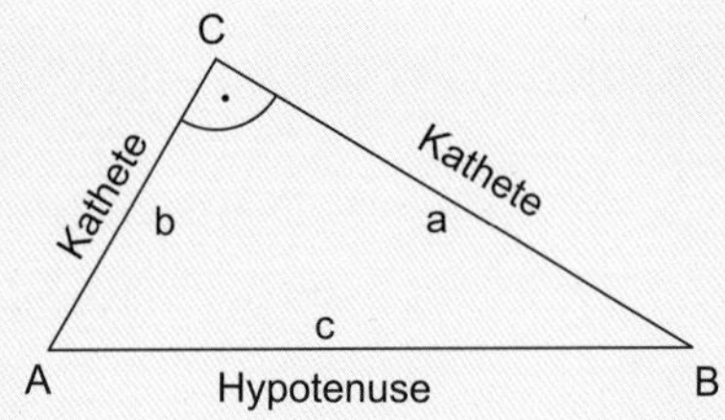

Merke

Satz des Pythagoras

Satz des Pythagoras
In jedem rechtwinkligen Dreieck gilt der **Satz des Pythagoras**.
Die Quadrate über den Katheten sind zusammen flächengleich zu dem Quadrat über der Hypotenuse:
$\mathbf{a^2 + b^2 = c^2}$

Die **Umkehrung** gilt ebenfalls:
Gilt der **Satz des Pythagoras** in einem Dreieck, ist das **Dreieck rechtwinklig**.

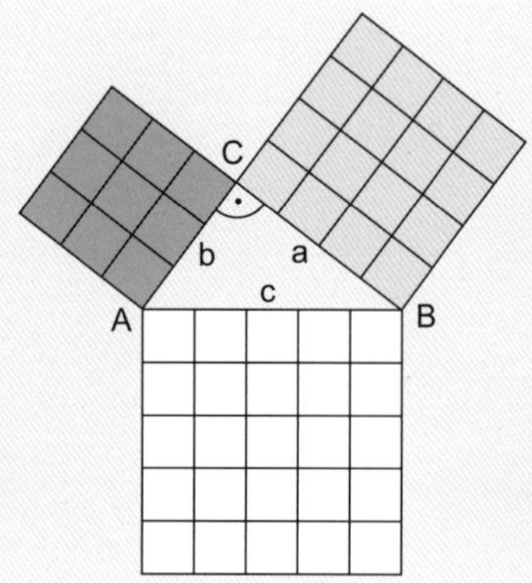

Beispiel

Berechne den Flächeninhalt des gleichschenkligen Dreiecks ABC.

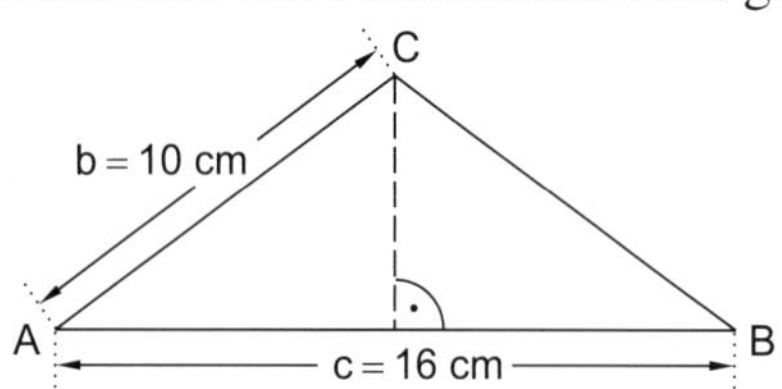

Lösung:
Berechnung der Höhe h:

Berechne die Höhe h des Dreiecks mit dem Satz des Pythagoras im rechtwinkligen Teildreieck.

$$\left(\frac{c}{2}\right)^2 + h^2 = b^2$$
$$(8\text{ cm})^2 + h^2 = (10\text{ cm})^2$$
$$64\text{ cm}^2 + h^2 = 100\text{ cm}^2 \quad |-64\text{ cm}^2$$
$$h^2 = 36\text{ cm}^2 \quad |\sqrt{\ }$$
$$h = 6\text{ cm}$$

Beachte: Die zweite Lösung beim Wurzelziehen entfällt, da negative Streckenlängen keinen Sinn machen.

Berechnung des Flächeninhalts:

Berechne den Flächeninhalt des Dreiecks mit der Formel $A = \frac{g \cdot h}{2}$.

$$A = \frac{16\text{ cm} \cdot 6\text{ cm}}{2} = 48\text{ cm}^2$$

Aufgaben

62. Ein Quader mit den rechts abgebildeten Maßen ist gegeben.

a) Bestimme die Länge der Flächendiagonalen $\overline{AC}$.

b) Bestimme die Länge der Raumdiagonalen $\overline{AG}$.

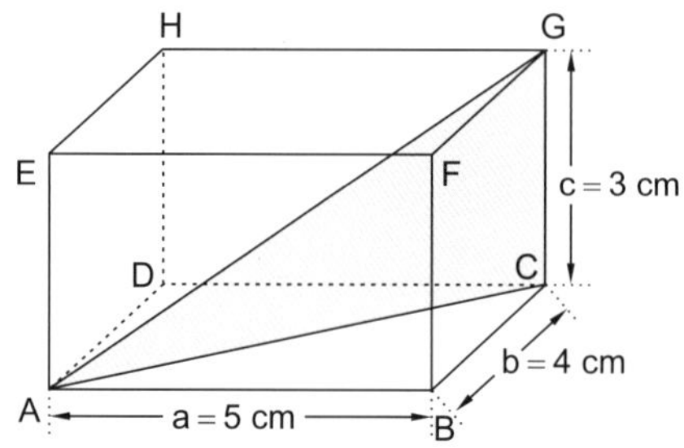

63. Von einem Dreieck sind die Eckpunkte A(2|2), B(6|−2) und C(6|2) gegeben.

a) Zeichne das Dreieck in ein Koordinatensystem.

b) Berechne die Streckenlänge c.

64. Berechne jeweils den Umfang und den Flächeninhalt der Figuren.

a)

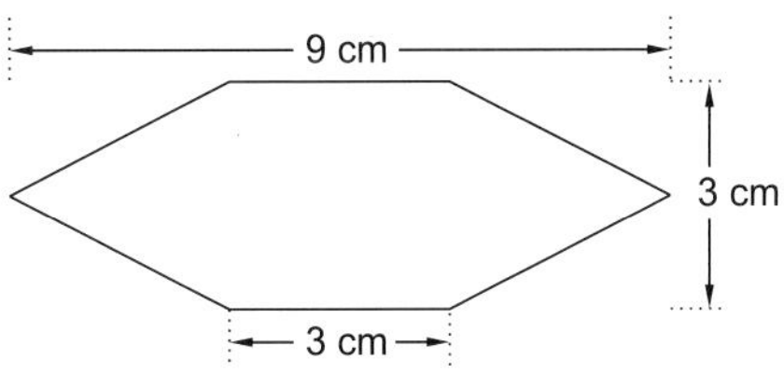

b)

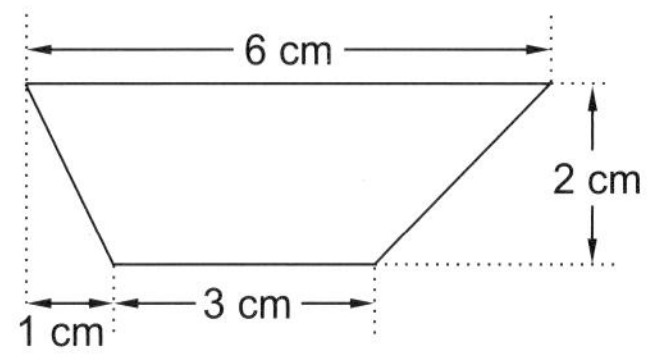

4 Satz des Thales

Merke

Satz des Thales

- Liegt die Ecke C eines Dreiecks ABC auf dem Halbkreis – dem sogenannten **Thaleskreis** – über der Seite c, ist das **Dreieck** ABC bei C **rechtwinklig**.
- Die Umkehrung gilt ebenfalls: **Zu jedem rechtwinkligen Dreieck** kann man einen **Thaleskreis** zeichnen. Die **Hypotenuse** ist dabei der **Durchmesser** des Kreises.

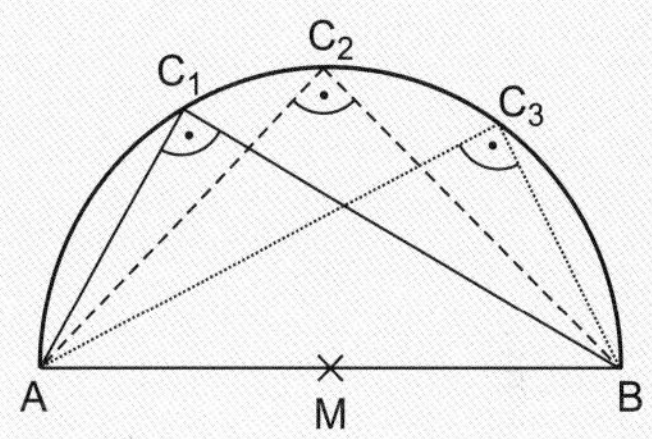

Beispiel

Zeichne ein rechtwinkliges Dreieck mit Hypotenuse c = 4 cm und Kathete a = 2,5 cm.

Lösung:

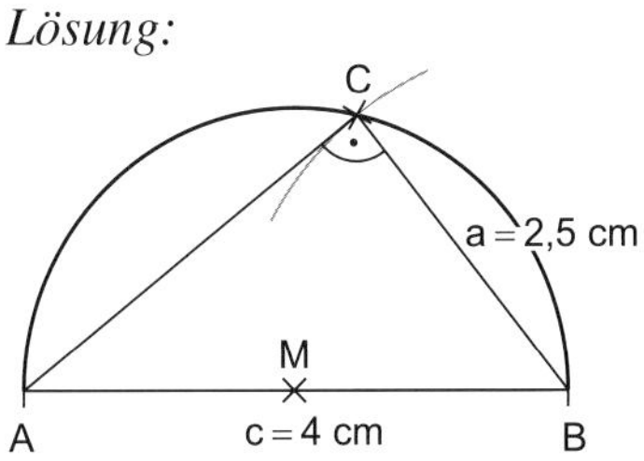

- Zeichne über der Seite c = 4 cm den Thaleskreis.
- Zeichne einen Kreis um B mit Radius 2,5 cm.
- Der Schnittpunkt mit dem Thaleskreis liefert den Eckpunkt C.

Aufgaben **65.** Welche Dreiecke sind rechtwinklig? Kreuze an und begründe.

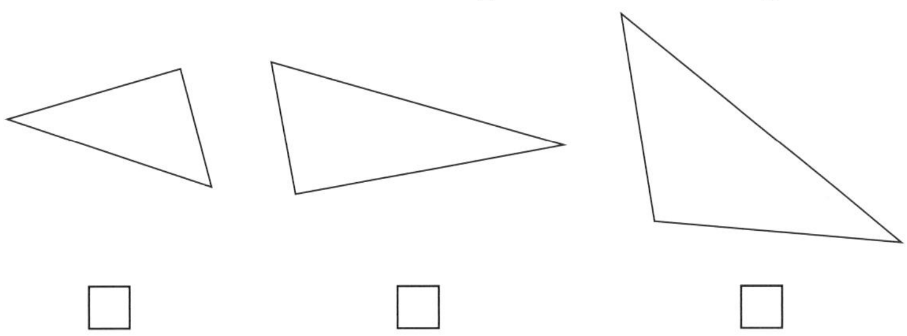

66. Zeichne rechtwinklige Dreiecke, die die folgenden Eigenschaften besitzen.

a) Hypotenuse c = 8 cm; Kathete a = 3 cm

b) Hypotenuse c = 5 cm; Winkel $\alpha = 35°$

c) 2 verschiedene Dreiecke: Hypotenuse c = 6 cm; Höhe $h_c = 2{,}5$ cm

67. Von einem Dreieck sind die Eckpunkte A(–3 | –1), B(3,5 | –1) und C(1,5 | 2) gegeben.

a) Zeichne das Dreieck ABC in ein Koordinatensystem.

b) Zeige mithilfe des Satzes von Thales, dass das Dreieck ABC rechtwinklig ist.

c) Die Kathete b ist 5,4 cm lang.
Entnimm die Länge der Hypotenuse aus der Zeichnung und berechne die Länge der fehlenden Kathete.

5 Trigonometrie

Merke

Beziehungen im rechtwinkligen Dreieck

Mit den folgenden Formeln kannst du **Seitenlängen und Winkelgrößen** im **rechtwinkligen Dreieck** berechnen.

- **Sinus:** $\sin\alpha = \frac{\text{Gegenkathete}}{\text{Hypotenuse}} = \frac{a}{c}$
- **Kosinus:** $\cos\alpha = \frac{\text{Ankathete}}{\text{Hypotenuse}} = \frac{b}{c}$
- **Tangens:** $\tan\alpha = \frac{\text{Gegenkathete}}{\text{Ankathete}} = \frac{a}{b}$

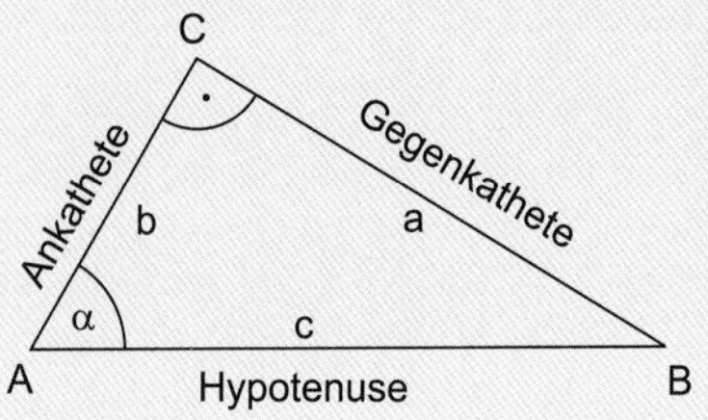

Beispiele

1. Berechne die Länge der Seiten a und b im Dreieck ABC.

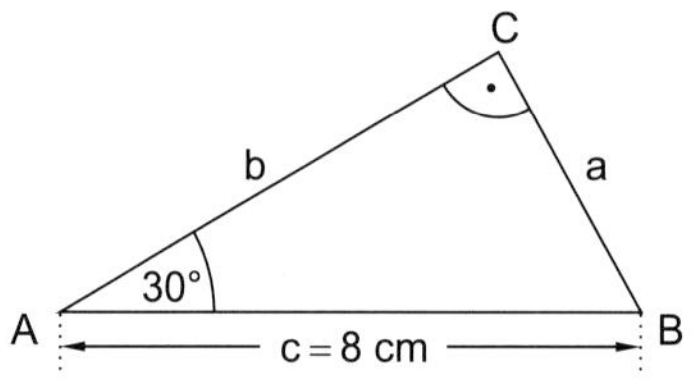

Lösung:

Berechnung von a:

$\sin\alpha = \frac{a}{c}$ $\quad | \cdot c$

$\sin\alpha \cdot c = a$ $\quad |$ Seiten vertauschen

$a = \sin\alpha \cdot c$

$a = \sin 30° \cdot 8\text{ cm}$

$a = 4\text{ cm}$

Die Seite c ist die Hypotenuse, die Seite a die Gegenkathete des Winkels α.
⇒ Berechne mit dem Sinus.

Berechnung von b:

$\cos\alpha = \frac{b}{c}$ $\quad | \cdot c$

$\cos\alpha \cdot c = b$ $\quad |$ Seiten vertauschen

$b = \cos\alpha \cdot c$

$b = \cos 30° \cdot 8\text{ cm}$

$b \approx 6{,}93\text{ cm}$

Die Seite b ist die Ankathete des Winkels α.
⇒ Berechne mit dem Kosinus.
Alternativ:
Da die Längen der Seiten a und c bekannt sind, kannst du die Länge der Seite b auch mit dem Satz des Pythagoras berechnen: $b^2 = c^2 - a^2$

2. Berechne, wie groß die Winkel α und γ sind.

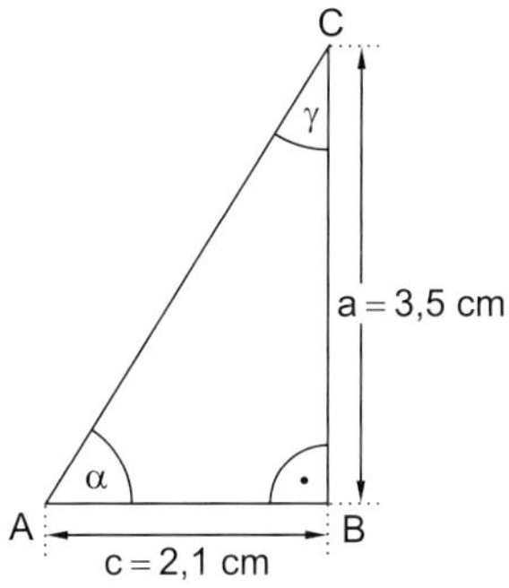

Lösung:

Berechnung von α:

$$\tan\alpha = \frac{a}{c}$$

$$\tan\alpha = \frac{3{,}5\text{ cm}}{2{,}1\text{ cm}}$$

$$\tan\alpha = 1{,}6666\ldots$$

$$\alpha \approx 59°$$

Die Seite a ist die Gegenkathete, die Seite c ist die Ankathete des Winkels α.
$\Rightarrow$ Berechne mit dem Tangens.

Berechnung von γ:

$$\tan\gamma = \frac{c}{a}$$

$$\tan\gamma = \frac{2{,}1\text{ cm}}{3{,}5\text{ cm}}$$

$$\tan\gamma = 0{,}6$$

$$\gamma \approx 31°$$

Die Seite a ist die Ankathete, die Seite c die Gegenkathete des Winkels γ.
$\Rightarrow$ Berechne mit dem Tangens.

Alternativ:
Da die Größen der Winkel α und β bekannt sind, kannst du den Winkel γ auch über die Winkelsumme berechnen: $\alpha + \beta + \gamma = 180°$

TIPP

Damit du die Winkelfunktionen im **Gradmaß** berechnen kannst, muss dein Taschenrechner im **DEG-Modus** sein. Mit den **Tasten** SIN, COS und TAN ermittelst du die **Werte** der Winkelfunktionen.
Mit den **Umkehrtasten** SIN^{-1}, COS^{-1} und TAN^{-1} kannst du die zugehörigen **Winkel** bestimmen. Bevor du die Umkehrtasten drückst, musst du bei den meisten Rechnern die Taste INV bzw. SHIFT drücken.

Aufgaben **68.** Berechne die fehlenden Seiten und Winkel der folgenden Dreiecke.

a)

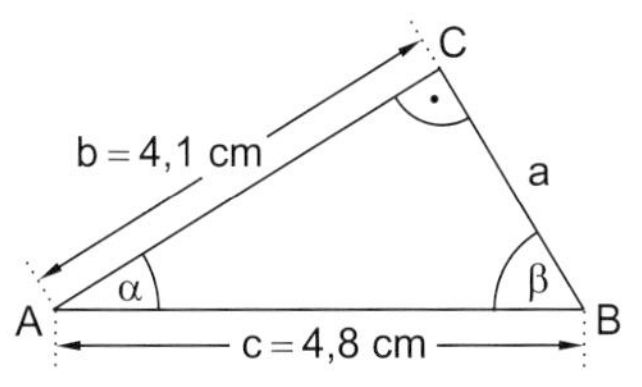

b)

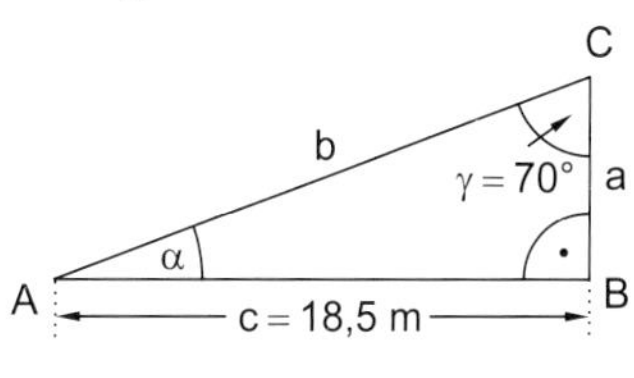

69. Berechne die fehlenden Werte in der Tabelle.

	Hypotenuse	Kathete 1	Kathete 2	Winkel α	Winkel β	Winkel γ
a)	c = 5,0 cm	a = 4,0 cm				
b)		c = 5,5 cm	b = 3,6 cm			
c)		b = 3,5 cm		$\alpha = 44°$		$\gamma = 90°$

70. Berechne jeweils das Verhältnis $\frac{h}{s}$ und gib die Straßensteigung in Prozent an. Bestimme außerdem, wie groß der zugehörige Steigungswinkel α ist.

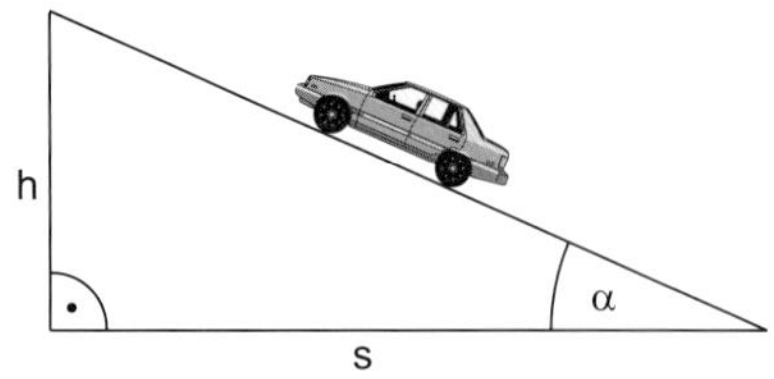

Beispiel:
$\frac{h}{s} = 0{,}226 \Rightarrow$ Steigung: 22,6 %

a) $s = 120$ m; $h = 30$ m

b) $s = 280$ m; $h = 42$ m

71. Wie viele Höhenmeter muss ein Wanderer bis zum Gipfel zurücklegen, wenn die Wegstrecke 4 km lang ist und der durchschnittliche Steigungswinkel 8° beträgt?

72. Berechne die Höhe des Turms.

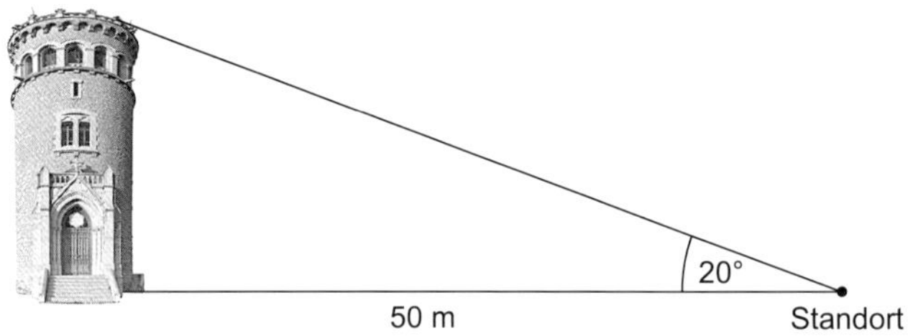

73. Berechne die Länge der rechts abgebildeten Leiter.

74. Bestimme die Längen s und w.

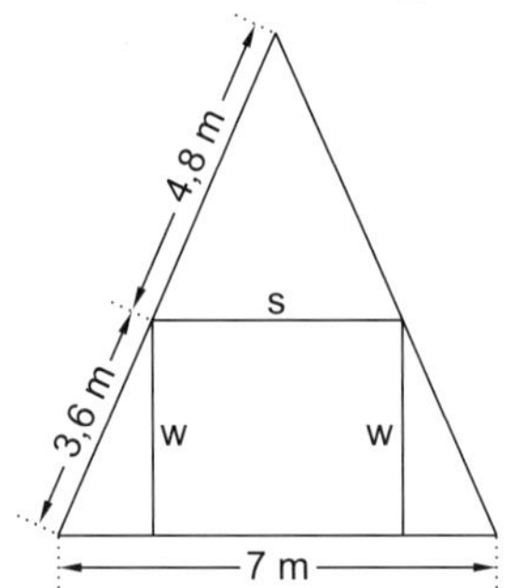

6 Sinus- und Kosinussatz

Merke

Sinus- und Kosinussatz

Mithilfe von **Sinus- und Kosinussatz** kannst du Seitenlängen und Winkelgrößen in beliebigen Dreiecken berechnen.

- **Sinussatz**: $\frac{a}{\sin\alpha} = \frac{b}{\sin\beta} = \frac{c}{\sin\gamma}$
- **Kosinussatz**: $a^2 = b^2 + c^2 - 2 \cdot b \cdot c \cdot \cos\alpha$
  $b^2 = a^2 + c^2 - 2 \cdot a \cdot c \cdot \cos\beta$
  $c^2 = a^2 + b^2 - 2 \cdot a \cdot b \cdot \cos\gamma$

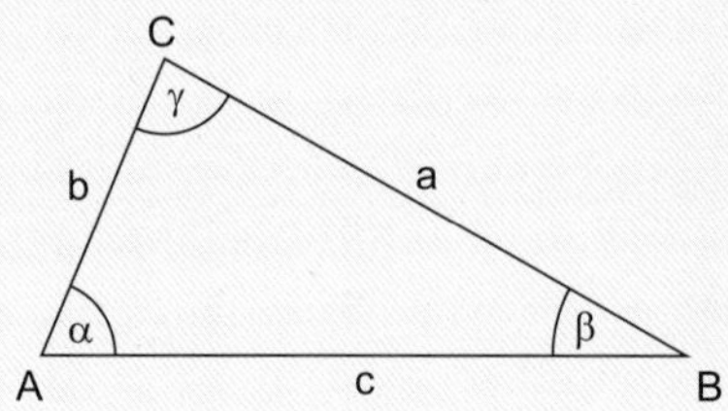

Hinweis

Bei einem rechtwinkligen Dreieck entspricht der Kosinussatz zur Berechnung der Hypotenuse dem Satz des Pythagoras. Wegen $\cos 90° = 0$ fällt der hintere Teil der Formel weg und es bleibt der Satz des Pythagoras übrig.

Beispiel Berechne die Länge der Seite a sowie die Größe der Winkel β und γ.

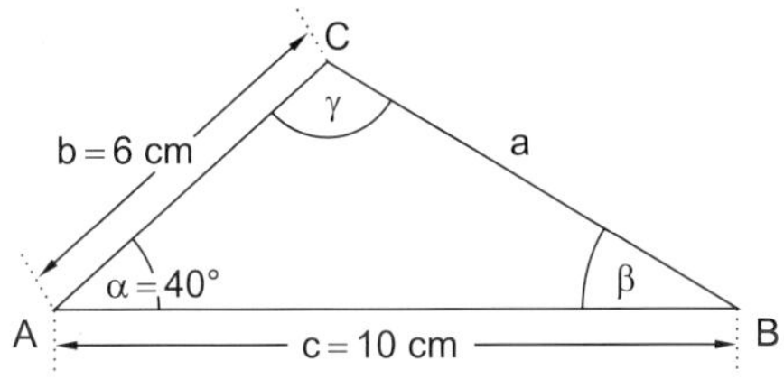

Lösung:

Berechnung von a:

$a^2 = b^2 + c^2 - 2 \cdot b \cdot c \cdot \cos\alpha$

$a^2 = (6\,\text{cm})^2 + (10\,\text{cm})^2 - 2 \cdot 6\,\text{cm} \cdot 10\,\text{cm} \cdot \cos 40°$

$a^2 \approx 36\,\text{cm}^2 + 100\,\text{cm}^2 - 120\,\text{cm}^2 \cdot 0{,}766$

$a^2 = 44{,}08\,\text{cm}^2 \quad |\sqrt{\ }$

$a \approx 6{,}64\,\text{cm}$

Berechne die Seite a mit dem Kosinussatz.

Berechnung von β:

$\frac{a}{\sin\alpha} = \frac{b}{\sin\beta} \quad |\cdot \sin\beta$

$\frac{a}{\sin\alpha} \cdot \sin\beta = b \quad |\cdot \sin\alpha \quad |:a$

$\sin\beta = \frac{b}{a} \cdot \sin\alpha$

$\sin\beta = \frac{6\,\text{cm}}{6{,}64\,\text{cm}} \cdot \sin 40°$

$\sin\beta = 0{,}580832\ldots$

$\beta \approx 35{,}5°$

Berechne den Winkel β über den Sinussatz.

Berechnung von γ:

$\gamma = 180° - 40° - 35{,}5°$

$\gamma = 104{,}5°$

Berechne den Winkel γ über die Winkelsumme im Dreieck. Diese beträgt 180°.

Aufgabe 75. Gegeben ist ein Dreieck ABC mit folgenden Maßen:

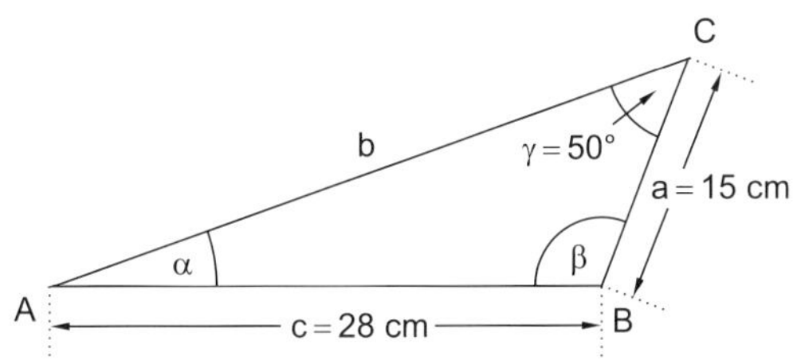

a) Berechne die Größe der Winkel α und β.

b) Berechne die Länge der Seite b.

c) Bestimme die Höhe h_c.

d) Berechne den Flächeninhalt A des Dreiecks ABC.

Flächen und Körper

1 Kreisteile

Umfang und Flächeninhalt eines Kreises lassen sich mit den Formeln $u = 2 \cdot \pi \cdot r$ und $A = \pi \cdot r^2$ berechnen.

Merke

Kreisauschnitt

Ein **Kreisausschnitt (Kreissektor)** ist ein Teil einer Kreisfläche. Der Kreisausschnitt wird am Rand vom **Kreisbogen** begrenzt, der ein Teil der Kreislinie ist.

- Für die **Länge des Kreisbogens** gilt:
  $b = 2 \cdot \pi \cdot r \cdot \frac{\alpha}{360°}$
- Für den **Flächeninhalt des Kreisausschnittes** gilt:
  $A = \pi \cdot r^2 \cdot \frac{\alpha}{360°}$

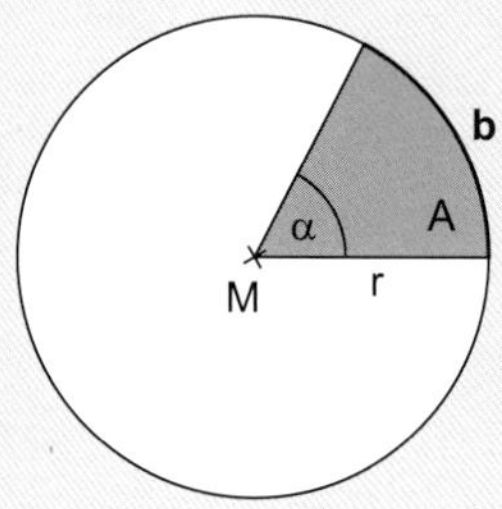

Beispiel

Ein Kreisausschnitt hat einen Mittelpunktswinkel von $\alpha = 120°$ und einen Radius von $r = 5$ cm.
Berechne die Länge des Kreisbogens und den Flächeninhalt des Kreisausschnittes.

Lösung:

$b = 2 \cdot \pi \cdot 5\text{ cm} \cdot \frac{120°}{360°}$ — Setze $\alpha = 120°$ und $r = 5$ cm in die Formel für die Länge des Kreisbogens ein.

$b = 2 \cdot \pi \cdot 5\text{ cm} \cdot \frac{1}{3}$ — Wegen $\frac{120°}{360°} = \frac{1}{3}$ entspricht die Länge des Kreisbogens einem Drittel des Kreisumfangs.

$b \approx 10{,}47\text{ cm}$

$A = \pi \cdot (5\text{ cm})^2 \cdot \frac{120°}{360°}$ — Setze $\alpha = 120°$ und $r = 5$ cm in die Formel für den Flächeninhalt des Kreisausschnittes ein.

$A = \pi \cdot 25\text{ cm}^2 \cdot \frac{1}{3}$ — Der Kreisausschnitt entspricht einem Drittel der Fläche des Kreises.

$A \approx 26{,}18\text{ cm}^2$

Merke

Kreisring

Ein **Kreisring** entsteht, wenn zwei Kreise mit unterschiedlichen Radien um den gleichen Mittelpunkt liegen.

- Für den **Umfang des Kreisrings** gilt:
  $u = u_1 + u_2$
- Für den **Flächeninhalt des Kreisrings** gilt:
  $A = A_1 - A_2$

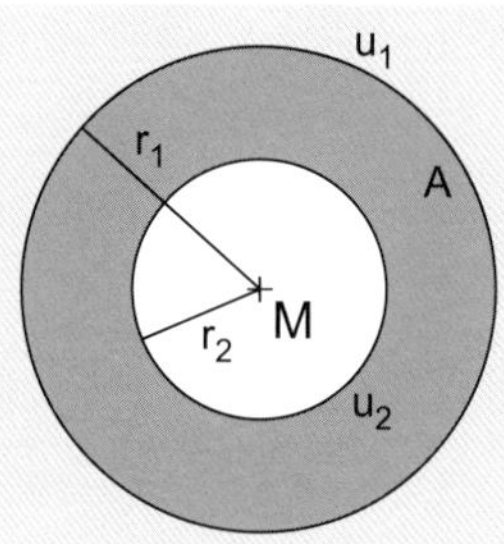

Beispiel

Ein Kreisring besteht aus zwei Kreisen mit den Radien $r_1 = 10$ m und $r_2 = 8$ m. Berechne den Umfang und den Flächeninhalt des Kreisrings.

Lösung:

$u = u_1 + u_2$ — Addiere die Umfänge der beiden Kreise.

$u = 2 \cdot \pi \cdot r_1 + 2 \cdot \pi \cdot r_2$

$u = 2 \cdot \pi \cdot 10\text{ m} + 2 \cdot \pi \cdot 8\text{ m}$ — Verwende für den Umfang des größeren Kreises den Radius $r_1 = 10$ m und für den Umfang des kleineren Kreises $r_2 = 8$ m.

$u \approx 62{,}83\text{ m} + 50{,}27\text{ m}$

$u = 113{,}10\text{ m}$

$A = A_1 - A_2$

$A = \pi \cdot r_1^2 - \pi \cdot r_2^2$ — Subtrahiere vom Flächeninhalt des großen Kreises den Flächeninhalt des kleineren Kreises, indem du die Radien $r_1 = 10$ m und $r_2 = 8$ m in die Flächenformel einsetzt.

$A = \pi \cdot (10\text{ m})^2 - \pi \cdot (8\text{ m})^2$

$A \approx 314{,}16\text{ m}^2 - 201{,}06\text{ m}^2$

$A = 113{,}10\text{ m}^2$

Hinweis

Wenn nicht anders angegeben, wird hier der genaue Wert (Taschenrechnerwert) von π verwendet. Rechnest du mit $\pi = 3{,}14$, können bei den Ergebnissen kleine Abweichungen auftreten.

Aufgaben

76. Berechne jeweils die fehlenden Werte für einen Kreisausschnitt.

	Radius r	Winkel α	Kreisbogen b	Flächeninhalt A
a)	5 cm	45°		
b)		20°	6,28 cm	
c)		180°		88,36 dm²

77. Berechne jeweils die fehlenden Werte für einen Kreisring.

	Radius r_1	Radius r_2	Umfang u	Flächeninhalt A
a)	7 dm	4 dm		
b)	6 cm		56,55 cm	
c)		15 m		311,02 m²

78. Berechne jeweils den Flächeninhalt und den Umfang der grau gefärbten Figuren.

a)

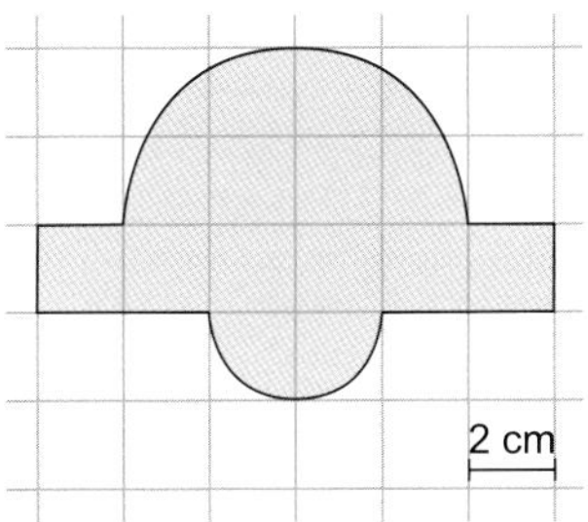

b)

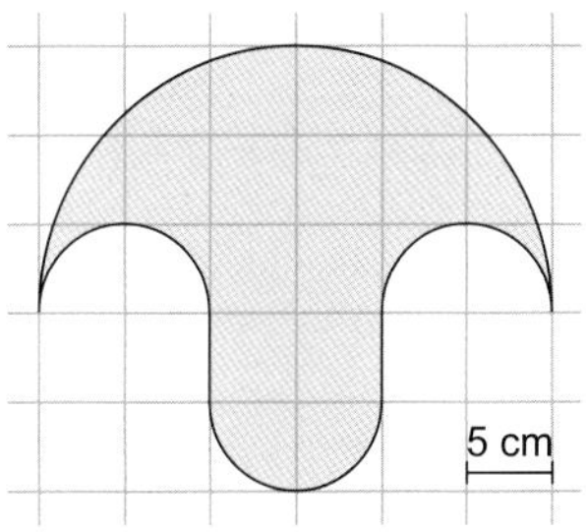

79. Berechne den Flächeninhalt der rechts abgebildeten Figur.

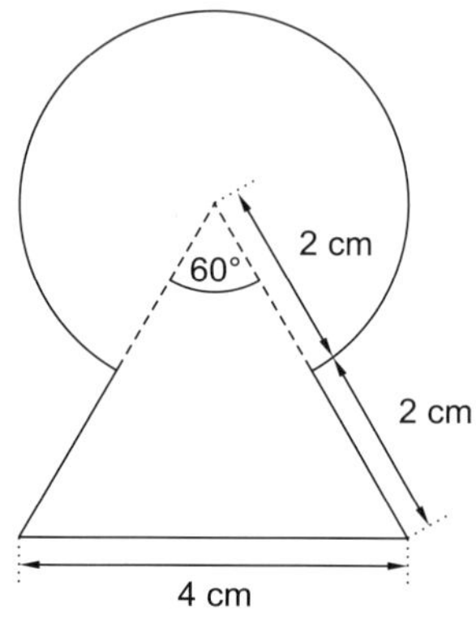

80. In einem Garten wird ein zylinderförmiges Schwimmbecken angelegt. Das Becken hat einen Umfang von 37,70 m. Um das Becken führt ein 90 cm breiter Weg.

a) Berechne die Grundfläche des Beckens.

b) Berechne die Fläche des Weges.

c) Berechne den Umfang des äußeren Wegrandes.

2 Spitze Körper

Merke

Spitzkörper

Pyramiden und **Kegel** sind **Spitzkörper**. Körper, die eine Spitze besitzen, haben keine Deckfläche, sondern nur eine Grundfläche.

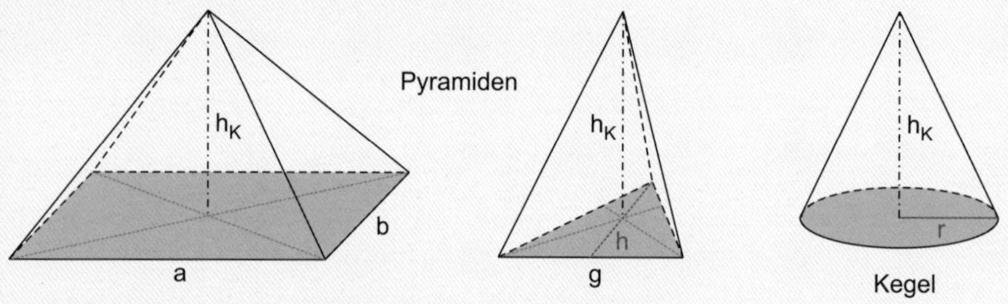

- Für das **Volumen** eines Spitzkörpers gilt:
  $V = \frac{1}{3} \cdot G \cdot h_K$
- Für die **Oberfläche** eines Spitzkörpers gilt:
  $O = G + M$ (M ≙ Mantelfläche)

Beim **Kegel** ist die Grundfläche G eine Kreisfläche und die Mantelfläche M ist ein Kreisausschnitt.

Merke

Kegel

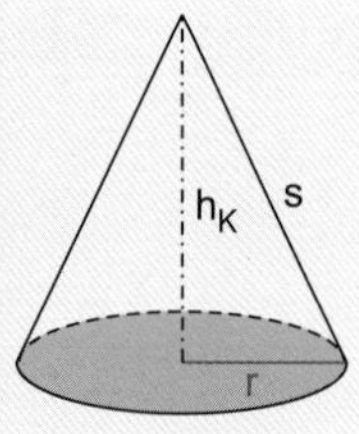

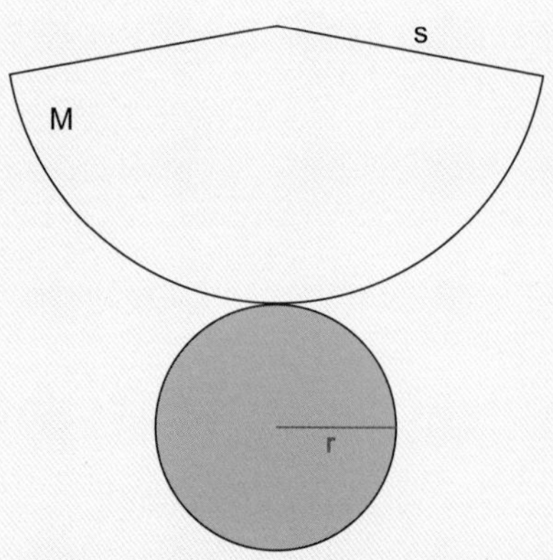

- Für das **Volumen** eines Kegels gilt:
  $V = \frac{1}{3} \cdot \pi \cdot r^2 \cdot h_K$
- Für die **Mantelfläche** eines Kegels gilt:
  $M = \pi \cdot r \cdot s$ (s ≙ Seitenlinie)
- Für die **Oberfläche** eines Kegels gilt:
  $O = G + M = \pi \cdot r^2 + \pi \cdot r \cdot s$

Beispiel

Von einem Kegel ist der Radius r = 2,5 cm und die Körperhöhe $h_K = 6$ cm gegeben.

a) Berechne das Volumen des Kegels.

b) Berechne die Oberfläche des Kegels

Lösung:

a) $V = \frac{1}{3} \cdot \pi \cdot (2{,}5\text{ cm})^2 \cdot 6\text{ cm}$

$V = \frac{1}{3} \cdot \pi \cdot 6{,}25\text{ cm}^2 \cdot 6\text{ cm}$

$V \approx 39{,}27\text{ cm}^3$

Setze r = 2,5 cm und $h_K = 6$ cm in die Volumenformel eines Kegels ein.

b) $s^2 = r^2 + h_K{}^2$

$s^2 = (2{,}5\text{ cm})^2 + (6\text{ cm})^2$

$s^2 = 42{,}25\text{ cm}^2 \quad |\sqrt{\ }$

$s = 6{,}5\text{ cm}$

Um die Oberfläche zu berechnen, benötigt man die Länge der Seitenlinie s. Berechne sie mithilfe des Satzes von Pythagoras.

$O = \pi \cdot (2{,}5\text{ cm})^2 + \pi \cdot 2{,}5\text{ cm} \cdot 6{,}5\text{ cm}$

$O = \pi \cdot 6{,}25\text{ cm}^2 + \pi \cdot 16{,}25\text{ cm}^2$

$O \approx 70{,}69\text{ cm}^2$

Die Oberfläche des Kegels setzt sich aus der Grundfläche und der Mantelfläche zusammen. Setze r = 2,5 cm und s = 6,5 cm in die Oberflächenformel ein.

Aufgaben

81. Ein Kegel hat die folgenden Maße: r = 5 cm; $h_K = 7{,}5$ cm

a) Skizziere eine Planfigur des Kegels.

b) Berechne das Volumen des Kegels.

c) Berechne die Oberfläche des Kegels.

d) Zeichne ein Netz des Kegels.

82. Bei einer quadratischen Pyramide gilt für die Grundkante a = 4 cm und für die Körperhöhe $h_K = 3{,}5$ cm.

a) Zeichne das Schrägbild der quadratischen Pyramide.

b) Berechne das Volumen der quadratischen Pyramide.

83. Leon möchte sich für die Faschingsparty einen kegelförmigen Hut basteln. Sein Kopfumfang beträgt 55 cm. Damit er auf der Feier auch auffällt, soll der Hut einen Meter hoch sein.

a) Berechne, welches Volumen der Faschingshut hat.

b) Berechne, wie viel cm^2 Pappe er für den Hut benötigt.

84. Berechne jeweils die fehlende Größe der Kegel.

a) $V = 123\text{ cm}^3$; r = 2,8 cm; $h_K = ?$

b) $V = 254\text{ cm}^3$; $h_K = 9$ cm; r = ?

85. Eine quadratische Pyramide hat eine Grundfläche von 4 dm^2 und die Körperhöhe h_K beträgt 4 dm.
Fertige eine Planskizze an und berechne die Seitenhöhe h_a, die Oberfläche und das Volumen der Pyramide.

86. Die Abbildungen zeigen verschiedene Kerzen, die beide 25 cm hoch sind. Bestimme, wie viel Wachs man jeweils zum Herstellen der Kerzen benötigt.

a)

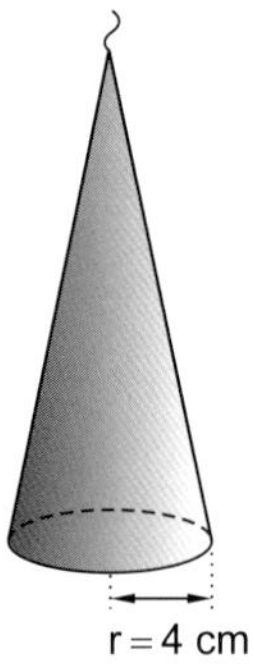

b)

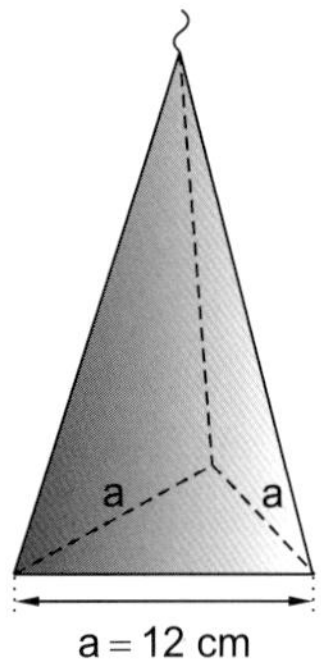

87. Gib an, wie sich das Volumen einer quadratischen Pyramide verhält, wenn sich …

a) die Körperhöhe verdoppelt.

b) die Grundseite verdoppelt.

3 Kugel

Merke

Kugel

Eine Kugel besitzt weder Ecken noch Kanten. Sie ist ein Körper mit einer gekrümmten Oberfläche.

- Für das **Volumen einer Kugel** gilt:
  $V = \frac{4}{3} \cdot \pi \cdot r^3$
- Für die **Oberfläche einer Kugel** gilt:
  $O = 4 \cdot \pi \cdot r^2$

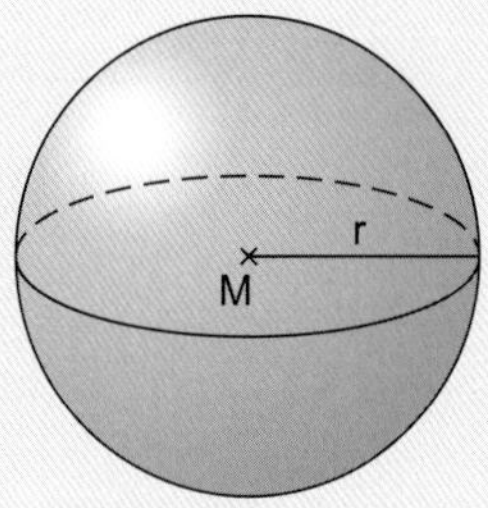

Beispiel

Berechne das Volumen und die Oberfläche einer Kugel mit dem Radius r = 3,5 cm.

Lösung:

$V = \frac{4}{3} \cdot \pi \cdot (3{,}5\ \text{cm})^3$

Setze r = 3,5 cm in die Volumenformel der Kugel ein.

$V = \frac{4}{3} \cdot \pi \cdot 42{,}875\ \text{cm}^3$

$V \approx 179{,}59\ \text{cm}^3$

$O = 4 \cdot \pi \cdot (3{,}5\ \text{cm})^2$

Setze r = 3,5 cm in die Oberflächenformel der Kugel ein.

$O = 4 \cdot \pi \cdot 12{,}25\ \text{cm}^2$

$O \approx 153{,}94\ \text{cm}^2$

Aufgaben

88. Berechne jeweils das Volumen und die Oberfläche der Kugeln, wenn folgende Größe bekannt ist.

a) Kugelradius: r = 15 cm

b) Kugeldurchmesser: d = 9 m

89. Eine Eispackung enthält einen Liter Eis.
Berechne, wie viele Kugeln man daraus formen kann, wenn eine Kugel einen Durchmesser von 3,5 cm haben soll.

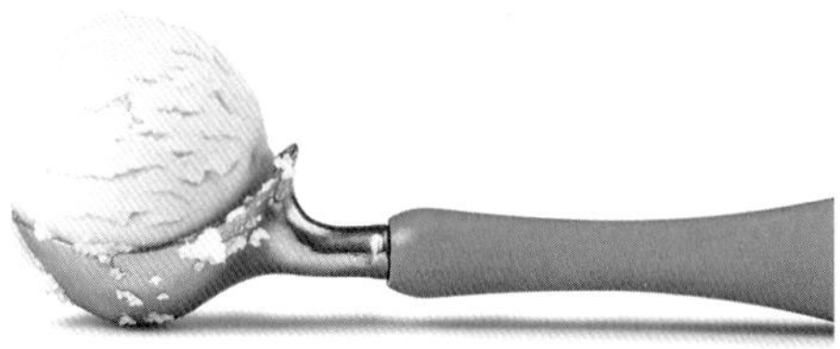

90. Ein Tischtennisball wird aus Zelluloid hergestellt. Ein Ball hat einen Durchmesser von 40 mm und eine Wandstärke von 0,25 mm.
Berechne, wie viel Zelluloid man für eine 6er-Packung Bälle benötigt.

91. Nora möchte ihre 120 Murmeln in eine würfelförmige Schachtel mit der Kantenlänge a = 4 cm verpacken. Die Murmeln haben jeweils einen Durchmesser von 0,8 cm.

Passen die Murmeln in die Schachtel? Begründe mit einer Rechnung.

92. Berechne jeweils den Radius der Kugeln, wenn Folgendes bekannt ist.

a) $V = 268\ \text{cm}^3$ b) $O = 113\ \text{cm}^2$

93. Gib an, wie sich das Volumen einer Kugel verhält, wenn sich der Radius …

a) verdoppelt. b) vervierfacht.

4 Unregelmäßig geformte Körper

Merke

Um das Volumen von unregelmäßig geformten Körpern zu berechnen, hilft dir folgender **Lösungsplan**:

- **Zerlege** den Körper **in ähnliche Teilkörper**, die du kennst und berechnen kannst.
- **Berechne** dann das **Volumen der Teilkörper**.
- Wenn bei einer Aufgabe keine Maße angegeben sind, musst du sie über eine bekannte **Bezugsgröße** selbst ermitteln.
- **Prüfe** zum Schluss **dein Ergebnis**.
Ist der gegebene Körper größer oder kleiner als in deinen Berechnungen? Berücksichtige dies beim Endergebnis.

Beispiel

Bestimme, wie viele Liter Luft in dem Luftballon sind.
Begründe deine Vorgehensweise.

Lösung:
Um das Volumen des Luftballons annähernd zu bestimmen, kann man ihn in zwei Teilkörper zerlegen:

- Halbkugel
- Kegel

Als Bezugsgröße dient die Schulterbreite der Frau:

- Halbkugel:
$d \approx 32\ \text{cm} \quad \Rightarrow \quad r \approx 16\ \text{cm}$
- Kegel:
$d \approx 32\ \text{cm} \quad \Rightarrow \quad r \approx 16\ \text{cm}$
$h_K \approx d \quad \Rightarrow \quad h_K \approx 32\ \text{cm}$

Für die Volumen der Teilkörper gilt:

- Volumen Halbkugel:

$V_{Halbkugel} = \frac{1}{2} \cdot \frac{4}{3} \cdot \pi \cdot r^3$

$V_{Halbkugel} = \frac{2}{3} \cdot \pi \cdot (16\,cm)^3$

$V_{Halbkugel} \approx 8\,579\,cm^3$

- Volumen Kegel:

$V_{Kegel} = \frac{1}{3} \cdot \pi \cdot r^2 \cdot h_K$

$V_{Kegel} = \frac{1}{3} \cdot \pi \cdot (16\,cm)^2 \cdot 32\,cm$

$V_{Kegel} \approx 8\,579\,cm^3$

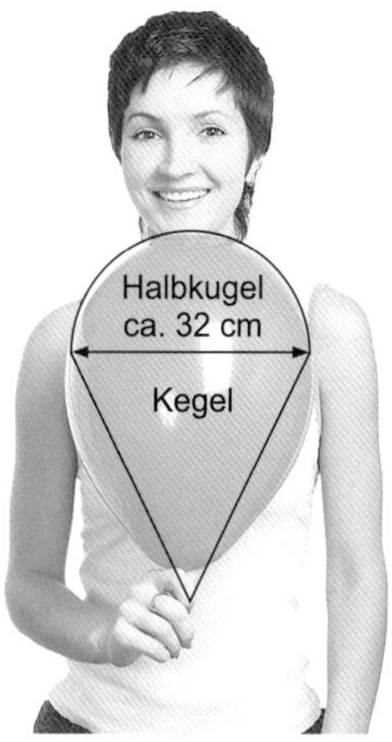

Für das Volumen des Luftballons werden die Volumen der Teilkörper addiert:

$V_{Luftballon} = 8\,579\,cm^3 + 8\,579\,cm^3$

$V_{Luftballon} = 17\,158\,cm^3$

$V_{Luftballon} \approx 18\,dm^3 = 18\,\ell$

Runde entgegen der Rundungsregeln auf, denn der Körper ist größer als in den Berechnungen.

Im Luftballon sind in etwa 18 Liter Luft.

Aufgaben **94.** Bestimme das Volumen des abgebildeten Zeltes.

95. Berechne das Gewicht der Kerze, wenn das Wachs eine Dichte von $0{,}95\,\frac{g}{cm^3}$ aufweist.

96. Bestimme das Volumen des abgebildeten Ballons.

5 Vermischte Aufgaben

97. Welches Netz gehört zu dem abgebildeten Würfel? Kreuze an.

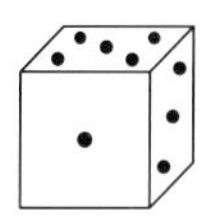

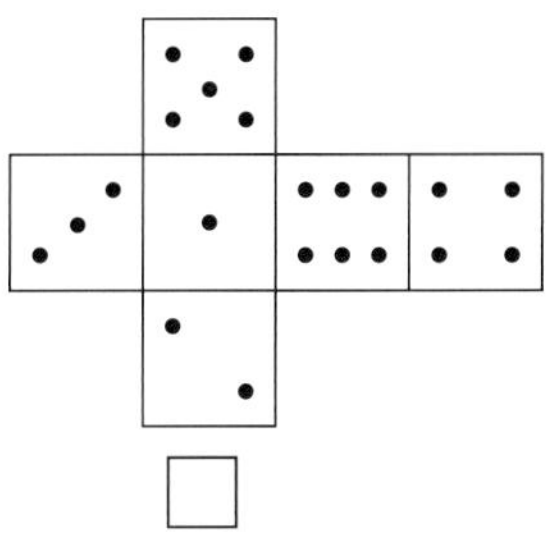

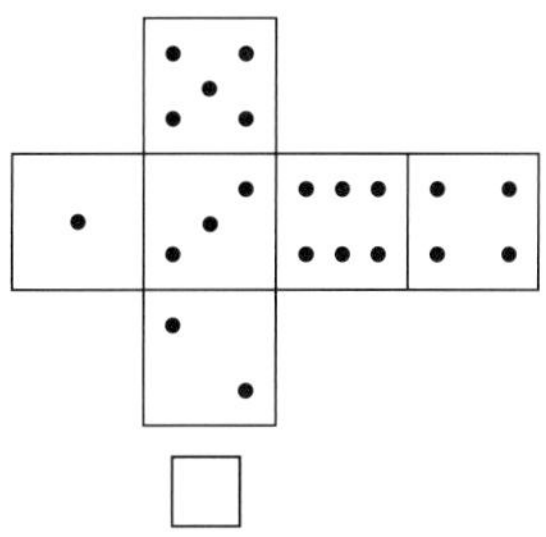

98. Zeichne in das Quadernetz die Diagonalen ein.

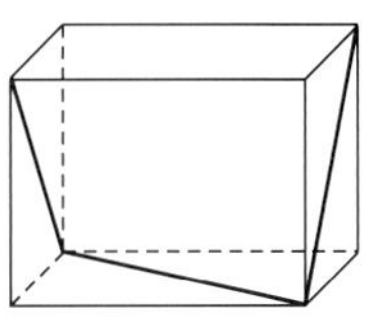

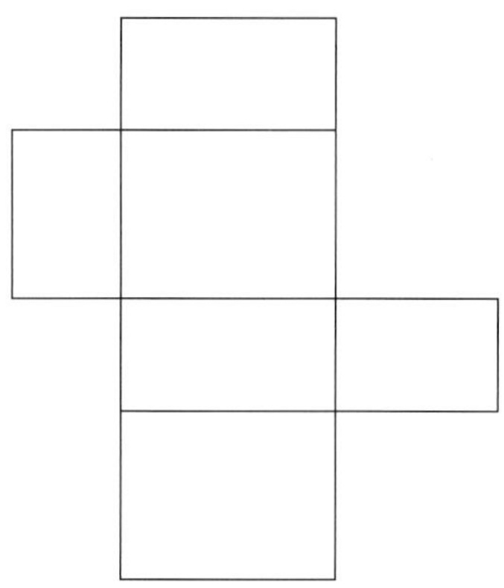

c)

Anzahl Fahrstunden	20	21	22	23	24
Anzahl Prüflinge	3	1	2	4	5
relative Häufigkeit	$\frac{3}{15} \cdot 100$ $= 20\,\%$	$\frac{1}{15} \cdot 100$ $\approx 6{,}67\,\%$	$\frac{2}{15} \cdot 100$ $\approx 13{,}33\,\%$	$\frac{4}{15} \cdot 100$ $\approx 26{,}67\,\%$	$\frac{5}{15} \cdot 100$ $\approx 33{,}33\,\%$

d)

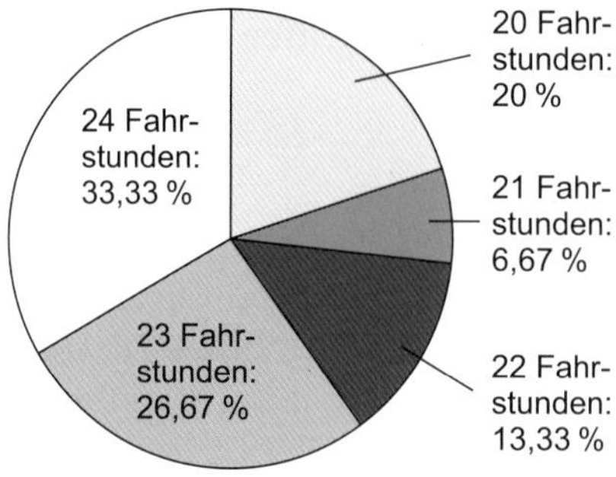

Stelle die relativen Häufigkeiten z. B. in einem Kreisdiagramm dar.

$100\,\% \mathrel{\hat{=}} 360°$
$20\,\% \mathrel{\hat{=}} 72°$
$6{,}67\,\% \mathrel{\hat{=}} 24{,}01°$
$13{,}33\,\% \mathrel{\hat{=}} 47{,}99°$
$26{,}67\,\% \mathrel{\hat{=}} 96{,}01°$
$33{,}33\,\% \mathrel{\hat{=}} 119{,}99°$

Aufgaben

103. In zwei Parallelklassen wurde die gleiche Mathematikarbeit mit folgenden Ergebnissen geschrieben.

Klasse 10 a

Note	1	2	3	4	5	6
Schülerzahl	2	4	8	9	3	2

Klasse 10 b

Note	1	2	3	4	5	6
Schülerzahl	0	6	12	9	1	0

a) Bestimme jeweils das Minimum, das Maximum und die Spannweite.

b) Bestimme den Mittelwert und den Median.

c) Entscheide, welche Klasse besser abgeschnitten hat. Begründe deine Meinung.

104. Innerhalb geschlossener Ortschaften sind für Autos 50 $\frac{\text{km}}{\text{h}}$ erlaubt. Eine Geschwindigkeitskontrolle ergab folgendes Ergebnis:

Geschwindigkeitsüberschreitung in $\frac{\text{km}}{\text{h}}$	Keine	1–10	11–20	21–30	>30
Anzahl Autos	30	23	18	15	4

a) Gib an, wie viele Autos insgesamt kontrolliert wurden.

b) Berechne die relativen Häufigkeiten für die Geschwindigkeitsüberschreitungen.

c) Erstelle ein Streifendiagramm, das den Sachverhalt darstellt.

105. Von 1 500 zufällig ausgewählten Personen würden bei der nächsten Wahl 600 die Partei A, 300 die Partei B, 300 die Partei C, 150 die Partei D und der Rest die Partei E wählen.

a) Stelle das Ergebnis in einer übersichtlichen Tabelle dar.

b) Berechne die relativen Häufigkeiten und stelle sie in einem Kreisdiagramm dar.

c) Berechne die Stimmenverteilung bei 30 000 Wählern.

2 Einstufiger Zufallsversuch

Versuche, bei denen verschiedene, nicht sicher vorhersehbare **Ergebnisse** auftreten, heißen **Zufallsversuche**.

Merke

Zufallsversuch
- Alle Ergebnisse eines Zufallsversuchs, die eine **bestimmte Eigenschaft** erfüllen, heißen **Ereignisse** (günstige Ergebnisse).
- Sind bei einem Zufallsversuch alle Ergebnisse **gleich wahrscheinlich**, so gilt für die **Wahrscheinlichkeit P** eines **Ereignisses E**:

$$\text{Wahrscheinlichkeit } P(E) = \frac{\text{Anzahl der günstigen Ergebnisse}}{\text{Anzahl der möglichen Ergebnisse}}$$

Beispiel

Berechne die Wahrscheinlichkeit, dass bei einem Würfelwurf die Augenzahl durch 3 teilbar ist.

Lösung:

Anzahl der günstigen Ergebnisse: 2 — Durch 3 teilbare Augenzahlen: 3; 6

Anzahl der möglichen Ergebnisse: 6 — Augenzahlen beim Würfelwurf: 1; 2; 3; 4; 5; 6

$$P(E) = \frac{2}{6} = \frac{1}{3} \approx 33{,}3\,\%$$

Die Wahrscheinlichkeit, dass die Augenzahl durch 3 teilbar ist, beträgt $\frac{1}{3} \approx 33{,}3\,\%$.

Aufgaben

106. Ein Pokerblatt besteht aus 52 Karten. Insgesamt sind vier Asse enthalten. Berechne die Wahrscheinlichkeit, als erste Karte ein Ass zu bekommen.

107. In einer Lostrommel befinden sich folgende Lose:
- 220 Nieten
- 15 Taschenbücher
- 10 Trinkflaschen
- 4 In-Ear-Kopfhörer
- 1 Mountainbike

a) Berechne die Wahrscheinlichkeit, mit einem Los das Mountainbike zu gewinnen.

b) Berechne die Wahrscheinlichkeit, mit einem Los eine Niete zu ziehen.

c) Berechne die Wahrscheinlichkeit, mit einem Los ein Taschenbuch oder eine Trinkflasche zu gewinnen.

108. Wie müssten sich die Ergebnisse eines Experiments mit einem Würfel, der 60-mal geworfen wurde, verteilen?
Nimm zu deiner Aufstellung kritisch Stellung.

3 Mehrstufiger Zufallsversuch

Wird ein Zufallsversuch mehrfach durchgeführt, spricht man von einem **mehrstufigen** (zweistufigen, dreistufigen, …) **Zufallsversuch**. Die möglichen Ergebnisse kannst du jeweils als Pfad in einem Baumdiagramm veranschaulichen.

Merke

Baumdiagramm

Pfadregeln

Für die Wahrscheinlichkeiten mehrstufiger Zufallsversuche gelten die **Pfadregeln**:

- **Produktregel:** Die Wahrscheinlichkeit für ein **Ergebnis** (einen Pfad) ist gleich dem **Produkt** der Wahrscheinlichkeiten **entlang des Pfades**.
- **Summenregel:** Gehören mehrere Ergebnisse (Pfade) zum selben Ereignis, ist die Wahrscheinlichkeit für das **Ereignis** gleich der **Summe** der dazugehörigen **Ergebniswahrscheinlichkeiten**.

Bei mehrstufigen Zufallsversuchen musst du zwischen **„Ziehen mit Zurücklegen"** und **„Ziehen ohne Zurücklegen"** unterscheiden.

Beispiel

In einem Behälter befinden sich drei schwarze und zwei weiße Kugeln. Es werden nacheinander zwei Kugeln gezogen.
Berechne die Wahrscheinlichkeit, genau eine weiße Kugel zu ziehen, wenn …

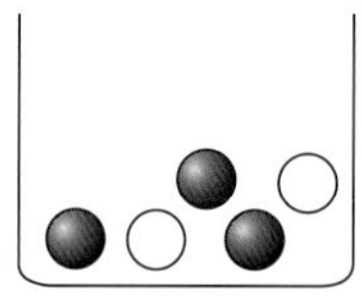

a) die erste Kugel wieder zurückgelegt wird.

b) die erste Kugel nicht zurückgelegt wird.

Lösung:

a) $E = \{sw; ws\}$

$$P(sw) = \frac{3}{5} \cdot \frac{2}{5} = \frac{6}{25}$$

$$P(ws) = \frac{2}{5} \cdot \frac{3}{5} = \frac{6}{25}$$

$$P(E) = \frac{6}{25} + \frac{6}{25} = \frac{12}{25} = 0{,}48 = 48\ \%$$

Die Wahrscheinlichkeit beim „Ziehen mit Zurücklegen" beträgt 48 %.

Für das Ereignis „genau eine weiße Kugel" existieren zwei Pfade: sw; ws
Wende jeweils zuerst die Produkt- und dann die Summenregel an.

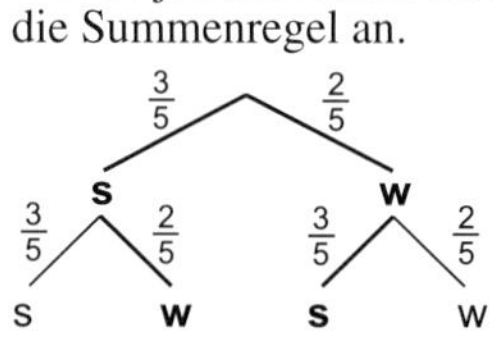

Beim „Ziehen mit Zurücklegen" ändern sich die Wahrscheinlichkeiten für den zweiten Versuch nicht.

b) $P(sw) = \frac{3}{5} \cdot \frac{2}{4} = \frac{6}{20} = \frac{3}{10}$

$$P(ws) = \frac{2}{5} \cdot \frac{3}{4} = \frac{6}{20} = \frac{3}{10}$$

$$P(E) = \frac{3}{10} + \frac{3}{10} = \frac{6}{10} = 0{,}6 = 60\ \%$$

Die Wahrscheinlichkeit beim „Ziehen ohne Zurücklegen" beträgt 60 %.

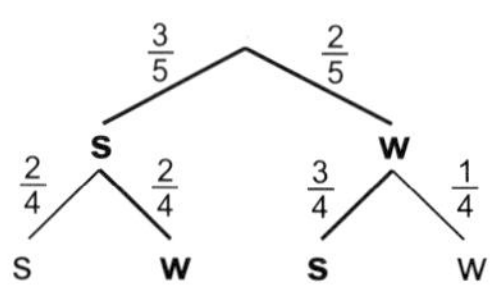

Beim „Ziehen ohne Zurücklegen" verändern sich die Wahrscheinlichkeiten für den zweiten Versuch.

Aufgaben

109. Anna würfelt zweimal hintereinander und addiert die Augenzahlen.
Berechne die Wahrscheinlichkeit, dass sie insgesamt die Augenzahl 6 würfelt.

110. Eine Münze wird zweimal nacheinander geworfen.

a) Zeichne ein Baumdiagramm und beschrifte es mit den Wahrscheinlichkeiten.

b) Zeichne ein Glücksrad, das bei einmaligem Drehen die gleichen Wahrscheinlichkeiten für die Ergebnisse hat.

111. Aus einem Kartenspiel werden vier Damen, drei Könige und ein Bube genommen. Nina zieht nacheinander zwei Karten.
Berechne die Wahrscheinlichkeit, dass Nina eine Dame und einen Buben zieht, wenn …

a) sie die erste Karte wieder zurücklegt.

b) sie die erste Karte nicht zurücklegt.

112. Jonas muss auf seinem Schulweg über zwei Ampeln gehen. Die erste hat eine Grünphase von 50 Sekunden und eine Rotphase von 30 Sekunden. Die zweite hat eine Grünphase von 40 Sekunden und eine Rotphase von 60 Sekunden.
Berechne die Wahrscheinlichkeit, dass Jonas auf dem Schulweg nicht warten muss.

113. Deine Mutter hat keine Lust mehr, deine Socken zusammenzurollen, und hat deswegen alle Socken einzeln in die Schublade gelegt. Morgens greifst du blind zweimal in die Schublade.
Berechne die Wahrscheinlichkeit, bei acht Paar unterschiedlicher Socken ein passendes Pärchen zu ziehen.

114. In einer Urne liegen rote, blaue und grüne Kugeln.
Gib eine mögliche Anzahl von Kugeln an, sodass mit einer Wahrscheinlichkeit von 25 % eine blaue Kugel gezogen wird.

115. In einer Lostrommel mit 200 Losen befinden sich Nieten (N), Trostpreise (T) und Hauptgewinne (H).
Yuna kauft zwei Lose und zieht sie nacheinander ohne Zurücklegen.

a) Ergänze den fehlenden Wert im Baumdiagramm.

b) Berechne die Wahrscheinlichkeit, dass sie keinen Hauptgewinn zieht.

c) An einem anderen Stand gibt es insgesamt 400 Lose, die Anzahl der Trostpreise und Hauptgewinne ist aber gleich.
Begründe, ob auch die Wahrscheinlichkeit, einen Hauptgewinn zu ziehen, gleich bleibt.

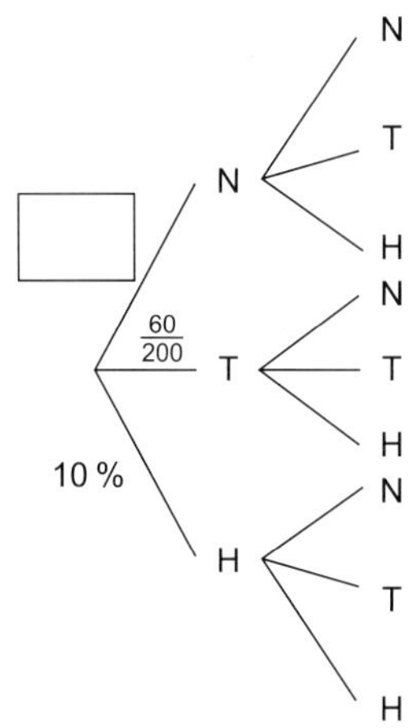

Lösungen

		Hinweise und Tipps
1.	a) $800\,000 = 8 \cdot 10^5$	$800\,000 = 8 \cdot 100\,000$
	b) $30\,000 = 3 \cdot 10^4$	$30\,000 = 3 \cdot 10\,000$
	c) $53\,000\,000 = 5{,}3 \cdot 10^7$	$53\,000\,000 = 5{,}3 \cdot 10\,000\,000$
	d) $140\,000 = 1{,}4 \cdot 10^5$	$140\,000 = 1{,}4 \cdot 100\,000$
	e) $0{,}02 = 2 \cdot 10^{-2}$	$0{,}02 = 2 \cdot 0{,}01$
	f) $0{,}0035 = 3{,}5 \cdot 10^{-3}$	$0{,}0035 = 3{,}5 \cdot 0{,}001$
	g) $0{,}00006 = 6 \cdot 10^{-5}$	$0{,}00006 = 6 \cdot 0{,}00001$
	h) $0{,}00045 = 4{,}5 \cdot 10^{-4}$	$0{,}00045 = 4{,}5 \cdot 0{,}0001$
2.	a) $6 \cdot 10^5 = 600\,000$	$6 \cdot 10^5 = 6 \cdot 100\,000$
	b) $8 \cdot 10^8 = 800\,000\,000$	$8 \cdot 10^8 = 8 \cdot 100\,000\,000$
	c) $3{,}8 \cdot 10^7 = 38\,000\,000$	$3{,}8 \cdot 10^7 = 3{,}8 \cdot 10\,000\,000$
	d) $7{,}85 \cdot 10^6 = 7\,850\,000$	$7{,}85 \cdot 10^6 = 7{,}85 \cdot 1\,000\,000$
	e) $3 \cdot 10^{-3} = 0{,}003$	$3 \cdot 10^{-3} = 3 \cdot 0{,}001$
	f) $2{,}8 \cdot 10^{-4} = 0{,}00028$	$2{,}8 \cdot 10^{-4} = 2{,}8 \cdot 0{,}0001$
	g) $8{,}9 \cdot 10^{-6} = 0{,}0000089$	$8{,}9 \cdot 10^{-6} = 8{,}9 \cdot 0{,}000001$
	h) $1{,}1 \cdot 10^{-5} = 0{,}000011$	$1{,}1 \cdot 10^{-5} = 1{,}1 \cdot 0{,}00001$
3.	a) $4 \cdot 10^6 < 4\,400\,000 < 4{,}5 \cdot 10^6 < 5\,000\,000 < 4 \cdot 10^7$	$4{,}5 \cdot 10^6 = 4\,500\,000$ ③ $4\,400\,000$ ② $4 \cdot 10^7 = 40\,000\,000$ ⑤ $4 \cdot 10^6 = 4\,000\,000$ ① $5\,000\,000$ ④
	b) $5{,}1 \cdot 10^4 < 3{,}6 \cdot 10^6 < 3{,}7 \cdot 10^6 < 3\,720\,000 < 40 \cdot 10^5$	$3{,}7 \cdot 10^6 = 3\,700\,000$ ③ $40 \cdot 10^5 = 4\,000\,000$ ⑤ $5{,}1 \cdot 10^4 = 51\,000$ ① $3{,}6 \cdot 10^6 = 3\,600\,000$ ② $3\,720\,000$ ④
	c) $0{,}005 < 0{,}0051 < 5 \cdot 10^4 < 5{,}1 \cdot 10^4 < 5{,}12 \cdot 10^4$	$0{,}005$ ① $5 \cdot 10^4 = 50\,000$ ③ $5{,}1 \cdot 10^4 = 51\,000$ ④ $0{,}0051$ ② $5{,}12 \cdot 10^4 = 51\,200$ ⑤
	d) $0{,}00618 < 65 \cdot 10^{-4} < 6{,}8 \cdot 10^{-3} < 0{,}00681$	$6{,}8 \cdot 10^{-3} = 0{,}0068$ ③ $0{,}00681$ ④ $65 \cdot 10^{-4} = 0{,}0065$ ② $0{,}00618$ ①
4.	a) $50 \cdot 75 = 3\,750 = 3{,}75 \cdot 10^3$	$3\,750 = 3{,}75 \cdot 1\,000$
	b) $10 \cdot 3\,750 = 37\,500 = 3{,}75 \cdot 10^4$	$37\,500 = 3{,}75 \cdot 10\,000$
	c) $200 \cdot 3\,750 = 750\,000 = 7{,}5 \cdot 10^5$	$750\,000 = 7{,}5 \cdot 100\,000$

Hinweise und Tipps

5. a) 1 080 000 000 000 000 000 000 $m^3 = 1{,}08 \cdot 10^{21}$ m^3

b) $1{,}41 \cdot 10^{27}$ m^3 = 1 410 000 000 000 000 000 000 000 000 m^3

c) $(1{,}41 \cdot 10^{27}) : (1{,}08 \cdot 10^{21}) \approx 1\,305\,555{,}56$

1 305 556 Erdkugeln füllen in etwa die Sonne aus.

In km^3 wäre das Erdvolumen $1{,}08 \cdot 10^{12}$ km^3 und das Sonnenvolumen $1{,}41 \cdot 10^{18}$ km^3 groß.

6.

	G	W	p %
a)	90	**27**	30 %
b)	150	75	**50 %**
c)	100	**35**	35 %

Rechne geschickt im Kopf:

a) 10 % von 90 ≙ 9
30 % von 90 ≙ 27

b) 150 ≙ 100 % | :2
75 ≙ 50 %

c) 35 % von 100 ≙ 35

---

7. 16 % ≙ 60 t | :16
1 % ≙ 3,75 t | ·100
100 % ≙ 375 t

Vor der Umstellung lag der Ertrag bei 375 t Weizen.

Geg.: p % = 16 %; W = 60 t
Ges.: G
Berechne den Grundwert z. B. mit dem Dreisatz.

---

8. $p\,\% = \frac{W \cdot 100}{G}\,\%$

$p\,\% = \frac{175 \cdot 100}{400}\,\% = 43{,}75\,\%$

Von den verkauften Autos sind 43,75 % Elektroautos.

Geg.: G = 400; W = 175
Ges.: p %
Berechne den Prozentsatz z. B. mit der Formel.

---

9. 100 % ≙ 85 kg | :100
1 % ≙ 0,85 kg | ·12
12 % ≙ 10,2 kg

Die Knochen der Person wiegen 10,2 kg.

Geg.: p % = 12 %; G = 85 kg
Ges.: W
Berechne den Prozentwert z. B. mit dem Dreisatz.

---

10. $G = W \cdot \frac{100}{p}$

$G = 35{,}1\,\ell \cdot \frac{100}{27} = 130\,\ell$

Dem Kreisdiagramm entspricht eine durchschnittliche Wassermenge von 130 ℓ pro Tag.

Geg.: p % = 27 %; W = 35,1 ℓ
Ges.: G
Berechne den Grundwert z. B. mit der Formel.

11.

	x	–3	–2	–1	0	1	2	3	4	5
a)	f: y = 2x + 1	–5	–3	–1	1	3	5	7	9	11
b)	g: y = –0,5x + 1	2,5	2	1,5	1	0,5	0	–0,5	–1	–1,5
c)	h: y = x – 4	–7	–6	–5	–4	–3	–2	–1	0	1
d)	k: y = –2x – 0,5	5,5	3,5	1,5	–0,5	–2,5	–4,5	–6,5	–8,5	–10,5

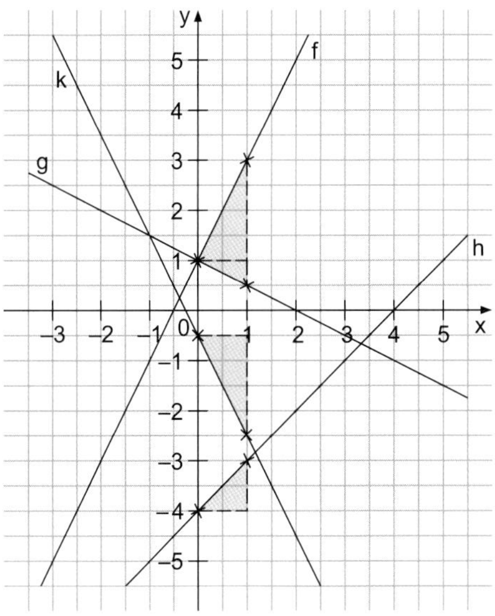

Hinweise und Tipps

Lege ein Koordinatensystem mit der Einheit 1 cm an.
x-Achse: –3 bis +5
y-Achse: –5 bis +5

Zeichne die Graphen mithilfe der Zahlenpaare aus der Wertetabelle oder mithilfe der Steigungsdreiecke ein.

Gerade f: $b = 1$; $m = 2$ $\Rightarrow$ 1 Einheit nach rechts, 2 Einheiten nach oben

Gerade g: $b = 1$; $m = -0{,}5$ $\Rightarrow$ 1 Einheit nach rechts, 0,5 Einheiten nach unten

Gerade h: $b = -4$; $m = 1$ $\Rightarrow$ 1 Einheit nach rechts, 1 Einheit nach oben

Gerade k: $b = -0{,}5$; $m = -2$ $\Rightarrow$ 1 Einheit nach rechts, 2 Einheiten nach unten

---

12. a) g: $y = -x + 3$ — $b = 3$; $m = -1$

b) h: $y = 1{,}5x - 3$ — $b = -3$; $m = 1{,}5$

---

13. a) $g: y + 13 = 2x + 15 \quad |-13$

$$y = 2x + 2$$

b) $h: 3y + 9x = -3x + 21 \quad |-9x$

$$3y = -12x + 21 \quad |:3$$

$$y = -4x + 7$$

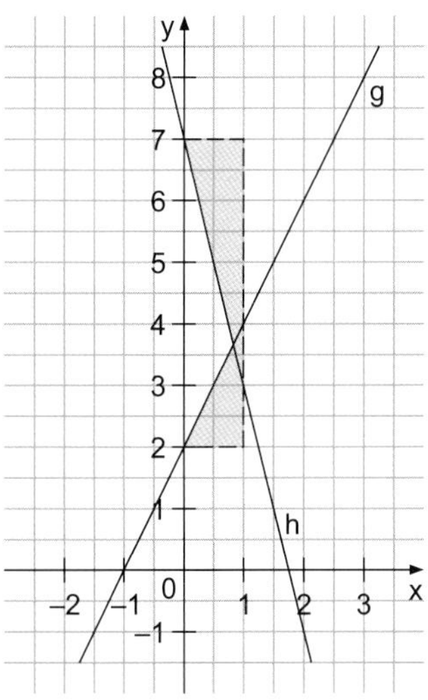

Lege ein Koordinatensystem mit der Einheit 1 cm an.
x-Achse: –2 bis +3
y-Achse: –1 bis +8

Gerade g: $b = 2$; $m = 2$ $\Rightarrow$ 1 Einheit nach rechts, 2 Einheiten nach oben

Gerade h: $b = 7$; $m = -4$ $\Rightarrow$ 1 Einheit nach rechts, 4 Einheit nach unten

---

14. $y = 2x + 85$

Die allgemeine Funktionsgleichung lautet:
$y = m \cdot x + b$
$m = 2$ Kilometerpreis in €
$b = 85$ Tagespauschale in €

Hinweise und Tipps

15. a)

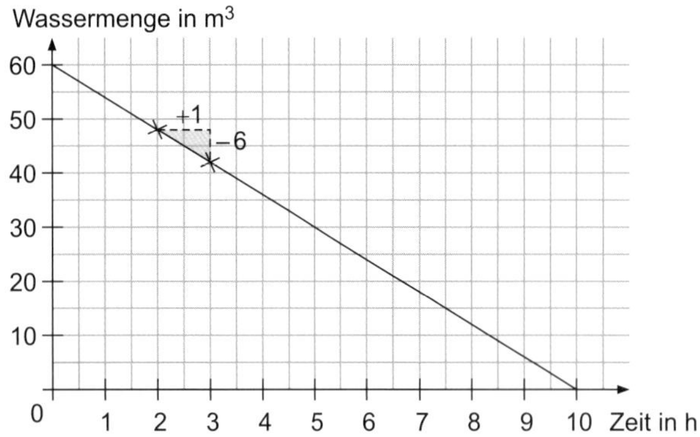

Wähle geeignete Einheiten, z. B.:
$10\ m^3 \rightarrow 1\ cm$
$1\ h \rightarrow 1\ cm$

Zeichne den Graphen mithilfe der Wertepaare (2 | 48) und (3 | 42) in das Koordinatensystem.

Steigung: $m = 42 - 48 = -6$
y-Achsenabschnitt: $b = 60$
Funktionsgleichung: $y = -6x + 60$

Zeichne die Gerade nicht über die Achsen hinaus, da die Wassermenge und die Zeit keine negativen Werte annehmen können.

b) Nach 10 Stunden ist der Pool vollständig entleert.

Die Gerade schneidet die x-Achse bei 10 Stunden.

c) $60\ m^3 = 60\,000\ dm^3 = 60\,000\ \ell$
Im Pool waren anfangs 60 000 Liter Wasser.

Die Gerade schneidet die y-Achse bei $60\ m^3$.
Beachte: $1\ m^3 = 1\,000\ dm^3 = 1\,000\ \ell$

d) $60\ m^3 = 2\ m \cdot 5\ m \cdot 6\ m$
oder:
$60\ m^3 = 1{,}5\ m \cdot 4\ m \cdot 10\ m$
…

Bei dieser Aufgabe gibt es unendlich viele Lösungen.
Für das Produkt aus Länge, Breite und Höhe (Tiefe) muss gelten:
$60\ m^3 = a \cdot b \cdot c$

---

16. a)

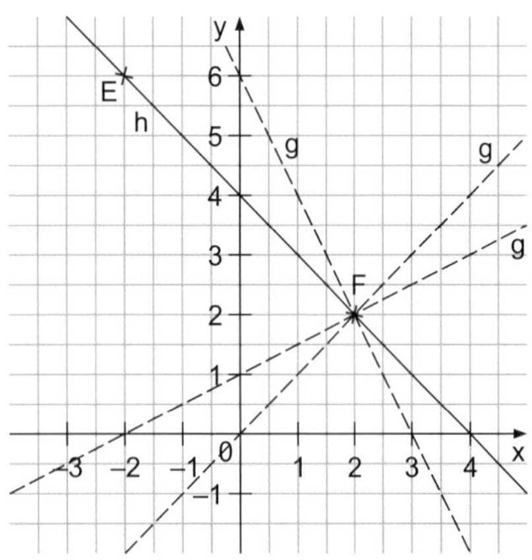

Lege ein Koordinatensystem mit der Einheit 1 cm an.
x-Achse: −3 bis +4
y-Achse: −1 bis +6

Zeichne die Gerade durch die Punkte E(−2 | 6) und F(2 | 2) ein.

In der Abbildung sind beispielhaft auch drei Geraden für die Lösung von Teilaufgabe c eingezeichnet.

b) h: $y = -x + 4$

$b = 4$; $m = -1$

c) z. B.:
g: $y = x$
oder g: $y = 0{,}5x + 1$
oder g: $y = -2x + 6$

Zeichne eine beliebige Gerade g, die durch den Punkt F(2 | 2) verläuft, in das Koordinatensystem ein und gibt die passende Geradengleichung an.
Es gibt unendlich viele Lösungen.

---

17. a)

x	−2	−1	0	1	2	3	**4**
I $y = 2x - 1$	−5	−3	−1	1	3	5	**7**
II $y = 3x - 5$	−11	−8	−5	−2	1	4	**7**

Lösung: $x = 4$, $y = 7$

Bei welchem x-Wert haben die beiden Gleichungen denselben y-Wert?

Hinweise und Tipps

b)

x	−2	−1	0	1	2	**3**	4
I $y = 1{,}5x - 3$	−6	−4,5	−3	−1,5	0	**1,5**	3
II $y = -0{,}5x + 3$	4	3,5	3	2,5	2	**1,5**	1

Lösung: $x = 3,\ y = 1{,}5$

18. a) I $2y + 2x = -4 \quad |-2x$

$2y = -2x - 4 \quad |:2$

$y = -x - 2$

II $y - 2x = 4 \quad |+2x$

$y = 2x + 4$

Forme die Gleichungen zuerst in die Normalform $y = mx + b$ um.

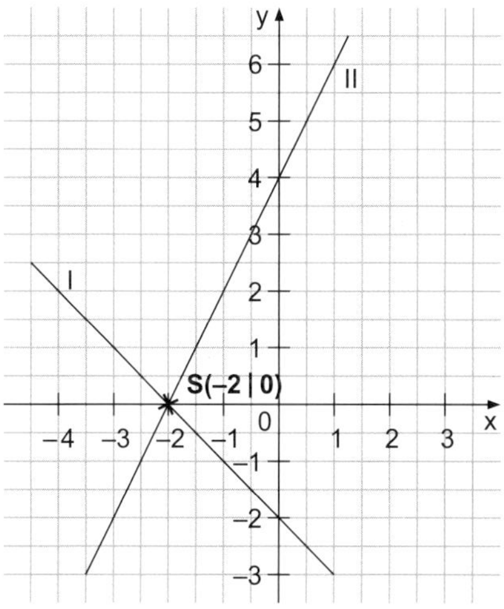

Zeichne dann die Funktionsgraphen in ein gemeinsames Koordinatensystem.

An den Koordinaten des Schnittpunktes kannst du die Lösungen für x und y ablesen.

Lösung: $x = -2,\ y = 0$

b) I $3y - 6x = 12 \quad |+6x$

$3y = 6x + 12 \quad |:3$

$y = 2x + 4$

II $2y = 2x + 2 \quad |:2$

$y = x + 1$

Der Funktionsgraph I aus Aufgabe b ist identisch mit dem Funktionsgraphen II aus Aufgabe a.

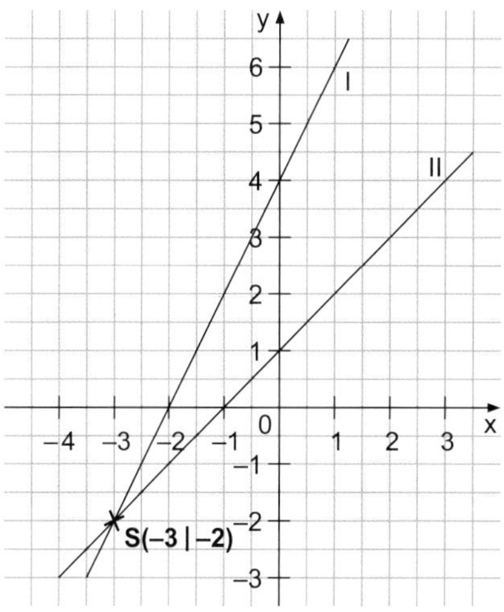

Lösung: $x = -3,\ y = -2$

19. a) II $2x+4y=2 \quad |-2x$

$4y=-2x+2 \quad |:4$

$y=-0{,}5x+0{,}5$

in I $2x-3(-0{,}5x+0{,}5)=9$

$2x+1{,}5x-1{,}5=9 \quad |+1{,}5$

$3{,}5x=10{,}5 \quad |:3{,}5$

$x=3$

in II $y=-0{,}5\cdot 3+0{,}5$

$y=-1$

Lösung: $x=3,\ y=-1$

b) I $2x-7y=0 \quad |+7y$

$2x=7y \quad |:2$

$x=3{,}5y$

II $x+4y=30 \quad |-4y$

$x=-4y+30$

I=II $3{,}5y=-4y+30 \quad |+4y$

$7{,}5y=30 \quad |:7{,}5$

$y=4$

in I $x=3{,}5\cdot 4$

$x=14$

Lösung: $x=14,\ y=4$

Hinweise und Tipps

Die Aufgaben kannst du wahlweise mit dem Einsetzungsverfahren oder dem Gleichsetzungsverfahren lösen. Beispielhaft ist hier jeweils ein Lösungsweg angegeben.

Aufgabe a: Einsetzungsverfahren
- Löse die Gleichung II nach y auf.
- Setze den Ausdruck für y in die Gleichung I ein und löse nach x auf.
- Setze das Ergebnis in die Gleichung II ein und berechne y.

Aufgabe b: Gleichsetzungsverfahren
- Löse beide Gleichungen nach x auf.
- Setze die beiden erhaltenen Terme gleich und löse nach y auf.
- Setze das Ergebnis in die Gleichung I ein und berechne x.

---

20. a)

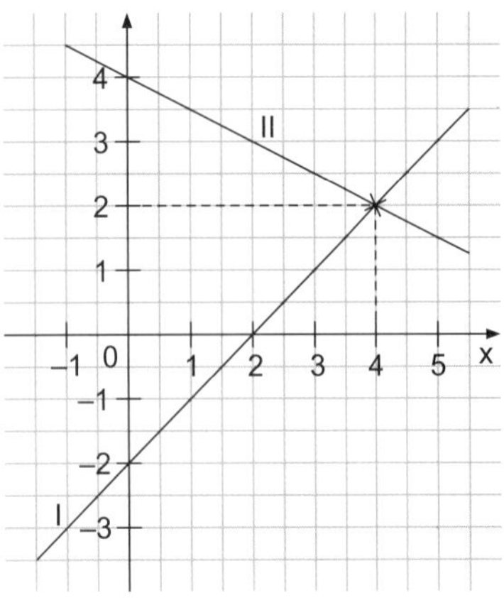

Lösung: $x=4,\ y=2$

b)

x	0	1	2	3	**4**	5
I $y=0{,}5x+6$	6	6,5	7	7,5	**8**	8,5
II $y=-8x+40$	40	32	24	16	**8**	0

Lösung: $x=4,\ y=8$

c) I $-0{,}25x=y-5 \quad |+5$

$-0{,}25x+5=y \quad |$ Seiten vertauschen

$y=-0{,}25x+5$

II $0{,}5+y=2{,}5x \quad |-0{,}5$

$y=2{,}5x-0{,}5$

Die Aufgaben kannst du wahlweise zeichnerisch, mit einer Wertetabelle oder rechnerisch lösen. Beispielhaft ist hier jeweils ein Lösungsweg dargestellt.

Aufgabe a: Zeichnerische Lösung
Lege ein geeignetes Koordinatensystem an. Lies am Schnittpunkt der linearen Funktionen die Lösung ab.

Aufgabe b: Probieren mit Wertetabelle
Lege eine gemeinsame Wertetabelle an. Lies am gleichen Wertepaar die Lösung ab.

Aufgabe c: Zeichnerische Lösung
Löse die Gleichungen zuerst nach y auf. Zeichne dann die Funktionsgraphen in ein gemeinsames Koordinatensystem und lies die Lösung für x und y am Schnittpunkt ab.

Hinweise und Tipps

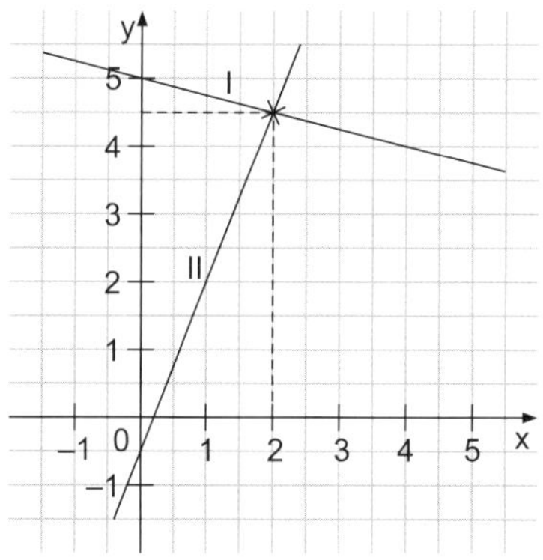

Lösung: $x = 2,\ y = 4{,}5$

d) I $4y = 12 - 8x \quad |:4$
$y = 3 - 2x$

II $-5y = 15x - 5 \quad |:(-5)$
$y = -3x + 1$

x	–3	**–2**	–1	0	1	2
I y=–2x+3	9	**7**	5	3	1	–1
II y=–3x+1	10	**7**	4	1	–2	–5

Lösung: $x = -2,\ y = 7$

Aufgabe d: Probieren mit Wertetabelle
Löse die Gleichungen zuerst nach y auf. Lege dann eine Wertetabelle an und bestimme die Lösung anhand des gleichen Wertepaares.

21. a) I $2x + 8y = 8 \quad |-2x$
$8y = -2x + 8 \quad |:8$
$y = -0{,}25x + 1$

II $-2x = 10 - 4y \quad |+4y$
$4y - 2x = 10 \quad |+2x$
$4y = 2x + 10 \quad |:4$
$y = 0{,}5x + 2{,}5$

Zum Gleichungssystem gehört das Schaubild **C**. Die Geraden haben einen Schnittpunkt. Das Gleichungssystem besitzt daher **eine** Lösung.

Löse beide Gleichungen nach y auf.
Gleichung I: $m = -0{,}25;\ b = 1$
Gleichung II: $m = 0{,}5;\ b = 2{,}5$

b) I $x + 2 - 2y = 0 \quad |+2y$
$x + 2 = 2y \quad |:2$; Seiten vertauschen
$y = 0{,}5x + 1$

II $1{,}5x = 3y + 3 \quad |-3$
$1{,}5x - 3 = 3y \quad |:3$; Seiten vertauschen
$y = 0{,}5x - 1$

Zum Gleichungssystem gehört das Schaubild **A**. Die Geraden verlaufen parallel. Das Gleichungssystem besitzt daher **keine** Lösung.

Löse beide Gleichungen nach y auf.
Gleichung I: $m = 0{,}5;\ b = 1$
Gleichung II: $m = 0{,}5;\ b = -1$
Die Funktionsgraphen haben die gleiche Steigung, schneiden die y-Achse aber an verschiedenen Stellen.

c) I $4y = 6x - 4 \quad |:4$
$y = 1{,}5x - 1$

II $3x - 2y = 2 \quad |-3x$
$-2y = -3x + 2 \quad |:(-2)$
$y = 1{,}5x - 1$

Zum Gleichungssystem gehört das Schaubild **B**. Die Geraden sind identisch. Das Gleichungssystem besitzt daher **unendlich viele** Lösungen.

Löse beide Gleichungen nach y auf.
Gleichung I: $m = 1{,}5;\ b = -1$
Gleichung II: $m = 1{,}5;\ b = -1$
Die Funktionsgraphen haben die gleiche Steigung und den gleichen Schnittpunkt mit der y-Achse.

Hinweise und Tipps

22. a) erste Zahl = x
zweite Zahl = y
Gleichungssystem:
I $x+y=27$ — Summe der ersten und zweiten Zahl ist 27.
II $x \cdot y=72$ — Produkt der ersten und zweiten Zahl ist 72.

b) Anzahl gefahrene Kilometer = x
Mietpreis = y
Gleichungssystem:
I $y=0{,}8x+1$ — 80 Cent = 0,8 € pro Kilometer; 1 € Freischaltgebühr
II $y=0{,}6x+3$ — 60 Cent = 0,6 € pro Kilometer; 3 € Freischaltgebühr

c) Preis für Saftschorle = x
Preis für Waffel = y
Gleichungssystem:
I $4x+4y=32$ — 4 Saftschorlen und 4 Waffeln kosten 32 €.
II $3x+5y=34$ — 3 Saftschorlen und 5 Waffeln kosten 34 €.

---

23. a)

Anzahl Filme	0	1	2	3	4	5	6
monatl. Preis **Anbieter A**	5 €	8 €	11 €	14 €	17 €	20 €	23 €
monatl. Preis ***Anbieter B***	3 €	6,50 €	10 €	13,50 €	17 €	20,50 €	24 €

b)

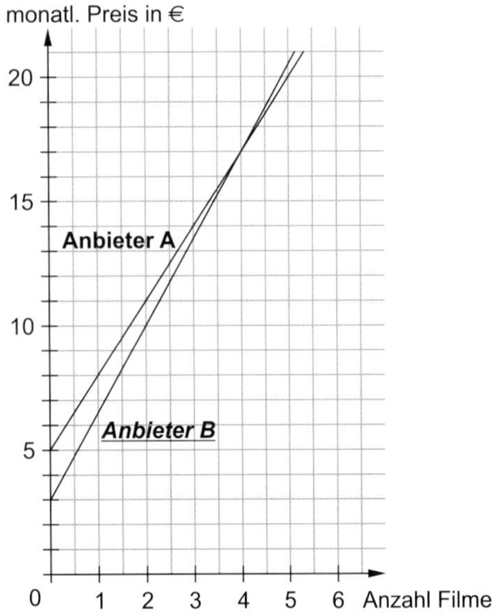

Lege ein Koordinatensystem an und wähle geeignete Einheiten, z. B.:
1 Film → 1 cm
1 € → 0,5 cm

c) Anzahl Filme = x
monatl. Preis in € = y
Gleichungssystem:
I $y=3x+5$ — 3 € pro Film; 5 € monatl. Grundgebühr
II $y=3{,}5x+3$ — 3,50 € pro Film; 3 € monatl. Grundgebühr

Bei 4 Filmen pro Monat sind beide Anbieter mit 17 € gleich teuer.

Lies die Lösung aus dem Koordinatensystem (Aufgabe b) oder der Wertetabelle (Aufgabe a) ab.

d) Wenn Sarah weniger als 4 Filme im Monat streamt, sollte sie sich für Anbieter B entscheiden. Schaut sie mehr als 4 Filme, ist Anbieter A günstiger.

Hinweise und Tipps

24. a) Anzahl gekaufte Flaschen Zitronenlimonade = x
Anzahl gekaufte Flaschen Rhabarberschorle = y

Gleichungssystem:

I $x + y = 18$
II $1x + 1{,}5y = 21$

Clara kauft insgesamt 18 Flaschen. Zitronenlimonade 1 €; Rhabarberschorle 1,50 €; Insgesamt zahlt Clara 21 €.

Löse beide Gleichungen nach y auf.

I $x + y = 18 \quad |-x$
$y = -x + 18$

II $1x + 1{,}5y = 21 \quad |-x$
$1{,}5y = -x + 21 \quad |:1{,}5$
$y = -\frac{2}{3}x + 14$

Bestimme die Lösung des Gleichungssystem z.B. zeichnerisch.

Wähle eine geeignete Einheit z. B.: 1 Flasche → 0,5 cm

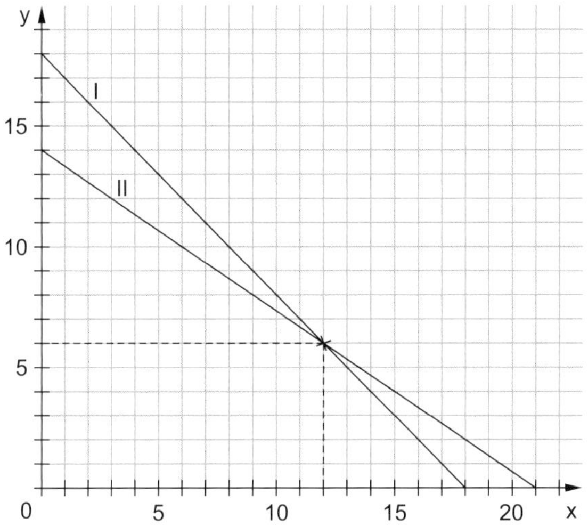

Clara hat x = 12 Flaschen Zitronenlimonade und y = 6 Flaschen Rhabarberschorle gekauft.

b) Preis für Weltmeisterbrötchen = x
Preis für normale Brötchen = y

Gleichungssystem:

I $4x + 2y = 5{,}60$

II $10x + 10y = 17$

Für 4 Weltmeisterbrötchen und 2 normale Brötchen bezahlt Elif 5,60 €. 10 Weltmeisterbrötchen und 10 normale Brötchen kosten 17 €.

Löse beide Gleichungen nach y auf.

I $4x + 2y = 5{,}60 \quad |-4x$
$2y = -4x + 5{,}60 \quad |:2$
$y = -2x + 2{,}80$

II $10x + 10y = 17 \quad |-10x$
$10y = -10x + 17 \quad |:10$
$y = -x + 1{,}70$

Finde die Lösung des Gleichungssystems z. B. mithilfe einer Wertetabelle.

x	0,50	0,60	0,70	0,80	0,90	1,00	**1,10**
I $y = -2x + 2{,}80$	1,80	1,60	1,40	1,20	1,00	0,80	**0,60**
II $y = -x + 1{,}70$	1,20	1,10	1,00	0,90	0,80	0,70	**0,60**

Die Weltmeisterbrötchen kosten 1,10 € und die normalen Brötchen 0,60 €.

Hinweise und Tipps

25. Anzahl Autos ohne Anhänger = x
Anzahl Autos mit Anhänger = y

Gleichungssystem:
I $x + y = 16$
II $4 \cdot x + 6 \cdot y = 76$

Insgesamt 16 Fahrzeuge.
4 Räder bei Autos ohne Anhänger;
6 Räder bei Autos mit Anhänger;
insgesamt 76 Räder.

I $x + y = 16 \quad | -x$
$y = -x + 16$

II $4x + 6y = 76 \quad | -4x$
$6y = -4x + 76 \quad | :6$
$y = -\frac{2}{3}x + 12\frac{2}{3}$

Löse beide Gleichungen nach y auf.

x	4	5	6	7	8	9	**10**
I $y = -x + 16$	12	11	10	9	8	7	**6**
II $y = -\frac{2}{3}x + 12\frac{2}{3}$	10	$9\frac{1}{3}$	$8\frac{2}{3}$	8	$7\frac{1}{3}$	$6\frac{2}{3}$	**6**

Finde die Lösung des Gleichungssystems z. B. mithilfe einer Wertetabelle.

Lösung: $x = 10$, $y = 6$
Der Vater hat 6 Autos mit Anhänger und damit 6 Anhänger gezählt.

26.

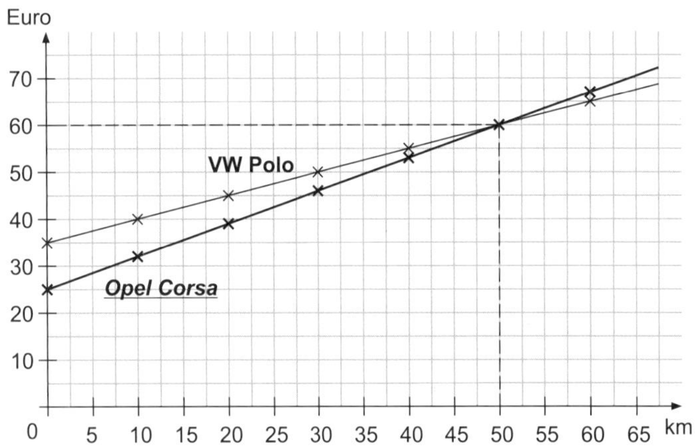

Lege ein Koordinatensystem an und wähle geeignete Einheiten, z. B.:
5 km → 1 cm
10 € → 1 cm

Möchte Natascha über 50 km fahren, sollte sie sich den VW Polo ausleihen. Plant sie, weniger als 50 km zu fahren, sollte sie sich den Opel Corsa ausleihen.

27. Eintrittspreis Erwachsener = x
Eintrittspreis Kind = y

Gleichungssystem:
I $2x + y = 32$
II $x + 3y = 36$

2 Erwachsene und 1 Kind bezahlen 32 €.
1 Erwachsener und 3 Kinder kosten 36 €.

I $2x + y = 32 \quad | -2x$
$y = -2x + 32$

II $x + 3y = 36 \quad | -x$
$3y = -x + 36 \quad | :3$
$y = -\frac{1}{3}x + 12$

Bestimme die Lösung des Gleichungssystems z. B. zeichnerisch.
Löse dazu beide Gleichungen nach y auf und zeichne die Geraden in ein geeignetes Koordinatensystem.

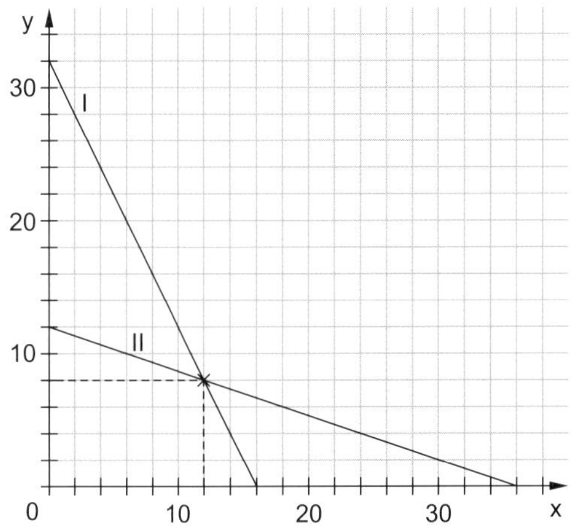

Erwachsene zahlen x = 12 € und Kinder zahlen y = 8 €.

Hinweise und Tipps

Wähle als Einheit z. B.: 2 € → 0,5 cm

---

28. a)

	1.Tag	2. Tag	3. Tag	4. Tag	5. Tag	6. Tag	7. Tag
Skiverleih Hexenritt	43 €	64 €	85 €	106 €	127 €	148 €	169 €
Verleih am Wurmberg	35 €	60 €	85 €	110 €	135 €	160 €	185 €

b) Anzahl Tage = x
Leihgebühr in € = y

Gleichungssystem:
I $y = 21x + 22$
II $y = 25x + 10$

Am 3. Tag sind die Kosten mit 85 € gleich hoch.

21 € pro Tag; 22 € Bindung einstellen
25 € pro Tag; 10 € Bindung einstellen

Lies die Antwort aus der Wertetabelle ab.

c) 1. Tag:
Ersparnis in Euro: 43 € − 35 € = 8 €
Ersparnis in Prozent:

$$p\,\% = \frac{8\,€ \cdot 100}{43\,€}\,\%$$

$$p\,\% \approx 18{,}60\,\%$$

7. Tag:
Ersparnis in Euro: 185 € − 169 € = 16 €
Ersparnis in Prozent:

$$p\,\% = \frac{16\,€ \cdot 100}{185\,€}\,\%$$

$$p\,\% \approx 8{,}65\,\%$$

Bestimme erst die Ersparnis in Euro und anschließend in Prozent.
Verwende die Formel: $p\,\% = \frac{W \cdot 100}{G}\,\%$

d) z. B.:
Einstellen der Bindung: 20 €
Leihgebühr pro Tag: 20 €

oder:

Einstellen der Bindung: 14 €
Leihgebühr pro Tag: 22 €

…

Bei dieser Aufgabe gibt es unendlich viele Lösungen.
Es muss gelten:
„Einstellen der Bindung“ + 3 · „Leihgebühr“ = 80 €

Hinweise und Tipps

29. a) Es handelt sich um exponentielles Wachstum.

Wertetabelle:

Zeit (in Stunden)	0	1	2	3	4	5	6	7
Bakterienanzahl	1	4	16	64	256	1 024	4 096	16 384

Pro Stunde wird die Anzahl der Bakterien mit dem Faktor 4 multipliziert (· 4).

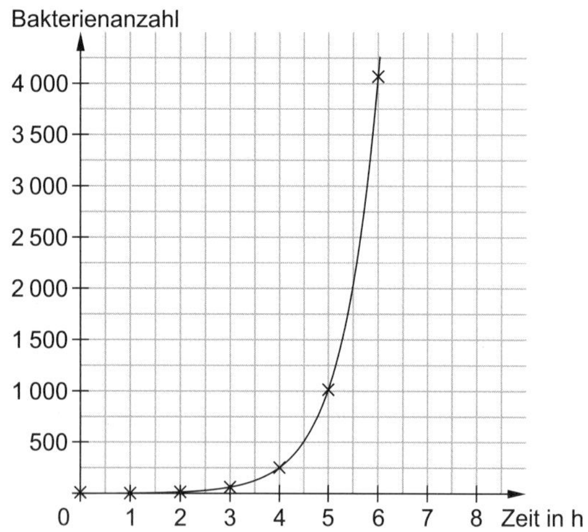

Der Graph für das Bakterienwachstum ist eine Kurve, die immer steiler wird.

b) Es handelt sich um lineares Wachstum.

Wertetabelle:

Zeit (in Stunden)	0	1	2	3	4	5	6	7
Motorblöcke	0	4	8	12	16	20	24	28

Pro Stunde wird der Bestand an Motorblöcken um den Betrag 4 erhöht (+4).

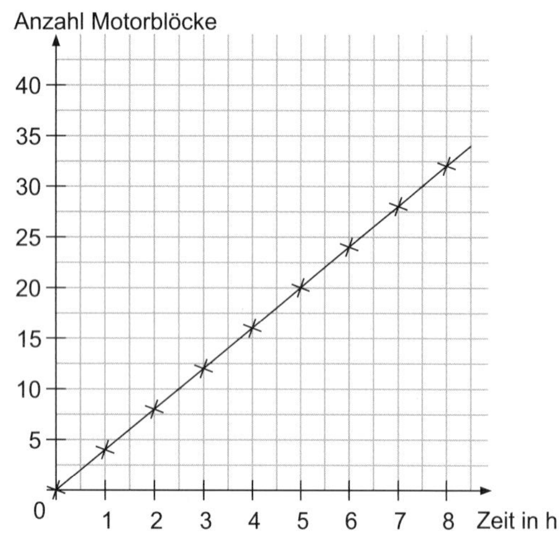

Der Graph für die Anzahl der Motorblöcke ist eine Gerade mit konstanter Steigung.

30. a) Exponentielles Wachstum: Pro Stunde werden die Aufrufe des TikTok-Videos mit dem Faktor 4 multipliziert (· 4).

Vervielfachung mit dem gleichen Faktor.

b) Lineares Wachstum: Jeden Monat erhöht sich die Anzahl der Kunden um 10 im Fitnessstudio (+10).

Zunahme um den gleichen Betrag.

c) Exponentielles Wachstum: Pro Jahr werden die Stromkosten mit dem Faktor 1,12 multipliziert (· 1,12).

Anstieg um 12 % ≙ Vervielfachung mit dem Faktor 1,12

d) Lineares Wachstum: Pro Stunde steigt die Wassermenge um 2 000 Liter im Swimmingpool (+2 000).

e) Exponentielles Wachstum: Pro Jahr wird der Wert des Oldtimers mit dem Faktor 1,15 multipliziert (· 1,15).

Anstieg um 15 % ≙ Vervielfachung mit dem Faktor 1,15

Hinweise und Tipps

31. a) Lineares Wachstum

Wertetabelle:

Zeit (in Jahren)	0	1	2	3	4	5	10
monatl. Taschengeld (in €)	15	18	21	24	27	30	45

Es handelt sich um ein lineares Wachstum, da in jedem Jahr genau 3 € dazukommen (+3).

b) Exponentielles Wachstum

Wertetabelle:

Zeit (in Jahren)	0	1	2	3	4	5	10
monatl. Taschengeld (in €)	10	11	12,10	13,31	14,64	16,11	25,94

Es handelt sich um ein exponentielles Wachstum, da zu gleichen Zeiträumen immer eine Vervielfachung mit dem gleichen Wachstumsfaktor gehört.

Anstieg um 10 % ≙ Wachstumsfaktor 1,1 (· 1,1).

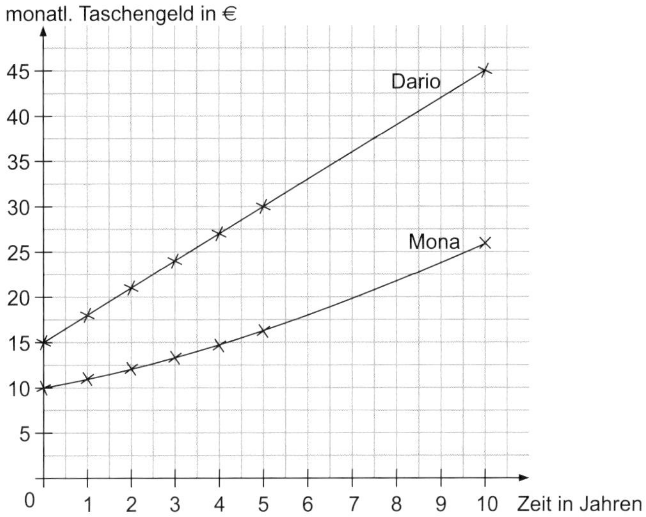

Wähle geeignete Einheiten, z. B.:
1 Jahr → 1 cm
5 € → 1 cm

Aufgabe a: Der Graph der Zuordnung ist eine Gerade.

Aufgabe b: Der Graph der Zuordnung ist eine Kurve.

Zeichne die Graphen nicht über die Achsen hinaus. Die Jahre und das Taschengeld können keine negativen Werte annehmen.

32.

	Angebot 1		Angebot 2	
Treffer	Auszahlung	Gesamtgewinn	Auszahlung	Gesamtgewinn
1	10 €	10 €	1 €	1 €
2	10 €	20 €	2 €	3 €
3	10 €	30 €	4 €	7 €
4	10 €	40 €	8 €	15 €
5	10 €	50 €	16 €	31 €
6	10 €	60 €	32 €	63 €
7	10 €	70 €	64 €	127 €
8	10 €	80 €	128 €	255 €
9	10 €	90 €	256 €	511 €
10	10 €	100 €	512 €	1 023 €

Wenn Sebastian höchstens die Hälfte trifft, erzielt er 0 bis 5 Treffer.
Er sollte Angebot 1 wählen.

Angebot 2 wird interessant, wenn Sebastian ein guter Werfer ist.
Ab 6 Treffer ist der Gesamtgewinn bei Angebot 2 höher.

Hinweise und Tipps

33.

	Anfangskapital	Zinssatz	Laufzeit	Endkapital ($K_n = K_0 \cdot q^n$)	Hinweise und Tipps
a)	5 000 €	3 %	5 Jahre	5 796,37 €	$K_5 = 5\,000\text{ €} \cdot 1{,}03^5$
b)	25 000 €	4 %	8 Jahre	34 214,23 €	$K_8 = 25\,000\text{ €} \cdot 1{,}04^8$
c)	2 500 €	2,5 %	3 Jahre	2 692,23 €	$K_3 = 2\,500\text{ €} \cdot 1{,}025^3$
d)	1 800 €	1,5 %	2 Jahre	1 854,41 €	$K_2 = 1\,800\text{ €} \cdot 1{,}015^2$

34. a)

Laufzeit (in Jahren)	Kapital (in €)	Hinweise und Tipps
0	1 000,00 €	$K_0 = 1\,000\text{ €}$
1	1 050,00 €	$K_1 = 1\,000\text{ €} \cdot 1{,}05$
2	1 102,50 €	$K_2 = 1\,000\text{ €} \cdot 1{,}05^2$
3	1 157,63 €	$K_3 = 1\,000\text{ €} \cdot 1{,}05^3$
4	1 215,51 €	$K_4 = 1\,000\text{ €} \cdot 1{,}05^4$
5	1 276,28 €	$K_5 = 1\,000\text{ €} \cdot 1{,}05^5$
6	1 340,10 €	$K_6 = 1\,000\text{ €} \cdot 1{,}05^6$
7	1 407,10 €	$K_7 = 1\,000\text{ €} \cdot 1{,}05^7$
8	1 477,46 €	$K_8 = 1\,000\text{ €} \cdot 1{,}05^8$
9	1 551,33 €	$K_9 = 1\,000\text{ €} \cdot 1{,}05^9$
10	1 628,89 €	$K_{10} = 1\,000\text{ €} \cdot 1{,}05^{10}$

b)

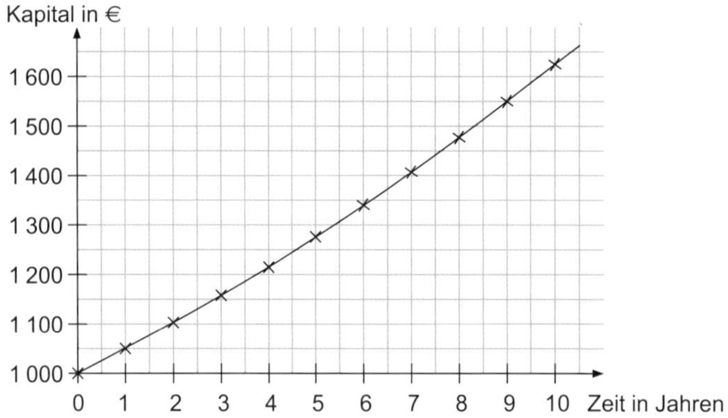

Wähle geeignete Einheiten, z. B.:
1 Jahr → 1 cm
100 € → 1 cm
Beginne die y-Achse am besten erst bei 1 000 €.

35. $G_0 = 50;\ q = 2;\ n = 4$

Salmonellenzahl um 14.00 Uhr:

$G_4 = 50 \cdot 2^4 = 800$

Um 14.00 Uhr sind 800 Salmonellen in dem Fischbrötchen.

Von 12.00 Uhr bis 14.00 Uhr sind es 2 Stunden = 4 · 30 Minuten (n = 4).

$G_n = G_0 \cdot q^n$

36. $G_0 = 200\text{ m}^2;\ q = 0{,}8;\ n = 5$

Algenfläche nach 5 Tagen:

$G_5 = 200\text{ m}^2 \cdot 0{,}8^5 \approx 65{,}54\text{ m}^2$

Nach 5 Tagen ist die Algenfläche noch ca. 65,54 m² groß.

Reduzierung um 20 %: $q = 1 - \frac{20}{100} = 0{,}8$

Hinweise und Tipps

37. $G_0 = 100$; $q = 0{,}5$; 10 % von $G_0 = 0{,}1 \cdot 100 = 10$
n gibt die Anzahl der Zeitspannen in 10 Minuten an.

Halbierung: $q = 0{,}5$

Wertetabelle:

Zeitspannen n	0	1	2	3	**4**	5
Virenzahl	100	50	25	13	**6**	3

$G_n = 100 \cdot 0{,}5^n$

Nach $4 \cdot 10 = 40$ Minuten hat sich die Virenlast auf unter 10 % reduziert.

38.

	Modell	aktueller Preis	Preis in 5 Jahren	Preis in 10 Jahren
a)	Xavier	9 000 €	10 950 €	13 322 €
b)	Fabio	13 500 €	16 425 €	19 983 €
c)	Rico	18 900 €	22 995 €	27 977 €
d)	Cesaro	23 200 €	28 226 €	34 342 €

Steigerung um 4 %: $q = 1{,}04$
Preis in 5 Jahren = aktueller Preis $\cdot\ 1{,}04^5$
Preis in 10 Jahren = aktueller Preis $\cdot\ 1{,}04^{10}$

39. $G_0 = 500$ €; $q = 1{,}05$; $n = 10$
$G_{10} = 500\text{ €} \cdot 1{,}05^{10} \approx 814{,}45$ €
Die Miete steigt in 10 Jahren auf ca. 814 € und wird über 750 € liegen.

Steigerung um 5 %: $q = 1{,}05$

40. $G_0 = 1{,}82$ €; $q = 1{,}12$; $n = 3$
$G_3 = 1{,}82\text{ €} \cdot 1{,}12^3 \approx 2{,}56$ €
Wenn Leila 18 Jahre alt wird, wird der Spritpreis bei ca. 2,56 € liegen.

Steigerung um 12 %: $q = 1{,}12$
Leila ist 15 und wird in 3 Jahren 18 sein.

41. $K_0 = 400$ €; $q = 1{,}035$; $n = 8$
$K_8 = 400\text{ €} \cdot 1{,}035^8 \approx 526{,}72$ €
Natascha kann nach acht Jahren ca. 526,72 € abheben.

Zinseszinsformel:
$K_8 = K_0 \cdot q^8$ mit $q = 1{,}035$

42.
- Angebot 1:
  Zinsen pro Jahr: $1\,500\text{ €} \cdot 0{,}045 = 67{,}50$ €
  Kapital nach 5 Jahren:
  $K_5 = 1\,500\text{ €} + 5 \cdot 67{,}50\text{ €} = 1\,837{,}50$ €
- Angebot 2:
  $K_0 = 1\,500$ €; $q = 1{,}0425$; $n = 5$
  Kapital nach 5 Jahren:
  $K_5 = 1\,500\text{ €} \cdot 1{,}0425^5 \approx 1\,847{,}02$ €

Ich würde Angebot 2 vorziehen, da es ca. 10 € mehr bringt und man nicht in Versuchung kommt, die ausgezahlten Zinsen sofort auszugeben.

Begründe deine Antwort anhand einer Rechnung.
Yannick ist 13 und hat in 5 Jahren seinen 18. Geburtstag.
Angebot 1 (Lineares Wachstum):
Jedes Jahr erhält Yannick gleich hohe Zinsen.
Angebot 2 (Zinseszinsen):
Die Zinsen werden jedes Jahr mitverzinst.
$K_5 = K_0 \cdot q^5$ mit $q = 1{,}0425$

43. a)

Monate	0	1	2	3	4	5	6
Fit In	100	112	124	136	148	160	172
Elan	100	110	121	133	146	161	177

Lineares Wachstum (+12)
Exponentielles Wachstum (· 1,1)

b) 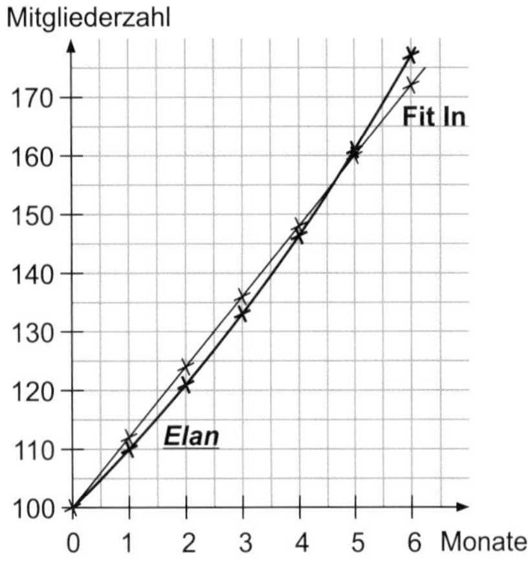

Hinweise und Tipps

Wähle geeignete Einheiten, z. B.:
1 Monat → 1 cm
10 Mitglieder → 1 cm

Beginne die y-Achse am besten erst bei 100 Mitgliedern.

---

44. a) $1 = 1^2$
$1 = 1$ ✓ $\Rightarrow$ A(1 | 1) liegt auf der Normalparabel.

b) $6 = 3^2$
$6 \neq 9$ $\Rightarrow$ B(3 | 6) liegt nicht auf der Normalparabel.

c) $133 = 12^2$
$133 \neq 144$ $\Rightarrow$ C(12 | 133) liegt nicht auf der Normalparabel.

d) $81 = 9^2$
$81 = 81$ ✓ $\Rightarrow$ D(9 | 81) liegt auf der Normalparabel.

e) $32 = 6^2$
$32 \neq 36$ $\Rightarrow$ E(6 | 32) liegt nicht auf der Normalparabel.

f) $0{,}25 = 0{,}5^2$
$0{,}25 = 0{,}25$ ✓ $\Rightarrow$ F(0,5 | 0,25) liegt auf der Normalparabel.

Die Gleichung der Normalparabel lautet: $y = x^2$

Setze für x und y die Koordinaten der gegebenen Punkte ein und prüfe, ob die Gleichung stimmt.

---

45. a) $y = 3^2$
$y = 9 \Rightarrow$ A(3 | 9)

b) $y = 4^2$
$y = 16 \Rightarrow$ B(4 | 16)

c) $y = 1^2$
$y = 1 \Rightarrow$ C(1 | 1)

d) $y = 2^2$
$y = 4 \Rightarrow$ D(2 | 4)

e) $9 = x^2$ | Seiten vertauschen
$x^2 = 9$ | $\sqrt{\ }$
$x_{1/2} = \pm 3$
$\Rightarrow E_1(3 | 9);\ E_2(-3 | 9)$

f) $100 = x^2$ | Seiten vertauschen
$x^2 = 100$ | $\sqrt{\ }$
$x_{1/2} = \pm 10$
$\Rightarrow F_1(10 | 100);\ F_2(-10 | 100)$

Setze die gegebenen Punkte in die Gleichung $y = x^2$ der Normalparabel ein und berechne den gesuchten Wert x oder y.

Beachte: Ist der x-Wert gesucht, gibt es in der Regel zwei Lösungen.

Hinweise und Tipps

g) $0{,}16 = x^2$ | Seiten vertauschen
$x^2 = 0{,}16$ | $\sqrt{\ }$
$x_{1/2} = \pm 0{,}4$
$\Rightarrow G_1(0{,}4 \mid 0{,}16);\ G_2(-0{,}4 \mid 0{,}16)$

h) $4 = x^2$ | Seiten vertauschen
$x^2 = 4$ | $\sqrt{\ }$
$x_{1/2} = \pm 2$
$\Rightarrow H_1(2 \mid 4);\ H_2(-2 \mid 4)$

46. a)

x	–3	–2	–1	0	1	2	3
p_1: $y=2{,}5x^2$	22,5	10	2,5	0	2,5	10	22,5
p_2: $y=0{,}5x^2$	4,5	2	0,5	0	0,5	2	4,5
p_3: $y=-0{,}75x^2$	–6,75	–3	–0,75	0	–0,75	–3	–6,75
p_4: $y=-2x^2$	–18	–8	–2	0	–2	–8	–18

b) p_1: $y=2{,}5x^2$ gestreckt und nach oben geöffnet — $a=2{,}5$
p_2: $y=0{,}5x^2$ gestaucht und nach oben geöffnet — $a=0{,}5$
p_3: $y=-0{,}75^2$ gestaucht und nach unten geöffnet — $a=-0{,}75$
p_4: $y=-2x^2$ gestreckt und nach unten geöffnet — $a=-2$

c)

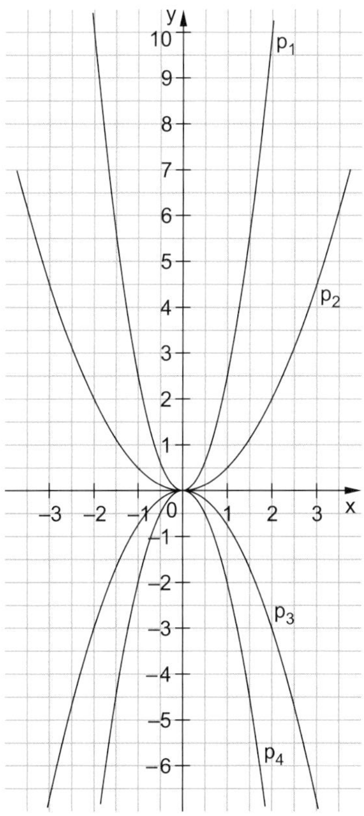

Lege ein Koordinatensystem mit der Einheit 1 cm an.
x-Achse: –3 bis +3
y-Achse: –7 bis +10
Zeichne die Graphen mithilfe der Zahlenpaare aus der Wertetabelle ein.

47. $p_1 \Rightarrow$ VI $y=x^2+5$

nach oben geöffnet ($a=1$); nach oben verschoben ($c=5$)

$p_2 \Rightarrow$ I $y=x^2+3$

nach oben geöffnet ($a=1$); nach oben verschoben ($c=3$)

Hinweise und Tipps

$p_3 \Rightarrow$ IV $y=x^2$

nach oben geöffnet (a = 1); nicht verschoben (c = 0)

$p_4 \Rightarrow$ II $y=x^2-4$

nach oben geöffnet (a = 1); nach unten verschoben (c = –4)

$p_5 \Rightarrow$ V $y=-x^2+1$

nach unten geöffnet (a = –1); nach oben verschoben (c = 1)

$p_6 \Rightarrow$ III $y=-x^2+5$

nach unten geöffnet (a = –1); nach oben verschoben (c = 5)

48. a) $y=3x^2+3 \Rightarrow S(0\,|\,3)$

b) $y=2x^2-6 \Rightarrow S(0\,|\,-6)$

c) $y=-x^2+0{,}5 \Rightarrow S(0\,|\,0{,}5)$

d) $y=-1{,}5x^2-2{,}5 \Rightarrow S(0\,|\,-2{,}5)$

Die Graphen von quadratischen Funktionen der Form $y=ax^2+c$ haben ihren Scheitelpunkt bei $S(0\,|\,c)$.

49. a)

x	–3	–2	–1	0	1	2	3
y	16	6	0	–2	0	6	16

$y=2x^2-2$

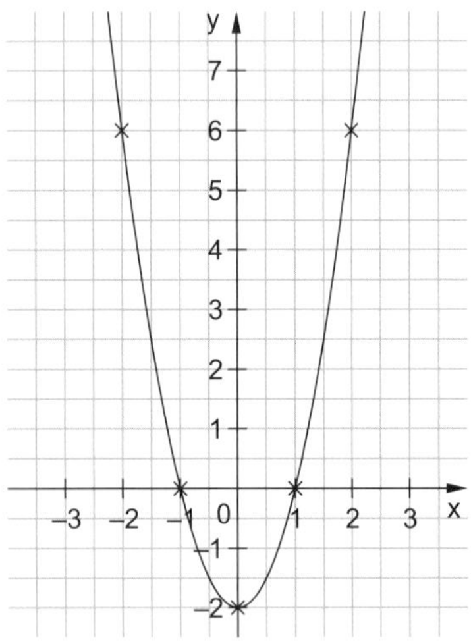

Die Parabel ist nach oben geöffnet und gestreckt (schmaler als die Normalparabel).
Der Scheitelpunkt ist um 2 Einheit nach unten verschoben.

a = 2: gestreckt; c = –2: nach unten verschoben

b)

x	–3	–2	–1	0	1	2	3
y	–4,5	–2	–0,5	0	–0,5	–2	–4,5

$y=-0{,}5x^2$

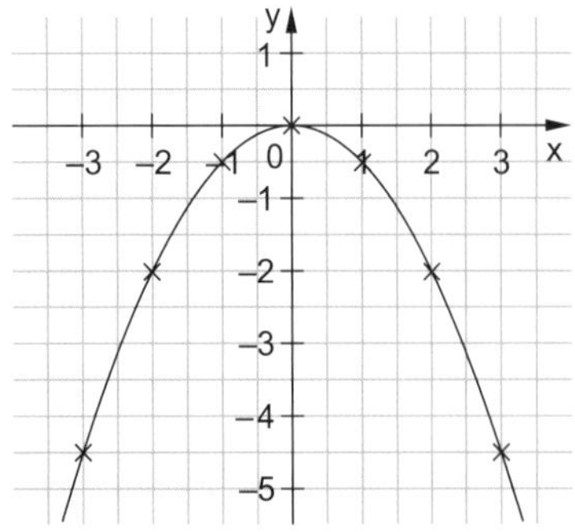

Die Parabel ist nach unten geöffnet und gestaucht (breiter als die Normalparabel). Der Scheitelpunkt liegt im Ursprung.

a = –0,5: gestaucht und nach unten geöffnet; c = 0: nicht verschoben

Hinweise und Tipps

c)

x	−4	−3	−2	−1	0	1	2	3	4
y	5,5	3,75	2,5	1,75	1,5	1,75	2,5	3,75	5,5

$y = 0{,}25x^2 + 1{,}5$

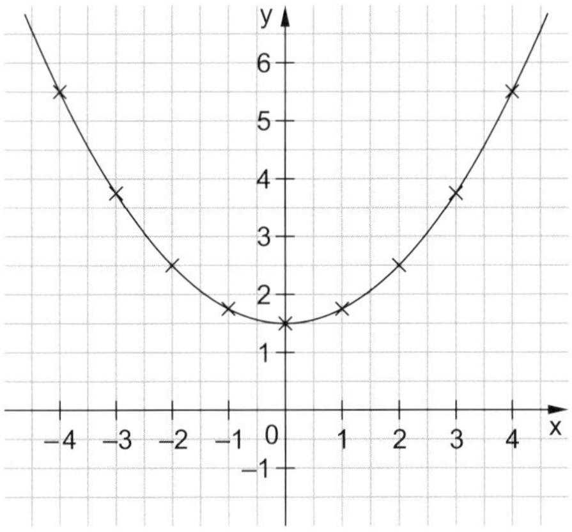

Die Parabel ist nach oben geöffnet und gestaucht (breiter als die Normalparabel). Der Scheitelpunkt ist um 1,5 Einheiten nach oben verschoben.

a = 0,25: gestaucht; c = 1,5: nach oben verschoben

d)

x	−2	−1	0	1	2
y	−10	−1	2	−1	−10

$y = -3x^2 + 2$

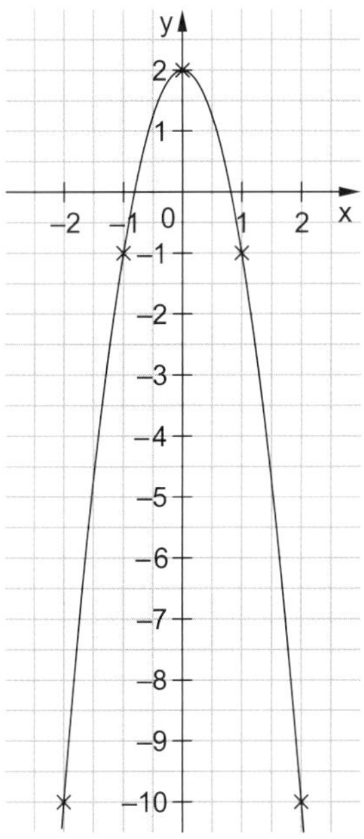

Die Parabel ist nach unten geöffnet und gestreckt (schmaler als die Normalparabel). Der Scheitelpunkt ist um 2 Einheiten nach oben verschoben.

a = −3: gestreckt und nach unten geöffnet; c = 2: nach oben verschoben

50. a)

x	–3	–2	–1	0	1	2	3
y	5,5	3	1,5	1	1,5	3	5,5

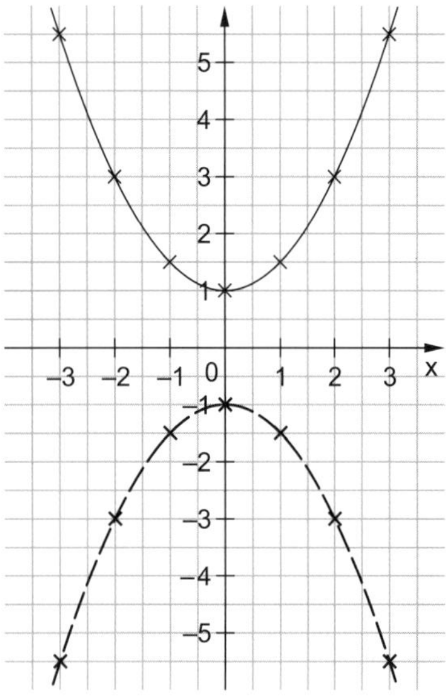

Gleichung gespiegelte Parabel: $y = -0{,}5x^2 - 1$

b)

x	–2	–1	0	1	2
y	–9	–3	–1	–3	–9

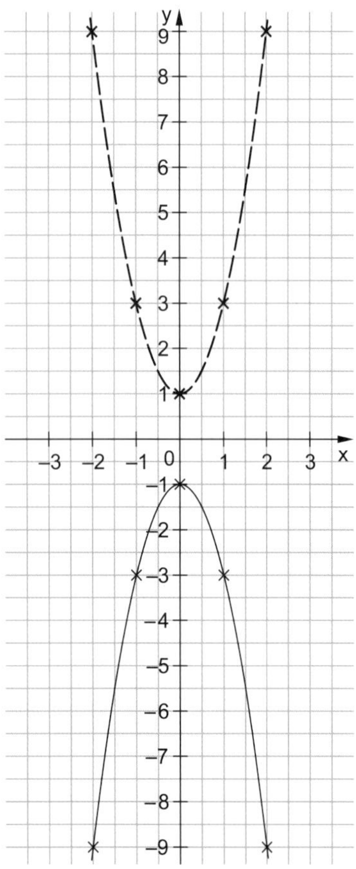

Gleichung gespiegelte Parabel: $y = 2x^2 + 1$

Hinweise und Tipps

$y = 0{,}5x^2 + 1$

Lege ein Koordinatensystem an und zeichne die Parabel mithilfe der Wertetabelle ein.

Spiegle dann die Punkte aus der Wertetabelle an der x-Achse nach unten und zeichne die Spiegelparabel durch diese Punkte.

Bei der Spiegelung einer quadratischen Funktion der Form $y = ax^2 + c$ an der x-Achse ändert sich das Vorzeichen von a, da die „Richtung der Öffnung“ wechselt. Außerdem ändert sich auch das Vorzeichen von c, weil der Scheitelpunkt an der x-Achse gespiegelt wird.

$a = -0{,}5$ und $c = -1$

$y = -2x^2 - 1$

Das Vorzeichen von a und c ändert sich bei der Spiegelung: $a = +2$ und $c = +1$

Hinweise und Tipps

51. a) $y = x^2$
Der Scheitelpunkt S(0 | 0) der Normalparabel liegt genau auf der x-Achse.
⇒ Es gibt genau eine Nullstelle.

a = +1: nach oben geöffnet;
c = 0: nicht verschoben

b) $y = x^2 + 2$
Der Scheitelpunkt S(0 | 2) liegt oberhalb der x-Achse und die Parabel ist nach oben geöffnet.
⇒ Es gibt keine Nullstelle.

a = +1: nach oben geöffnet;
c = +2: nach oben verschoben

c) $y = x^2 - 4$
Der Scheitelpunkt S(0 | −4) liegt unterhalb der x-Achse und die Parabel ist nach oben geöffnet.
⇒ Es gibt zwei Nullstellen.

a = +1: nach oben geöffnet;
c = −4: nach unten verschoben

d) $y = 2x^2$
Der Scheitelpunkt S(0 | 0) liegt genau auf der x-Achse.
⇒ Es gibt genau eine Nullstelle.

a = +2: nach oben geöffnet;
c = 0: nicht verschoben

e) $y = -x^2 - 0{,}5$
Der Scheitelpunkt S(0 | −0,5) liegt unterhalb der x-Achse und die Parabel ist nach unten geöffnet.
⇒ Es gibt keine Nullstelle.

a = −1: nach unten geöffnet;
c = −0,5: nach unten verschoben

f) $y = 0{,}2x^2 - 1$
Der Scheitelpunkt S(0 | −1) liegt unterhalb der x-Achse und die Parabel ist nach oben geöffnet.
⇒ Es gibt zwei Nullstellen.

a = 0,2: nach oben geöffnet;
c = −1: nach unten verschoben

52.
- Parabel p_1: keine Schnittpunkte mit der x-Achse

  Die Parabel liegt oberhalb der x-Achse.

  Funktionsgleichung: p_1: $y = x^2 + 1$

  Stelle die Funktionsgleichung der Parabel auf. Es gilt: c = 1; a = 1

  Berechnung der Nullstellen:

  Setze den Funktionsterm gleich null und berechne die Nullstellen.

  $0 = x^2 + 1 \quad | -1$
  $-1 = x^2 \quad |$ Seiten vertauschen
  $x^2 = -1 \quad | \sqrt{\ }$
  ⇒ keine Nullstellen

  Die Gleichung hat keine Lösung. Aus einer negativen Zahl kann man keine Wurzel ziehen.

- Parabel p_2: $N_1(-2 | 0)$ und $N_2(2 | 0)$

  Funktionsgleichung: p_2: $y = -x^2 + 4$

  Es gilt: c = 4; a = −1

  Berechnung der Nullstellen:
  $0 = -x^2 + 4 \quad | +x^2$
  $x^2 = 4 \quad | \sqrt{\ }$
  $x^2 = \pm 2$
  ⇒ $N_1(-2 | 0)$ und $N_2(2 | 0)$

- Parabel p_3: $N_1(0 | 0)$

  Funktionsgleichung: p_3: $y = -0{,}75x^2$

  Es gilt: c = 0; a = −0,75

  Berechnung der Nullstellen:
  $0 = -0{,}75x^2 \quad | :(-0{,}75)$
  $0 = x^2 \quad |$ Seiten vertauschen
  $x^2 = 0 \quad | \sqrt{\ }$
  $x_{1/2} = \pm 0$
  ⇒ $N_1(0 | 0)$

Hinweise und Tipps

53. a) p_1: $y = x^2 + 1$

p_1 ist eine nach oben geöffnete, nach oben verschobene Normalparabel mit $a = 1$ und $c = 1$.

p_2: $y = 0{,}5x^2 - 3$

p_2 ist eine nach oben geöffnete, im Vergleich zur Normalparabel gestauchte und nach unten verschobene Parabel. Es gilt $a = 0{,}5$ und $c = -3$.

p_3: $y = -x^2 + 2$

p_3 ist eine nach unten geöffnete, nach oben verschobene Normalparabel mit $a = -1$ und $c = 2$.

b)
$$0 = -x^2 + 2 \quad |+x^2$$
$$x^2 = 2 \quad |\sqrt{}$$
$$x_{1/2} = \pm\sqrt{2}$$
$$x_{1/2} \approx \pm 1{,}41$$

Schnittpunkte mit der x-Achse: $N_1(-1{,}41\,|\,0)$ und $N_2(1{,}41\,|\,0)$

Setze den Funktionswert von p_3 gleich null und berechne die x-Werte.

54. a)

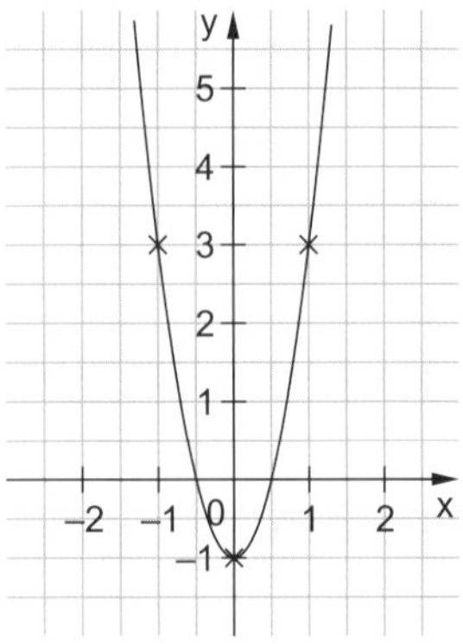

Lege ein Koordinatensystem mit der Einheit 1 cm an.
x-Achse: –2 bis +2
y-Achse: –1 bis +5
Zeichne die gegebenen Punkte $A(-1\,|\,3)$, $B(0\,|\,-1)$ und $C(1\,|\,3)$ ein und verbinde die Punkte zu einer Parabel.

b) p: $y = 4x^2 - 1$

Es gilt $a = 4$ und $c = -1$.

c)
$$0 = 4x^2 - 1 \quad |+1$$
$$1 = 4x^2 \quad |:4$$
$$0{,}25 = x^2 \quad |\text{Seiten vertauschen}$$
$$x^2 = 0{,}25 \quad |\sqrt{}$$
$$x_{1/2} = \pm 0{,}5$$

Nullstellen: $N_1(-0{,}5\,|\,0)$ und $N_2(0{,}5\,|\,0)$

Setze den Funktionswert gleich null und berechne die x-Werte der Nullstellen.

55. a) f_6; lineare Funktion

Die Gleichung $y = -3x + 9$ gehört zu einer lineare Funktion mit der Steigung $m = -3$ und dem y-Achsenabschnitt $b = 9$.

b) f_3; quadratische Funktion

Die Gleichung $y = 0{,}5x^2 + 1$ beschreibt eine Parabel mit $a = 0{,}5$ und Scheitelpunkt $S(0\,|\,1)$.

c) f_2; exponentielle Funktion

Die Gleichung $y = 4^x$ gehört zu einer Kurve, die eine exponentielle Zunahme beschreibt.

d) f_4; quadratische Funktion

Die Wertepaare aus der Tabelle liegen auf der Parabel mit der Funktionsgleichung $y = x^2 - 5$.

e) f_1; exponentielle Funktion

Die Wertepaare aus der Tabelle liegen auf der Kurve mit der Funktionsgleichung $y = 4 \cdot 1{,}5^x$.

f) f_5; lineare Funktion

Hinweise und Tipps

Die Wertepaare aus der Tabelle liegen auf der Geraden mit der Funktionsgleichung $y = 2x$.

56. a)

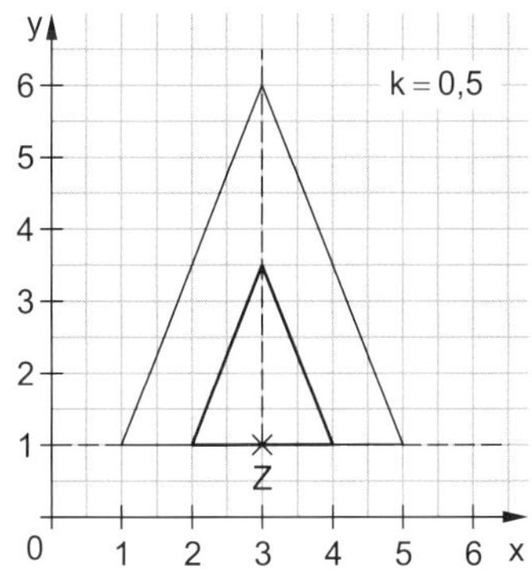

b)

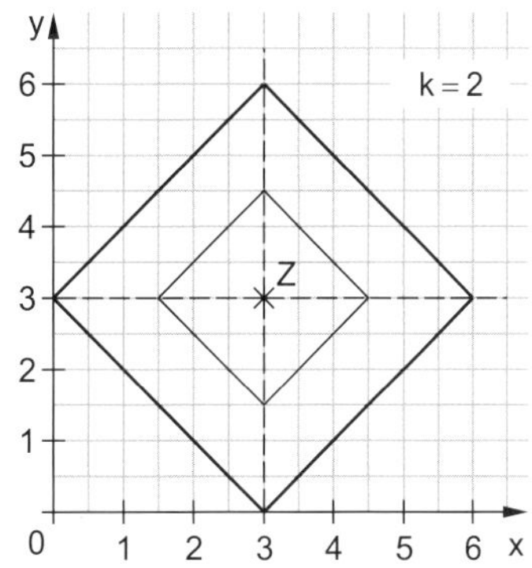

- Teilaufgabe a:
  Die Abstände der Bildpunkte vom Streckungszentrum Z sind wegen $k = 0{,}5$ jeweils halb so groß wie die Abstände der Originalpunkte vom Streckungszentrum Z.
- Teilaufgabe b:
  Die Abstände der Bildpunkte vom Streckungszentrum Z sind wegen $k = 2$ jeweils doppelt so groß wie die Abstände der Originalpunkte vom Streckungszentrum Z.

57.

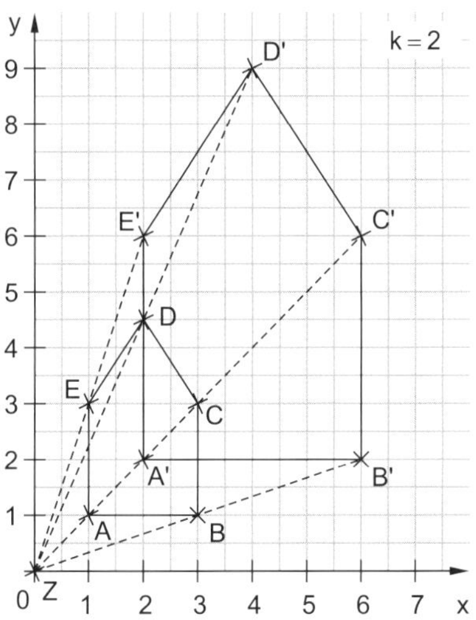

Die Abstände der Bildpunkte vom Streckungszentrum Z sind wegen $k = 2$ jeweils doppelt so groß wie die Abstände der Originalpunkte vom Streckungszentrum Z.

58. $g' = 12\text{ cm} \cdot 0{,}5 = 6\text{ cm}$

$h' = 7\text{ cm} \cdot 0{,}5 = 3{,}5\text{ cm}$

$$A' = \frac{g' \cdot h'}{2} = \frac{6\text{ cm} \cdot 3{,}5\text{ cm}}{2} = 10{,}5\text{ cm}^2$$

Verkleinere g und h mit $k = 0{,}5$.

Berechne den Flächeninhalt des Bilddreiecks mit g' und h' und der Flächenformel.

59.

☒ $\frac{\overline{ZA}}{\overline{ZA'}} = \frac{\overline{AB}}{\overline{A'B'}}$ — 2. Strahlensatz

☐ $\frac{\overline{AB}}{\overline{A'B'}} = \frac{\overline{ZB'}}{\overline{ZB}}$ — Die Streckenlängen im Zähler und Nenner passen nicht zusammen.

☐ $\frac{\overline{ZB'}}{\overline{ZB}} = \frac{\overline{ZA}}{\overline{ZA'}}$ — Die Streckenlängen im Zähler und Nenner passen nicht zusammen.

☒ $\frac{\overline{ZB}}{\overline{ZB'}} = \frac{\overline{ZA}}{\overline{ZA'}}$ — 1. Strahlensatz

60. Berechnung von $\overline{AB}$:

$\overline{AB} = \overline{AD} - \overline{BD} = 13,2\text{ m} - 8,4\text{ m} = 4,8\text{ m}$

Berechnung von $\overline{DE}$ mit dem 2. Strahlensatz:

$$\frac{2\text{ m}}{\overline{DE}} = \frac{4,8\text{ m}}{13,2\text{ m}} \qquad |\cdot\overline{DE} \quad |\cdot 13,2\text{ m}$$

$$2\text{ m}\cdot 13,2\text{ m} = 4,8\text{ m}\cdot\overline{DE} \qquad |:4,8\text{ m}$$

$$\frac{2\text{ m}\cdot 13,2\text{ m}}{4,8\text{ m}} = \overline{DE} \qquad |\text{Seiten vertauschen}$$

$$\overline{DE} = \frac{26,4\text{ m}}{4,8\text{ m}} = 5,5\text{ m}$$

Die Leiter reicht bis zu einer Höhe von 5,5 m.

Hinweise und Tipps

Beschrifte die Skizze mit den gegebenen Maßen:

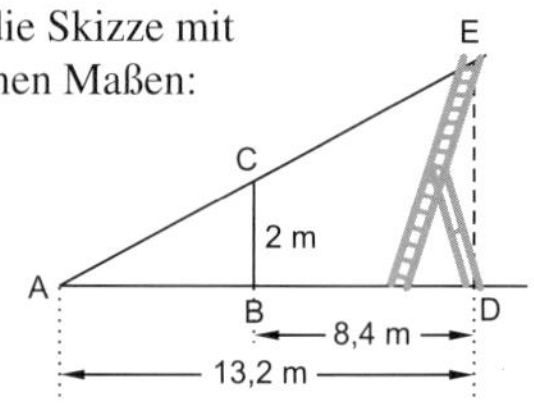

Berechne zunächst die Länge der Strecke $\overline{AB}$ mit den gegebenen Maßen.

Berechne anschließend die gesuchte Höhe. Nutze dazu den 2. Strahlensatz und forme nach $\overline{DE}$ um:

$$\frac{\overline{BC}}{\overline{DE}} = \frac{\overline{AB}}{\overline{AD}}$$

---

61. a)

$$\frac{x}{9\text{ m}} = \frac{15\text{ m}}{15\text{ m} + 12\text{m}}$$

$$\frac{x}{9\text{ m}} = \frac{15\text{ m}}{27\text{ m}} \qquad |\cdot 9\text{ m}$$

$$x = \frac{15\text{ m}\cdot 9\text{ m}}{27\text{ m}} = 5\text{ m}$$

Berechne die Streckenlänge x mit dem 2. Strahlensatz.

b) Berechnung von x:

$$\frac{4,8\text{ m}}{7,2\text{ m}} = \frac{6\text{ m}}{z_1} \qquad |\cdot z_1 \quad |\cdot 7,2\text{ m}$$

$$4,8\text{ m}\cdot z_1 = 6\text{ m}\cdot 7,2\text{ m} \qquad |:4,8\text{ m}$$

$$z_1 = \frac{6\text{ m}\cdot 7,2\text{ m}}{4,8\text{ m}} = 9\text{ m}$$

$$x = z_1 - 6\text{ m} = 9\text{ m} - 6\text{ m} = 3\text{ m}$$

Berechnung von y:

$$\frac{8,4\text{ m}}{y} = \frac{6\text{ m}}{3\text{ m}} \qquad |\cdot y \quad |\cdot 3\text{ m}$$

$$8,4\text{ m}\cdot 3\text{ m} = 6\text{ m}\cdot y \qquad |:6\text{ m}$$

$$\frac{8,4\text{ m}\cdot 3\text{ m}}{6\text{ m}} = y \qquad |\text{Seiten vertauschen}$$

$$y = 4,2\text{ m}$$

Berechne erst die Streckenlänge z_1, die sich aus 6 m und x zusammensetzt, mit dem 2. Strahlensatz und danach die Streckenlänge x als Differenz.

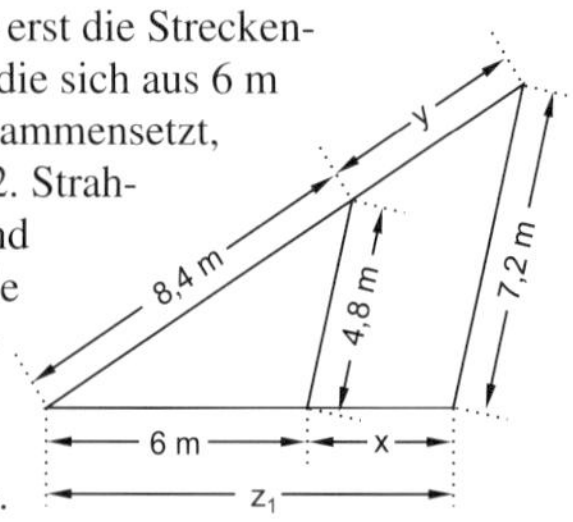

Mit dem Ergebnis für x kann die Streckenlänge y mit dem 1. Strahlensatz berechnet werden.

---

62. a)

$$\overline{AC}^2 = (5\text{ cm})^2 + (4\text{ cm})^2$$

$$\overline{AC}^2 = 41\text{ cm}^2 \qquad |\sqrt{\;}$$

$$\overline{AC} \approx 6,4\text{ cm}$$

Die Flächendiagonale $\overline{AC}$ ist ca. 6,4 cm lang.

Berechne die Länge der Flächendiagonalen $\overline{AC}$ mithilfe des Satzes des Pythagoras im rechtwinkligen Dreieck ABC (rechter Winkel bei B).

b)

$$\overline{AG}^2 = \overline{AC}^2 + (3\text{ cm})^2$$

$$\overline{AG}^2 = 41\text{ cm}^2 + 9\text{ cm}^2$$

$$\overline{AG}^2 = 50\text{ cm}^2 \qquad |\sqrt{\;}$$

$$\overline{AG} \approx 7,1\text{ cm}$$

Die Raumdiagonale $\overline{AG}$ ist ca. 7,1 cm lang.

Berechne die Länge der Raumdiagonalen $\overline{AG}$ mithilfe des Satzes des Pythagoras im grau eingefärbten, rechtwinkligen Dreieck ACG (rechter Winkel bei C).

---

63. a)

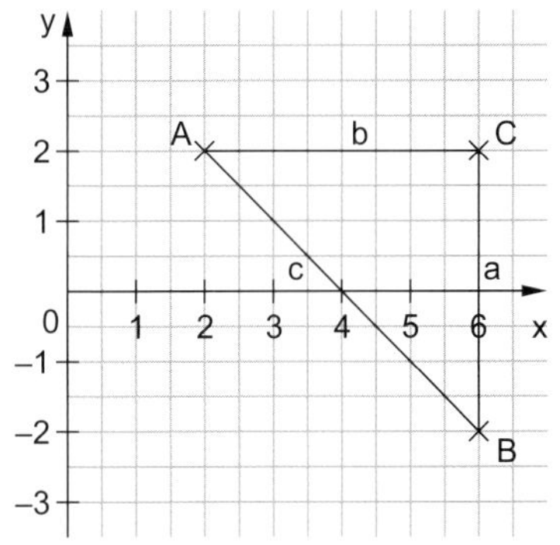

b) $c^2 = a^2 + b^2$

$c^2 = (4\text{ cm})^2 + (4\text{ cm})^2$

$c^2 = 32\text{ cm}^2 \quad |\sqrt{\ }$

$c \approx 5{,}66\text{ cm}$

Die Strecke c ist ca. 5,66 cm lang.

Hinweise und Tipps

Lege ein Koordinatensystem mit der Einheit 1 cm an.
x-Achse: 0 bis +6
y-Achse: –3 bis +3

Zeichne die gegebenen Punkt A(2 | 2), B(6 | –2) und C(6 | 2) ein und verbinde die Punkte zum Dreieck ABC. Beschrifte zusätzlich die Seiten des Dreiecks.

Die Seite c liegt gegenüber dem rechten Winkel und ist die Hypotenuse.

Die Katheten verlaufen parallel zu den Koordinatenachsen.

Geg.: Kathete a = 4 cm; Kathete b = 4 cm
Ges.: Hypotenuse c

---

64. a) Berechnung Seitenlänge s:

$s^2 = (3\text{ cm})^2 + (1{,}5\text{ cm})^2$

$s^2 = 11{,}25\text{ cm}^2 \quad |\sqrt{\ }$

$s \approx 3{,}35\text{ cm}$

Berechnung Umfang:

$u = 3\text{ cm} + 3\text{ cm} + 4 \cdot s$

$u = 6\text{ cm} + 4 \cdot 3{,}35\text{ cm}$

$u = 19{,}4\text{ cm}$

Berechnung Flächeninhalt:

$A = A_{\text{Rechteck}} - 4 \cdot A_{\text{Dreieck}}$

$A = 9\text{ cm} \cdot 3\text{ cm} - 4 \cdot \dfrac{3\text{ cm} \cdot 1{,}5\text{ cm}}{2}$

$A = 27\text{ cm}^2 - 4 \cdot 2{,}25\text{ cm}^2$

$A = 18\text{ cm}^2$

Ergänze die Figur zu einem Rechteck und berechne die Seitenlänge s mit dem Satz des Pythagoras, bevor du Umfang und Flächeninhalt bestimmst:

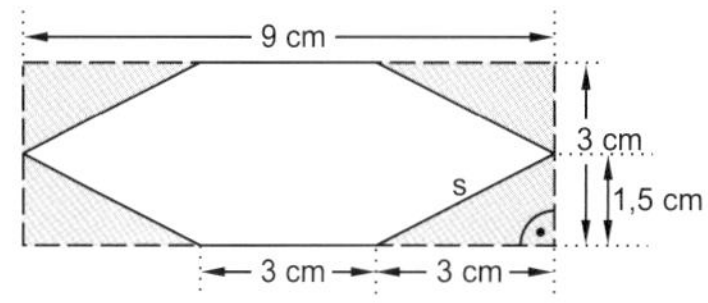

b) Berechnung Seitenlänge s_1 und s_2:

$s_1{}^2 = (2\text{ cm})^2 + (2\text{ cm})^2$

$s_1{}^2 = 8\text{ cm}^2 \quad |\sqrt{\ }$

$s_1 \approx 2{,}83\text{ cm}$

$s_2{}^2 = (2\text{ cm})^2 + (1\text{ cm})^2$

$s_2{}^2 = 5\text{ cm}^2 \quad |\sqrt{\ }$

$s_2 \approx 2{,}24\text{ cm}$

Berechnung Umfang:

$u = 3\text{ cm} + s_1 + 6\text{ cm} + s_2$

$u = 3\text{ cm} + 2{,}83\text{ cm} + 6\text{ cm} + 2{,}24\text{ cm}$

$u = 14{,}07\text{ cm}$

Ergänze die Figur durch zwei Dreiecke zu einem Rechteck und berechne die Seitenlängen s_1 und s_2 mit dem Satz des Pythagoras. Anschließend kannst du Umfang und Flächeninhalt bestimmen:

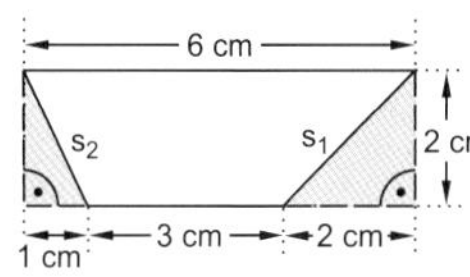

Berechnung Flächeninhalt:

$A = A_{Rechteck} - A_1 - A_2$

$A = 6\text{ cm} \cdot 2\text{ cm} - \frac{2\text{ cm} \cdot 2\text{ cm}}{2} - \frac{1\text{ cm} \cdot 2\text{ cm}}{2}$

$A = 12\text{ cm}^2 - 2\text{ cm}^2 - 1\text{ cm}^2$

$A = 9\text{ cm}^2$

Hinweise und Tipps

65.

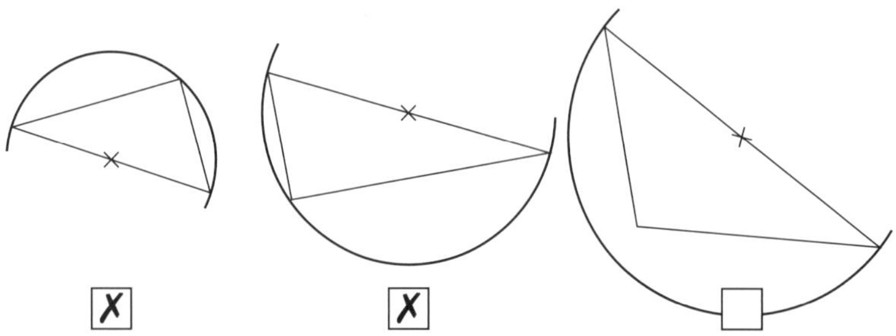

Nur bei den ersten beiden Dreiecken liegen alle Ecken auf dem Thaleskreis.

Bestimme die längste Seite des Dreiecks und ermittle den Mittelpunkt. Zeichne um den Mittelpunkt einen Kreis durch die beiden Endpunkte der Seite.

Liegt der dritte Eckpunkt des Dreiecks ebenfalls auf diesem Kreis, so handelt es sich um den Thaleskreis und das Dreieck ist rechtwinklig.

66. a)

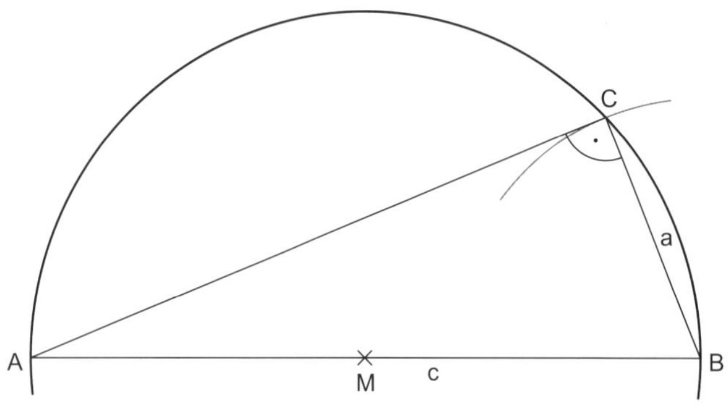

- Zeichne die Hypotenuse c = 8 cm und markiere den Mittelpunkt M.
- Zeichne um M den Thaleskreis.
- Zeichne um B einen Kreis mit Radius a = 3 cm.
- Der Schnittpunkt mit dem Thaleskreis liefert den Eckpunkt C.

b)

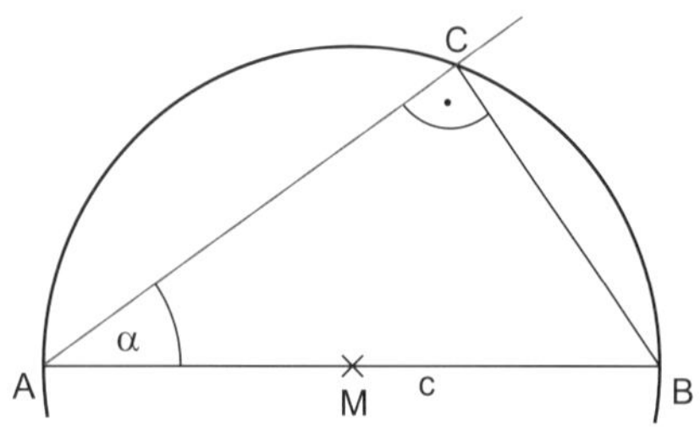

- Zeichne die Hypotenuse c = 5 cm und markiere den Mittelpunkt M.
- Zeichne um M den Thaleskreis.
- Trage bei A den Winkel α = 35° an.
- Der Schnittpunkt mit dem Thaleskreis liefert den Eckpunk C.

c)

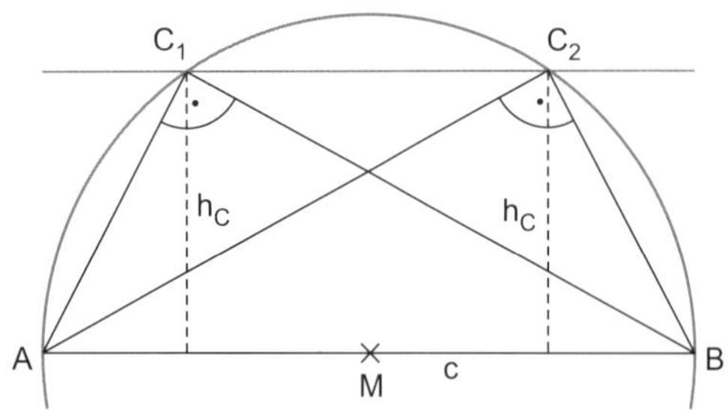

- Zeichne die Hypotenuse c = 6 cm und markiere den Mittelpunkt M.
- Zeichne um M den Thaleskreis.
- Zeichne zur Hypotenuse c eine Parallele mit dem Abstand 2,5 cm.
- Die Schnittpunkte mit dem Thaleskreis liefern dir mögliche Eckpunkte für die 2 verschiedenen Dreiecke.

Hinweise und Tipps

67. a)

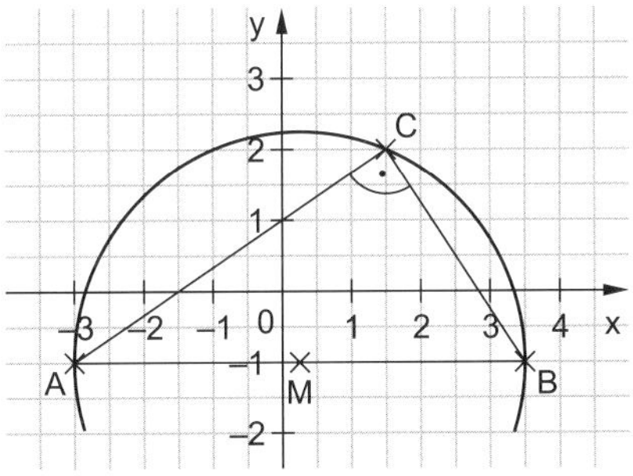

Lege ein Koordinatensystem mit der Einheit 1 cm an.
x-Achse: –3 bis +4
y-Achse: –2 bis +3
Zeichne die gegebenen Punkte A(–3 | –1), B(3,5 | –1) und C(1,5 | 2) ein und verbinde die Punkte zum Dreieck ABC.

b) Alle Eckpunkte liegen auf dem Thaleskreis, also ist das Dreieck rechtwinklig.

Markiere den Mittelpunkt M der Strecke $\overline{AB}$ und zeichne den Thaleskreis ein.

c)
$$a^2 + b^2 = c^2$$
$$a^2 + (5{,}4\text{ cm})^2 = (6{,}5\text{ cm})^2 \quad \left| -(5{,}4\text{ cm})^2\right.$$
$$a^2 = (6{,}5\text{ cm})^2 - (5{,}4\text{ cm})^2$$
$$a^2 = 13{,}09\text{ cm}^2 \quad \left|\sqrt{}\right.$$
$$a = 3{,}62\text{ cm}$$

Entnimm die Länge der Hypotenuse aus deiner Zeichnung (c = 6,5 cm) und berechne die Länge der Kathete a mit dem Satz des Pythagoras.

68. a) Winkel α:
$$\cos\alpha = \frac{b}{c}$$
$$\cos\alpha = \frac{4{,}1\text{ cm}}{4{,}8\text{ cm}}$$
$$\cos\alpha = 0{,}854166\ldots$$
$$\alpha \approx 31{,}3°$$

Die Seite c ist die Hypotenuse, die Seite b ist die Ankathete des Winkels α.
$\Rightarrow$ Berechne mit dem Kosinus.

Winkel β:
$$\beta = 180° - \alpha - 90°$$
$$\beta = 180° - 31{,}3° - 90°$$
$$\beta = 58{,}7°$$

Berechne β über die Winkelsumme im Dreieck: $\alpha + \beta + \gamma = 180°$
Alternativ: Die Seite b ist die Gegenkathete des Winkels β.
$\Rightarrow$ Berechne mit dem Sinus: $\sin\beta = \frac{b}{c}$

Seite a:
$$a^2 + b^2 = c^2$$
$$a^2 + (4{,}1\text{ cm})^2 = (4{,}8\text{ cm})^2 \quad \left| -(4{,}1\text{ cm})^2\right.$$
$$a^2 = (4{,}8\text{ cm})^2 - (4{,}1\text{ cm})^2$$
$$a^2 = 6{,}23\text{ cm}^2 \quad \left|\sqrt{}\right.$$
$$a \approx 2{,}50\text{ cm}$$

Berechne die Seite a mit dem Satz des Pythagoras.
Alternativ:
Die Seite a kann auch mit einer Winkelfunktion berechnet werden:
$\sin\alpha = \frac{a}{c}$ oder $\cos\beta = \frac{a}{c}$ oder $\tan\alpha = \frac{a}{b}$

b) Seite a:
$$\tan\gamma = \frac{c}{a} \quad |\cdot a \quad |:\tan\gamma$$
$$a = \frac{c}{\tan\gamma}$$
$$a = \frac{18{,}5\text{ m}}{\tan 70°}$$
$$a \approx 6{,}73\text{ m}$$

Seite b:
$$\sin\gamma = \frac{c}{b} \quad |\cdot b \quad |:\sin\gamma$$
$$b = \frac{c}{\sin\gamma}$$
$$b = \frac{18{,}5\text{ m}}{\sin 70°}$$
$$b \approx 19{,}69\text{ m}$$

Berechne die Seite a z. B. mit dem Tangens von γ und die Seite b z. B. mit dem Sinus von γ.

Winkel α:
$$\alpha = 180° - \gamma - 90°$$
$$\alpha = 180° - 70° - 90°$$
$$\alpha = 20°$$

Berechne den Winkel α z. B. über die Winkelsumme im Dreieck.

Hinweise und Tipps

69.

	Hypotenuse	Kathete 1	Kathete 2	Winkel α	Winkel β	Winkel γ
a)	c = 5,0 cm	a = 4,0 cm	**b = 3,0 cm**	**α = 53,1°**	**β = 36,9°**	**γ = 90°**
b)	**a = 6,6 cm**	c = 5,5 cm	b = 3,6 cm	**α = 90°**	**β = 33,2°**	**γ = 56,8°**
c)	**c = 4,9 cm**	b = 3,5 cm	**a = 3,4 cm**	α = 44°	**β = 46°**	γ = 90°

a)

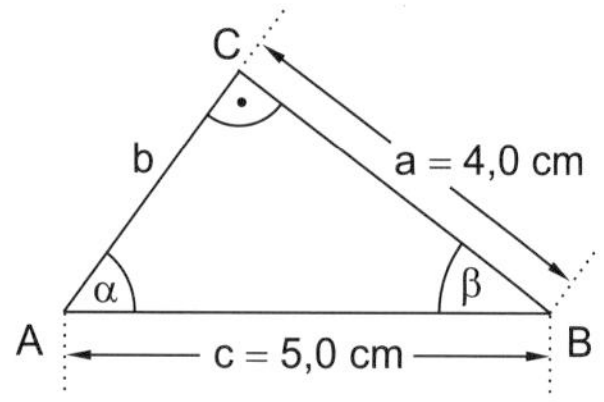

Erstelle mit den gegebenen Maßen eine Skizze.

Kathete 2:

Berechne die fehlende Kathete b mit dem Satz des Pythagoras.

$$a^2 + b^2 = c^2$$
$$(4{,}0\text{ cm})^2 + b^2 = (5{,}0\text{ cm})^2 \quad |-(4{,}0\text{ cm})^2$$
$$b^2 = (5{,}0\text{ cm})^2 - (4{,}0\text{ cm})^2$$
$$b^2 = 9{,}0\text{ cm}^2 \quad |\sqrt{\ }$$
$$b = 3{,}0\text{ cm}$$

Winkel γ:

Der Winkel γ liegt der Hypotenuse c gegenüber.

$\gamma = 90°$

Winkel α:

Berechne den Winkel α z. B. mit dem Sinus.

$$\sin\alpha = \frac{a}{c}$$
$$\sin\alpha = \frac{4{,}0\text{ cm}}{5{,}0\text{ cm}}$$
$$\sin\alpha = 0{,}8$$
$$\alpha \approx 53{,}1°$$

Winkel β:

Berechne den Winkel β z. B. über die Winkelsumme im Dreieck.

$$\beta = 180° - \alpha - \gamma$$
$$\beta = 180° - 53{,}1° - 90°$$
$$\beta = 36{,}9°$$

b)

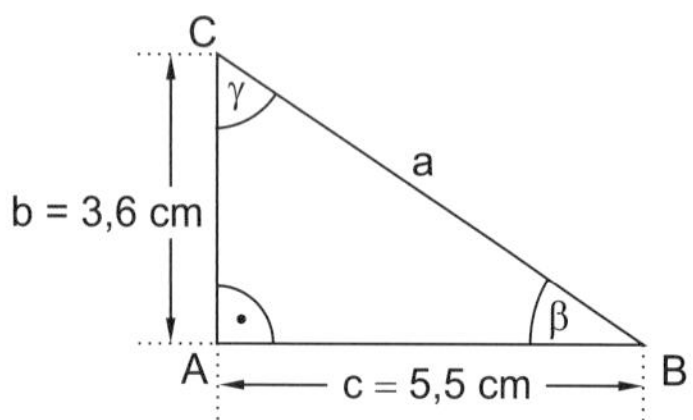

Hypotenuse:

Berechne die Hypotenuse a mit dem Satz des Pythagoras.

$$b^2 + c^2 = a^2 \quad |\text{Seiten vertauschen}$$
$$a^2 = (3{,}6\text{ cm})^2 + (5{,}5\text{ cm})^2$$
$$a^2 = 43{,}21\text{ cm}^2 \quad |\sqrt{\ }$$
$$a \approx 6{,}6\text{ cm}$$

Winkel α:

Der Winkel α liegt der Hypotenuse a gegenüber.

$\alpha = 90°$

Hinweise und Tipps

Winkel β:

$\tan \beta = \frac{b}{c}$

$\tan \beta = \frac{3{,}6\text{ cm}}{5{,}5\text{ cm}}$

$\tan \beta = 0{,}654545\ldots$

$\beta \approx 33{,}2°$

Berechne den Winkel β z. B. mit dem Tangens.

Winkel γ:

$\gamma = 180° - \alpha - \beta$

$\gamma = 180° - 90° - 33{,}2°$

$\gamma = 56{,}8°$

Berechne den Winkel γ z. B. über die Winkelsumme im Dreieck.

c) Hypotenuse:

$\cos \alpha = \frac{b}{c} \quad |\cdot c \quad |:\cos\alpha$

$c = \frac{b}{\cos \alpha}$

$c = \frac{3{,}5\text{ cm}}{\cos 44°}$

$c \approx 4{,}9\text{ cm}$

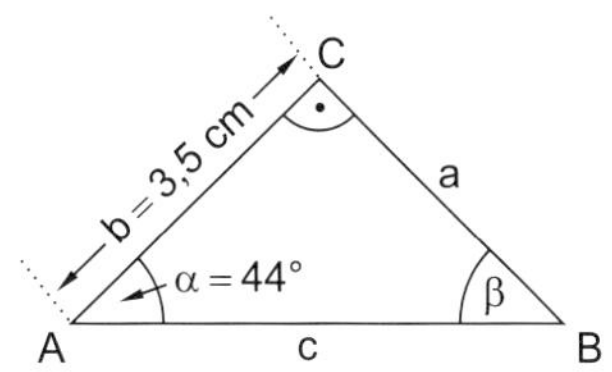

Berechne die Hypotenuse c z. B. mit dem Kosinus.

Kathete 2:

$\tan \alpha = \frac{a}{b} \quad |\cdot b \quad |\text{Seiten vertauschen}$

$a = \tan \alpha \cdot b$

$a = \tan 44° \cdot 3{,}5\text{ cm}$

$a \approx 3{,}4\text{ cm}$

Berechne die fehlende Kathete a z. B. mit dem Tangens.

Winkel β:

$\beta = 180° - \alpha - \gamma$

$\beta = 180° - 44° - 90°$

$\beta = 46°$

Berechne den Winkel β z. B. über die Winkelsumme im Dreieck.

70. a) $\frac{h}{s} = \frac{30\text{ m}}{120\text{ m}} = 0{,}25 \Rightarrow$ Steigung 25 %

$\tan \alpha = \frac{h}{s}$

$\tan \alpha = 0{,}25$

$\alpha \approx 14{,}04°$

$\tan \alpha = \frac{\text{Gegenkathete}}{\text{Ankathete}} = \frac{h}{s}$

Bestimme den Steigungswinkel α mit dem Tangens.

b) $\frac{h}{s} = \frac{42\text{ m}}{280\text{ m}} = 0{,}15 \Rightarrow$ Steigung 15 %

$\tan \alpha = \frac{h}{s}$

$\tan \alpha = 0{,}15$

$\alpha \approx 8{,}53°$

Hinweise und Tipps

71. $\sin 8° = \frac{h}{4\,000\text{ m}}$ $\quad |\cdot 4\,000\text{ m} \quad |\text{Seiten vertauschen}$

$h = \sin 8° \cdot 4\,000\text{ m}$

$h \approx 556{,}7\text{ m}$

Der Wanderer muss ca. 556,7 Höhenmeter bis zum Gipfel zurücklegen.

Erstelle eine Skizze des Sachverhalts und berechne die Höhe h mit dem Sinus.

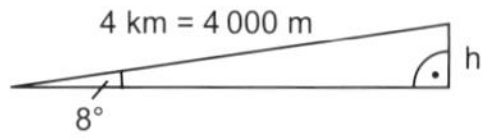

---

72. $\tan 20° = \frac{h}{50\text{ m}}$ $\quad |\cdot 50\text{ m} \quad |\text{Seiten vertauschen}$

$h = \tan 20° \cdot 50\text{ m}$

$h \approx 18{,}2\text{ m}$

Der Turm ist ca. 18,2 m hoch.

Berechne die Höhe h des Turms mit dem Tangens.

---

73. $\sin 15° = \frac{25\text{ cm}}{\ell}$ $\quad |\cdot \ell \quad |:\sin 15°$

$\ell = \frac{25\text{ cm}}{\sin 15°}$

$\ell \approx 96{,}6\text{ cm}$

Die Leiter ist etwa 96,6 cm lang.

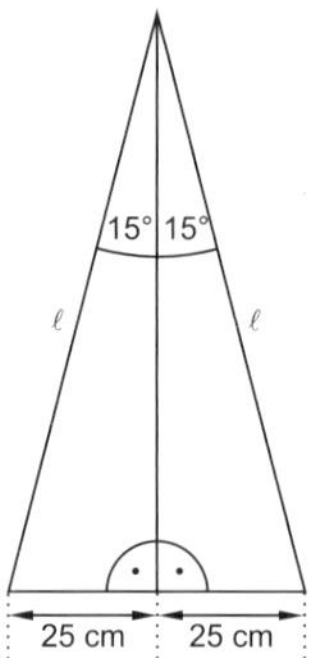

Berechne die Länge ℓ der Leiter mit dem Sinus.

---

74. Länge s:

$\frac{s}{7\text{ m}} = \frac{4{,}8\text{ m}}{4{,}8\text{ m} + 3{,}6\text{ m}}$ $\quad |\cdot 7\text{ m}$

$s = \frac{4{,}8\text{ m}}{8{,}4\text{ m}} \cdot 7\text{ m}$

$s = 4\text{ m}$

Berechne die Länge s mithilfe des 2. Strahlensatzes.

Länge x:

$7\text{ m} = 2x + s$

$7\text{ m} = 2x + 4\text{ m}$ $\quad |-4\text{ m} \quad |:2$

$\frac{7\text{ m} - 4\text{ m}}{2} = x$

$x = 1{,}5\text{ m}$

Länge w:

$(1{,}5\text{ m})^2 + w^2 = (3{,}6\text{ m})^2$ $\quad |-(1{,}5\text{ m})^2$

$w^2 = (3{,}6\text{ m})^2 - (1{,}5\text{ m})^2$

$w^2 = 10{,}71\text{ m}$ $\quad |\sqrt{\ }$

$w \approx 3{,}27\text{ m}$

Um die Länge w mit dem Satz des Pythagoras berechnen zu können, ermittle erst die Länge x.

Wende anschließend den Satz des Pythagoras an.

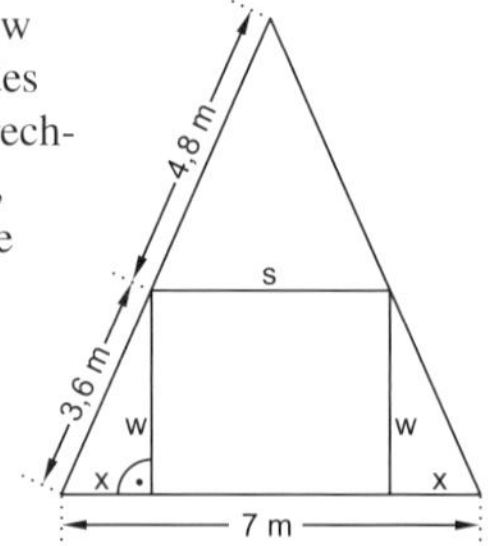

75. a) Winkel α:

$$\frac{a}{\sin\alpha} = \frac{c}{\sin\gamma} \quad |\cdot\sin\alpha \quad |\cdot\sin\gamma$$

$$a\cdot\sin\gamma = c\cdot\sin\alpha \quad |:c \quad |\text{Seiten vertauschen}$$

$$\sin\alpha = \frac{a}{c}\cdot\sin\gamma$$

$$\sin\alpha = \frac{15\text{ cm}}{28\text{ cm}}\cdot\sin 50°$$

$$\sin\alpha = 0{,}410380\ldots$$

$$\alpha \approx 24{,}2°$$

Winkel β:

$$\beta = 180° - \gamma - \alpha$$

$$\beta = 180° - 50° - 24{,}2°$$

$$\beta = 105{,}8°$$

b) $$b^2 = a^2 + c^2 - 2\cdot a\cdot c\cdot\cos\beta$$

$$b^2 = (15\text{ cm})^2 + (28\text{ cm})^2 - 2\cdot 15\text{ cm}\cdot 28\text{ cm}\cdot\cos 105{,}8°$$

$$b^2 = 225\text{ cm}^2 + 784\text{ cm}^2 - 840\text{ cm}^2\cdot\cos 105{,}8°$$

$$b^2 \approx 225\text{ cm}^2 + 784\text{ cm}^2 + 228{,}715\text{ cm}^2$$

$$b^2 = 1\,237{,}715\text{ cm}^2 \quad |\sqrt{\ }$$

$$b \approx 35{,}18\text{ cm}$$

c) $$\sin\alpha = \frac{h_c}{b} \quad |\cdot b$$

$$\sin\alpha\cdot b = h_c \quad |\text{ Seiten vertauschen}$$

$$h_c = \sin 24{,}2°\cdot 35{,}18\text{ cm}$$

$$h_c \approx 14{,}42\text{ cm}$$

d) $$A = \frac{c\cdot h_c}{2}$$

$$A = \frac{28\text{ cm}\cdot 14{,}42\text{ cm}}{2}$$

$$A = 201{,}88\text{ cm}^2$$

Hinweise und Tipps

Wende den Sinussatz an, um den Winkel α zu berechnen.

Die Winkelsumme im Dreieck beträgt 180°.

Wende den Kosinussatz an, um die Seite b zu berechnen.

cos 105,8° ist negativ, sodass der Term $-2\cdot a\cdot c\cdot\cos\beta$ positiv wird.

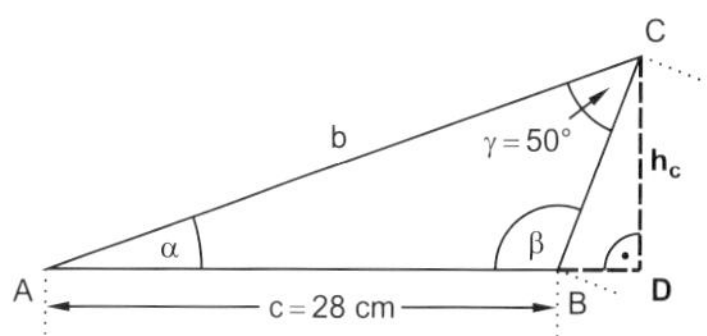

Im rechtwinkligen Dreieck ADC gilt:

$$\sin\alpha = \frac{\text{Gegenkathete}}{\text{Hypotenuse}} = \frac{h_c}{b}$$

Berechne den Flächeninhalt A des Dreiecks mit der Formel:

$$A = \frac{g\cdot h}{2}$$

76.

	Radius r	Winkel α	Kreisbogen b	Flächeninhalt A
a)	5 cm	45°	**3,93 cm**	**9,82 cm²**
b)	**17,99 cm**	20°	6,28 cm	**56,49 cm²**
c)	**7,5 dm**	180°	**23,56 dm**	88,36 dm²

Setze die gegebenen Werte jeweils in die Formeln ein. Berechne anschließend oder löse nach den gesuchten Werten auf.

$$b = 2\cdot\pi\cdot r\cdot\frac{\alpha}{360°};\quad A = \pi\cdot r^2\cdot\frac{\alpha}{360°}$$

Hinweise und Tipps

a) $b = 2 \cdot \pi \cdot 5\text{ cm} \cdot \frac{45°}{360°} \approx 3{,}93\text{ cm}$

$A = \pi \cdot (5\text{ cm})^2 \cdot \frac{45°}{360°} \approx 9{,}82\text{ cm}^2$

b)
$$6{,}28\text{ cm} = 2 \cdot \pi \cdot r \cdot \frac{20°}{360°}$$
$$6{,}28\text{ cm} = \frac{1}{9} \cdot \pi \cdot r \qquad \Big| \cdot \frac{9}{\pi}$$
$$6{,}28\text{ cm} \cdot \frac{9}{\pi} = r \qquad \text{| Seiten vertauschen}$$
$$r \approx 17{,}99\text{ cm}$$

$A = \pi \cdot (17{,}99\text{ cm})^2 \cdot \frac{20°}{360°} \approx 56{,}49\text{ cm}^2$

c)
$$88{,}36\text{ dm}^2 = \pi \cdot r^2 \cdot \frac{180°}{360°}$$
$$88{,}36\text{ dm}^2 = \pi \cdot r^2 \cdot \frac{1}{2} \qquad \Big| \cdot \frac{2}{\pi}$$
$$88{,}36\text{ dm}^2 \cdot \frac{2}{\pi} = r^2 \qquad \text{| Seiten vertauschen}$$
$$r^2 \approx 56{,}25\text{ dm}^2 \qquad |\sqrt{\ }$$
$$r \approx 7{,}5\text{ dm}$$

$b = 2 \cdot \pi \cdot 7{,}5\text{ dm} \cdot \frac{180°}{360°} \approx 23{,}56\text{ dm}$

77.

	Radius r_1	Radius r_2	Umfang u	Flächeninhalt A
a)	7 dm	4 dm	**69,12 dm**	**103,67 dm²**
b)	6 cm	**3 cm**	56,55 cm	**84,82 cm²**
c)	**18 m**	15 m	**207,35 m**	311,02 m²

Setze die gegebenen Werte jeweils in die Formeln ein. Berechne anschließend oder löse nach den gesuchten Werten auf.
$u = u_1 + u_2 = 2 \cdot \pi \cdot r_1 + 2 \cdot \pi \cdot r_2$
$A = A_1 - A_2 = \pi \cdot r_1{}^2 - \pi \cdot r_2{}^2$

a) $u = 2 \cdot \pi \cdot 7\text{ dm} + 2 \cdot \pi \cdot 4\text{ dm} \approx 69{,}12\text{ dm}$

$A = \pi \cdot (7\text{ dm})^2 - \pi \cdot (4\text{ dm})^2 \approx 103{,}67\text{ dm}^2$

b)
$$56{,}55\text{ cm} = 2 \cdot \pi \cdot 6\text{ cm} + 2 \cdot \pi \cdot r_2 \qquad |-2 \cdot \pi \cdot 6\text{ cm}$$
$$56{,}55\text{ cm} - 2 \cdot \pi \cdot 6\text{ cm} = 2 \cdot \pi \cdot r_2 \qquad |:(2 \cdot \pi)$$
$$\frac{56{,}55\text{ cm}}{2 \cdot \pi} - 6\text{ cm} = r_2 \qquad \text{| Seiten vertauschen}$$
$$r_2 \approx 3\text{ cm}$$

$A = \pi \cdot (6\text{ cm})^2 - \pi \cdot (3\text{ cm})^2 \approx 84{,}82\text{ cm}^2$

c)
$$311{,}02\text{ m}^2 = \pi \cdot r_1{}^2 - \pi \cdot (15\text{ m})^2 \qquad |+\pi \cdot (15\text{ m})^2$$
$$311{,}02\text{ m}^2 + \pi \cdot (15\text{ m})^2 = \pi \cdot r_1{}^2 \qquad |:\pi$$
$$\frac{311{,}02\text{ m}^2}{\pi} + (15\text{ m})^2 = r_1{}^2 \qquad \text{| Seiten vertauschen}$$
$$r_1^2 \approx 324\text{ m}^2 \qquad |\sqrt{\ }$$
$$r_1 = 18\text{ m}$$

$u = 2 \cdot \pi \cdot 18\text{ m} + 2 \cdot \pi \cdot 15\text{ m} \approx 207{,}35\text{ m}$

78. a)
- $A_1 = \pi \cdot (4\ \text{cm})^2 \cdot \frac{1}{2} \approx 25{,}13\ \text{cm}^2$

  $A_2 = 12\ \text{cm} \cdot 2\ \text{cm} = 24\ \text{cm}^2$

  $A_3 = \pi \cdot (2\ \text{cm})^2 \cdot \frac{1}{2} \approx 6{,}28\ \text{cm}^2$

  $A_{\text{gesamt}} = 25{,}13\ \text{cm}^2 + 24\ \text{cm}^2 + 6{,}28\ \text{cm}^2$

  $A_{\text{gesamt}} = 55{,}41\ \text{cm}^2$

- $u_1 = 2 \cdot \pi \cdot 4\ \text{cm} \cdot \frac{1}{2} \approx 12{,}57\ \text{cm}$

  $u_2 = 8 \cdot 2\ \text{cm} = 16\ \text{cm}$

  $u_3 = 2 \cdot \pi \cdot 2\ \text{cm} \cdot \frac{1}{2} \approx 6{,}28\ \text{cm}$

  $u_{\text{gesamt}} = 12{,}57\ \text{cm} + 16\ \text{cm} + 6{,}28\ \text{cm}$

  $u_{\text{gesamt}} = 34{,}85\ \text{cm}$

b)
- $A_1 = \pi \cdot (15\ \text{cm})^2 \cdot \frac{1}{2} \approx 353{,}43\ \text{cm}^2$

  $A_2 = 10\ \text{cm} \cdot 5\ \text{cm} = 50\ \text{cm}^2$

  $A_3 = \pi \cdot (5\ \text{cm})^2 \cdot \frac{1}{2} \approx 39{,}27\ \text{cm}^2$

  $A_{\text{gesamt}} = 353{,}43\ \text{cm}^2 + 50\ \text{cm}^2 - 39{,}27\ \text{cm}^2$

  $A_{\text{gesamt}} = 364{,}16\ \text{cm}^2$

- $u_1 = 2 \cdot \pi \cdot 15\ \text{cm} \cdot \frac{1}{2} \approx 47{,}12\ \text{cm}$

  $u_2 = 2 \cdot 5\ \text{cm} = 10\ \text{cm}$

  $u_3 = 2 \cdot \pi \cdot 5\ \text{cm} \cdot \frac{1}{2} \approx 15{,}71\ \text{cm}$

  $u_{\text{gesamt}} = 47{,}12\ \text{cm} + 10\ \text{cm} + 3 \cdot 15{,}71\ \text{cm}$

  $u_{\text{gesamt}} = 104{,}25\ \text{cm}$

Hinweise und Tipps

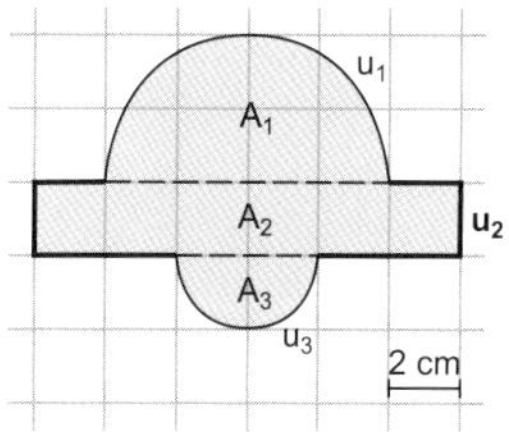

A_1: Halbkreis mit $r = 4$ cm
A_2: Rechteck mit $a = 12$ cm und $b = 2$ cm
A_3: Halbkreis mit $r = 2$ cm
$A_{\text{gesamt}} = A_1 + A_2 + A_3$

u_1: Halbkreisbogen mit $r = 4$ cm
u_2: 8 Kästchenränder
u_3: Halbkreisbogen mit $r = 2$ cm
$u_{\text{gesamt}} = u_1 + u_2 + u_3$

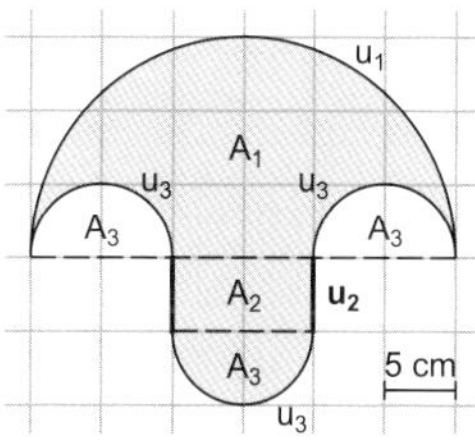

A_1: Halbkreis mit $r = 15$ cm
A_2: Rechteck mit $a = 10$ cm und $b = 5$ cm
A_3: Halbkreis mit $r = 5$ cm

Zwei kleine Halbkreise (A_3) heben sich gegenseitig auf, sodass die Fläche von einem kleinen Halbkreis (A_3) abgezogen werden muss:
$A_{\text{gesamt}} = A_1 + A_2 - A_3$

u_1: Halbkreisbogen mit $r = 15$ cm
u_2: 2 Kästchenränder
u_3: Halbkreisbogen mit $r = 5$ cm

Der Umfang des kleinen Halbkreises (u_3) muss dreimal addiert werden:
$u_{\text{gesamt}} = u_1 + u_2 + 3 \cdot u_3$

---

79. Flächeninhalt Kreisausschnitt:

$$A_1 = \pi \cdot (2\ \text{cm})^2 \cdot \frac{300^\circ}{360^\circ} \approx 10{,}47\ \text{cm}^2$$

Höhe und Flächeninhalt Dreieck:

$$h^2 + (2\ \text{cm})^2 = (2\ \text{cm} + 2\ \text{cm})^2$$
$$h^2 + 4\ \text{cm}^2 = 16\ \text{cm}^2 \quad \big|\, -4\ \text{cm}^2$$
$$h^2 = 12\ \text{cm}^2 \quad \big|\, \sqrt{\ }$$
$$h \approx 3{,}46\ \text{cm}$$

$$A_2 = \frac{4\ \text{cm} \cdot 3{,}46\ \text{cm}}{2} = 6{,}92\ \text{cm}^2$$

$$A_{\text{gesamt}} = 10{,}47\ \text{cm}^2 + 6{,}92\ \text{cm}^2 = 17{,}39\ \text{cm}^2$$

A_1: Kreissektor mit $\alpha = 300^\circ$ und $r = 2$ cm

$A_1 = \pi \cdot r^2 \cdot \frac{\alpha}{360^\circ}$

A_2: Dreieck mit $g = 4$ cm und $h = ?$ cm

Bestimme die Dreieckshöhe h mit dem Satz des Pythagoras.

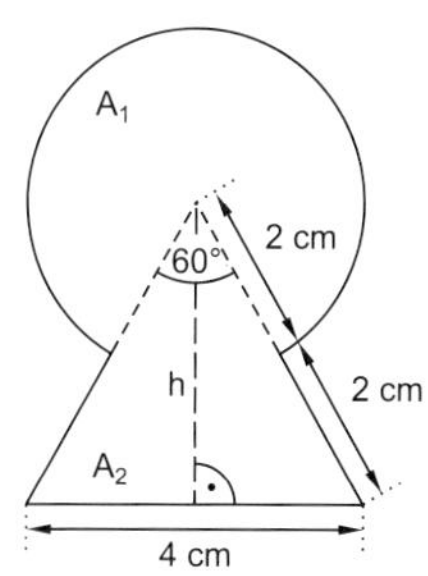

$A_2 = \frac{g \cdot h}{2}$

$A_{\text{gesamt}} = A_1 + A_2$

Hinweise und Tipps

80. a) $37{,}70\text{ m} = 2 \cdot \pi \cdot r \qquad | :(2 \cdot \pi)$

$\dfrac{37{,}70\text{ m}}{2 \cdot \pi} = r \qquad |$ Seiten vertauschen

$r \approx 6{,}0\text{ m}$

$A = \pi \cdot (6{,}0\text{ m})^2 \approx 113{,}10\text{ m}^2$

Die Grundfläche des Beckens beträgt rund 113,10 m^2.

Bevor du die Grundfläche des Beckens berechnen kannst, musst du den Radius mithilfe des gegebenen Umfangs ermitteln: $u = 2 \cdot \pi \cdot r$

Ermittle mit der Flächenformel vom Kreis die Grundfläche des Beckens: $A = \pi \cdot r^2$

b) $A = \pi \cdot (6{,}9\text{ m})^2 - \pi \cdot (6{,}0\text{ m})^2$

$A \approx 36{,}47\text{ m}^2$

Die Fläche des Weges beträgt rund 36,47 m^2.

Die Fläche des Weges ist ein Kreisring mit $r_2 = 6{,}0\text{ m}$ und $r_1 = 6{,}0\text{ m} + 90\text{ cm} = 6{,}9\text{ m}$.
$A = A_1 - A_2 = \pi \cdot r_1{}^2 - \pi \cdot r_2{}^2$

c) $u = 2 \cdot \pi \cdot 6{,}9\text{ m} \approx 43{,}35\text{ m}$

Der Umfang des äußeren Wegrandes beträgt rund 43,35 m.

Für den Umfang des äußeren Wegrandes gilt: $u = 2 \cdot \pi \cdot r_1$ mit $r_1 = 6{,}9\text{ m}$

---

81. a)

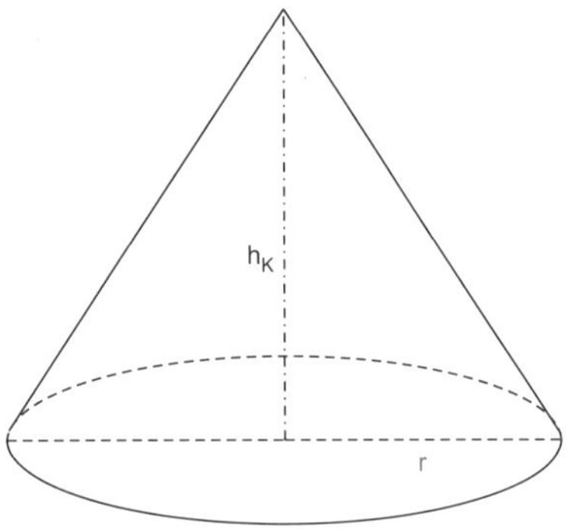

Maßstab 1 : 2

Zeichne den Durchmesser des Kegels ($d = 2 \cdot r = 10\text{ cm}$) und senkrecht in der Mitte dazu die Höhe $h_K = 7{,}5\text{ cm}$.
Ergänze dann die Seitenlinien des Kegels.
Zeichne anschließend noch freihändig die Grundfläche des Kegels ein.
Vergiss nicht, unsichtbare Linien nur gestrichelt zu zeichnen.

b) $V = \frac{1}{3} \cdot \pi \cdot (5\text{ cm})^2 \cdot 7{,}5\text{ cm}$

$V \approx 196{,}35\text{ cm}^2$

Setze die gegebenen Werte in die Volumenformel eines Kegels ein.
$V = \frac{1}{3} \cdot \pi \cdot r^2 \cdot h_K$

c) $s^2 = r^2 + h_K{}^2$

$s^2 = (5\text{ cm})^2 + (7{,}5\text{ cm})^2$

$s^2 \approx 81{,}25\text{ cm}^2 \qquad | \sqrt{\ }$

$s \approx 9{,}01\text{ cm}$

$O = \pi \cdot (5\text{ cm})^2 + \pi \cdot 5\text{ cm} \cdot 9{,}01\text{ cm}$

$O \approx 220{,}07\text{ cm}^2$

Bevor du die Oberfläche des Kegels berechnen kannst, musst du die Seitenlinie s mit dem Satz des Pythagoras bestimmen.

Oberflächenformel eines Kegels:
$O = \pi \cdot r^2 + \pi \cdot r \cdot s$

d) Bogenlänge der Mantelfläche:

$b = u_{\text{Grundkreis}}$

$b = 2 \cdot \pi \cdot 5\text{ cm}$

$b \approx 31{,}42\text{ cm}$

Mittelpunktswinkel des Kreisausschnitts:

$31{,}42\text{ cm} = 2 \cdot \pi \cdot 9{,}01\text{ cm} \cdot \dfrac{\alpha}{360°} \qquad | :(2 \cdot \pi \cdot 9{,}01\text{ cm})$

$\dfrac{31{,}42\text{ cm}}{2 \cdot \pi \cdot 9{,}01\text{ cm}} = \dfrac{\alpha}{360°} \qquad |$ Seiten vertauschen

$\dfrac{\alpha}{360°} = \dfrac{31{,}42\text{ cm}}{2 \cdot \pi \cdot 9{,}01\text{ cm}} \qquad | \cdot 360°$

$\alpha \approx 199{,}8°$

Das Netz des Kegels besteht aus einem Kreis (Grundfläche) und einem Kreisausschnitt (Mantelfläche).
Um den Kreisausschnitt zeichnen zu können, benötigst du neben der Seitenlinie s (aus Teilaufgabe c) noch den Mittelpunktswinkel α.
Berechne diesen aus dem Umfang des Grundkreises. Dieser entspricht der Bogenlänge der Mantelfläche.

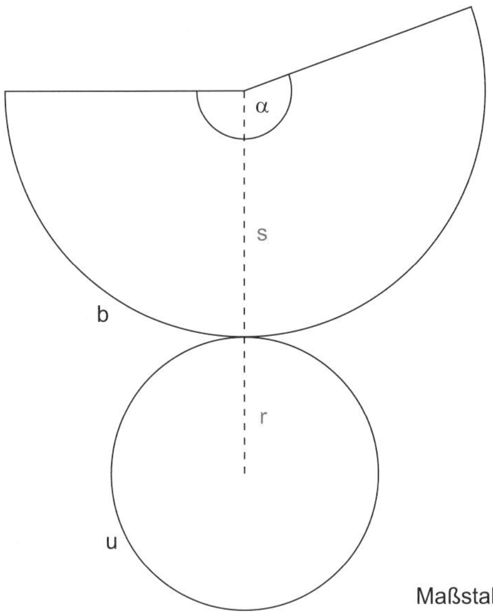

Maßstab 1 : 3

Hinweise und Tipps

Zeichne mit den berechneten Werten dann das Netz des Kegels.

---

82. a)

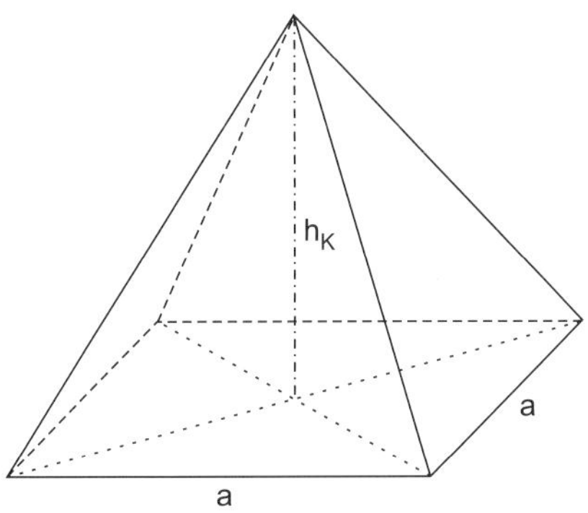

Zeichne zuerst die Grundfläche. Bestimme dann den Mittelpunkt der Grundfläche durch Einzeichnen der Diagonalen. Vom Mittelpunkt der Grundfläche kannst du die Körperhöhe antragen. Verbinde dann die Eckpunkte der Grundfläche mit der Spitze. Vergiss nicht, unsichtbare Linien nur gestrichelt zu zeichnen.

b) $V = \frac{1}{3} \cdot (4\text{ cm})^2 \cdot 3{,}5\text{ cm} \approx 18{,}67\text{ cm}^2$

Volumenformel quadratische Pyramide:
$V = \frac{1}{3} \cdot G \cdot h_K = \frac{1}{3} \cdot a^2 \cdot h_K$

---

83. a) $55\text{ cm} = 2 \cdot \pi \cdot r \quad |:2\pi$

$\frac{55\text{ cm}}{2\pi} = r \quad |\text{Seiten vertauschen}$

$r \approx 8{,}75\text{ cm}$

Berechne mit der Formel für den Kreisumfang ($u = 2 \cdot \pi \cdot r$) zuerst den Radius.

$V = \frac{1}{3} \cdot \pi \cdot (8{,}75\text{ cm})^2 \cdot 100\text{ cm}$

$V \approx 8\,017{,}61\text{ cm}^3$

Setze dann den Radius und die Höhe $h_K = 1\text{ m} = 100\text{ cm}$ in die Volumenformel eines Kegels ein.
$V = \frac{1}{3} \cdot \pi \cdot r^2 \cdot h_K$

b) $s^2 = r^2 + {h_K}^2$

$s^2 = (8{,}75\text{ cm})^2 + (100\text{ cm})^2$

$s^2 \approx 10\,076{,}56\text{ cm}^2 \quad |\sqrt{\ }$

$s \approx 100{,}38\text{ cm}$

Bevor du die Oberfläche des Kegels berechnen kannst, musst du die Seitenlinie s mit dem Satz des Pythagoras bestimmen.

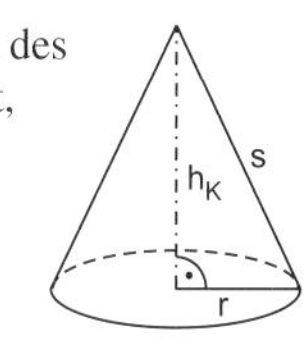

$O = \pi \cdot (8{,}75\text{ cm})^2 + \pi \cdot 8{,}75\text{ cm} \cdot 100{,}38\text{ cm}$

$O \approx 2\,999{,}87\text{ cm}^2$

Oberflächenformel eines Kegels:
$O = \pi \cdot r^2 + \pi \cdot r \cdot s$

Hinweise und Tipps

84. a)

$$123\,\text{cm}^3 = \frac{1}{3} \cdot \pi \cdot (2{,}8\,\text{cm})^2 \cdot h_K \qquad \left|\cdot \frac{3}{\pi \cdot (2{,}8\,\text{cm})^2}\right.$$

$$\frac{123\,\text{cm}^3 \cdot 3}{\pi \cdot (2{,}8\,\text{cm})^2} = h_K \qquad |\text{ Seiten vertauschen}$$

$$h_K \approx 14{,}98\,\text{cm}$$

Setze die gegebenen Werte in die Volumenformel eines Kegels ein und löse nach der Höhe h_K auf.

$V = \frac{1}{3} \cdot \pi \cdot r^2 \cdot h_K$

b)

$$254\,\text{cm}^3 = \frac{1}{3} \cdot \pi \cdot r^2 \cdot 9\,\text{cm} \qquad \left|\cdot \frac{3}{\pi \cdot 9\,\text{cm}}\right.$$

$$\frac{254\,\text{cm}^3 \cdot 3}{\pi \cdot 9\,\text{cm}} = r^2 \qquad |\text{ Seiten vertauschen}$$

$$r^2 \approx 26{,}95\,\text{cm}^2 \qquad |\sqrt{}$$

$$r \approx 5{,}19\,\text{cm}$$

Setze die gegebenen Werte in die Volumenformel eines Kegels ein und löse nach dem Radius r auf.

$V = \frac{1}{3} \cdot \pi \cdot r^2 \cdot h_K$

85.

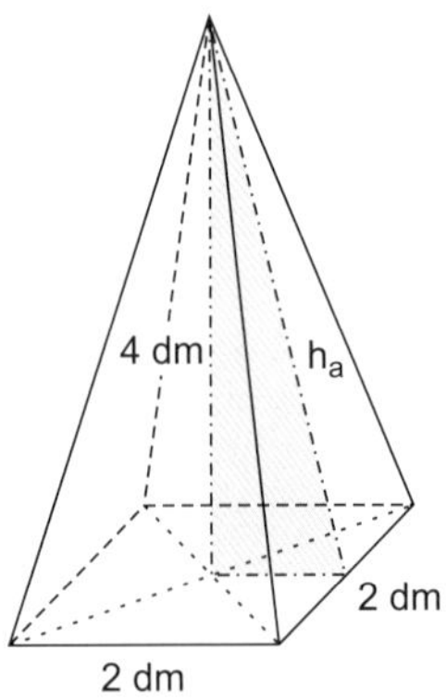

Da die Grundfläche der Pyramide ein Quadrat ist, gilt für die Grundkante a:

$a = \sqrt{4\,\text{dm}^2} = 2\,\text{dm}$

Seitenhöhe h_a:

$$h_a^2 = (4\,\text{dm})^2 + (1\,\text{dm})^2$$

$$h_a^2 = 17\,\text{dm}^2 \qquad |\sqrt{}$$

$$h_a \approx 4{,}12\,\text{dm}$$

Berechne die Seitenhöhe h_a mit dem Satz des Pythagoras.

Oberfläche:

$$O = (2\,\text{dm})^2 + 4 \cdot \frac{2\,\text{dm} \cdot 4{,}12\,\text{dm}}{2}$$

$$O = (2\,\text{dm})^2 + 2 \cdot 2\,\text{dm} \cdot 4{,}12\,\text{dm}$$

$$O = 20{,}48\,\text{dm}^2$$

Die Oberfläche der Pyramide setzt sich aus der quadratischen Grundfläche und der Mantelfläche bestehend aus 4 gleichen Dreiecken zusammen.

$O = G + M = a^2 + 4 \cdot \frac{a \cdot h_a}{2}$

Volumen:

$$V = \frac{1}{3} \cdot 4\,\text{dm}^2 \cdot 4\,\text{dm} \approx 5{,}33\,\text{dm}^3$$

Volumenformel:

$V = \frac{1}{3} \cdot G \cdot h_K$

---

86. a) $V = \frac{1}{3} \cdot \pi \cdot (4\,\text{cm})^2 \cdot 25\,\text{cm} \approx 418{,}88\,\text{cm}^3$

Bei der kegelförmige Kerze benötigt man ca. 419 cm^3 Wachs zur Herstellung.

Die Kerze hat die Form eines Kegels. Setze die gegebenen Werte in die Volumenformel ein.

$V = \frac{1}{3} \cdot \pi \cdot r^2 \cdot h_K$

b) Höhe h der dreieckigen Grundfläche:

$$h^2 + (6\text{ cm})^2 = (12\text{ cm})^2 \quad \big| -(6\text{ cm})^2$$
$$h^2 = (12\text{ cm})^2 - (6\text{ cm})^2$$
$$h^2 = 108\text{ cm}^2 \quad \big| \sqrt{}$$
$$h \approx 10{,}39\text{ cm}$$

Grundfläche:

$$G = \frac{12\text{ cm} \cdot 10{,}39\text{ cm}}{2} = 62{,}34\text{ cm}^2$$

Volumen:

$$V = \frac{1}{3} \cdot 62{,}34\text{ cm}^2 \cdot 25\text{ cm} = 519{,}5\text{ cm}^3$$

Bei der pyramidenförmigen Kerze benötigt man ca. 520 cm^3 Wachs zur Herstellung.

Hinweise und Tipps

Die Kerze hat die Form einer Pyramide mit dreieckiger Grundfläche.
Für ihr Volumen gilt:

$V = \frac{1}{3} \cdot G \cdot h_K$

G: Dreieck mit $g = a = 12$ cm und $h = ?$

$G = \frac{g \cdot h}{2}$

Die Höhe h des Dreiecks ist nicht gegeben. Bestimme sie vorab mit dem Satz des Pythagoras.

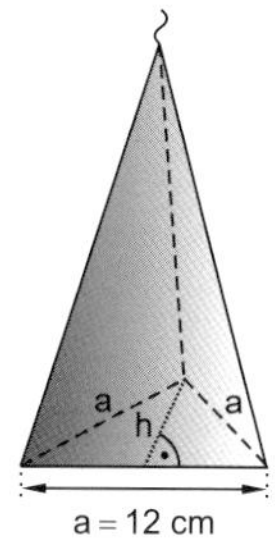

---

87. a) $V = \frac{1}{3} \cdot a^2 \cdot 2h_K$

$V = 2 \cdot \frac{1}{3} \cdot a^2 \cdot h_K$

Das Volumen verdoppelt sich, wenn sich die Körperhöhe verdoppelt.

Setze für die Körperhöhe $2h_K$ in die Volumenformel einer quadratischen Pyramide ein.

$V = \frac{1}{3} \cdot a^2 \cdot h_K$

b) $V = \frac{1}{3} \cdot (2a)^2 \cdot h_K$

$V = \frac{1}{3} \cdot 4a^2 \cdot h_K$

$V = 4 \cdot \frac{1}{3} \cdot a^2 \cdot h_K$

Das Volumen vervierfacht sich, wenn sich die Grundseite verdoppelt.

Setze für die Grundseite 2a in die Volumenformel einer quadratischen Pyramide ein.

$V = \frac{1}{3} \cdot a^2 \cdot h_K$

---

88. a) $V = \frac{4}{3} \cdot \pi \cdot (15\text{ cm})^3 \approx 14\,137{,}17\text{ cm}^3$

$O = 4 \cdot \pi \cdot (15\text{ cm})^2 \approx 2\,827{,}43\text{ cm}^2$

Setze den gegebenen Wert in die Volumen- und Oberflächenformel einer Kugel ein.

$V = \frac{4}{3} \cdot \pi \cdot r^3; \quad O = 4 \cdot \pi \cdot r^2$

b) $V = \frac{4}{3} \cdot \pi \cdot (4{,}5\text{ m})^3 \approx 381{,}70\text{ m}^3$

$O = 4 \cdot \pi \cdot (4{,}5\text{ m})^2 \approx 254{,}47\text{ m}^2$

Beachte, dass nicht der Radius, sondern der Durchmesser gegeben ist.
$d = 9\text{ m} \Rightarrow r = 4{,}5\text{ m}$

---

89. $V_{\text{Eiskugel}} = \frac{4}{3} \cdot \pi \cdot (1{,}75\text{ cm})^3 \approx 22{,}45\text{ cm}^3$

$1\,000\text{ cm}^3 : 22{,}45\text{ cm}^3 = 44{,}54\ldots$

Aus einem Liter Eis kann man 44 Kugeln formen.

Berechne zuerst das Volumen einer Eiskugel.
$d = 3{,}5\text{ cm} \Rightarrow r = 1{,}75\text{ cm}$

1 Liter Eis entspricht $1\text{ dm}^3 = 1\,000\text{ cm}^3$.

Hier muss entgegen der Rundungsregel abgerundet werden.

Hinweise und Tipps

90. $V_1 = \frac{4}{3} \cdot \pi \cdot (20\ \text{mm})^3 \approx 33\,510{,}32\ \text{mm}^3$

$V_2 = \frac{4}{3} \cdot \pi \cdot (19{,}75\ \text{mm})^3 \approx 32\,269{,}33\ \text{mm}^3$

$V_{Zelluloid} = 33\,510{,}32\ \text{mm}^3 - 32\,269{,}33\ \text{mm}^3$

$V_{Zelluloid} = 1\,240{,}99\ \text{mm}^3$

$V_{Zelluloid} \approx 1{,}24\ \text{cm}^3$

$1{,}24\ \text{cm}^3 \cdot 6 = 7{,}44\ \text{cm}^3$

Für eine 6er-Packung Bälle benötigt man ca. 7,44 cm^3 Zelluloid.

Berechne das äußere und das innere Volumen des Balles und ziehe sie voneinander ab.
Radius für die äußere Kugel:
$d = 40\ \text{mm} \Rightarrow r_1 = 20\ \text{mm}$
Radius für die innere Kugel:
$r_2 = r_1 - 0{,}25\ \text{mm} = 19{,}75\ \text{mm}$

Berücksichtige, dass nach der Zelluloidmenge für eine 6er-Packung gefragt ist.

---

91. $V_{Murmel} = \frac{4}{3} \cdot \pi \cdot (0{,}4\ \text{cm})^3 \approx 0{,}27\ \text{cm}^3$

$V_{Schachtel} = 4\ \text{cm} \cdot 4\ \text{cm} \cdot 4\ \text{cm} = 64\ \text{cm}^3$

Schätzung für die Anzahl der Murmeln, die in die Schachtel passen:

$\frac{V_{Schachtel}}{V_{Murmel}} = \frac{64\ \text{cm}^3}{0{,}27\ \text{cm}^3} = 237{,}03\ldots$ Murmeln

Die 120 Murmeln passen auf jeden Fall in die Schachtel.

Es gibt unterschiedliche Lösungswege:
- Volumenberechnung: Teile das Volumen der Schachtel durch das Volumen einer Murmel. Hier wird aber nicht berücksichtigt, dass zwischen den Murmeln Zwischenräume entstehen.
- Auslegen: Wegen 4 cm : 0,8 cm = 5 passen genau 5 Murmeln nebeneinander in die Schachtel. Dann passen in eine Lage $5 \cdot 5 = 25$ Kugeln.
  Insgesamt kann man 5 Lagen stapeln: $5 \cdot 25 = 125$ Murmeln.
  Dabei wird aber nicht berücksichtigt, dass einige Murmeln auch in Lücken zwischen zwei Murmeln rutschen können.

---

92. a) $268\ \text{cm}^3 = \frac{4}{3} \cdot \pi \cdot r^3 \quad \Big|\cdot \frac{3}{4 \cdot \pi}$

$\frac{268\ \text{cm}^3 \cdot 3}{4 \cdot \pi} = r^3 \quad |$ Seiten vertauschen

$r^3 \approx 63{,}98\ \text{cm}^3 \quad | \sqrt[3]{\ }$

$r \approx 4{,}00\ \text{cm}$

Setze in die Volumenformel einer Kugel ein und löse nach dem Radius r auf.
$V = \frac{4}{3} \cdot \pi \cdot r^3$

b) $113\ \text{cm}^2 = 4 \cdot \pi \cdot r^2 \quad | :(4 \cdot \pi)$

$\frac{113\ \text{cm}^2}{4 \cdot \pi} = r^2 \quad |$ Seiten vertauschen

$r^2 \approx 8{,}99\ \text{cm}^2 \quad | \sqrt{\ }$

$r \approx 3{,}00\ \text{cm}$

Setze in die Oberflächenformel einer Kugel ein und löse nach dem Radius r auf.
$O = 4 \cdot \pi \cdot r^2$

---

93. a) $V = \frac{4}{3} \cdot \pi \cdot (2r)^3$

$V = \frac{4}{3} \cdot \pi \cdot 8r^3$

$V = 8 \cdot \frac{4}{3} \cdot \pi \cdot r^3$

Bei doppeltem Radius ist das Volumen der Kugel 8-mal so groß.

Setze für den Radius 2r in die Volumenformel einer Kugel ein.
$V = \frac{4}{3} \cdot \pi \cdot r^3$

b) $V = \frac{4}{3} \cdot \pi \cdot (4r)^3$

$V = \frac{4}{3} \cdot \pi \cdot 64r^3$

$V = 64 \cdot \frac{4}{3} \cdot \pi \cdot r^3$

Bei vierfachem Radius ist das Volumen der Kugel 64-mal so groß.

Hinweise und Tipps

Setze für den Radius 4r in die Volumenformel einer Kugel ein.

$V = \frac{4}{3} \cdot \pi \cdot r^3$

Beachte: Aufgrund abweichender Messungen können deine Ergebnisse bei den nächsten 3 Aufgaben von der Beispiellösung bis ca. 30 % nach oben und unten abweichen.

94. $V_{Zylinder} = \pi \cdot \left(\frac{112{,}5 \text{ cm}}{2}\right)^2 \cdot 80 \text{ cm}$

$V_{Zylinder} = \pi \cdot (56{,}25 \text{ cm})^2 \cdot 80 \text{ cm}$

$V_{Zylinder} \approx 795\,216 \text{ cm}^3$

$V_{Kegel} = \frac{1}{3} \cdot \pi \cdot \left(\frac{112{,}5 \text{ cm}}{2}\right)^2 \cdot 80 \text{ cm}$

$V_{Kegel} = \frac{1}{3} \cdot \pi \cdot (56{,}25 \text{ cm})^2 \cdot 80 \text{ cm}$

$V_{Kegel} \approx 265\,072 \text{ cm}^3$

$V_{Zelt} = V_{Zylinder} + V_{Kegel}$

$V_{Zelt} = 795\,216 \text{ cm}^3 + 265\,072 \text{ cm}^3$

$V_{Zelt} = 1\,060\,288 \text{ cm}^3 \approx 1 \text{ m}^3$

Das Zelt hat ein Volumen von ca. 1 m³.

Das Zelt lässt sich annähernd in einen Zylinder und einen Kegel zerlegen.

$V_{Zylinder} = \pi \cdot r^2 \cdot h_K$

$V_{Kegel} = \frac{1}{3} \cdot \pi \cdot r^2 \cdot h_K$

Maße:

	Bild	Wirklichkeit
Zylinderhöhe	3,2 cm	80 cm
	1 cm	25 cm
Zylinderdurchmesser	4,5 cm	112,5 cm
Kegelhöhe	3,2 cm	80 cm
Kegeldurchmesser	4,5 cm	112,5 cm

95. $V_{Zylinder} = \pi \cdot \left(\frac{7{,}38 \text{ cm}}{2}\right)^2 \cdot 11{,}72 \text{ cm}$

$V_{Zylinder} = \pi \cdot (3{,}69 \text{ cm})^2 \cdot 11{,}72 \text{ cm}$

$V_{Zylinder} \approx 501 \text{ cm}^3$

$V_{Kegel} = \frac{1}{3} \cdot \pi \cdot \left(\frac{7{,}38 \text{ cm}}{2}\right)^2 \cdot 3{,}04 \text{ cm}$

$V_{Kegel} = \frac{1}{3} \cdot \pi \cdot (3{,}69 \text{ cm})^2 \cdot 3{,}04 \text{ cm}$

$V_{Kegel} \approx 43 \text{ cm}^3$

$V_{Kerze} = V_{Zylinder} + V_{Kegel}$

$V_{Kerze} = 501 \text{ cm}^3 + 43 \text{ cm}^3$

$V_{Kerze} = 544 \text{ cm}^3$

Gewicht der Kerze:

$m = 544 \text{ cm}^3 \cdot 0{,}95 \frac{\text{g}}{\text{cm}^3} = 516{,}8 \text{ g} \approx 500 \text{ g}$

Die Kerze wiegt ungefähr 500 g.

Die Kerze lässt sich annähernd in einen Zylinder und einen Kegel zerlegen.

$V_{Zylinder} = \pi \cdot r^2 \cdot h_K$

$V_{Kegel} = \frac{1}{3} \cdot \pi \cdot r^2 \cdot h_K$

Maße:

	Bild	Wirklichkeit
Höhe des Schneemanns	2,3 cm	5 cm
	1 cm	2,17 cm
Zylinderhöhe	5,4 cm	11,72 cm
Zylinderdurchmesser	3,4 cm	7,38 cm
Kegelhöhe	1,4 cm	3,04 cm
Kegeldurchmesser	3,4 cm	7,38 cm

Vergiss nicht, aus dem Volumen der Kerze mit der Dichte des Wachs das Gewicht zu berechnen.

96. $V_{Halbkugel} = \frac{2}{3} \cdot \pi \cdot \left(\frac{24{,}4 \text{ cm}}{2}\right)^3$

$V_{Halbkugel} = \frac{2}{3} \cdot \pi \cdot (12{,}2 \text{ cm})^3$

$V_{Halbkugel} \approx 3\,803 \text{ cm}^3$

$V_{Kegel} = \frac{1}{3} \cdot \pi \cdot \left(\frac{24{,}4 \text{ cm}}{2}\right)^2 \cdot 36{,}6 \text{ cm}$

$V_{Kegel} = \frac{1}{3} \cdot \pi \cdot (12{,}2 \text{ cm})^2 \cdot 36{,}6 \text{ cm}$

$V_{Kegel} \approx 5\,705 \text{ cm}^3$

$V_{Ballon} = V_{Halbkugel} + V_{Kegel}$

$V_{Ballon} = 3\,803 \text{ cm}^3 + 5\,705 \text{ cm}^3$

$V_{Ballon} = 9\,508 \text{ cm}^3 \approx 9{,}5 \text{ dm}^3$

Das Volumen des Ballons beträgt ca. 9,5 dm³.

Hinweise und Tipps

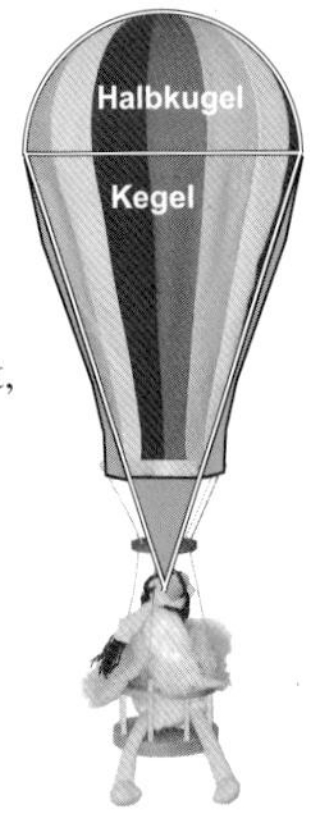

Der Ballon kann annähernd in eine Halbkugel und in einen Kegel zerlegt werden. Die Höhe des Kegels wird dabei über den Ballon hinaus verlängert, damit das Volumen an den Seiten des Ballons ausgeglichen wird.

$V_{Halbkugel} = \frac{2}{3} \cdot \pi \cdot r^3$

$V_{Kegel} = \frac{1}{3} \cdot \pi \cdot r^2 \cdot h_K$

Maße:

	Bild	Wirklichkeit
Vogel	3,3 cm	20 cm
	1 cm	6,1 cm
Durchmesser Kugel u. Kegel	4 cm	24,4 cm
Kegelhöhe	6 cm	36,6 cm

97.

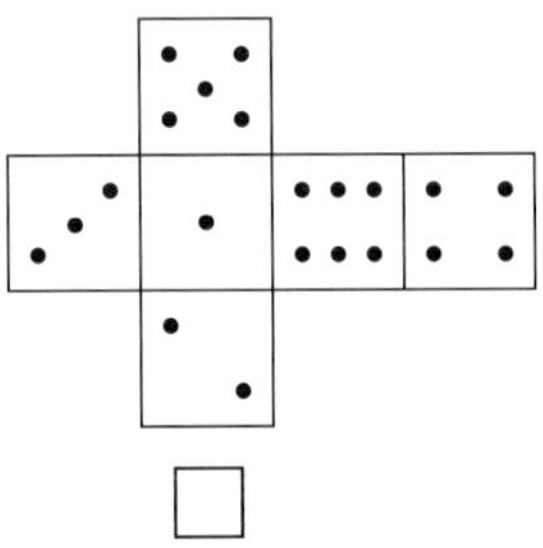

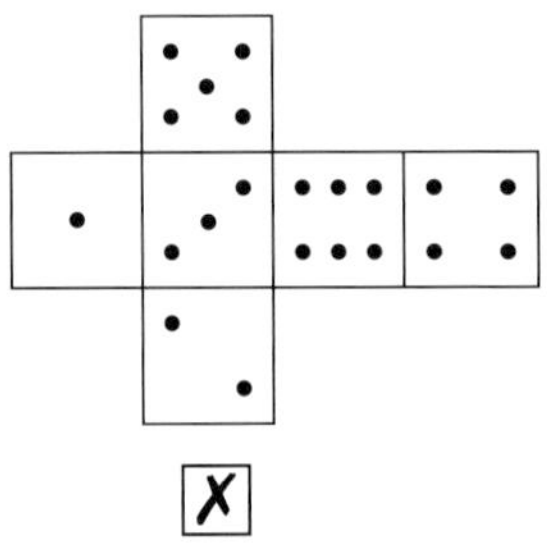

Beim linken Netz liegt die „Drei“ links und nicht rechts von der „Eins“.

98.

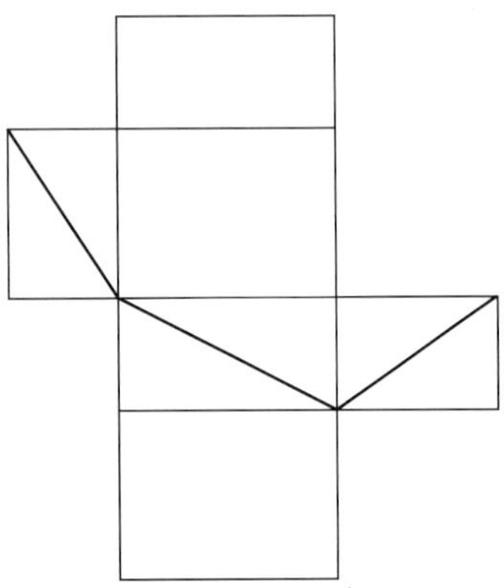

Bestimme auf dem Quadernetz zuerst die relevanten Flächen (die Grundfläche und die zwei Seitenflächen).
Überlege dir dann, wie die Diagonalen verlaufen müssen, und zeichne sie ein.

99.

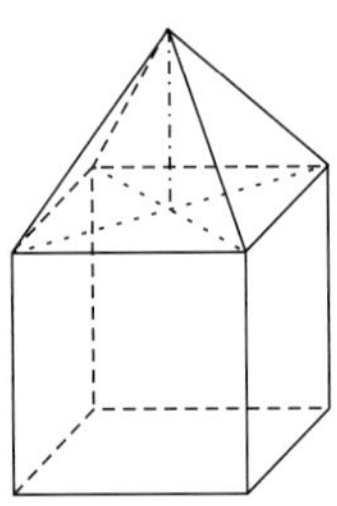

Der Körper ist ein Würfel mit aufgesetzter Pyramide.

Da nur eine Skizze verlangt ist, kannst du die Seitenlängen frei wählen. Achte darauf, nicht sichtbare Kanten zu stricheln.

100. a) $V_{Halbkugel} = \frac{2}{3} \cdot \pi \cdot \left(\frac{4\text{ cm}}{2}\right)^3$

$V_{Halbkugel} = \frac{2}{3} \cdot \pi \cdot (2\text{ cm})^3$

$V_{Halbkugel} \approx 16{,}76\text{ cm}^3$

$V_{Kegel} = \frac{1}{3} \cdot \pi \cdot \left(\frac{4\text{ cm}}{2}\right)^2 \cdot 7\text{ cm}$

$V_{Kegel} = \frac{1}{3} \cdot \pi \cdot (2\text{ cm})^2 \cdot 7\text{ cm}$

$V_{Kegel} \approx 29{,}32\text{ cm}^3$

$V = V_{Halbkugel} + V_{Kegel}$

$V = 16{,}76\text{ cm}^3 + 29{,}32\text{ cm}^3$

$V = 46{,}08\text{ cm}^3$

Masse des Maurerlotes:

$m = 46{,}08\text{ cm}^3 \cdot 7{,}8\,\frac{\text{g}}{\text{cm}^3} \approx 359{,}42\text{ g}$

Das Maurerlot hat eine Masse von ca. 359,42 g.

b) $s^2 = (2\text{ cm})^2 + (7\text{ cm})^2$

$s^2 = 53\text{ cm}^2 \quad | \sqrt{\ }$

$s \approx 7{,}28\text{ cm}$

$M_{Kegel} = \pi \cdot 2\text{ cm} \cdot 7{,}28\text{ cm}$

$M_{Kegel} \approx 45{,}74\text{ cm}^2$

$O_{Halbkugel} = \frac{1}{2} \cdot 4 \cdot \pi \cdot (2\text{ cm})^2$

$O_{Halbkugel} \approx 25{,}13\text{ cm}^2$

$O = M_{Kegel} + O_{Halbkugel}$

$O = 45{,}74\text{ cm}^2 + 25{,}13\text{ cm}^2$

$O = 70{,}87\text{ cm}^2$

Das Maurerlot hat eine Oberfläche von 70,87 cm².

Hinweise und Tipps

Die Halbkugel und der Kegel besitzen den gleichen Durchmesser und damit den gleichen Radius.

$V_{Halbkugel} = \frac{2}{3} \cdot \pi \cdot r^3$

$V_{Kegel} = \frac{1}{3} \cdot \pi \cdot r^2 \cdot h_K$

Bestimme mithilfe des Volumens und der Dichte die Masse des Maurerlotes:
Masse = Volumen · Dichte

Die Oberfläche des Maurerlotes setzt sich aus der Mantelfläche des Kegels und der Oberfläche der Halbkugel zusammen.

$M_{Kegel} = \pi \cdot r \cdot s$

$O_{Halbkugel} = \frac{1}{2} \cdot 4 \cdot \pi \cdot r^2$

Bevor du die Mantelfläche des Kegels berechnen kannst, musst du die Seitenlinie s mit dem Satz des Pythagoras bestimmen.

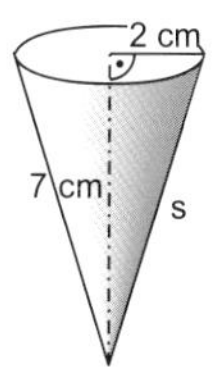

101. a) $V = \pi \cdot (12\text{ cm})^2 \cdot 8\text{ cm} \approx 3\,619{,}11\text{ cm}^3$

In die Kuchenform passen rund 3 619,11 cm³ Teig.

b) $O_{Fondant} = \pi \cdot (12\text{ cm})^2 + 2 \cdot \pi \cdot 12\text{ cm} \cdot (8\text{ cm} + 3\text{ cm})$

$O_{Fondant} = \pi \cdot (12\text{ cm})^2 + 2 \cdot \pi \cdot 12\text{ cm} \cdot 11\text{ cm}$

$O_{Fondant} \approx 452{,}39\text{ cm}^2 + 829{,}38\text{ cm}^2$

$O_{Fondant} \approx 1\,281{,}77\text{ cm}^2$

Man benötigt ca. 1 281,77 cm² Fondant.

c) $V = \pi \cdot (24\text{ cm})^2 \cdot 16\text{ cm} \approx 28\,952{,}92\text{ cm}^3$

Die Teigmenge verdoppelt sich nicht, sondern verachtfacht sich sogar.

$d = 24\text{ cm} \Rightarrow r = 12\text{ cm}$

Volumenformel für einen Zylinder:

$V = \pi \cdot r^2 \cdot h_K$

Die Oberfläche, die mit Fondant ummantelt wird, setzt sich aus der Deckfläche und der Mantelfläche eines Zylinders zusammen.

$O_{Fondant} = G + M = \pi \cdot r^2 + 2 \cdot \pi \cdot r \cdot h_K$

$d = 48\text{ cm} \Rightarrow r = 24\text{ cm}$

Der Radius und die Höhe verdoppeln sich im Vergleich zur kleineren Form.

$V = \pi \cdot (2r)^2 \cdot 2h_K = 8 \cdot \pi \cdot r^2 \cdot h_K$

102. a) Seitenlänge x:

$x^2 = (3\text{ cm})^2 + (2\text{ cm})^2$

$x^2 = 13\text{ cm}^2 \quad | \sqrt{\ }$

$x \approx 3{,}61\text{ cm}$

Umfang der Grundfläche:

$u_G = 4\text{ cm} + 3{,}61\text{ cm} + 3{,}61\text{ cm} = 11{,}22\text{ cm}$

Oberfläche der Schokoladenpackung:

$O = 2 \cdot \frac{4\text{ cm} \cdot 3\text{ cm}}{2} + 11{,}22\text{ cm} \cdot 10\text{ cm} = 124{,}2\text{ cm}^2$

Größe des Geschenkpapiers:

$124{,}2\text{ cm}^2 \cdot 1{,}19 \approx 147{,}80\text{ cm}^2$

René braucht ca. 147,80 cm² Geschenkpapier.

b) $\ell = u_G + 36{,}2\text{ cm}$

$\ell = 11{,}22\text{ cm} + 36{,}2\text{ cm}$

$\ell = 47{,}42\text{ cm}$

Die Länge des Geschenkbandes muss 47,42 cm sein.

Hinweise und Tipps

Oberflächenformel eines Prismas:
$O = 2 \cdot G + M = 2 \cdot G + u_G \cdot h_K$

Für den Umfang u_G der Grundfläche wird die Seitenlänge x benötigt. Berechne diese mit dem Satz des Pythagoras.

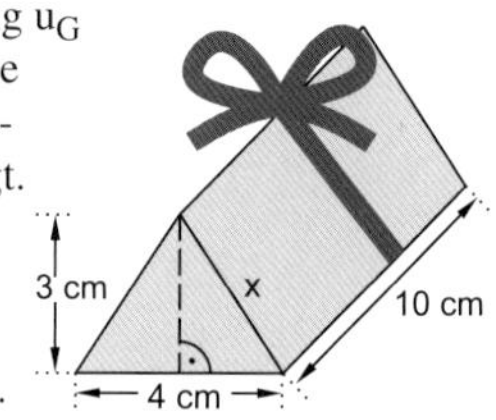

$100\,\% + 19\,\% = 119\,\%$

---

103. a) Minimum:
10 a: Note 1
10 b: Note 2

Maximum:
10 a: Note 6
10 b: Note 5

Spannweite:
10 a: 5 Notenstufen
10 b: 3 Notenstufen

Das Minimum ist die beste Note, die geschrieben wurde, und das Maximum jeweils die schlechteste Note.

Die Spannweite ist die Differenz zwischen Maximum und Minimum.

b) Mittelwert:

10 a: $\frac{2 \cdot 1 + 4 \cdot 2 + 8 \cdot 3 + 9 \cdot 4 + 3 \cdot 5 + 2 \cdot 6}{28} = \frac{97}{28} \approx 3{,}46$

10 b: $\frac{6 \cdot 2 + 12 \cdot 3 + 9 \cdot 4 + 1 \cdot 5}{28} = \frac{89}{28} \approx 3{,}18$

Um den Mittelwert (das arithmetische Mittel) zu berechnen, musst du die Summe aller Noten durch die Schülerzahl der Klasse (hier: jeweils 28) teilen.

Median:

10 a:

1, 1, 2, 2, 2, 2, 3, 3, 3, 3, 3, 3, 3, **3**, **4**, 4, 4, 4, 4, 4, 4, 4, 4, 5, 5, 5, 6, 6

$\Rightarrow \frac{3+4}{2} = 3{,}5$

10 b:

2, 2, 2, 2, 2, 2, 3, 3, 3, 3, 3, 3, 3, **3**, **3**, 3, 3, 3, 4, 4, 4, 4, 4, 4, 4, 4, 4, 5

$\Rightarrow 3$

Um den Median (Zentralwert) zu bestimmen, musst du eine geordnete Rangfolge aufstellen. Betrachte die Werte in der Mitte (hier: 14. und 15. Wert) und berechne gegebenenfalls den Mittelwert daraus.

c) Die Klasse 10 b hat besser abgeschnitten,
- weil der Notendurchschnitt etwas besser ist.
- weil der Median eine halbe Note besser ist.

Vergleiche die Mittelwerte und die Mediane miteinander.

---

104. a) $30 + 23 + 18 + 15 + 4 = 90$
Insgesamt wurden 90 Autos kontrolliert.

Addiere die Anzahlen der Autos.

Hinweise und Tipps

b)

Geschwindigkeitsüberschreitung in $\frac{km}{h}$	Keine	1–10	11–20	21–30	> 30
Anzahl Autos	30	23	18	15	4
relative Häufigkeit	33,3 %	25,6 %	20 %	16,7 %	4,4 %

Um die relativen Häufigkeiten zu berechnen, musst du jeweils die absolute Anzahl der Autos durch die Gesamtzahl der kontrollierten Autos (hier: 90) teilen, z. B.:

$\frac{30}{90} = \frac{1}{3} \approx 0{,}333 = 33{,}3\ \%$

c)

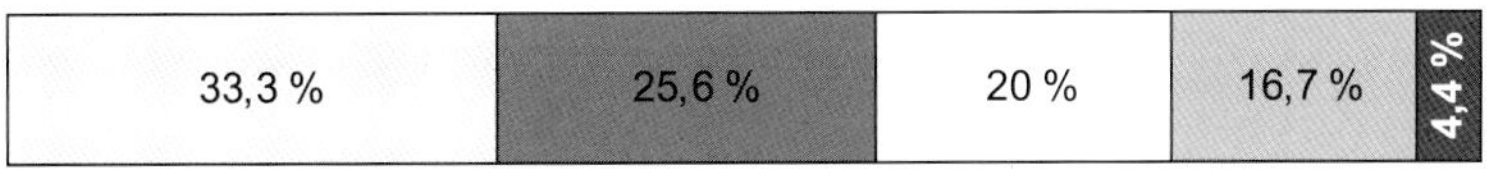

100 % $\hat{=}$ 10 cm
33,3 % $\hat{=}$ 3,33 cm
25,6 % $\hat{=}$ 2,56 cm
…

105. a)

Partei	A	B	C	D	E
Stimmen	600	300	300	150	150
b) relative Häufigkeit	40 %	20 %	20 %	10 %	10 %

Partei E:
$1\,500 - 600 - 300 - 300 - 150 = 150$
relative Häufigkeiten:
z. B.: $\frac{600}{1\,500} = 0{,}4 = 40\ \%$

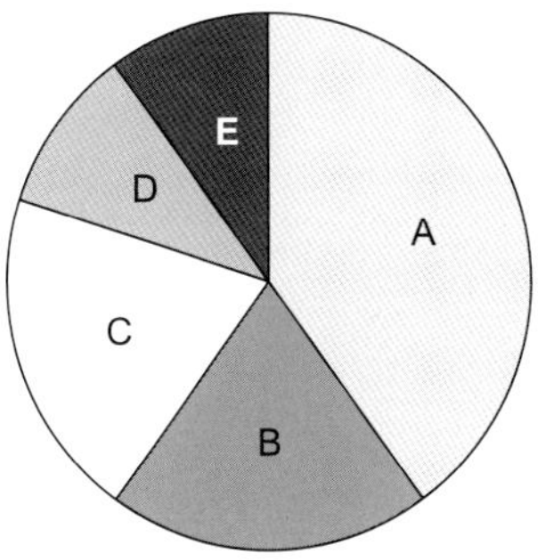

100 % $\hat{=}$ 360°
40 % $\hat{=}$ 144°
20 % $\hat{=}$ 72°
10 % $\hat{=}$ 36°

c) Partei A: $0{,}4 \cdot 30\,000 = 12\,000$
Partei B: $0{,}2 \cdot 30\,000 = 6\,000$
Partei C: $0{,}2 \cdot 30\,000 = 6\,000$
Partei D: $0{,}1 \cdot 30\,000 = 3\,000$
Partei E: $0{,}1 \cdot 30\,000 = 3\,000$

Ermittle die Stimmenverteilung bei 30 000 Wählern aus den relativen Häufigkeiten.

106. $P(E) = \frac{4}{52} \approx 0{,}077 = 7{,}7\ \%$

Die Wahrscheinlichkeit, aus einem Pokerblatt als erste Karte ein Ass zu ziehen, beträgt ca. 7,7 %.

Anzahl der günstigen Ergebnisse: 4
Anzahl der möglichen Ergebnisse: 52

107. a) $P(\text{Mountainbike}) = \frac{1}{250} = 0{,}004 = 0{,}4\ \%$

Die Wahrscheinlichkeit, das Mountainbike zu gewinnen, beträgt 0,4 %.

Anzahl der günstigen Ergebnisse: 1
Für die Anzahl der möglichen Ergebnisse zähle alle Lose zusammen:
$220 + 15 + 10 + 4 + 1 = 250$

b) $P(\text{Niete}) = \frac{220}{250} = 0{,}88 = 88\ \%$

Die Wahrscheinlichkeit, eine Niete zu ziehen, beträgt 88 %.

Anzahl der günstigen Ergebnisse: 220
Anzahl der möglichen Ergebnisse: 250

c) $P(\text{Taschenbuch oder Trinkflasche}) = \frac{25}{250} = 0{,}1 = 10\ \%$

Die Wahrscheinlichkeit, mit einem Los ein Taschenbuch oder eine Trinkflasche zu gewinnen, beträgt 10 %.

Anzahl der günstigen Ergebnisse:
$15 + 10 = 25$
Anzahl der möglichen Ergebnisse: 250

Hinweise und Tipps

108. Da die Wahrscheinlichkeit für jede Augenzahl beim Würfelwurf gleich ist und jeweils $\frac{1}{6}$ beträgt, müsste jede Augenzahl 10-mal geworfen werden.

Wenn man das Experiment durchführt, wird es aber immer wieder unterschiedliche Versuchsergebnisse geben. Ein gewisser Zufallsfaktor bleibt. Es kann sogar passieren, dass bei 60 Würfen nicht einmal die 1 fällt. Das ist zwar unwahrscheinlich, aber nicht unmöglich. Aber je häufiger man würfelt, desto gleichmäßiger werden sich die Ergebnisse verteilen.

Wahrscheinlichkeiten beim Würfelwurf:
$P(1) = P(2) = \ldots = P(6) = \frac{1}{6}$
Erwartete Häufigkeit jeder Augenzahl bei 60 Würfen:
$\frac{1}{6} \cdot 60 = 10$

---

109. $P(\text{insgesamt Augenzahl 6}) = 5 \cdot \frac{1}{36} \approx 0{,}139 = 13{,}9\ \%$

Wenn Anna zweimal hintereinander würfelt, beträgt die Wahrscheinlichkeit, dass sie insgesamt die Augenzahl 6 würfelt, ca. 13,9 %.

Für das Ereignis „insgesamt die Augenzahl 6“ gibt es beim zweimaligen Würfelwurf 5 mögliche Pfade:
1, 5; 5, 1; 2, 4; 4, 2; 3, 3
Mit der Produktregel gilt für die Wahrscheinlichkeiten:
$P(1, 5) = P(5, 1) = \ldots P(3, 3) = \frac{1}{6} \cdot \frac{1}{6} = \frac{1}{36}$

---

110. a)

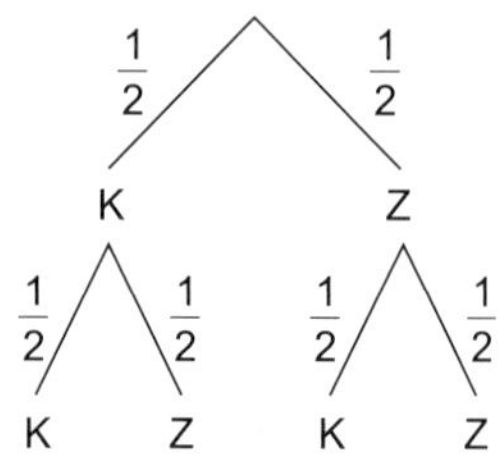

b)

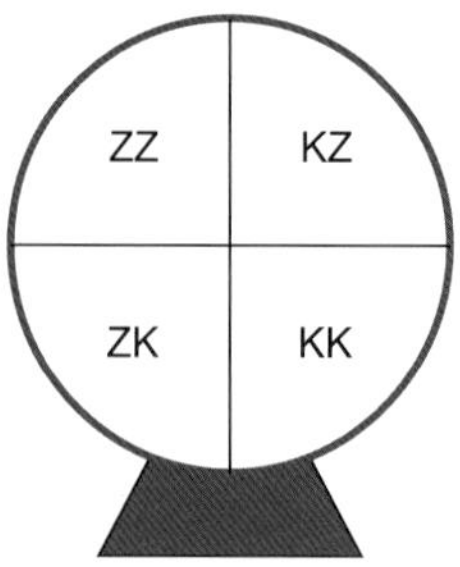

Für jeden Münzwurf gibt es mit Kopf (K) und Zahl (Z) zwei verschiedene Ergebnisse. Die Wahrscheinlichkeit für Kopf oder Zahl beträgt jeweils $\frac{1}{2}$.

Die Wahrscheinlichkeit der Ergebnisse beim zweimaligen Münzwurf beträgt mit der Produktregel jeweils $\frac{1}{2} \cdot \frac{1}{2} = \frac{1}{4}$.
Auf dem Glücksrad müssen die Ergebnisse deshalb jeweils als Viertelkreise dargestellt werden.

---

111. a) $P(DB) = \frac{4}{8} \cdot \frac{1}{8} = \frac{4}{64}$

$P(BD) = \frac{1}{8} \cdot \frac{4}{8} = \frac{4}{64}$

$P(DB, BD) = \frac{4}{64} + \frac{4}{64} = \frac{8}{64} = \frac{1}{8} = 0{,}125 = 12{,}5\ \%$

Wenn Nina die erste Karte wieder zurücklegt, beträgt die Wahrscheinlichkeit, eine Dame und einen Buben zu ziehen, 12,5 %.

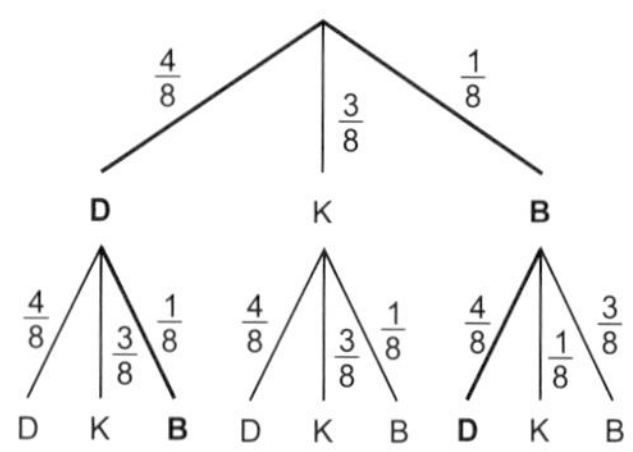

Beim „Ziehen mit Zurücklegen“ ändern sich die Wahrscheinlichkeiten nicht.
Für das Ereignis „Dame und Bube“ existieren zwei Pfade: DB; BD
Wende die Produkt- und die Summenregel an.

b) $P(DB) = \frac{4}{8} \cdot \frac{1}{7} = \frac{4}{56}$

$P(BD) = \frac{1}{8} \cdot \frac{4}{7} = \frac{4}{56}$

$P(DB, BD) = \frac{4}{56} + \frac{4}{56} = \frac{8}{56} = \frac{1}{7} \approx 0{,}143 = 14{,}3\ \%$

Wenn Nina die erste Karte nicht zurücklegt, beträgt die Wahrscheinlichkeit, eine Dame und einen Buben zu ziehen, etwa 14,3 %.

Hinweise und Tipps

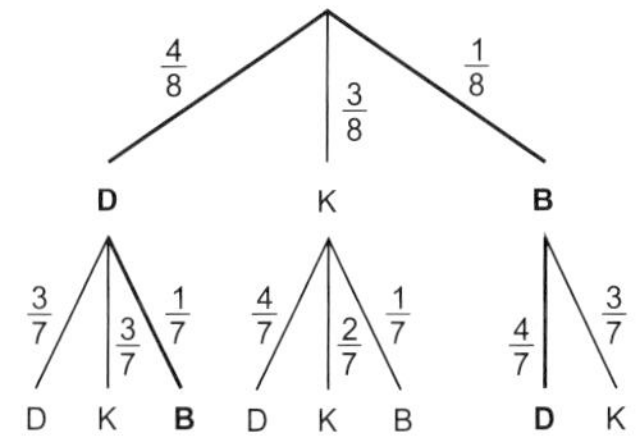

Beim „Ziehen ohne Zurücklegen“ verändern sich die Wahrscheinlichkeiten.

Die Wahrscheinlichkeit, einen Buben und eine Dame zu ziehen, ist ohne Zurücklegen höher, da sich die Anzahl der möglichen Ergebnisse beim zweiten Zug von 8 auf 7 verringert.

---

112. $P(GG) = \frac{5}{8} \cdot \frac{4}{10} = \frac{20}{80} = \frac{1}{4} = 0{,}25 = 25\ \%$

Die Wahrscheinlichkeit, dass Jonas auf dem Schulweg nicht an einer Ampel warten muss, beträgt 25 %.

Grünphase 1. Ampel: $\frac{50}{50+30} = \frac{50}{80} = \frac{5}{8}$

Rotphase 1. Ampel: $\frac{30}{50+30} = \frac{30}{80} = \frac{3}{8}$

Grünphase 2. Ampel: $\frac{40}{40+60} = \frac{40}{100} = \frac{4}{10}$

Rotphase 2. Ampel: $\frac{60}{40+60} = \frac{60}{100} = \frac{6}{10}$

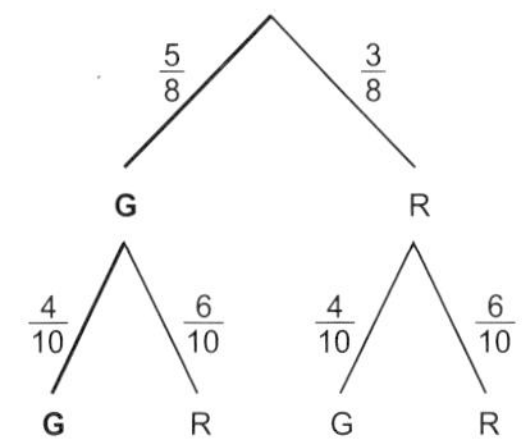

---

113. $P(\text{gleiche Socken}) = 16 \cdot \frac{1}{16} \cdot \frac{1}{15} = \frac{1}{15} \approx 0{,}067 = 6{,}7\ \%$

Die Wahrscheinlichkeit, ein passendes Pärchen zu ziehen, beträgt ca. 6,7 %.

Hier handelt es sich um „Ziehen ohne Zurücklegen“. Beim ersten Ziehen sind 16 Socken in der Schublade, beim zweiten Mal nur noch 15 Socken.

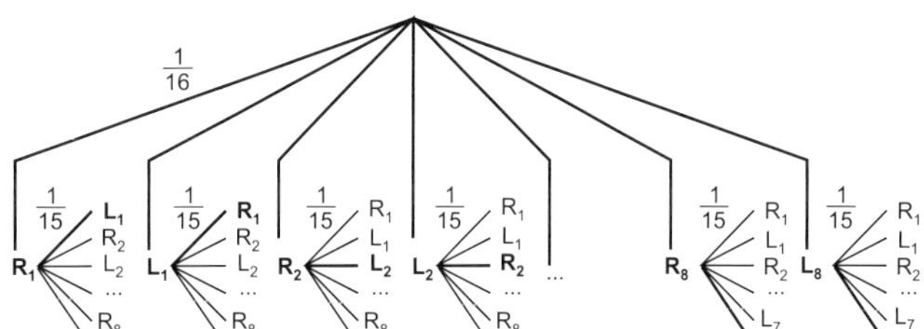

L_1: linke Socke vom 1. Paar

R_1: rechte Socke vom 1. Paar

Es gibt 16 passende Pfade: L_1R_1; R_1L_1; L_2R_2; R_2L_2; L_3R_3; R_3L_3; …; L_8R_8; R_8L_8

---

114. Mögliche Anzahlen von Kugeln:

- eine rote Kugel, eine blaue Kugel und zwei grüne Kugeln
- drei rote Kugeln, zwei blaue Kugeln und drei grüne Kugeln

…

$25\ \% = \frac{1}{4} = \frac{2}{8} = \frac{25}{100}$

Bei dieser Aufgabe gibt es viele Lösungen, z. B.:
Eine von vier Kugeln muss blau sein.
Zwei von acht Kugeln müssen blau sein.

115. a)

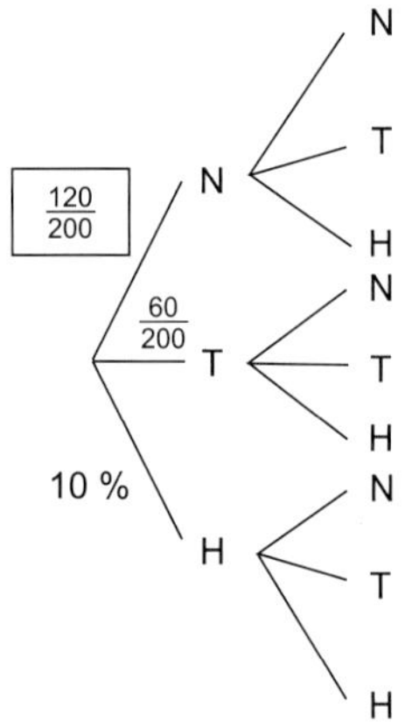

b) $P(NN) = \frac{120}{200} \cdot \frac{119}{199} = \frac{357}{995}$

$P(NT) = \frac{120}{200} \cdot \frac{60}{199} = \frac{180}{995} = \frac{36}{199}$

$P(TN) = \frac{60}{200} \cdot \frac{120}{199} = \frac{180}{995} = \frac{36}{199}$

$P(TT) = \frac{60}{200} \cdot \frac{59}{199} = \frac{177}{1\,990}$

$P(\text{kein Hauptgewinn}) = \frac{357}{995} + \frac{36}{199} + \frac{36}{199} + \frac{177}{1\,990}$

$= \frac{1\,611}{1\,990} \approx 0{,}81 = 81{,}0\ \%$

c) Nein, die Wahrscheinlichkeit, einen Hauptgewinn zu ziehen, verringert sich:

$P(H) = \frac{20}{400} = \frac{5}{100} = 5\ \%$

Hinweise und Tipps

$10\ \% = \frac{10}{100} = \frac{20}{200}$

Ziehe die Wahrscheinlichkeiten für einen Trostpreis und einen Hauptgewinn von 1 ab, um die fehlende Wahrscheinlichkeit im Baumdiagramm zu erhalten:

$1 - \frac{60}{200} - 10\ \% = \frac{200}{200} - \frac{60}{200} - \frac{20}{200} = \frac{120}{200}$

Für das Ereignis „kein Hauptgewinn" existieren vier Pfade: NN; NT; TN;TT

Wende die Produkt- und die Summenregel an.

Beachte, dass Yuna ohne Zurücklegen zieht. Daher verringert sich die Anzahl der Lose nach dem ersten Zug jeweils um 1.

Am ersten Stand sind 10 % von 200 Losen Hauptgewinne. Das entspricht 20 Stück. Diese Zahl ist am zweiten Stand gleich, allerdings befinden sich mit insgesamt 400 Losen mehr Lose in der Lostrommel.

▶ Abschlussprüfung

Abschlussprüfung der 10. Klasse an Hauptschulen in Niedersachsen
Mathematik 2021

E-Kurs und G-Kurs: Hauptteil 1 (ohne Hilfsmittel)

Wichtiger Hinweis: Bearbeite alle Aufgaben auf den Aufgabenblättern.

Aufgaben	Punkte
1. Ergänze die fehlenden Zahlen in den Lücken.	
a) $1{,}5 + 2 \cdot 3 =$ ______	1
b) ______ $- 2 = -7$	1
c) $\frac{1}{2} +$ ______ $= \frac{3}{4}$	1
d) $0{,}4^2 =$ ______	1
2. Gib die Größen in den angegebenen Einheiten an.	
a) $2{,}7$ cm = ______ mm	1
b) $\frac{3}{4}\,\ell =$ ______ $m\ell$	1
c) $2\frac{1}{3}$ h = ______ min	1
3. Alle niedersächsischen Kühe geben zusammen jeden Tag durchschnittlich 18 465 232 Liter Milch.	
a) Runde die Zahl auf ganze Millionen.	1
18 465 232 ≈ ____________________	
b) Bestimme die Menge Milch, die alle niedersächsischen Kühe zusammen in einem Jahr durchschnittlich geben. Kreuze an.	1
☐ 670 Mrd. Liter	
☐ 6,7 Mrd. Liter	
☐ 67 Mio. Liter	

4. Entscheide, ob die Zuordnungen proportional, antiproportional oder keines von beidem sind. Kreuze an.

<table>
<tr><th></th><th>Zuordnung</th><th>proportional</th><th>antiproportional</th><th>keines von beidem</th><th></th></tr>
<tr><td>a)</td><td><table><tr><th>x</th><th>y</th></tr><tr><td>2</td><td>5</td></tr><tr><td>6</td><td>15</td></tr><tr><td>10</td><td>25</td></tr></table></td><td>☐</td><td>☐</td><td>☐</td><td>1</td></tr>
<tr><td>b)</td><td>Seitenlänge eines Quadrates →
Flächeninhalt dieses Quadrates</td><td>☐</td><td>☐</td><td>☐</td><td>1</td></tr>
<tr><td>c)</td><td>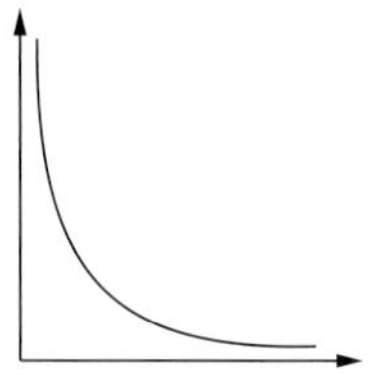</td><td>☐</td><td>☐</td><td>☐</td><td>1</td></tr>
</table>

5. 80 Schülerinnen und Schüler haben jeweils eine Arbeitsgemeinschaft gewählt. Die Verteilung ist im Kreisdiagramm dargestellt. 2

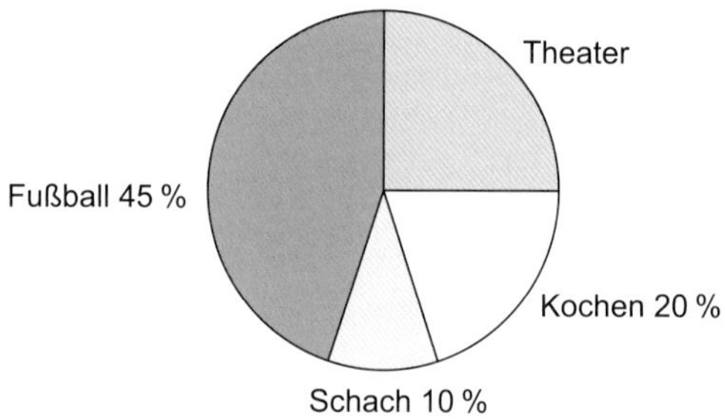

Ergänze die folgenden Sätze.

Die Arbeitsgemeinschaft „Theater“ haben ______ % der Schülerinnen und Schüler gewählt.

Von den 80 Schülerinnen und Schülern haben 20 % die Arbeitsgemeinschaft „Kochen“ gewählt.

Das sind ______ Schülerinnen und Schüler.

6. Die Lehrerin Frau Meier hat eine Klassenarbeit korrigiert und alle Noten unsortiert aufgeschrieben.

2 3 4 3 1 2 3 4 2 4 3 4 5 3 5 3 3 6 2 3

a) Vervollständige die Tabelle. 1

Note	1	2	3	4	5	6
Anzahl	1	4		4	2	1

Frau Meier berechnet den Mittelwert M der erreichten Noten mit folgender Rechenvorschrift.

$M = (1a + 2b + 3c + 4d + 5e + 6f) : 20$

b) Ergänze die folgenden Sätze. 2

Frau Meier setzt für den Buchstaben e die Anzahl der Schülerinnen und Schüler ein, die

____

Frau Meier teilt durch 20, weil ______________________________

____

7. a) Zeichne einen Winkel $\alpha = 110°$. 1

b) Berechne die Größe des Winkels β. 1

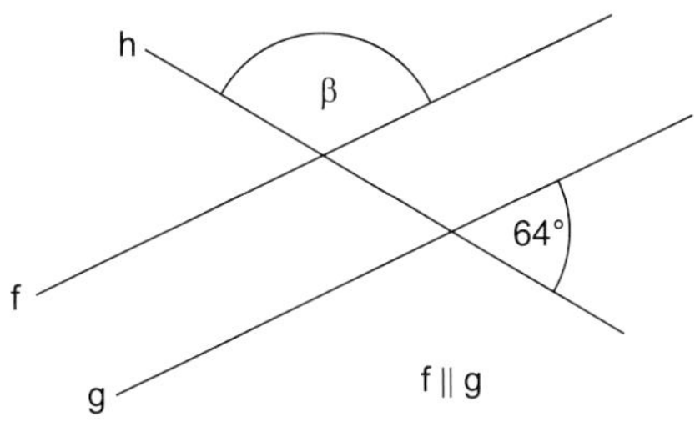

$\beta =$ ______ °

(Skizze nicht maßstäblich)

c) Björn behauptet: „Ich kann ein Nebenwinkelpaar zeichnen, das aus zwei spitzen Winkeln besteht.“ Begründe, dass Björns Behauptung falsch ist. 1

____

____

____

8. a) Ergänze die Abbildung zu einem Quadernetz. 2

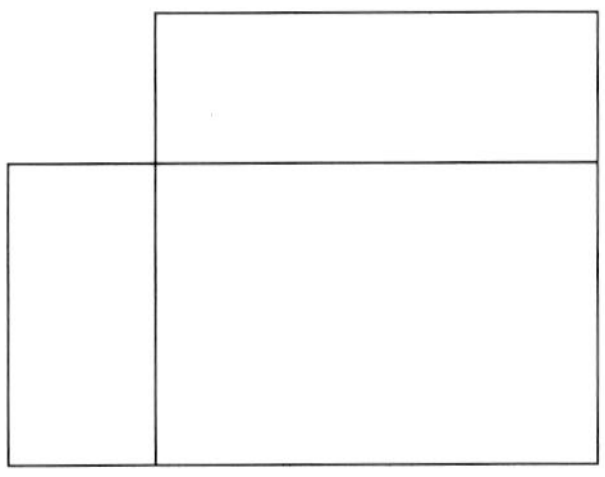

Das untenstehende Netz wird zu einem Würfel gefaltet.

b) Markiere in dem Netz diejenige Kante, welche die drei Punkte berührt. 1

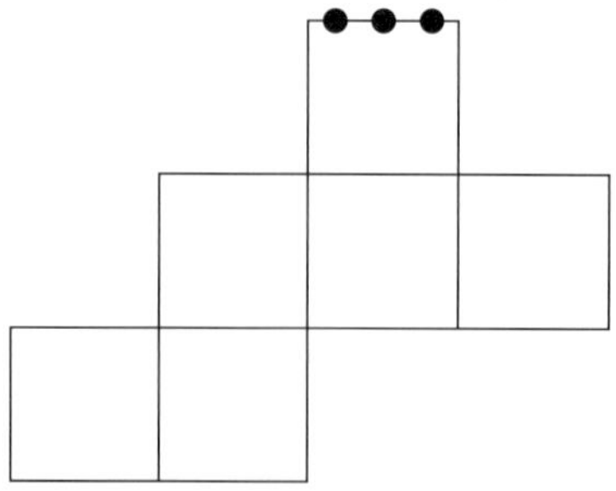

9. Der Flächeninhalt der abgebildeten Figur soll berechnet werden.

a) Zeichne eine passende Zerlegung oder Ergänzung in die Skizze ein, um den Flächeninhalt zu berechnen. 1

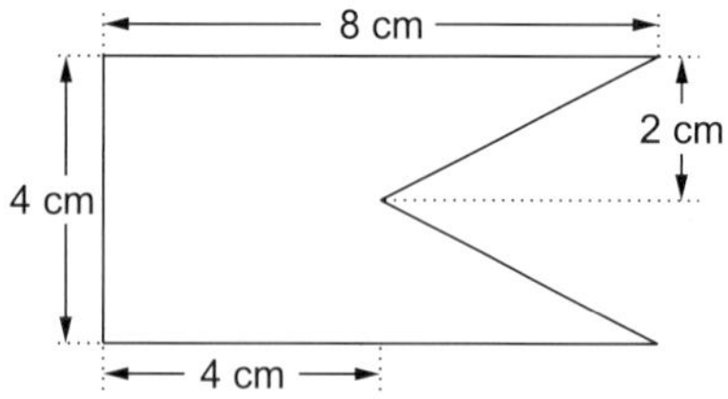

(Skizze nicht maßstäblich)

b) Berechne den Flächeninhalt der Figur. 2

A = ________ cm^2

c) Gib eine allgemeine Formel zur Berechnung des Flächeninhaltes der Figur in Abhängigkeit von x an. 1

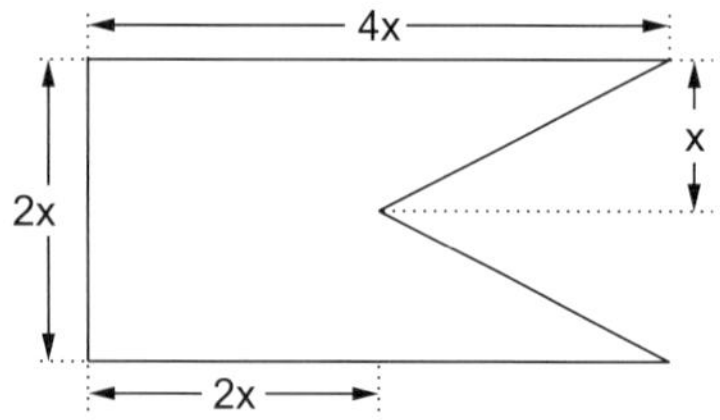

(Skizze nicht maßstäblich)

10. Stelle die Formel nach h um. 1

$A = \frac{g \cdot h}{2}$

E-Kurs: Hauptteil 2

Wichtige Hinweise:

- Runde Endergebnisse auf 2 Nachkommastellen, sofern nichts anderes angegeben ist.
- Schreibe deine Lösungswege ausführlich auf.

Aufgaben

Punkte

1. Im Jahr 2015 fielen in Deutschland insgesamt 45,9 Millionen Tonnen Hausmüll an. Zu diesem Zeitpunkt lebten in Deutschland ca. 81,2 Millionen Menschen.

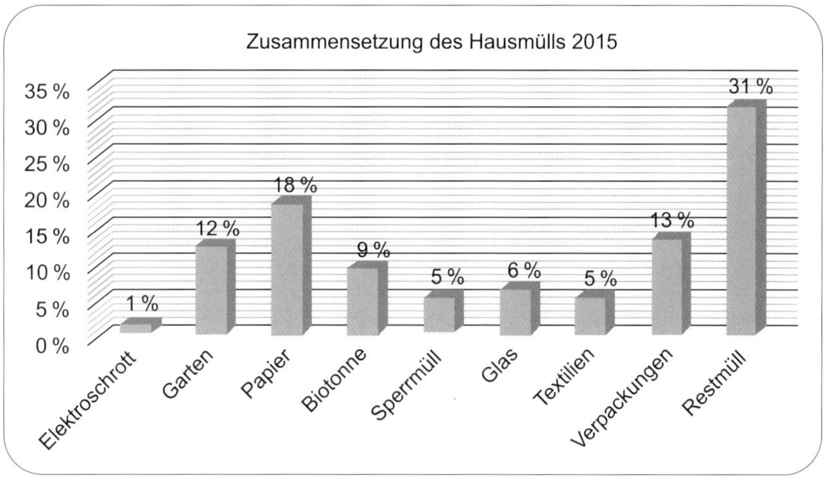

a) Berechne, wie viele Tonnen Hausmüll jede Person in Deutschland durchschnittlich verursacht hat. 1

b) Berechne, wie viele Tonnen Papier im Hausmüll Deutschlands 2015 enthalten waren. 2

c) Vervollständige das Kreisdiagramm. 2

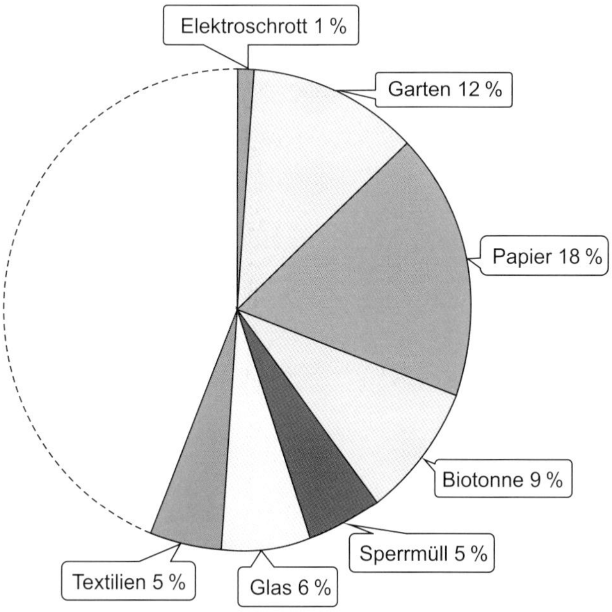

2. Zum 14. Geburtstag ihres Enkels Erik legt Oma Ingrid ein Führerscheinkonto bei der Bank an. Sie zahlt 1 500 € ein. Die Bank verzinst dieses Geld mit einem jährlichen Zinssatz von 0,6 %. 2

Bis zu Eriks 17. Geburtstag gibt es keine weiteren Ein- und Auszahlungen.

Berechne das Kapital, das Erik an seinem 17. Geburtstag ausgezahlt bekommt.

3. In einem Café soll ein großes Schild als Dekoration an die Wand gehängt werden.

Der Durchmesser des Schildes beträgt 1,50 m.

(Skizze nicht maßstäblich)

a) Berechne den Flächeninhalt des Schildes. 1

Um den Rand des Schildes soll eine LED-Lichterkette angebracht werden.

b) Überprüfe, ob eine 4 m lange LED-Lichterkette dafür ausreicht. 2

4. Abgebildet ist ein Werkstück aus Kunststoff.

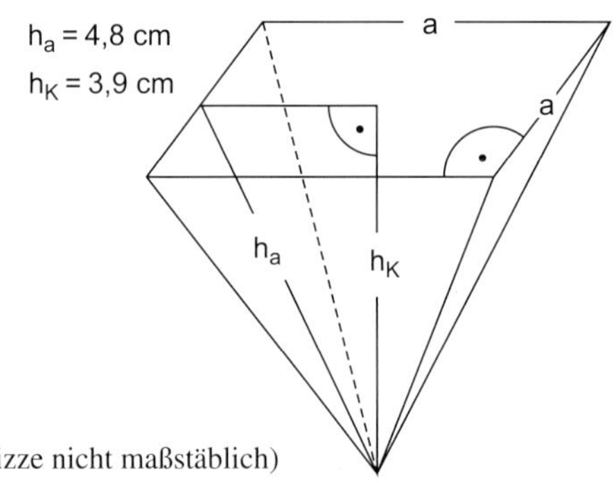

(Skizze nicht maßstäblich)

a) Berechne die Seitenlänge a des Werkstücks. 3

Das Werkstück wird von außen abgeschliffen.

b) Berechne die zu schleifende Fläche. 2
(Solltest du die Teilaufgabe a nicht gelöst haben, rechne mit a = 5,53 cm weiter.)

5. a) Ordne den Funktionsgleichungen den passenden Graphen zu. 2

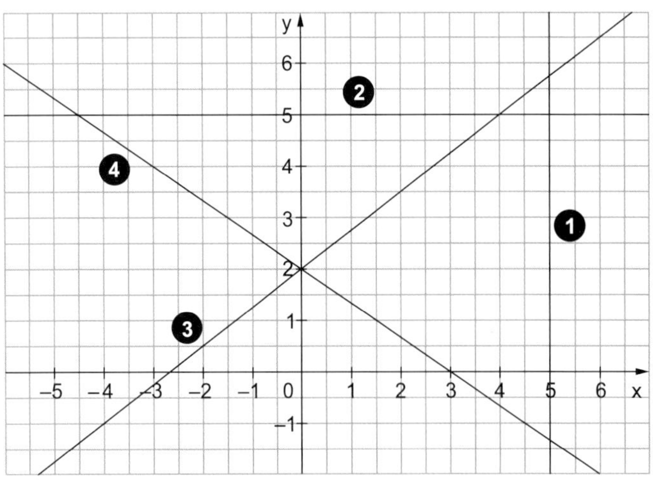

Funktionsgleichung	Graph
$y = -\frac{2}{3}x + 2$	
$y = 5$	

Durch die Punkte A und B verläuft eine Gerade.

b) Trage die Punkte A(0 | –1) und B(5 | 2) in das Koordinatensystem ein und zeichne die Gerade. 1

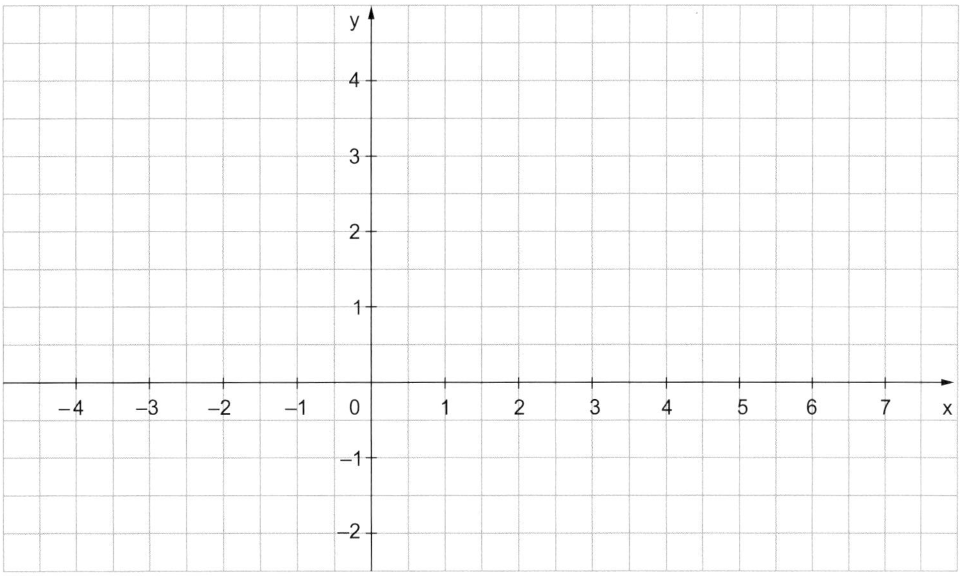

c) Bestimme die Funktionsgleichung der Geraden. 2

Zwei andere Geraden g und h haben folgende Funktionsgleichungen: g: $y = 4x - 6$
h: $y = -3x + 1$

d) Bestimme den Schnittpunkt der beiden Geraden. 3

6. Drei Radrennfahrer (Ali, Kai und Tom) fahren ein Radrennen.
Das Radrennen besteht aus zwei Etappen.
Nach jeder Etappe wird ein Radrennfahrer zur Dopingkontrolle zufällig ausgelost.

Im abgebildeten Baumdiagramm fehlen einige Äste und die Wahrscheinlichkeiten.

a) Vervollständige das Baumdiagramm und schreibe die Wahrscheinlichkeiten an die Äste. 2

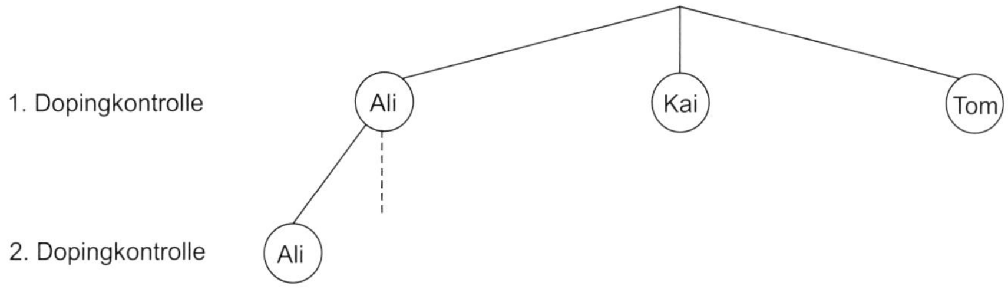

b) Berechne die Wahrscheinlichkeit, dass zweimal derselbe Radrennfahrer ausgelost wird. 2

7. Lea möchte ein Klassenfoto aufnehmen. Sie stellt sich mit ihrer Kamera mittig vor die Klasse. 3

Berechne den Abstand x, den Lea benötigt, um die gesamte Klasse aufs Foto zu bekommen.

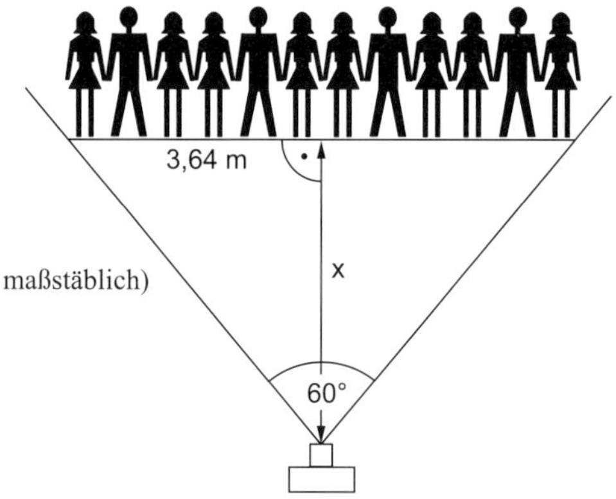

(Skizze nicht maßstäblich)

8. Eine Regentonne hat ein Fassungsvermögen von 800 Litern. Sie ist bis 15 cm unter den Rand mit Wasser gefüllt. 3

Berechne die Höhe h des Wasserstandes in der Tonne.

1 Liter = 1 000 cm^3

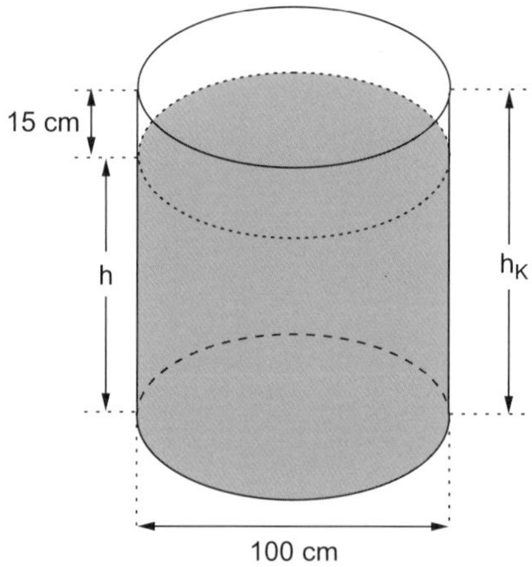

(Skizze nicht maßstäblich)

9. Berechne x. 3

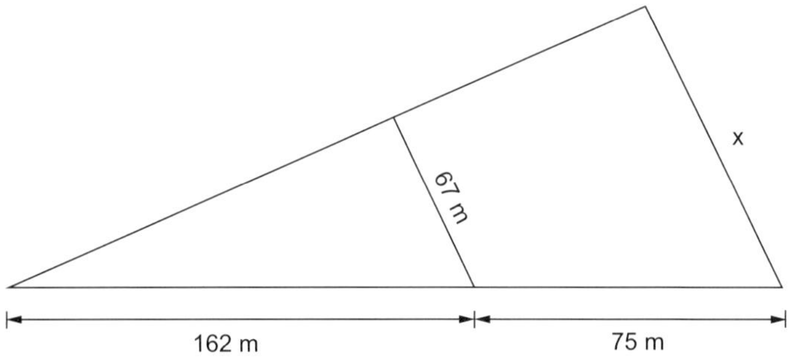

(Skizze nicht maßstäblich)

E-Kurs: Wahlteil

Wahlaufgabe 1

Punkte

Abgebildet ist ein Tab für die Spülmaschine.
In der Mitte des Tabs befindet sich eine Kugel.

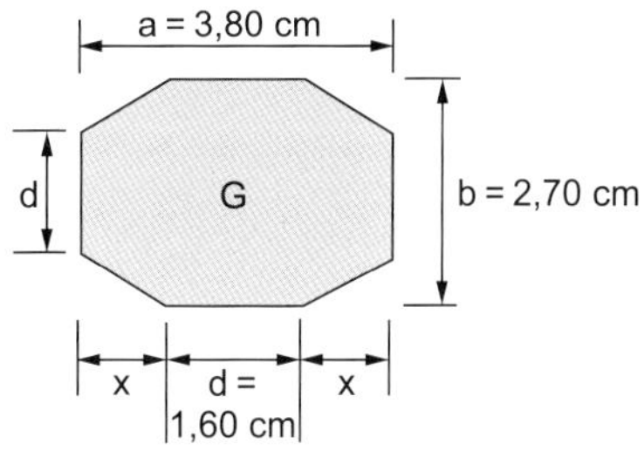

a) Berechne x. 1

b) Berechne die Grundfläche G des Tabs. 3
(Solltest du die Teilaufgabe a nicht gelöst haben, rechne mit $x = 1{,}10$ cm weiter.)

(Skizzen nicht maßstäblich)

c) Berechne das Volumen der Kugel. 1

d) Berechne das Volumen des gesamten Tabs. 2
(Solltest du die Teilaufgaben b und c nicht gelöst haben, rechne mit $G = 9{,}25\ cm^2$ und $V_{Kugel} = 2{,}36\ cm^3$ weiter.)

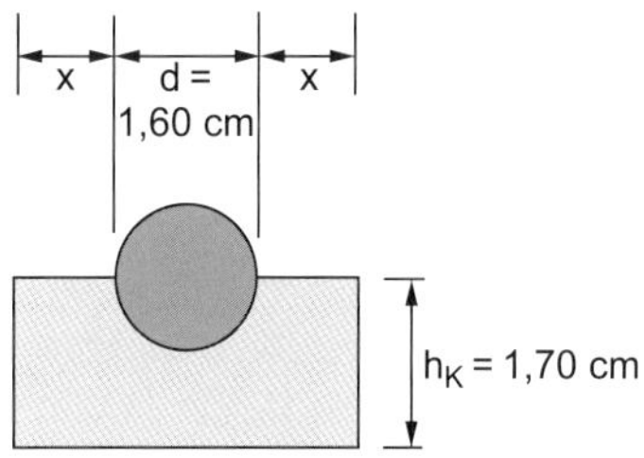

Der Hersteller der Tabs plant, die Kugel gegen einen Zylinder mit gleichem Durchmesser und gleichem Volumen auszutauschen.

(Skizzen nicht maßstäblich)

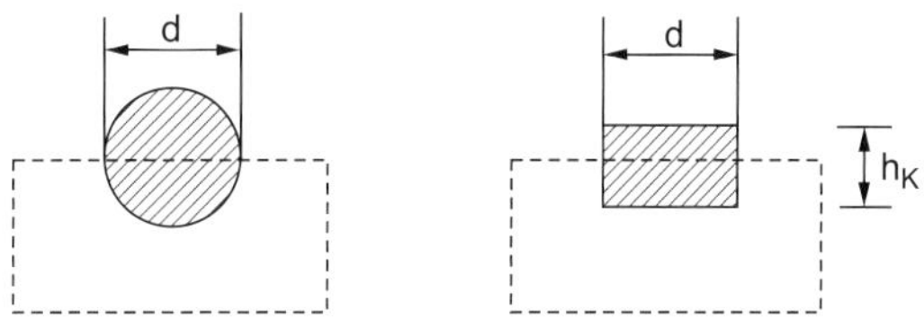

e) Berechne die Körperhöhe h_K des Zylinders. 2
(Solltest du die Teilaufgabe c nicht gelöst haben, rechne mit $V_{Kugel} = 2{,}36\ cm^3$ weiter.)

f) Ergänze. 1
Verdoppelt man den Durchmesser der Kugel, dann ________________ sich ihr Volumen.

Wahlaufgabe 2

Ein Maibaum besteht oft aus einem Stamm und mehreren ringförmigen Kränzen, die mit Seilen am Stamm befestigt sind.

Der obere Kranz hat einen Durchmesser von 2,40 m.

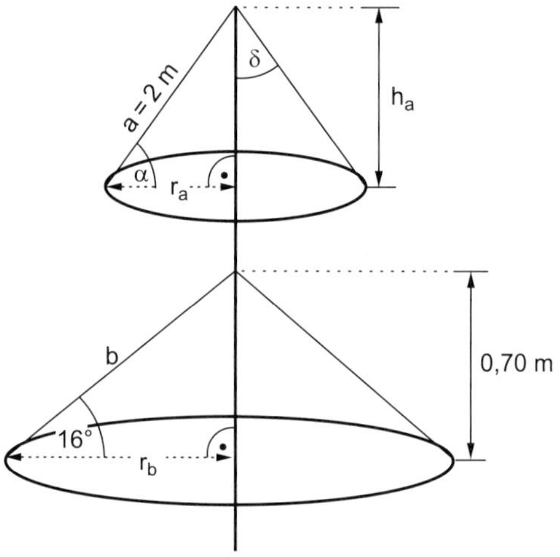

(Skizze nicht maßstäblich)

a) Berechne den Umfang des oberen Kranzes. 1

b) Berechne h_a. 2

c) Berechne die Größe des Winkels α. 2

d) Bestimme die Größe des Winkels δ. 1
(Solltest du die Teilaufgabe c nicht gelöst haben, rechne mit $\alpha = 52{,}12°$ weiter.)

e) Berechne die Seillänge b des unteren Kranzes. 3

f) Begründe, dass folgende Aussage wahr ist: 1

„Wenn der Durchmesser eines Kranzes verdreifacht wird, dann verdreifacht sich auch der Umfang des Kranzes.“

Wahlaufgabe 3

Zwei Würfel sind wie folgt beschriftet:

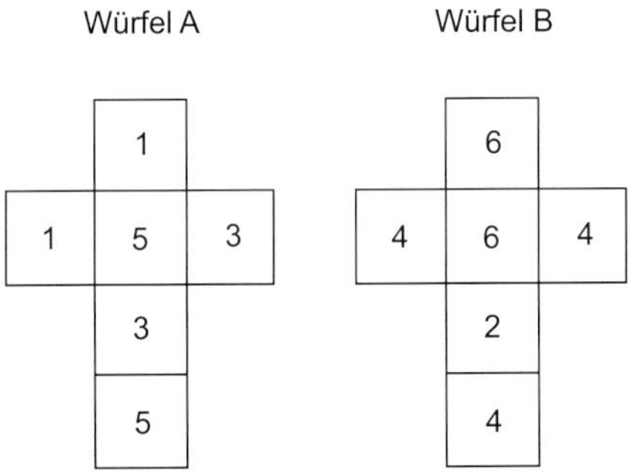

a) Fülle die Tabelle aus. 2

Ereignis	Wahrscheinlichkeit
„Mit dem Würfel A wird eine 3 geworfen."	
„Mit dem Würfel A wird eine 1 oder 5 geworfen."	
„Mit dem Würfel B wird keine 2 geworfen."	
„Mit dem Würfel B wird ________________ geworfen."	$\frac{3}{6}$

Nun wird mit beiden Würfeln gleichzeitig geworfen. Die geworfenen Zahlen werden addiert.

b) Trage die fehlenden Zahlen in das Baumdiagramm ein und berechne die Summen. 2

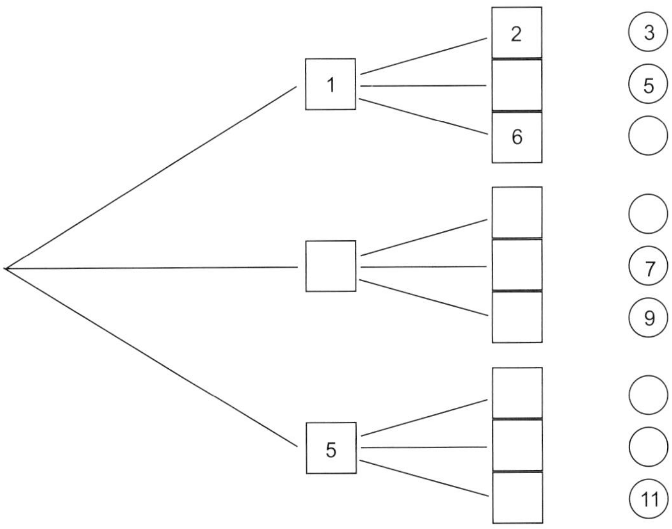

c) Berechne die Wahrscheinlichkeit, dass die Summe 3 geworfen wird. 2

Thomas und Moritz vereinbaren ein Spiel mit folgenden Regeln:
- Thomas gewinnt, wenn eine Summe kleiner als 7 geworfen wird.
- Moritz gewinnt, wenn die Summe größer als 7 ist.
- Es gewinnt keiner, wenn die Summe 7 ist.

d) Berechne die Wahrscheinlichkeit, dass Moritz gewinnt. 3

Thomas und Moritz sind sich einig: „Das Spiel ist nicht fair."

e) Verändere die Spielregel so, dass ein faires Spiel entsteht. 1

Wahlaufgabe 4

Familie Winter bekommt ihr Heizöl von einem Tankwagen geliefert.
Der abgebildete Graph stellt den Füllvorgang des Haustanks dar.

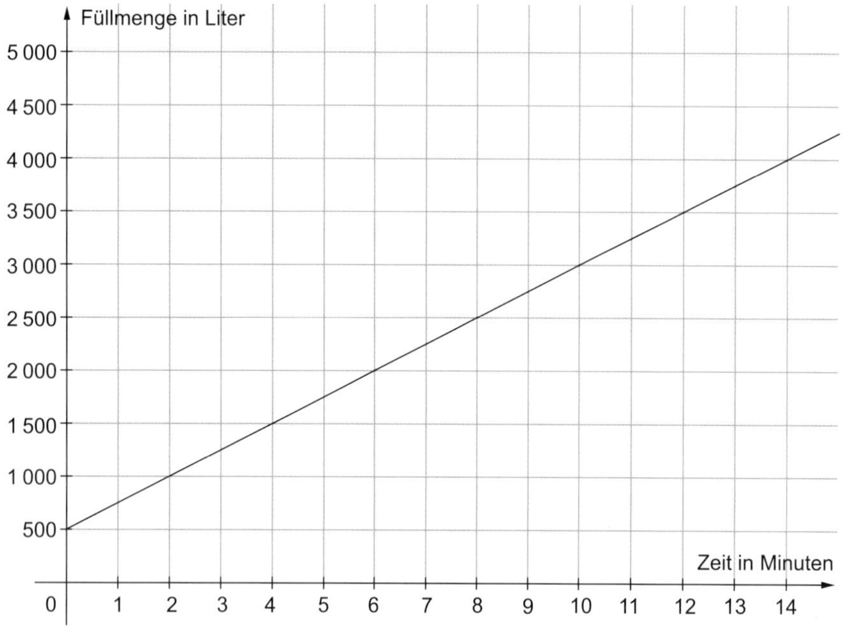

a) Fülle die Lücken aus. 2

Zu Beginn des Füllvorgangs befinden sich ________ Liter Heizöl im Haustank.

In den Haustank werden ________ Liter Heizöl pro Minute gepumpt.

b) Gib die Funktionsgleichung des abgebildeten Graphen an. 2

c) Berechne den Zeitpunkt, an dem sich 1 625 Liter im Haustank befinden. 2
(Solltest du die Teilaufgabe b nicht gelöst haben, verwende $y = 200 \cdot x + 725$.)

Im Tankwagen befanden sich zu Beginn 5 000 Liter.

d) Zeichne den Graphen für den Abpumpvorgang des Tankwagens in das obere Koordinatensystem. 2
(Solltest du die Teilaufgabe a nicht gelöst haben, gehe von 500 Litern pro Minute aus.)

e) Bestimme den Zeitpunkt, zu dem sich im Haustank und im Tankwagen gleich viel Heizöl befinden. 1

Wenn die Pumpe des Tankwagens während des Abpumpvorgangs für einen Zeitraum abgeschaltet wird, verändert sich der Verlauf des Graphen.

f) Beschreibe den Verlauf des Graphen für diesen Zeitraum. 1

G-Kurs: Hauptteil 2

Wichtige Hinweise:
- Runde Endergebnisse auf 2 Nachkommastellen, sofern nichts anderes angegeben ist.
- Schreibe deine Lösungswege ausführlich auf.

Aufgaben

Punkte

1. Im Jahr 2015 fielen in Deutschland insgesamt 45 900 000 t Hausmüll an.
Zu diesem Zeitpunkt lebten in Deutschland ca. 81 200 000 Menschen.

a) Berechne, wie viele Tonnen Hausmüll jede Person in Deutschland durchschnittlich verursacht hat. 1

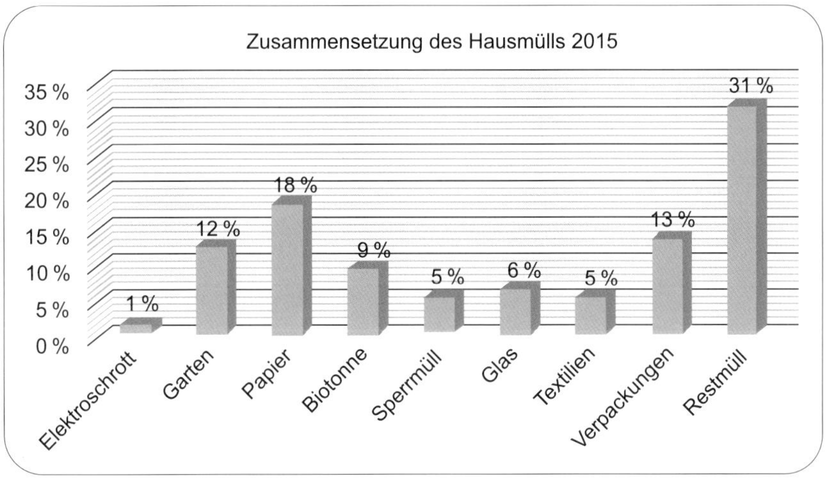

b) Berechne, wie viele Tonnen Papier im Hausmüll Deutschlands 2015 enthalten waren. 2

c) Vervollständige das Streifendiagramm. 2

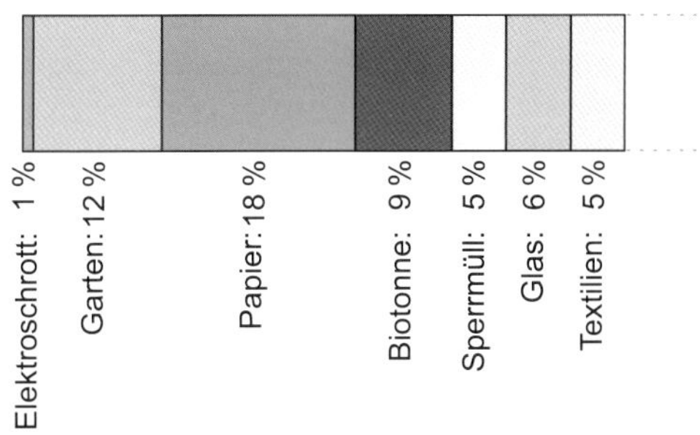

2. Die Klasse 7a (17 Kinder und zwei Erwachsene) möchte eine Theateraufführung besuchen. Sie nutzt die öffentlichen Verkehrsmittel. 2

Die Klassensprecherin berechnet als günstigsten Gesamtfahrpreis für die Hin- und Rückfahrt 60,20 €.

Erkläre, wie sie diesen Gesamtfahrpreis berechnet hat.

Fahrkartenpreise

Einzelfahrt Erwachsene	2,30 €
Einzelfahrt Kinder	1,80 €
Tagesticket Erwachsene	5,50 €
Tagesticket Kinder	3,00 €

3. Laura hatte zu Beginn des Jahres 1 300 € auf ihrem Sparkonto. Am Jahresende waren es 1 303,90 €. 2
Berechne den Zinssatz.

4. Das Schild eines Cafés soll mit einer LED-Lichterkette umrandet werden. Der Radius des Schildes beträgt 64 cm.

a) Berechne die Länge der benötigten LED-Lichterkette. 2

b) Bestimme die Anzahl der LEDs, wenn diese in einem Abstand von 4 cm auf der Lichterkette angebracht sind. 1
(Solltest du die Teilaufgabe a nicht gelöst haben, rechne mit einer Länge von 406,24 cm weiter.)

(Skizze nicht maßstäblich)

5. In Paris steht eine Pyramide mit quadratischer Grundfläche.
Ihre vier Seitenflächen bestehen aus Glas.

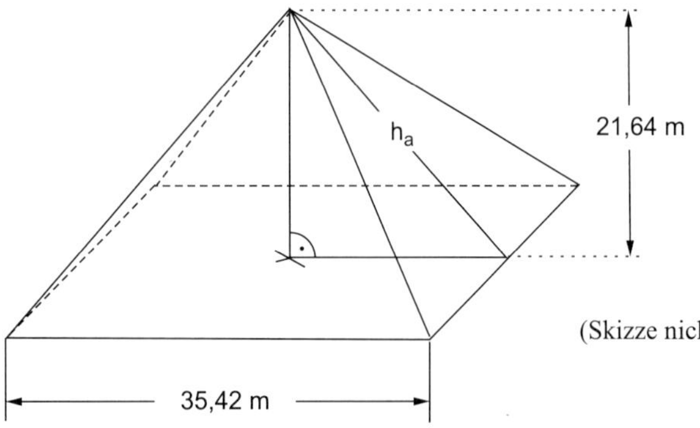

(Skizze nicht maßstäblich)

a) Berechne die Seitenhöhe h_a der Pyramide. 3

b) Berechne die gesamte Glasfläche der Pyramide. (Der Boden wird nicht berücksichtigt.) 2
(Solltest du die Teilaufgabe a nicht gelöst haben, rechne mit $h_a = 28{,}86$ m weiter.)

Amélie betrachtet eine Seitenfläche der Pyramide.

c) Kreuze die richtige Aussage an. 1

Wenn man die Seitenhöhe h_a verdoppelt und die Grundfläche gleich bleibt, dann …

☐ … bleibt der Flächeninhalt der Seitenfläche gleich groß.
☐ … verdoppelt sich der Flächeninhalt der Seitenfläche.
☐ … vervierfacht sich der Flächeninhalt der Seitenfläche.

6. a) Ordne den Funktionsgleichungen den passenden Graphen zu. 2

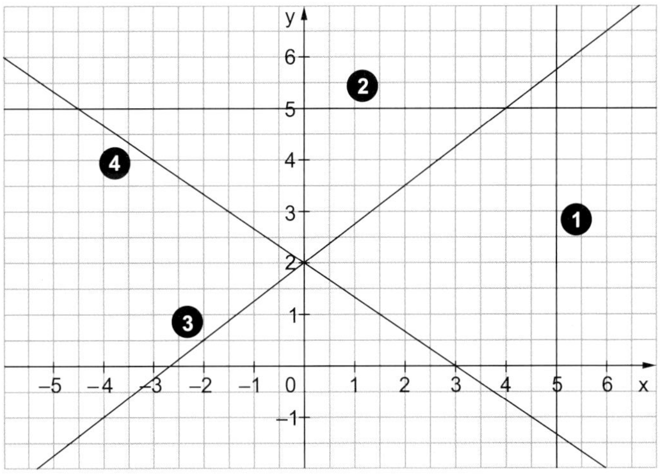

Funktionsgleichung	Graph
$y = -\frac{2}{3}x + 2$	
$y = 5$	

Die Graphen ❷ und ❹ schneiden sich im Punkt S.

b) Gib die Koordinaten des Schnittpunktes S an: S(___ | ___) 1

c) Zeichne den Graphen der Funktion $y = \frac{1}{2}x - 1$ in das Koordinatensystem. 2

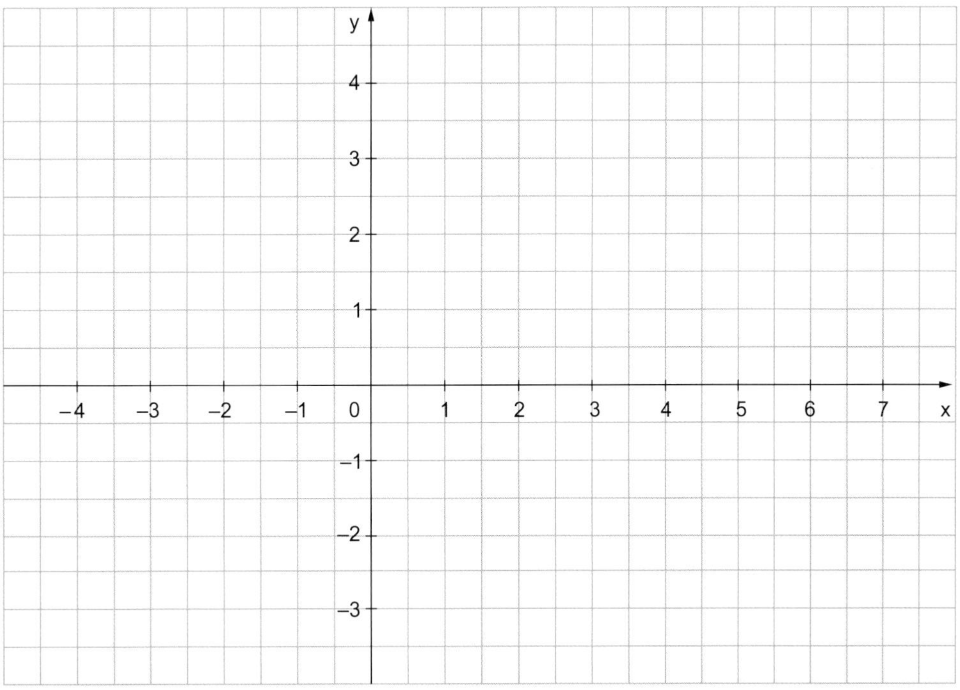

7. Drei Radrennfahrer (Ali, Kai und Tom) fahren ein Radrennen.
Das Radrennen besteht aus zwei Etappen.
Nach jeder Etappe wird ein Radrennfahrer zur Dopingkontrolle zufällig ausgelost.

Im abgebildeten Baumdiagramm fehlen die Wahrscheinlichkeiten.

a) Schreibe die Wahrscheinlichkeiten an die Äste. 2

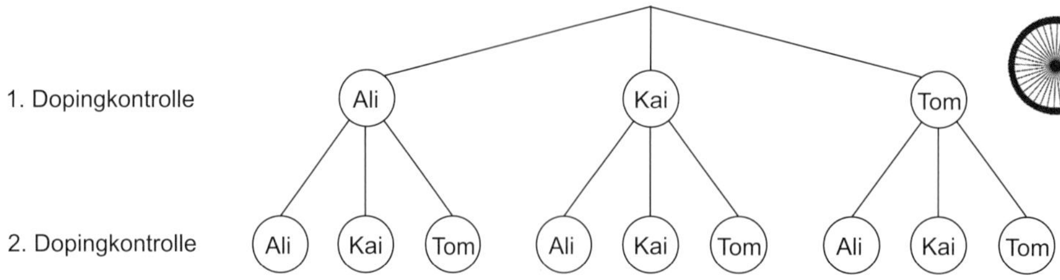

b) Berechne die Wahrscheinlichkeit, dass Ali bei beiden Dopingkontrollen ausgelost wird. 2

8. Lea möchte mit ihrer Kamera ein Klassenfoto aufnehmen. 3
Sie stellt sich in einem Abstand von 6,30 m vor die Klasse.

Berechne die Breite b, die der Klasse zum Aufstellen zur Verfügung steht.

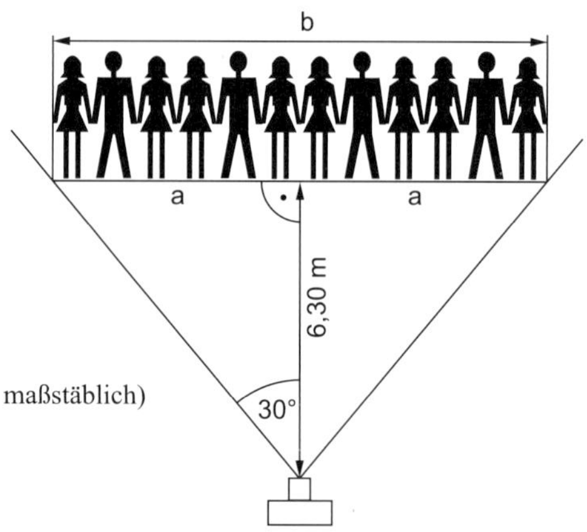

(Skizze nicht maßstäblich)

9. Eine Regentonne ist bis 15 cm unter den Rand gefüllt. 3
Berechne die Wassermenge in der Regentonne.

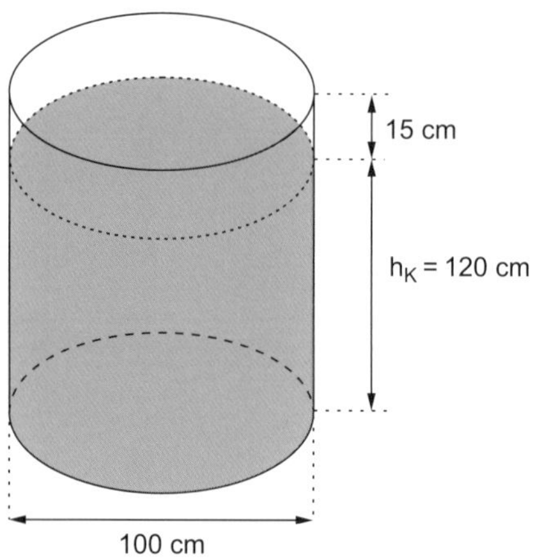

(Skizze nicht maßstäblich)

10. Berechne x. 3

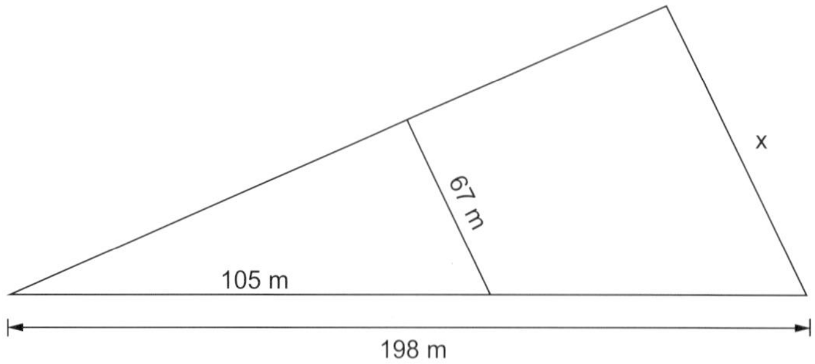

(Skizze nicht maßstäblich)

G-Kurs: Wahlteil

Wahlaufgabe 1

Punkte

Abgebildet ist ein quaderförmiger Tab für die Spülmaschine.
In der Mitte des Tabs befindet sich eine Kugel.

Die Länge x beträgt 1,10 cm.

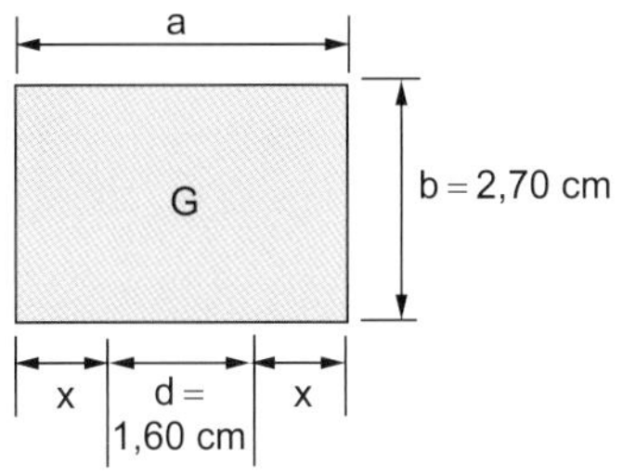

a) Berechne a. 1

b) Berechne die Grundfläche G des Tabs. 1
(Solltest du die Teilaufgabe a nicht gelöst haben, rechne mit a = 3,70 cm weiter.)

(Skizzen nicht maßstäblich)

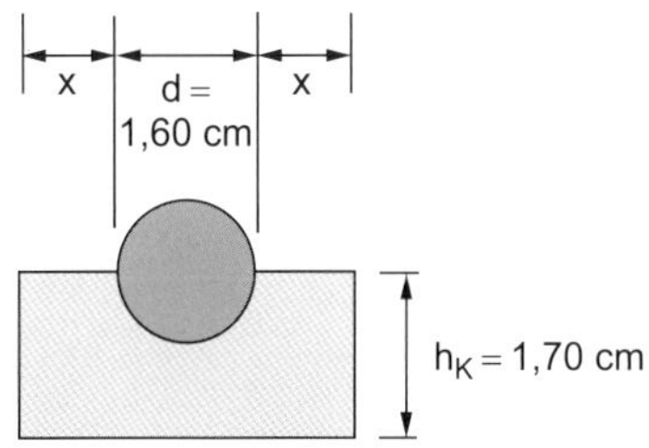

c) Berechne das Volumen der Kugel. 2

d) Berechne das Volumen des gesamten Tabs. 3
(Solltest du die Teilaufgaben b und c nicht gelöst haben, rechne mit $G = 10{,}19\ cm^2$ und $V_{Kugel} = 2{,}36\ cm^3$ weiter.)

(Skizzen nicht maßstäblich)

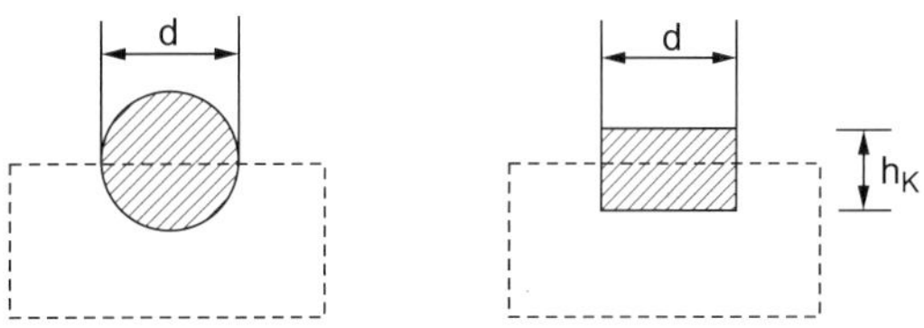

Der Hersteller der Tabs plant, die Kugel gegen einen Zylinder mit gleichem Durchmesser und gleichem Volumen auszutauschen.

e) Berechne die Körperhöhe h_K des Zylinders. 2
(Solltest du die Teilaufgabe c nicht gelöst haben, rechne mit $V_{Kugel} = 2{,}36\ cm^3$ weiter.)

f) Ergänze eines der Wörter: *verdoppelt / verdreifacht / vervierfacht / verachtfacht.* 1

Verdoppelt man den Durchmesser der Kugel, dann ________________ sich ihr Volumen.

Wahlaufgabe 2

Ein Maibaum besteht oft aus einem Stamm und mehreren ringförmigen Kränzen, die mit Seilen am Stamm befestigt sind.

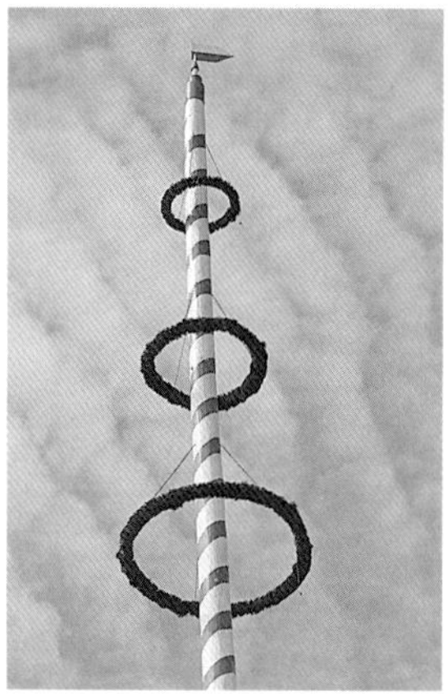

Der obere Kranz hat einen Radius r_a von 1,20 m.

a) Berechne den Umfang des oberen Kranzes. 2

b) Berechne die Seillänge a. 2

c) Berechne die Größe des Winkels α. 2

d) Bestimme die Größe des Winkels δ. 1
(Solltest du die Teilaufgabe c nicht gelöst haben, rechne mit $\alpha = 52{,}12°$ weiter.)

Die Seillänge b beträgt 2,50 m.

e) Berechne den Radius r_b des unteren Kranzes. 2

f) Kreuze an: 1

Wenn der Durchmesser eines Kranzes verdoppelt wird, dann ist sein Umfang anschließend …

- ☐ … halb so groß.
- ☐ … genauso groß.
- ☐ … doppelt so groß.
- ☐ … viermal so groß.

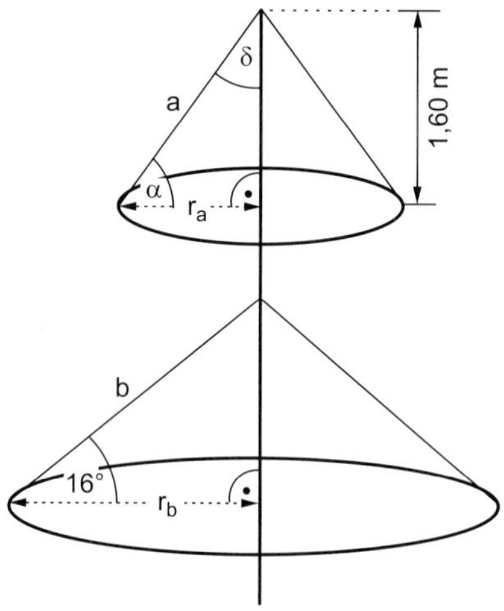

(Skizze nicht maßstäblich)

Wahlaufgabe 3

Zwei Würfel sind wie folgt beschriftet:

Würfel A   Würfel B

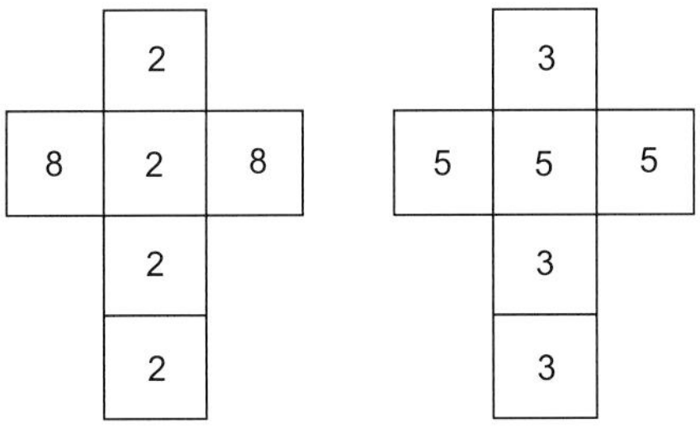

a) Fülle die Tabelle aus. 2

Ereignis	Wahrscheinlichkeit
„Mit dem Würfel A wird eine 2 geworfen."	
„Mit dem Würfel A wird eine Zahl größer als 7 geworfen."	
„Mit dem Würfel B wird eine 3 oder 5 geworfen."	
„Mit dem Würfel B wird ________________ geworfen."	$\frac{3}{6}$

Nun wird mit beiden Würfeln gleichzeitig geworfen. Die geworfenen Zahlen werden addiert.

b) Trage die fehlenden Zahlen in das Baumdiagramm ein und berechne die Summen. 2

Würfel A   Würfel B   Summe

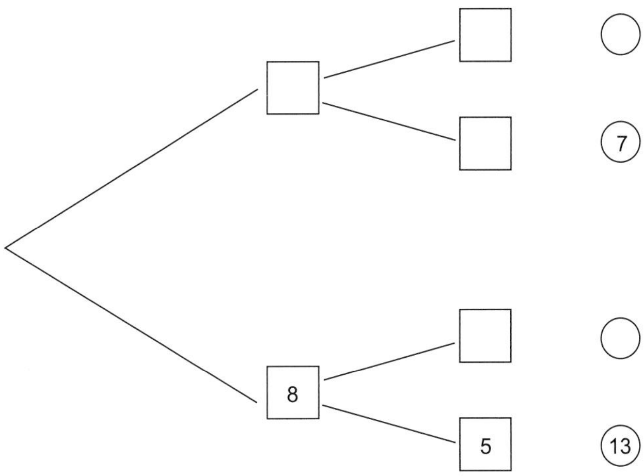

c) Berechne die Wahrscheinlichkeit, dass die Summe 13 geworfen wird. 2

Thomas und Moritz vereinbaren ein Spiel mit folgenden Regeln:
- Thomas gewinnt, wenn eine Summe kleiner als 10 geworfen wird.
- Moritz gewinnt, wenn die Summe größer als 10 ist.
- Es gewinnt keiner, wenn die Summe 10 ist.

d) Berechne die Wahrscheinlichkeit, dass Thomas gewinnt. 2

e) Begründe, dass das Spiel nicht fair ist. 1

f) Verändere die Spielregel so, dass ein faires Spiel entsteht. 1

Wahlaufgabe 4

Familie Winter bekommt ihr Heizöl von einem Tankwagen geliefert.
Der abgebildete Graph stellt den Füllvorgang des Haustanks dar.

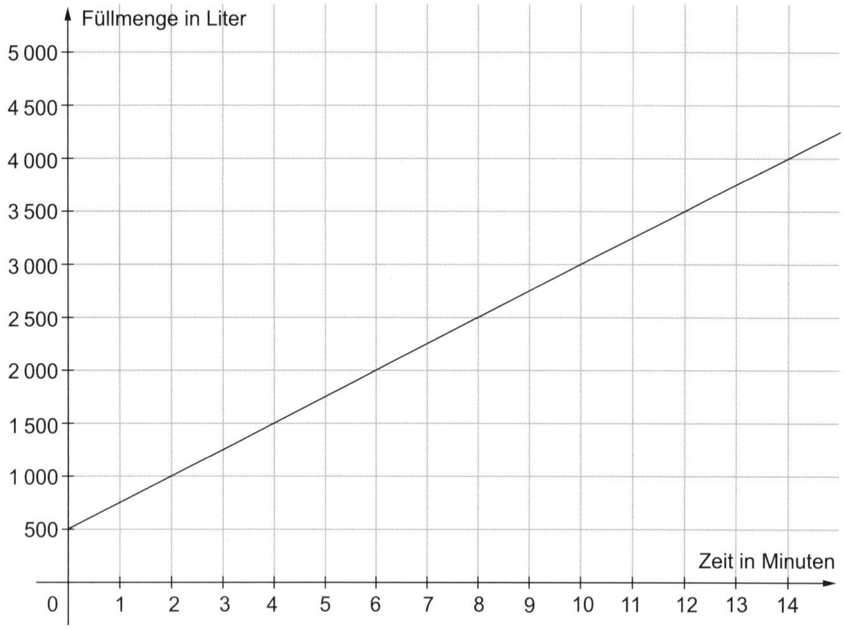

a) Fülle die Lücken aus. 2

Zu Beginn des Füllvorgangs befinden sich noch ________ Liter im Haustank.

In den Haustank werden ________ Liter Heizöl pro Minute gepumpt.

b) Gib die Funktionsgleichung des abgebildeten Graphen in der Form $y = m \cdot x + b$ an. 2

c) Berechne die Füllmenge, die sich nach 4,5 Minuten im Haustank befindet. 2
(Solltest du die Teilaufgabe b nicht gelöst haben, verwende $y = 200 \cdot x + 725$.)

Im Tankwagen befanden sich zu Beginn 5 000 Liter.
Der Abpumpvorgang des Tankwagens wird durch die Funktionsgleichung $y = -250 \cdot x + 5\,000$ beschrieben.

d) Zeichne den Graphen für den Abpumpvorgang des Tankwagens in das Koordinatensystem. 2

Wenn ein Füllvorgang für einen Zeitraum unterbrochen wird, verändert sich der Verlauf des Graphen.

e) Kreuze den Graphen an, der einen Füllvorgang mit Unterbrechung darstellt. 1

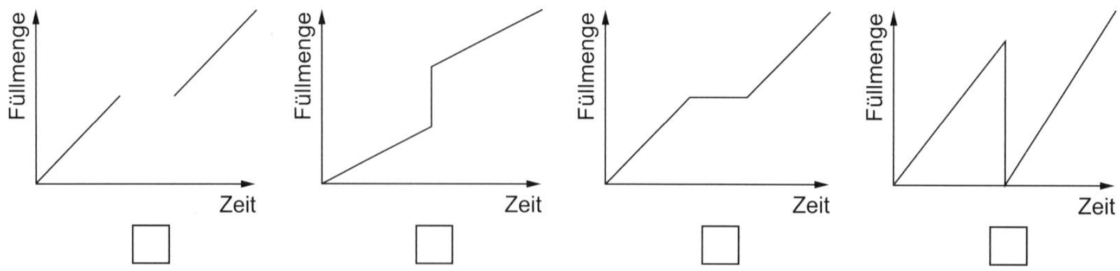

f) Begründe deine Entscheidung. 1

Lösungen

E-Kurs und G-Kurs: Hauptteil 1 (ohne Hilfsmittel)

Hinweise und Tipps

1.

a) $1{,}5 + 2 \cdot 3 = 1{,}5 + 6 = \mathbf{7{,}5}$

Punktrechnung vor Strichrechnung

b) $\mathbf{-5} - 2 = -7$

Umkehraufgabe: $-7 + 2 = -5$

c) $\frac{1}{2} + \mathbf{\frac{1}{4}} = \frac{3}{4}$

$\frac{1}{2} = \frac{2}{4}$

d) $0{,}4^2 = \mathbf{0{,}16}$

$0{,}4^2 = 0{,}4 \cdot 0{,}4$

2.

a) $2{,}7\ \text{cm} = \mathbf{27}\ \text{mm}$

$1\ \text{cm} = 10\ \text{mm}$

b) $\frac{3}{4}\ \ell = \mathbf{750}\ m\ell$

$\frac{3}{4}\ \ell = 0{,}75\ \ell;\quad 1\ \ell = 1\,000\ m\ell$

c) $2\frac{1}{3}\ \text{h} = \mathbf{140}\ \text{min}$

$1\ \text{h} = 60\ \text{min} \Rightarrow \frac{1}{3}\ \text{h} = 20\ \text{min}$

3.

a) $18\,465\,232 \approx \mathbf{18\,000\,000}$

Du musst abrunden.

b)
- ☐ 670 Mrd. Liter
- ☒ 6,7 Mrd. Liter
- ☐ 67 Mio. Liter

Löse die Aufgabe durch eine Überschlagsrechnung.
1 Jahr hat 365 ($\approx$ 370) Tage.
18 Mio. $\approx$ 20 Mio.
20 Mio. $\ell \cdot 370 \approx 7\,400$ Mio. $\ell = 7{,}4$ Mrd. ℓ

4.

	Zuordnung	proportional	antiproportional	keines von beidem
a)	x: 2, 6, 10; y: 5, 15, 25	☒	☐	☐
b)	Seitenlänge eines Quadrates → Flächeninhalt dieses Quadrates	☐	☐	☒
c)	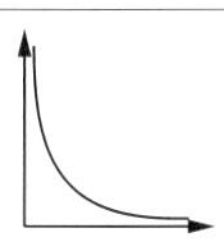	☐	☒	☐

a)

	x	y	
·5, ·3	2	5	·3, ·5
	6	15	
	10	25	

b) Verdoppelt man die Seitenlänge, so wird der Flächeninhalt vervierfacht.

c) Verdoppelt man den Wert auf der x-Achse, dann halbiert sich der Wert auf der y-Achse.

5. Die Arbeitsgemeinschaft „Theater" haben **25 %** der Schülerinnen und Schüler gewählt.

Von den 80 Schülerinnen und Schülern haben 20 % die Arbeitsgemeinschaft „Kochen" gewählt.
Das sind **16** Schülerinnen und Schüler.

Hinweise und Tipps

$100\,\% - 45\,\% - 10\,\% - 20\,\% = 25\,\%$
Oder: $\frac{1}{4} = 25\,\%$ des Kreisdiagramms entspricht „Theater".

: 5 (100 % → 80 Schüler*innen) : 5
20 % → 16 Schüler*innen

---

6. a)

Note	1	2	3	4	5	6
Anzahl	1	4	**8**	4	2	1

Zähle die Anzahl der Note 3.
8 Schülerinnen und Schüler haben eine 3 geschrieben.

b) Frau Meier setzt für den Buchstaben e die Anzahl der Schülerinnen und Schüler ein, die **eine 5 geschrieben haben.**

Die Buchstaben geben jeweils die Anzahl der Noten an. Der Buchstabe „e" steht bei der Note „5".

Frau Meier teilt durch 20, weil **20 Schülerinnen und Schüler die Klassenarbeit mitgeschrieben haben.**

Die Summe der Anzahl aller Noten beträgt 20.

---

7. a)

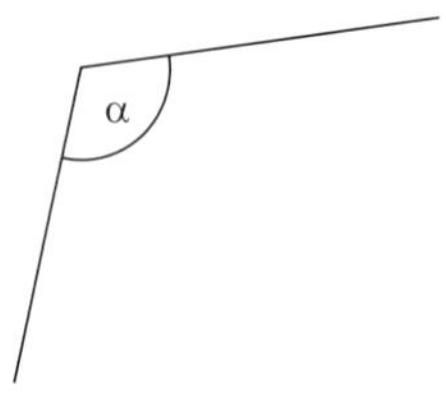

Zeichne sorgfältig und beschrifte den Winkel mit α. Wähle die richtige Skala auf deinem Geodreieck.
Es ist egal, wie groß deine Zeichnung ist.

b) $\beta = \mathbf{116°}$

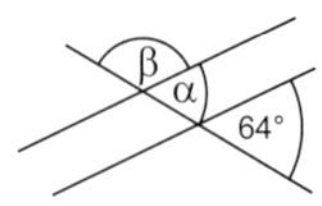

$\alpha = 64°$ (Stufenwinkel)
$\beta = 180° - \alpha$ (Nebenwinkel)

c) Ein spitzer Winkel ist kleiner als 90°. Zwei spitze Winkel sind also kleiner als 180°.

Nebenwinkel ergänzen sich immer zu 180°.

---

8. a)

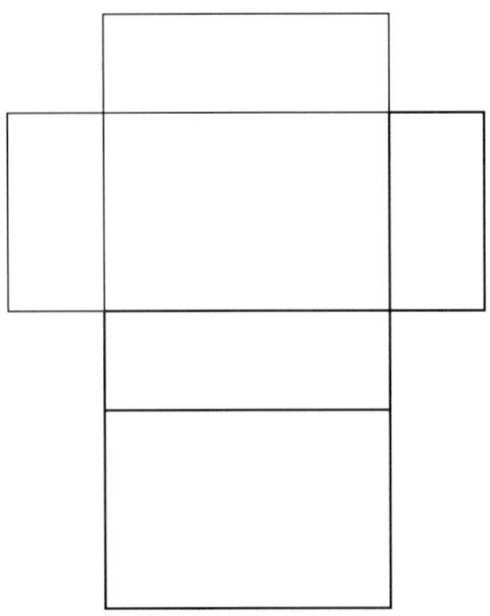

Du kannst auch so ergänzen:

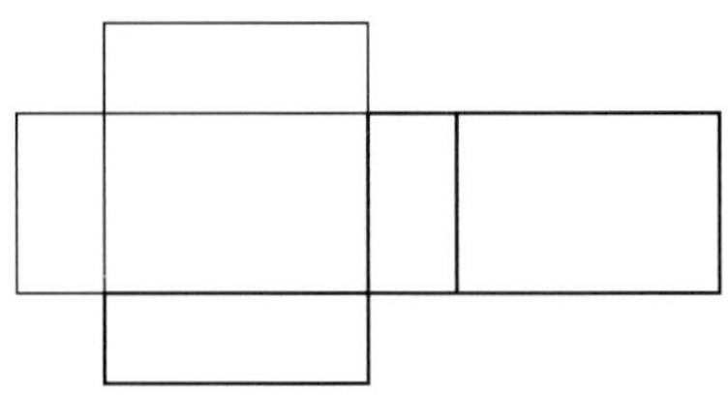

Finde weitere Möglichkeiten.

b)

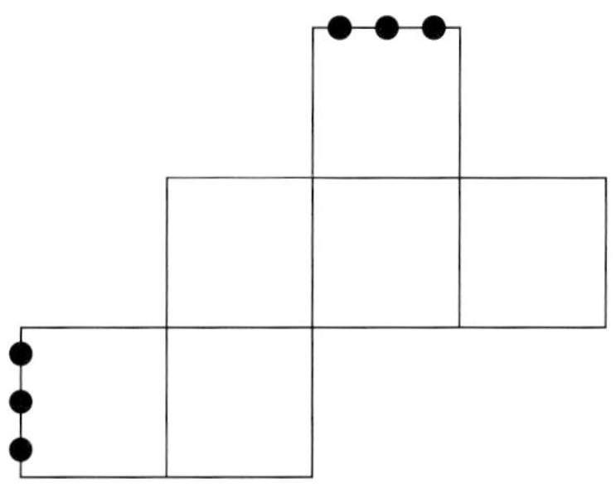

Hinweise und Tipps

Versuche dir vorzustellen, wie das Netz zu einem Würfel gefaltet wird.

---

9. a)

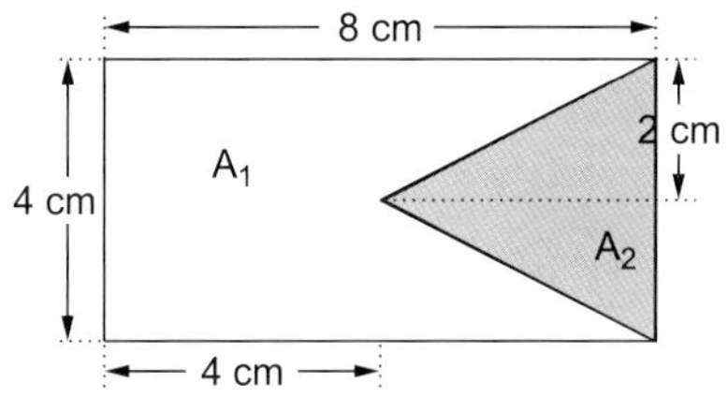

oder:

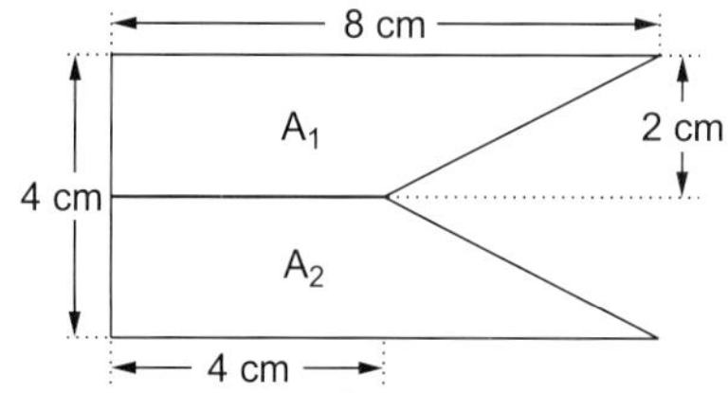

b) $A_1 = 4\text{ cm} \cdot 8\text{ cm}$

$A_1 = 32\text{ cm}^2$

$A_2 = \dfrac{4\text{ cm} \cdot 4\text{ cm}}{2}$

$A_2 = 8\text{ cm}^2$

$A = A_1 - A_2$

$A = 32\text{ cm}^2 - 8\text{ cm}^2$

$A = \mathbf{24}\text{ cm}^2$

$A_1 = A_{\text{Rechteck}} = a \cdot b$

$A_2 = A_{\text{Dreieck}} = \dfrac{g \cdot h}{2}$

Oder du berechnest die Fläche der 2 gleich großen Trapeze:

$A = 2 \cdot \dfrac{a+c}{2} \cdot h$

$A = \cancel{2} \cdot \dfrac{8\text{ cm} + 4\text{ cm}}{\cancel{2}} \cdot 2\text{ cm}$

$A = 12\text{ cm} \cdot 2\text{ cm} = 24\text{ cm}^2$

c) $A = 4x \cdot 2x - \dfrac{2x \cdot 2x}{2}$

$A = 8x^2 - \dfrac{4x^2}{2}$

$A = 8x^2 - 2x^2$

$A = \mathbf{6x^2}$

oder:

$A = 2 \cdot \dfrac{4x + 2x}{2} \cdot x = \cancel{2} \cdot \dfrac{6x}{\cancel{2}} \cdot x = 6x \cdot x$

$A = 6x^2$

---

10. $A = \dfrac{g \cdot h}{2} \quad | \cdot 2$

$A \cdot 2 = g \cdot h \quad | : g$

$\mathbf{\dfrac{A \cdot 2}{g} = h}$

Rechne Schritt für Schritt.

Multipliziere zuerst auf beiden Seiten mit 2.

E-Kurs: Hauptteil 2

1. a) $45{,}9 \text{ Mio. t} : 81{,}2 \text{ Mio.} \approx 0{,}57 \text{ t}$

Jede Person hat durchschnittlich **0,57 t** Müll verursacht.

b) $P = \frac{45{,}9 \text{ Mio. t} \cdot 18}{100}$

$P \approx 8{,}26 \text{ Mio. t}$

8,26 Mio. t Papier waren 2015 im Hausmüll.

c)

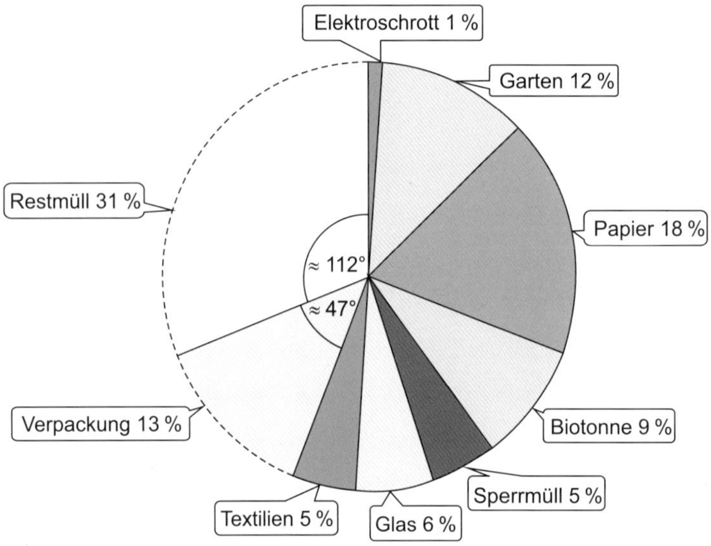

Hinweise und Tipps

Dividiere die Menge des Mülls durch die Anzahl der Menschen.
Du kannst auch rechnen:
$45\,900\,000 \text{ t} : 81\,200\,000 \approx 0{,}57 \text{ t}$

$P = \frac{G \cdot p}{100}$

Dein Ergebnis wird genauer, wenn du so rechnest:

$P = \frac{45\,900\,000 \text{ t} \cdot 18}{100} = 8\,262\,000 \text{ t}$

$$\begin{aligned} 100\,\% &\rightarrow 360^\circ \\ 1\,\% &\rightarrow 3{,}6^\circ \\ 13\,\% &\rightarrow 46{,}8^\circ \\ 31\,\% &\rightarrow 111{,}6^\circ \end{aligned}$$

(: 100; · 13; · 31 auf beiden Seiten)

---

2. $K_n = 1\,500 \text{ €} \cdot 1{,}006^3$

$K_n \approx 1\,527{,}16 \text{ €}$

Erik bekommt **1 527,16 €** ausgezahlt.

Vom 14. bis zum 17. Geburtstag sind es 3 Jahre.
Rechne mit der Formel für Zinseszins.

$K_n = K_0 \cdot \left(1 + \frac{p}{100}\right)^n$

$K_3 = K_0 \cdot \left(1 + \frac{0{,}6}{100}\right)^3$

---

3. a) $A = \pi \cdot (0{,}75 \text{ m})^2$

$A \approx 1{,}77 \text{ m}^2$

Der Flächeninhalt beträgt **1,77 m²**.

$A = \pi \cdot r^2$

$d = 1{,}50 \text{ m} \Rightarrow r = 0{,}75 \text{ m}$

b) $u = \pi \cdot 1{,}50 \text{ m}$

$u \approx 4{,}71 \text{ m}$

Eine 4 m lange Kette **reicht nicht** aus.

$u = 2 \cdot \pi \cdot r$
oder:
$u = \pi \cdot d$

Hinweise und Tipps

4. a) $x = \sqrt{(4{,}8\text{ cm})^2 - (3{,}9\text{ cm})^2}$

$x \approx 2{,}80\text{ cm}$

$\Rightarrow \quad a = 5{,}60\text{ cm}$

Die Seite a ist **5,6 cm** lang.

Rechne mit dem Satz des Pythagoras.
Eine Skizze hilft dir.

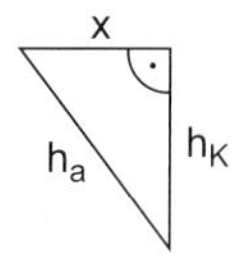

$x^2 = h_a^2 - h_k^2$

$a = 2 \cdot x$

b) $O = (5{,}6\text{ cm})^2 + 4 \cdot \dfrac{5{,}6\text{ cm} \cdot 4{,}8\text{ cm}}{2}$

$O = 31{,}36\text{ cm}^2 + 53{,}76\text{ cm}^2$

$O = 85{,}12\text{ cm}^2$

Die zu schleifende Fläche ist **85,12 cm²** groß.

Du musst die Oberfläche berechnen. Sie setzt sich aus einem Quadrat und 4 Dreiecken zusammen.

$O = a^2 + 4 \cdot \dfrac{a \cdot h_a}{2}$

---

5. a)

Funktionsgleichung	Graph
$y = -\frac{2}{3}x + 2$	**4**
$y = 5$	**2**

Der Graph hat eine negative Steigung und schneidet die y-Achse im Punkt S(0 | 2).
Der Graph hat keine Steigung, er verläuft parallel zur x-Achse.

b)

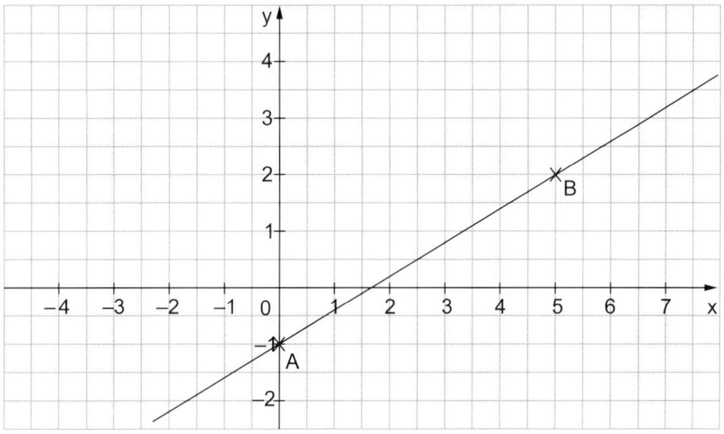

Der erste Wert der Punkte ist die x-Koordinate, der zweite Wert ist die y-Koordinate.

c) $\mathbf{y = \frac{3}{5}x - 1}$

Die allgemeine Form einer Funktionsgleichung lautet: $y = mx + b$
m = Steigungsfaktor
b = Wert auf der y-Achse
Von Punkt A zu Punkt B muss man 3 Schritte nach oben und 5 Schritte nach rechts gehen.

d) $4x - 6 = -3x + 1 \quad | + 3x$

$7x - 6 = 1 \quad | + 6$

$7x = 7 \quad | : 7$

$x = 1$

Löse die Aufgabe nach der Gleichsetzungsmethode.

$y = 4 \cdot 1 - 6$

$y = -2$

S(1 | –2)

Setze den errechneten x-Wert in eine der Funktionsgleichungen ein und berechne den y-Wert.

Hinweise und Tipps

6. a)

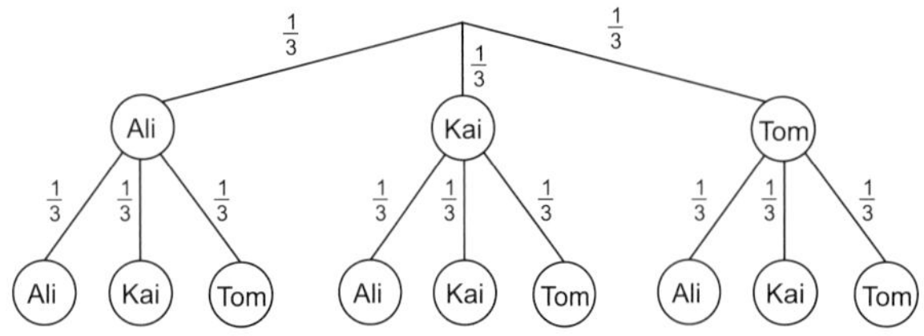

Es wird immer 1 von 3 Radrennfahrern ausgelost. Egal wer bei der 1. Kontrolle ausgelost wurde, bei der 2. Kontrolle wird wieder 1 von 3 Fahrern ausgelost.

b) $P(\text{2-mal Ali}) = P(\text{2-mal Kai}) = P(\text{2-mal Tom}) = \frac{1}{3} \cdot \frac{1}{3} = \frac{1}{9}$

$$\frac{1}{9} + \frac{1}{9} + \frac{1}{9} = \frac{3}{9} = \frac{1}{3}$$

Die Wahrscheinlichkeit, dass zweimal derselbe Fahrer ausgelost wird, beträgt $\mathbf{\frac{3}{9} = \frac{1}{3}}$.

Es kann entweder 2-mal Ali oder 2-mal Kai oder 2-mal Tom ausgelost werden.

Berechne zuerst mit der Produktregel, wie groß die Wahrscheinlichkeit ist, dass ein Fahrer zweimal kontrolliert wird.

Wende dann die Summenregel an.

7.

$$\tan 30° = \frac{3{,}64 \text{ m}}{x}$$

$$x = \frac{3{,}64 \text{ m}}{\tan 30°}$$

$$x \approx 6{,}30 \text{ m}$$

Lea benötigt einen Abstand von **6,3 m**.

$$\tan \sphericalangle = \frac{\text{Gegenkathete}}{\text{Ankathete}}$$

Du kannst auch mit dem Satz des Pythagoras rechnen. Alle Winkel im großen Dreieck betragen 60°, also handelt es sich um ein gleichseitiges Dreieck.

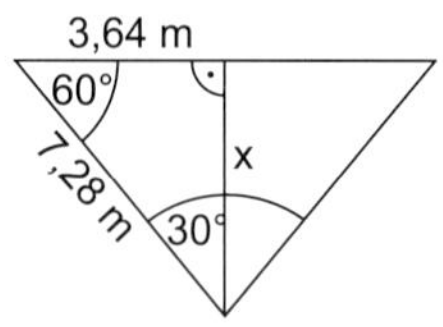

$$x = \sqrt{(7{,}28 \text{ m})^2 - (3{,}64 \text{ m})^2} \approx 6{,}30 \text{ m}$$

8.

$$800\,000 \text{ cm}^3 = \pi \cdot (50 \text{ cm})^2 \cdot h_K$$

$$h_K = \frac{800\,000 \text{ cm}^3}{\pi \cdot (50 \text{ cm})^2}$$

$$h_K \approx 101{,}86 \text{ cm}$$

$$h = 101{,}86 \text{ cm} - 15 \text{ cm}$$

$$h = 86{,}86 \text{ cm}$$

Das Wasser steht **86,86 cm** hoch.

$V = 800\ \ell = 800\,000 \text{ cm}^3$
$d = 100 \text{ cm} \Rightarrow r = 50 \text{ cm}$

$$V = \pi \cdot r^2 \cdot h_K$$

$$h_K = \frac{V}{\pi \cdot r^2}$$

9.

$$\frac{x}{67 \text{ m}} = \frac{237 \text{ m}}{162 \text{ m}}$$

$$x = \frac{237 \text{ m} \cdot 67 \text{ m}}{162 \text{ m}}$$

$$x \approx \mathbf{98{,}02 \text{ m}}$$

Wende die Regeln der zentrischen Streckung an.

$162 \text{ m} + 75 \text{ m} = 237 \text{ m}$

$237 \text{ m} : 162 \text{ m} = x : 67 \text{ m}$

E-Kurs: Wahlteil

Hinweise und Tipps

1. a) $x = (3{,}80\text{ cm} - 1{,}60\text{ cm}) : 2$
$x = \mathbf{1{,}10\text{ cm}}$

$x + d + x = a$
$2x + d = a$
$x = (a - d) : 2$

b) $A_1 = 2{,}70\text{ cm} \cdot 1{,}60\text{ cm}$
$A_1 = 4{,}32\text{ cm}^2$

$A_2 = \dfrac{2{,}70\text{ cm} + 1{,}60\text{ cm}}{2} \cdot 1{,}10\text{ cm}$

$A_2 = 2{,}365\text{ cm}^2$

$A = A_1 + 2 \cdot A_2$
$A = 4{,}32\text{ cm}^2 + 2 \cdot 2{,}365\text{ cm}^2$
$A = 9{,}05\text{ cm}^2$

Die Grundfläche ist **9,05 cm²** groß.

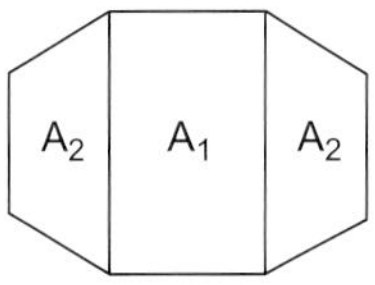

Die Grundfläche setzt sich aus einem Rechteck und 2 Trapezen zusammen.
$A_1 = b \cdot d$
$A_2 = \dfrac{b + d}{2} \cdot x$

c) $V = \dfrac{4}{3} \cdot \pi \cdot (0{,}80\text{ cm})^3$
$V \approx 2{,}14\text{ cm}^3$
Das Volumen der Kugel beträgt **2,14 cm³**.

$V = \dfrac{4}{3} \cdot \pi \cdot r^3$
$d = 1{,}60\text{ cm} \Rightarrow r = 0{,}80\text{ cm}$

d) $V_{Prisma} = 9{,}05\text{ cm}^2 \cdot 1{,}70\text{ cm}$
$V_{Prisma} \approx 15{,}39\text{ cm}^3$

$V_{Halbkugel} = 2{,}14\text{ cm}^3 : 2$
$V_{Halbkugel} = 1{,}07\text{ cm}^3$

$V = 15{,}39\text{ cm}^3 + 1{,}07\text{ cm}^3$
$V = 16{,}46\text{ cm}^3$

Der Tab hat ein Volumen von **16,46 cm³**.

Das Volumen des Tabs besteht aus dem Volumen eines Prismas und dem Volumen einer Halbkugel.
$V_{Prisma} = G \cdot h_K$

e) $2{,}14\text{ cm}^3 = \pi \cdot (0{,}8\text{ cm})^2 \cdot h_K$
$h_K = \dfrac{2{,}14\text{ cm}^3}{\pi \cdot (0{,}8\text{ cm})^2}$
$h_K \approx 1{,}06\text{ cm}$

Die Körperhöhe des Zylinders beträgt **1,06 cm**.

$V_{Kugel} = V_{Zylinder}$
$V_{Zylinder} = \pi \cdot r^2 \cdot h_K$
$h_K = \dfrac{V_{Zylinder}}{\pi \cdot r^2}$

f) Verdoppelt man den Durchmesser der Kugel, dann **verachtfacht** sich ihr Volumen.

Wenn man den Durchmesser verdoppelt, verdoppelt sich auch der Radius.
$V_{kl.} = \dfrac{4}{3} \cdot \pi \cdot r^3$
$V_{gr.} = \dfrac{4}{3} \cdot \pi \cdot (2 \cdot r)^3 = \dfrac{4}{3} \cdot \pi \cdot 8 \cdot r^3$
$= 8 \cdot \dfrac{4}{3} \cdot \pi \cdot r^3 = 8 \cdot V_{kl.}$

Hinweise und Tipps

2. a) $u = \pi \cdot 2{,}40 \text{ m}$
$u \approx 7{,}54 \text{ m}$
Der Umfang beträgt **7,54 m**.

$u = \pi \cdot d$

b) $h_a = \sqrt{(2 \text{ m})^2 - (1{,}2 \text{ m})^2}$
$h_a = \mathbf{1{,}6\ m}$

Rechne mit dem Satz des Pythagoras.
$h_a^2 + r_a^2 = a^2$
$h_a^2 = a^2 - r_a^2$

c) $\cos\alpha = \dfrac{1{,}2 \text{ m}}{2 \text{ m}}$
$\cos\alpha = 0{,}6 \quad \Rightarrow \quad \alpha \approx \mathbf{53{,}13°}$

Rechne mit dem Kosinus.
$\cos\sphericalangle = \dfrac{\text{Ankathete}}{\text{Hypotenuse}} \quad \Rightarrow \quad \cos\alpha = \dfrac{r_a}{a}$
Du kannst auch mit dem Sinus oder Tangens rechnen:
$\sin\sphericalangle = \dfrac{\text{Gegenkathete}}{\text{Hypotenuse}} \quad \Rightarrow \quad \sin\alpha = \dfrac{h_a}{a}$
$\tan\sphericalangle = \dfrac{\text{Gegenkathete}}{\text{Ankathete}} \quad \Rightarrow \quad \tan\alpha = \dfrac{h_a}{r_a}$

d) $\delta = 180° - 90° - 53{,}13°$
$\delta = \mathbf{36{,}87°}$

$\alpha + 90° + \delta = 180°$
(Winkelsumme im Dreieck)

e) $\sin 16° = \dfrac{0{,}70 \text{ m}}{b}$
$b = \dfrac{0{,}70 \text{ m}}{\sin 16°}$
$b \approx 2{,}54 \text{ m}$
Das Seil ist **2,54 m** lang.

$\sin\sphericalangle = \dfrac{\text{Gegenkathete}}{\text{Hypotenuse}}$

f) Wenn in der Formel zur Umfangsberechnung auf der einen Seite mit 3 multipliziert wird, wird auch die andere Seite 3-mal so groß.

$u_{kl} = \pi \cdot d$
$u_{gr} = \pi \cdot 3 \cdot d = 3 \cdot \pi \cdot d = 3 \cdot u_{kl}$

3. a)

Ereignis	Wahrscheinlichkeit
„Mit dem Würfel A wird eine 3 geworfen.“	$\mathbf{\frac{2}{6} = \frac{1}{3}}$
„Mit dem Würfel A wird eine 1 oder 5 geworfen.“	$\mathbf{\frac{4}{6} = \frac{2}{3}}$
„Mit dem Würfel B wird keine 2 geworfen.“	$\mathbf{\frac{5}{6}}$
„Mit dem Würfel B wird **eine 4** geworfen.“	$\frac{3}{6}$

Auf 2 von 6 Flächen steht die Zahl 3.

Auf 4 von 6 Flächen steht entweder die Zahl 1 oder die Zahl 5.

Nur auf einer Fläche steht die 2, auf 5 von 6 Flächen steht eine andere Zahl.

Die Zahl 4 kommt auf 3 von 6 Flächen vor.
Du kannst auch antworten: …wird keine 4 geworfen. Auf 3 von 6 Flächen steht nicht die Zahl 4.

Hinweise und Tipps

b)

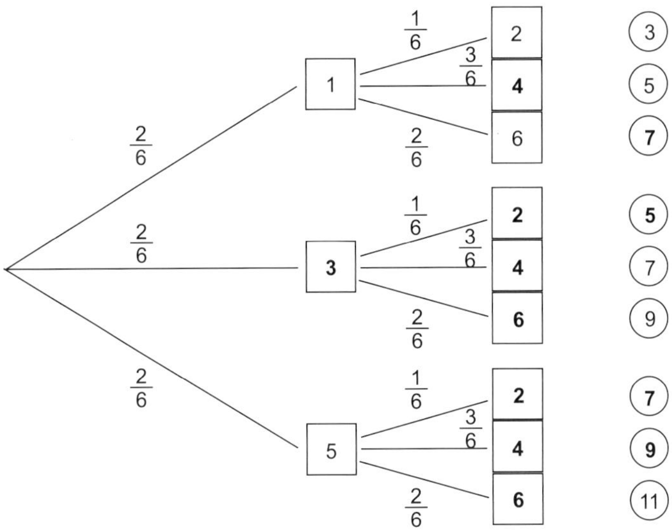

Ergänze zuerst die Zahl 3 von Würfel A. Würfel B hat die Zahlen 2, 4 und 6.
Berechne nun die Summe für jeden Würfelvorgang.
Für die folgenden Aufgaben ist es hilfreich, die Wahrscheinlichkeiten entlang der Pfade einzutragen.

c) $\frac{2}{6} \cdot \frac{1}{6} = \frac{2}{36}$

Die Wahrscheinlichkeit beträgt $\mathbf{\frac{2}{36} = \frac{1}{18}}$.

Um die Summe 3 zu erhalten, muss mit dem ersten Würfel eine 1 und mit dem zweiten Würfel eine 2 gewürfelt werden. Wende die Produktregel an.

d) $P(3\,|\,6) = \frac{2}{6} \cdot \frac{2}{6} = \frac{4}{36}$

$P(5\,|\,4) = \frac{2}{6} \cdot \frac{3}{6} = \frac{6}{36}$

$P(5\,|\,6) = \frac{2}{6} \cdot \frac{2}{6} = \frac{4}{36}$

$\frac{4}{36} + \frac{6}{36} + \frac{4}{36} = \frac{14}{36}$

Die Wahrscheinlichkeit, dass Moritz gewinnt, beträgt $\mathbf{\frac{14}{36} = \frac{7}{18}}$.

Moritz gewinnt, wenn die Zahlen 3 und 6 oder die Zahlen 5 und 4 oder die Zahlen 5 und 6 gewürfelt werden.
Berechne die Wahrscheinlichkeit für jede Möglichkeit mit der Produktregel.
Wende anschließend die Summenregel an.

e) Thomas gewinnt, wenn die Summe 3, 7 oder 11 ist, und Moritz gewinnt bei den Summen 5 und 9.

Das Spiel ist dann fair, wenn beide die gleiche Wahrscheinlichkeit haben, zu gewinnen.
Betrachte die Wahrscheinlichkeiten entlang der Pfade und vergleiche die verschiedenen Möglichkeiten.
Es gibt mehrere Lösungen.
Du kannst z. B. auch antworten: Moritz gewinnt, wenn die Summe 7 ist, Thomas gewinnt, wenn die Summe 3 oder 9 ist.
Möglich ist auch die Summenkombination 3 und 9 sowie 5 und 11.
Finde weitere Lösungen.

4. a) Zu Beginn des Füllvorgangs befinden sich **500** Liter im Haustank.

In den Haustank werden **250** Liter Heizöl pro Minute gepumpt.

Der Graph beginnt auf der y-Achse bei der Füllmenge 500 ℓ.
Nach 2 Minuten befinden sich 1 000 ℓ Heizöl im Haustank.

b) $y = \frac{500}{2}x + 500$

$\mathbf{y = 250x + 500}$

m = Steigungsfaktor
b = y-Wert vom Schnittpunkt mit der y-Achse

Hinweise und Tipps

c) $1\,625 = 250x + 500 \quad |-500$

$1\,125 = 250x \quad |:250$

$4{,}5 = x$

Nach **4,5 Minuten** befinden sich 1 625 Liter Öl im Tank.

Setze für y die Zahl 1 625 ein.
Löse die Gleichung und berechne x.

d)

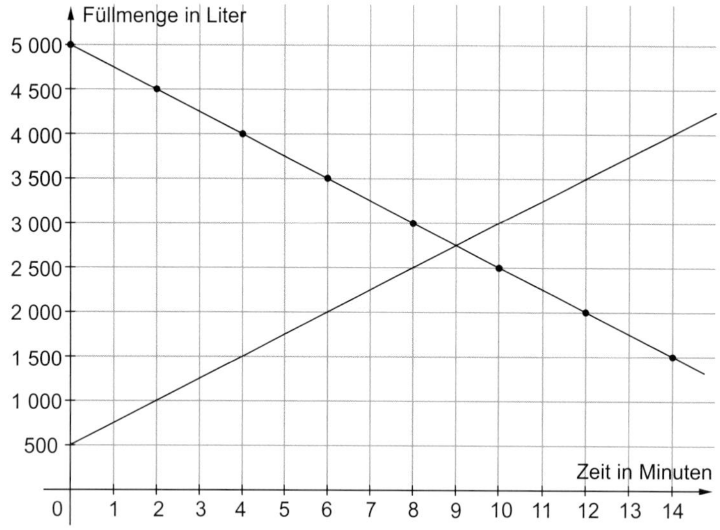

Zeichne zuerst den Punkt P(0|5 000). Pro Minute werden 250 Liter aus dem Tankwagen herausgepumpt. Der Graph hat also eine negative Steigung. Gehe zum nächsten Punkt daher nach unten und nach rechts. Zeichne mehrere Punkte ein, dann wird deine Zeichnung genauer.

e) Nach **9 Minuten** befindet sich gleich viel Heizöl im Haustank und im Tankwagen.

Lies den Schnittpunkt der beiden Graphen aus der Zeichnung ab. Der x-Wert gibt den Zeitpunkt an, an dem gleich viel Heizöl im Haustank und im Tankwagen ist.

f) Wenn die Pumpe abgeschaltet ist, verläuft der Graph waagerecht (parallel zur x-Achse).

Da sich die Füllmenge nicht ändert, hat der Graph die Steigung 0.
Du kannst auch antworten:
Wenn die Pumpe abgeschaltet ist, ist die Steigung des Graphen 0.

G-Kurs: Hauptteil 2

Hinweise und Tipps

1. a) $45\,900\,000 \text{ t} : 81\,200\,000 \approx 0{,}57 \text{ t}$

Im Schnitt hat jede Person **0,57 t** Hausmüll verursacht.

Du musst die Menge des Mülls durch die Anzahl der Menschen dividieren. Im Ergebnis musst du aufrunden.

b) $P = \frac{45\,900\,000 \text{ t} \cdot 18}{100}$

$P = 8\,262\,000 \text{ t}$

Es waren **8 262 000 t** Papier.

$P = \frac{G \cdot p}{100}$

Aus dem Diagramm kann man ablesen: 18 % des Hausmülls war Papier.

c)

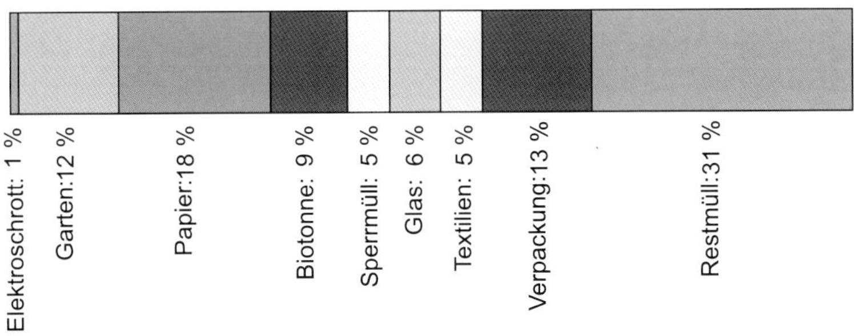

56 % des Mülls sind im Streifendiagramm bereits eingezeichnet, die Länge dafür beträgt 5,6 cm.

$:56$ (56 % → 5,6 cm) $:56$

$\cdot 13$ (1 % → 0,1 cm) $\cdot 13$

13 % → 1,3 cm

31 % → 3,1 cm

---

2. 17 Tagestickets für Kinder kosten 51,00 € und 4 Einzelfahrten für Erwachsene kosten 9,20 €. Zusammen ergibt das 60,20 €.

Für Kinder sind die Tagestickets günstiger, für Erwachsene sind 4 Einzelfahrten günstiger als 2 Tagestickets.

---

3. $p\,\% = \frac{3{,}90\text{ €} \cdot 100}{1\,300\text{ €}}$

$p\,\% = 0{,}3\,\%$

Der Zinssatz betrug **0,3 %**.

$K = 1\,300\text{ €}$

$Z = 3{,}90\text{ €}$

$Z = \frac{K \cdot p}{100} \Rightarrow p\,\% = \frac{Z \cdot 100}{K}\,\%$

---

4. a) $u = 2 \cdot \pi \cdot 64 \text{ cm}$

$u \approx 402{,}12 \text{ cm}$

Die Lichterkette muss **402,12 cm** lang sein.

Du musst den Umfang des Kreises berechnen.

$u = 2 \cdot \pi \cdot r$

b) $402{,}12 \text{ cm} : 4 \text{ cm} \approx 100{,}53$

Es werden **101 LEDs** benötigt.

Du kannst auch antworten: Es werden 100 LEDs benötigt.

---

5. a) $h_a = \sqrt{(21{,}64 \text{ m})^2 + (17{,}71 \text{ m})^2}$

$h_a \approx 27{,}96 \text{ m}$

Die Länge der Seitenhöhe beträgt **27,96 m**.

Rechne mit dem Satz des Pythagoras. Eine Skizze hilft dir.

$h_a^2 = h^2 + a^2$

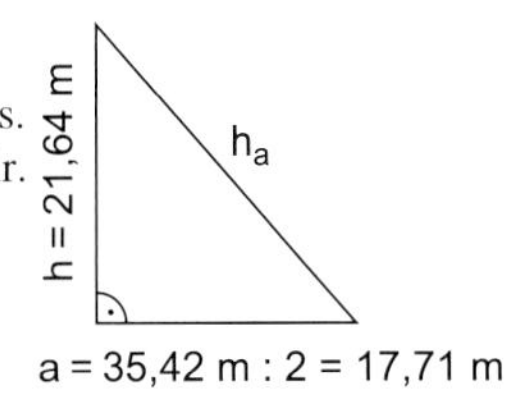

b) $A = 4 \cdot \frac{35{,}42 \text{ m} \cdot 27{,}96 \text{ m}}{2}$

$A \approx 1\,980{,}69 \text{ m}^2$

Die Glasfläche ist **1 980,69 m²** groß.

Die gesamte Glasfläche setzt sich aus 4 Dreiecken zusammen.

$A = \frac{g \cdot h}{2} \Rightarrow A = \frac{a \cdot h_a}{2}$

Hinweise und Tipps

c) ☐ … bleibt der Flächeninhalt der Seitenfläche gleich groß.
☒ … verdoppelt sich der Flächeninhalt der Seitenfläche.
☐ … vervierfacht sich der Flächeninhalt der Seitenfläche.

Wenn die Grundfläche bleibt, bleibt auch a gleich.
$A_1 = \frac{a \cdot h_a}{2}$; $A_2 = \frac{a \cdot 2 \cdot h_a}{2} = 2 \cdot \frac{a \cdot h_a}{2}$

6. a)

Funktionsgleichung	Graph
$y = -\frac{2}{3}x + 2$	**4**
$y = 5$	**2**

Der Graph hat eine negative Steigung. Der Schnittpunkt mit der y-Achse liegt bei S(0 | 2).

Der Graph hat keine Steigung, er verläuft also waagerecht.

b) S(**–4,5 | 5**)

Der Schnittpunkt liegt auf der x-Achse bei –4,5 und auf der y-Achse bei 5.

c)

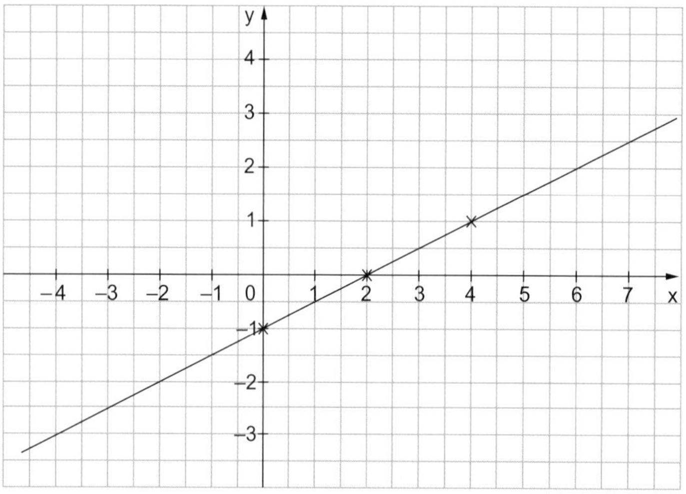

Zeichne zuerst den Schnittpunkt mit der y-Achse S(0 | –1) ein.
Da die Steigung $\frac{1}{2}$ beträgt, musst du nun 1 Schritt nach oben und 2 Schritte nach rechts gehen.

7. a)

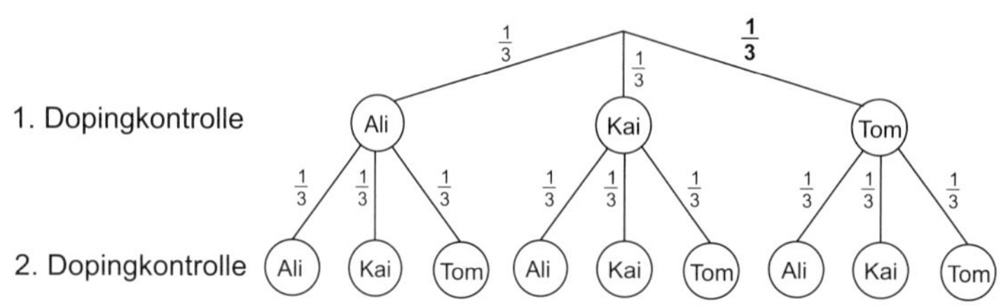

Es wird immer 1 von 3 Radrennfahrern ausgelost.

b) $\frac{1}{3} \cdot \frac{1}{3} = \frac{1}{9}$

Die Wahrscheinlichkeit beträgt $\mathbf{\frac{1}{9}}$.

Wende die Pfadregel an.

8. $\tan 30° = \frac{a}{6{,}30\ \text{m}}$

$a = \tan 30° \cdot 6{,}30\ \text{m}$

$a \approx 3{,}64\ \text{m} \quad \Rightarrow \quad b = 7{,}28\ \text{m}$

Der Klasse stehen **7,28 m** zur Verfügung.

Rechne mit dem Tangens.
$\tan \sphericalangle = \frac{\text{Gegenkathete}}{\text{Ankathete}}$
Beachte: $b = 2 \cdot a$

Hinweise und Tipps

9. $V = \pi \cdot (50\text{ cm})^2 \cdot 120\text{ cm}$

$V \approx 942\,477{,}80\text{ cm}^3$

Es sind **942 477,8 cm³** Wasser in der Tonne.

$V = \pi \cdot r^2 \cdot h_k$

$d = 100\text{ cm} \Rightarrow r = 50\text{ cm}$

---

10. $\frac{x}{67\text{ m}} = \frac{198\text{ m}}{105\text{ m}}$

$x = \frac{198\text{ m} \cdot 67\text{ m}}{105\text{ m}}$

$\mathbf{x \approx 126{,}34\text{ m}}$

Wende die Regeln der zentrischen Streckung an.

$198\text{ m} : 105\text{ m} = x : 67\text{ m}$

G-Kurs: Wahlteil

Hinweise und Tipps

1. a) $a = 1{,}10\text{ cm} + 1{,}60\text{ cm} + 1{,}10\text{ cm}$
$a = \mathbf{3{,}80\text{ cm}}$

$a = x + d + x$

b) $G = 3{,}80\text{ cm} \cdot 2{,}70\text{ cm}$
$G = 10{,}26\text{ cm}^2$
Die Grundfläche ist **10,26 cm²** groß.

Die Grundfläche ist ein Rechteck.
$G = a \cdot b$

c) $V = \frac{4}{3} \cdot \pi \cdot (0{,}80\text{ cm})^3$
$V \approx 2{,}14\text{ cm}^3$
Die Kugel hat ein Volumen von **2,14 cm³**.

$V = \frac{4}{3} \cdot \pi \cdot r^3$
$d = 1{,}60\text{ cm} \Rightarrow r = 0{,}80\text{ cm}$

d) $V_{\text{Quader}} = 3{,}80\text{ cm} \cdot 2{,}70\text{ cm} \cdot 1{,}70\text{ cm}$
$V_{\text{Quader}} \approx 17{,}44\text{ cm}^3$
$V_{\text{Halbkugel}} = 2{,}14\text{ cm}^3 : 2$
$V_{\text{Halbkugel}} = 1{,}07\text{ cm}^3$
$V = 17{,}44\text{ cm}^3 + 1{,}07\text{ cm}^3$
$V = 18{,}51\text{ cm}^3$
Das Gesamtvolumen des Tabs beträgt **18,51 cm³**.

Das gesamte Volumen besteht aus dem Volumen eines Quaders und dem Volumen einer Halbkugel.
$V_{\text{Quader}} = a \cdot b \cdot h_k$

e) $2{,}14\text{ cm}^3 = \pi \cdot (0{,}80\text{ cm})^2 \cdot h_K$
$h_K = \frac{2{,}14\text{ cm}^3}{\pi \cdot (0{,}8\text{ cm})^2}$
$h_K \approx 1{,}06\text{ cm}$
Die Körperhöhe des Zylinders beträgt **1,06 cm**.

$V_{\text{Kugel}} = V_{\text{Zylinder}}$
$V_{\text{Zylinder}} = \pi \cdot r^2 \cdot h_k$
$h_k = \frac{V_{\text{Zylinder}}}{\pi \cdot r^2}$

f) Verdoppelt man den Durchmesser der Kugel, dann **verachtfacht** sich ihr Volumen.

Wenn man den Durchmesser verdoppelt, verdoppelt sich auch der Radius.
$V_{\text{kl.}} = \frac{4}{3} \cdot \pi \cdot r^3;\quad V_{\text{gr.}} = \frac{4}{3} \cdot \pi \cdot (2 \cdot r)^3$
$2^3 = 2 \cdot 2 \cdot 2 = 8$

---

2. a) $u = 2 \cdot \pi \cdot 1{,}20\text{ m}$
$u \approx 7{,}54\text{ m}$
Der Umfang beträgt **7,54 m**.

$u = 2 \cdot \pi \cdot r$

b) $a = \sqrt{(1{,}2\text{ m})^2 + (1{,}6\text{ m})^2}$
$a = 2\text{ m}$
Ein Seil ist **2 m** lang.

Rechne mit dem Satz des Pythagoras.
$a^2 = r_a^2 + h^2$

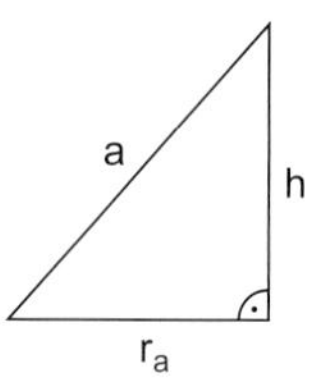

c) $\sin\alpha = \frac{1{,}6\text{ m}}{2\text{ m}}$
$\sin\alpha = 0{,}8 \Rightarrow \alpha \approx \mathbf{53{,}13°}$

$\sin\sphericalangle = \frac{\text{Gegenkathete}}{\text{Hypotenuse}}$
Oder:
$\tan\sphericalangle = \frac{\text{Gegenkathete}}{\text{Ankathete}}$
$\cos\sphericalangle = \frac{\text{Ankathete}}{\text{Hypotenuse}}$

Hinweise und Tipps

d) $\delta = 180° - 90° - 53{,}13°$
$\delta = \mathbf{36{,}87°}$

$\alpha + 90° + \delta = 180°$
(Winkelsumme im Dreieck)

e) $\cos 16° = \frac{r_b}{2{,}50\text{ m}}$
$\cos 16° \cdot 2{,}5\text{ m} = r_b$
$2{,}40\text{ m} \approx r_b$
Der Radius des unteren Kranzes beträgt **2,4 m**.

$\cos \sphericalangle = \frac{\text{Ankathete}}{\text{Hypotenuse}}$
$\cos 16° = \frac{r_b}{b}$

f) ☐ … halb so groß.
☐ … genauso groß.
☒ … doppelt so groß.
☐ … viermal so groß.

$u_{kl} = \pi \cdot d$
$u_{gr} = \pi \cdot 2 \cdot d = 2 \cdot \pi \cdot d = 2 \cdot u_{kl}$

---

3. a)

Ereignis	Wahrscheinlichkeit	
„Mit dem Würfel A wird eine 2 geworfen."	$\mathbf{\frac{4}{6} = \frac{2}{3}}$	Auf 4 von 6 Flächen steht die Zahl 2.
„Mit dem Würfel A wird eine Zahl größer als 7 geworfen."	$\mathbf{\frac{2}{6} = \frac{1}{3}}$	Die Zahl 8 kommt auf 2 von 6 Flächen vor.
„Mit dem Würfel B wird eine 3 oder 5 geworfen."	$\mathbf{\frac{6}{6} = 1 = 100\ \%}$	Eine von beiden Zahlen wird immer geworfen.
„Mit dem Würfel B wird **eine 3** geworfen."	$\frac{3}{6}$	Auf 3 von 6 Feldern steht die Zahl 3. Du kannst auch antworten: Es wird eine 5 geworfen.

b)

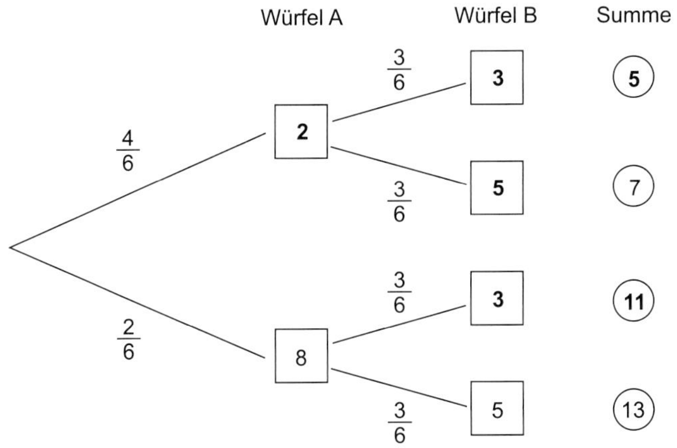

Mit Würfel A kann man entweder eine 8 oder eine 2 würfeln.
Mit Würfel B kann man entweder eine 5 oder eine 3 würfeln.
Überprüfe deine Zahlen anhand der vorgegebenen Summen, berechne dann die fehlenden Summen.
Für die folgenden Aufgaben ist es hilfreich, die Wahrscheinlichkeiten entlang der Pfade einzutragen.

c) $\frac{2}{6} \cdot \frac{3}{6} = \frac{6}{36}$
Die Wahrscheinlichkeit beträgt $\mathbf{\frac{6}{36} = \frac{1}{6}}$.

Wende die Produktregel an.

d) $P(2\,|\,3) = \frac{4}{6} \cdot \frac{3}{6} = \frac{12}{36}$ $P(2\,|\,5) = \frac{4}{6} \cdot \frac{3}{6} = \frac{12}{36}$
$\frac{12}{36} + \frac{12}{36} = \frac{24}{36}$
Thomas gewinnt mit einer Wahrscheinlichkeit von $\mathbf{\frac{24}{36} = \frac{2}{3}}$.

Thomas gewinnt, wenn die Summe 5 oder 7 ist. Berechne beide Wahrscheinlichkeiten mit der Produktregel.
Wende dann die Summenregel an.

Hinweise und Tipps

e) Moritz gewinnt mit einer Wahrscheinlichkeit von $\frac{12}{36}$:
$\frac{12}{36} < \frac{24}{36}$

$\frac{36}{36} - \frac{24}{36} = \frac{12}{36}$

f) Thomas gewinnt, wenn die Summe 5 oder 11 ist,
Moritz gewinnt, wenn die Summe 7 oder 13 ist.

Das Spiel ist fair, wenn beide die gleiche Gewinnwahrscheinlichkeit haben.
Du kannst auch antworten: Moritz gewinnt bei der Summe 5 oder 13, Thomas gewinnt bei der Summe 7 oder 11.

---

4. a) Zu Beginn des Füllvorgangs befinden sich noch **500** Liter im Haustank.
In den Haustank werden **250** Liter Heizöl pro Minute gepumpt.

Der Graph beginnt auf der y-Achse bei der Füllmenge 500 ℓ.
Nach 2 Minuten befinden sich 1 000 ℓ Heizöl im Haustank.

b) $y = \frac{500}{2}x + 500$
$\mathbf{y = 250x + 500}$

m = Steigungsfaktor
b = y-Wert vom Schnittpunkt mit der y-Achse

c) $y = 250 \cdot 4{,}5 + 500$
$y = 1\,625$
Nach 4,5 Minuten befinden sich **1 625 Liter** Heizöl im Haustank.

Setze für x die Zahl 4,5 ein und berechne. Annähernd kannst du dein Ergebnis anhand der Zeichnung überprüfen.

d)

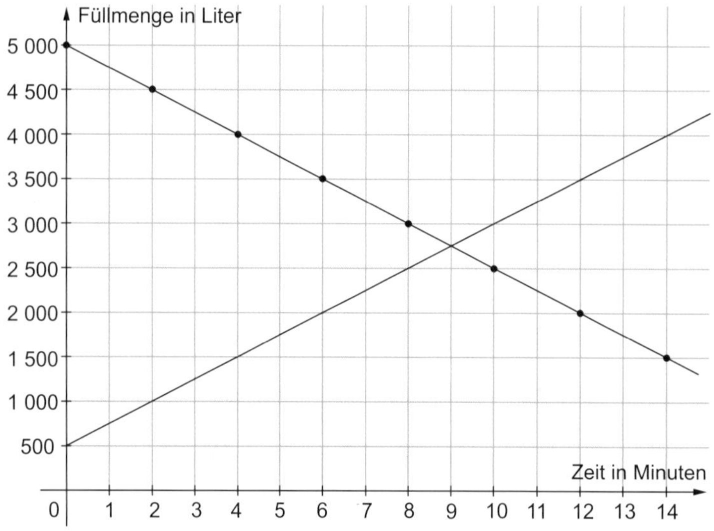

Zeichne zuerst den Punkt P(0 | 5 000). Der Graph hat eine negative Steigung. Gehe zum nächsten Punkt also nach unten und nach rechts. Trage mehrere Punkte ein, dann wird deine Zeichnung genauer.

e)

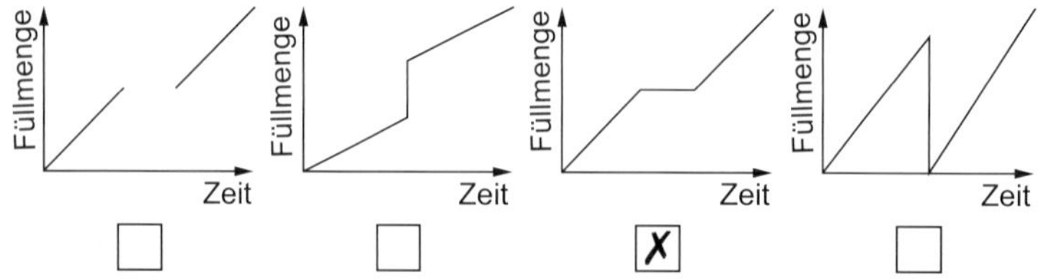

Zunächst steigt die Füllmenge im Tank, d. h., der Graph steigt ebenfalls. Danach bleibt die Füllmenge für eine gewisse Zeit gleich, der Graph muss also parallel zur x-Achse (waagerecht) verlaufen. Anschließend steigt die Füllmenge wieder, d. h., auch der Graph steigt wieder.

f) Die Füllmenge steigt für einige Zeit nicht an, in dieser Zeit muss der Graph waagerecht verlaufen.

Die Füllmenge ist für einige Minuten gleich geblieben.
Überlege dir weitere Begründungen.

Abschlussprüfung der 10. Klasse an Hauptschulen in Niedersachsen
Mathematik 2022

E-Kurs und G-Kurs: Hauptteil 1 (ohne Hilfsmittel)

Wichtiger Hinweis: Bearbeite alle Aufgaben auf den Aufgabenblättern.

Aufgaben Punkte

1. Ergänze die fehlenden Zahlen in den Lücken.

a) $\_\_\_\_\_\_ \cdot 6 = 72$ b) $2{,}7 + 1{,}6 = \_\_\_\_\_\_$ 2

c) $\_\_\_\_\_\_ - (9 + 4) = 17$ d) $\frac{1}{2} : 2 = \_\_\_\_\_\_$ 2

2. Berechne.

a) 2,3 km + 840 m = ______ km 1

b) 0,5 t + ______ kg = 0,520 t 1

3. Kreuze die richtige Größe für den Flächeninhalt eines DIN-A4-Blattes an. 1

$6{,}24\ cm^2$	$62{,}4\ cm^2$	$624\ cm^2$	$6\,240\ cm^2$
☐	☐	☐	☐

4. Der Pfeil zeigt auf eine Zahl.

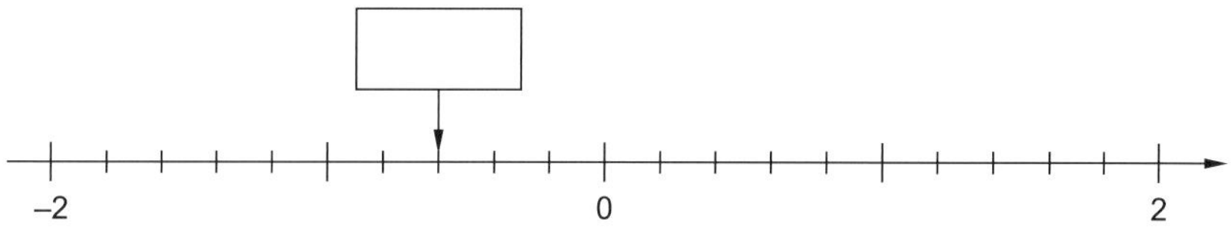

a) Notiere die Zahl über dem Pfeil. 1

b) Zeichne einen zweiten Pfeil ein, der auf die Zahl $\frac{4}{5}$ zeigt. 1

5. a) Berechne den Wert des Terms $7x + 12 - 5x$ für $x = 2$. 2

b) Lena hat begonnen, die Gleichung zu lösen. Führe den Rechenweg zu Ende. 3

$-14 + 12x - 47 = 3x - 16 \quad | -3x$

$-14 + 9x - 47 = -16$

Thomas lädt seine drei Freunde ins Kino ein.
Er kauft eine Tüte Popcorn für 13,60 € und vier Eintrittskarten.
Insgesamt bezahlt Thomas 47,60 €.

c) Stelle eine Gleichung auf, mit der du den Preis für eine Kinokarte berechnen kannst. 1
Hinweis: Du musst die Gleichung nicht lösen.

____

6. Auf dem Wochenmarkt verkauft Steffi Äpfel. Dafür legt sie eine Tabelle an, um schnell die Preise abzulesen.

a) Ergänze die Lücken in der Tabelle. 1

Menge	Preis „Roter Boskop“	Preis „Jonagold“
1 kg	2,80 €	3,20 €
2 kg	5,60 €	6,40 €
3 kg	8,40 €	
	14,00 €	16,00 €

Als Alternative zur Tabelle zeichnet Steffi einen Graphen.

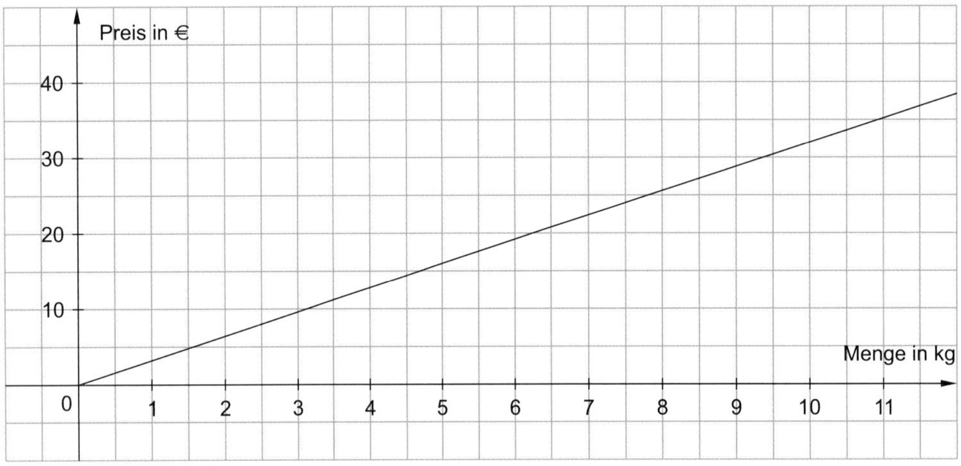

b) Ergänze die folgenden Sätze. 2

Der Graph gehört zur Apfelsorte ______________________.

Für 20 € erhält man bei dieser Apfelsorte etwa _______ kg Äpfel.

Steffi hat Schwierigkeiten, den Preis für 3,5 kg Äpfel mithilfe des Diagramms zu bestimmen.

c) Erkläre die Schwierigkeiten bei der Bestimmung des genauen Preises. 1

____

____

7. Der Flächeninhalt der abgebildeten Figur soll berechnet werden.

a) Zeichne in die Grafik ein, wie du die Figur zerlegen oder ergänzen kannst. 1

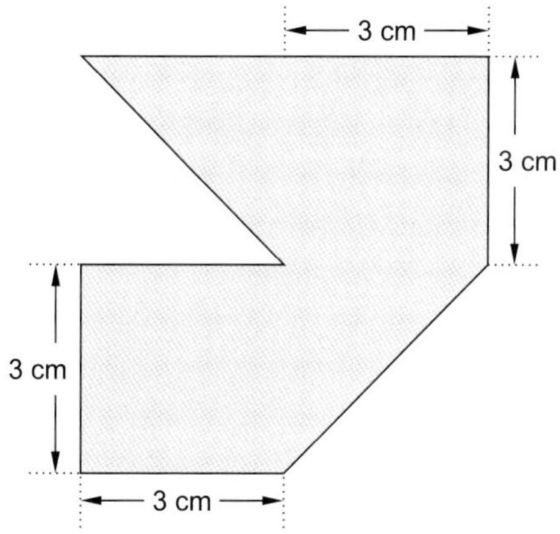

b) Berechne den Flächeninhalt der Figur. 2

A = ____________ cm^2

c) Gib eine allgemeine Formel zur Berechnung des Flächeninhaltes der Figur in Abhängigkeit von x an. 1

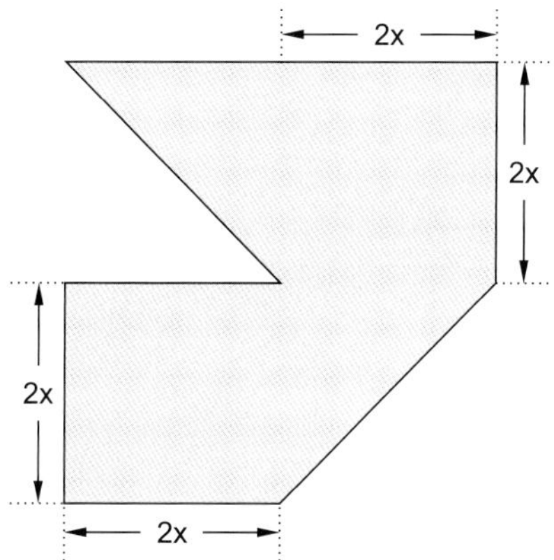

A = ______________________________

8. Max hat begonnen, ein Dreieck an der Geraden g zu spiegeln.

a) Vervollständige die Spiegelung. 2

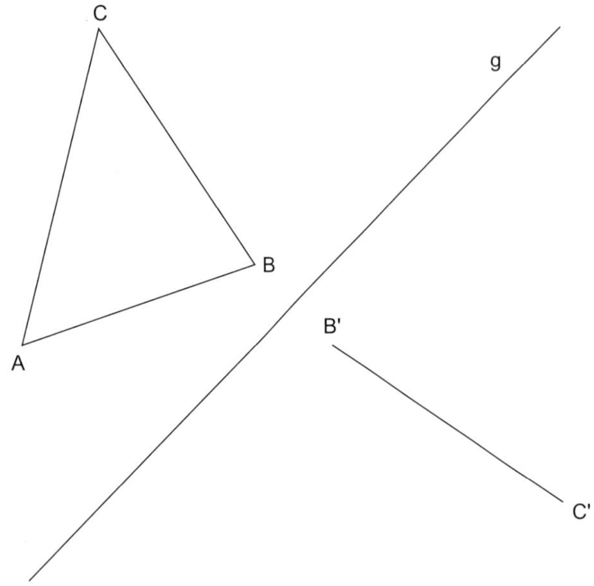

Der abgebildete Stern ist achsensymmetrisch.

b) Zeichne in den Stern alle Symmetrieachsen ein. 2

Tim hat in das abgebildete Verkehrszeichen eine Gerade eingezeichnet.

c) Begründe, dass diese Gerade keine Symmetrieachse des Verkehrszeichens ist. 1

____

____

____

E-Kurs: Hauptteil 2

Wichtige Hinweise:
- Runde Endergebnisse auf 2 Nachkommastellen, sofern nichts anderes angegeben ist.
- Schreibe deine Lösungswege ausführlich auf.

Aufgaben

Punkte

1. Für eine Studie wurden 1 200 Jugendliche gefragt, welche technischen Geräte sie besitzen. Das Ergebnis ist im Diagramm dargestellt.

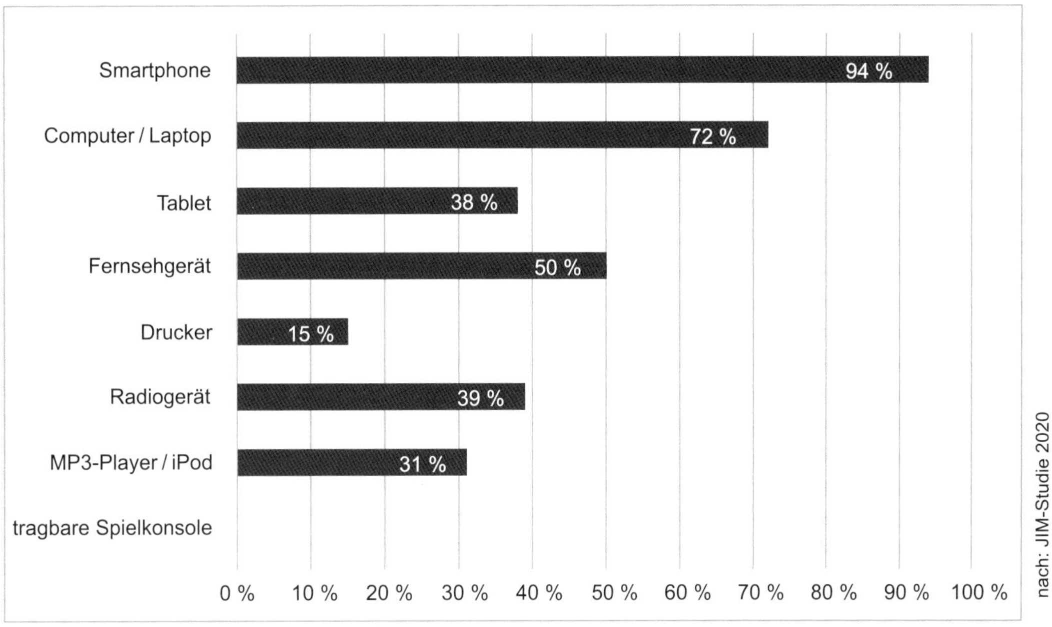

a) Fülle die Lücken aus. 2

Es sind ________ Prozent der Jugendlichen im Besitz eines Smartphones.

Fast drei Viertel der Jugendlichen haben einen ________________________________.

b) Berechne die Anzahl der Jugendlichen, die ein Tablet besitzen. 1

504 Jugendliche sind im Besitz einer tragbaren Spielkonsole.

c) Berechne den prozentualen Anteil der Jugendlichen, die ein solches Gerät besitzen. 1

d) Zeichne den fehlenden Balken für die tragbare Spielkonsole in das Diagramm ein. (Solltest du die Teilaufgabe c nicht gelöst haben, verwende 43 %.) 1

2. Eine Firma bietet folgende Fliese an:

a) Berechne den Flächeninhalt der Fliese. 2

Die Firma möchte eine quadratische Fliese mit dem gleichen Flächeninhalt herstellen.

b) Bestimme die Kantenlänge der quadratischen Fläche. (Solltest du die Teilaufgabe a nicht gelöst haben, rechne mit 1 240 cm^2 weiter.) 1

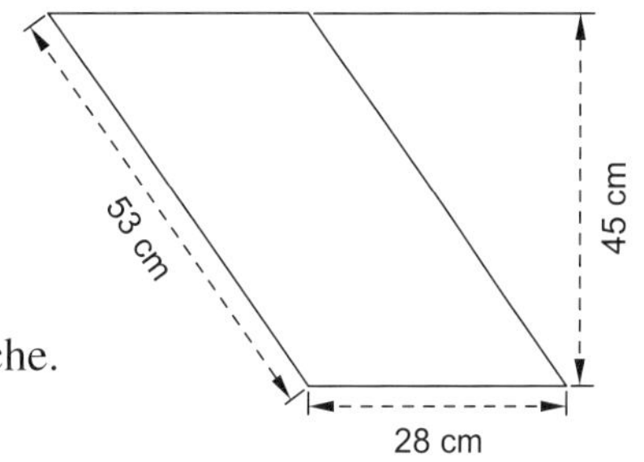

(Skizze nicht maßstäblich)

3. Simone näht eine Tischdecke für einen runden Tisch. Der Tisch hat einen Durchmesser von 85 cm. Die runde Tischdecke soll überall gleichmäßig 15 cm über den Tischrand reichen.

a) Berechne den Flächeninhalt der runden Tischdecke. 2

Simone schneidet die runde Tischdecke aus einem rechteckigen Stück Stoff ($A = 15\,000\ cm^2$) aus. Es bleibt ein Rest als Verschnitt übrig.

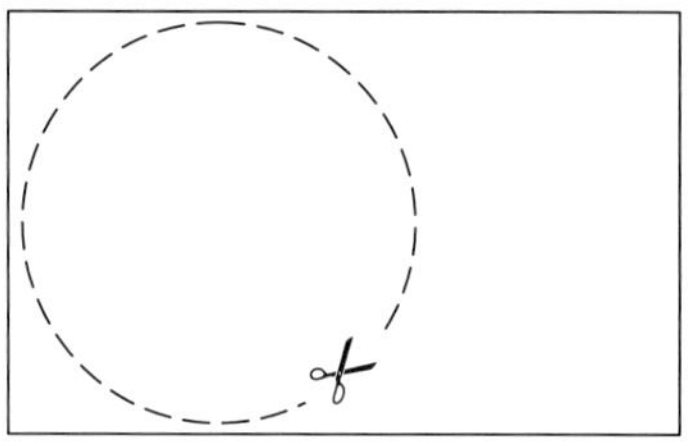

(Skizze nicht maßstäblich)

b) Berechne den prozentualen Anteil des Verschnittes. (Solltest du die Teilaufgabe a nicht gelöst haben, rechne mit $10\,380{,}78\ cm^2$ weiter.) 2

4. Im Koordinatensystem sind zwei Graphen linearer Funktionen dargestellt.

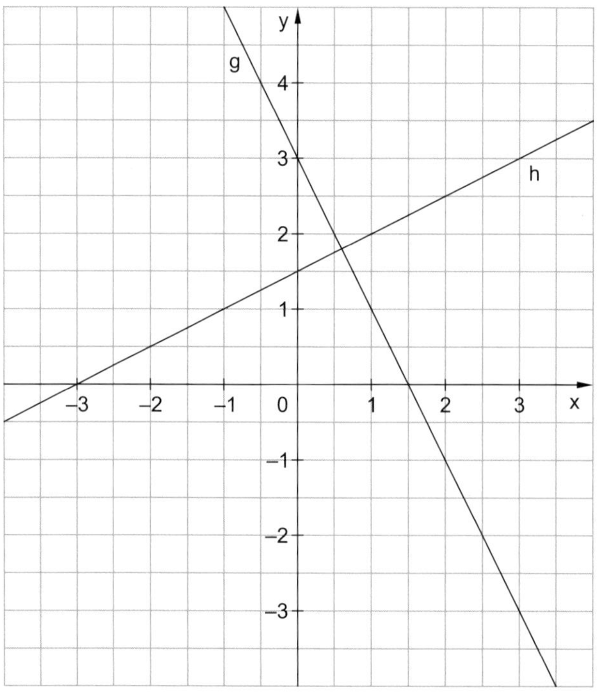

a) Ordne dem Graphen g die passende Funktionsgleichung zu. Kreuze an. 2

- ☐ $y = 2x + 3$
- ☐ $y = 1{,}5x + 3$
- ☐ $y = -2x + 3$
- ☐ $y = -3x + 1{,}5$

b) Gib die Funktionsgleichung des Graphen h an. 2

c) Zeichne den Graphen der Funktion $y = \frac{2}{3}x - 2$ in das Koordinatensystem. 2

5. In einer Tüte Bonbons befinden sich vier verschiedene Geschmackssorten: Zitrone, Orange, Himbeere und Kirsche. Von jeder Sorte sind es genau 12 Stück. Gregor greift blind in die Tüte.

© Emilian Robert Vicol/pixabay.com

a) Bestimme die Wahrscheinlichkeit, dass er einen Orangen-Bonbon zieht. 2

Gregor hat tatsächlich einen Orangen-Bonbon gezogen und isst ihn auf. Danach greift er ein zweites Mal blind in die Tüte.

b) Bestimme die Wahrscheinlichkeit, dass er auch beim zweiten Mal einen Orangen-Bonbon zieht. 2

6. Mehrere Teile eines Spielhauses müssen repariert werden.

a) Berechne die Länge der Dachkante x. 2

b) Berechne die Länge des Stützbalkens y. 2

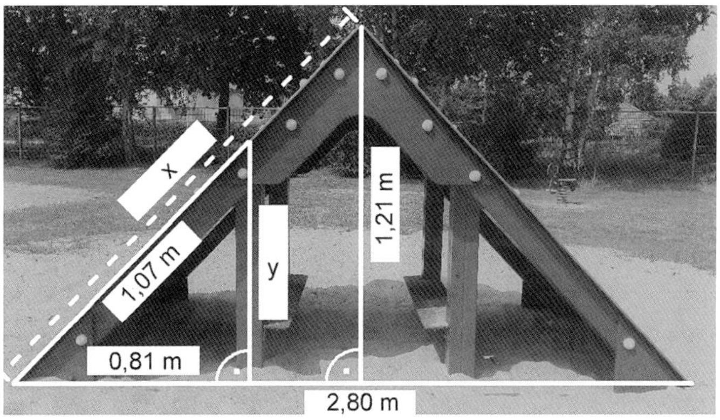

(Skizze nicht maßstäblich)

7. In der Abbildung ist ein Strommast dargestellt.

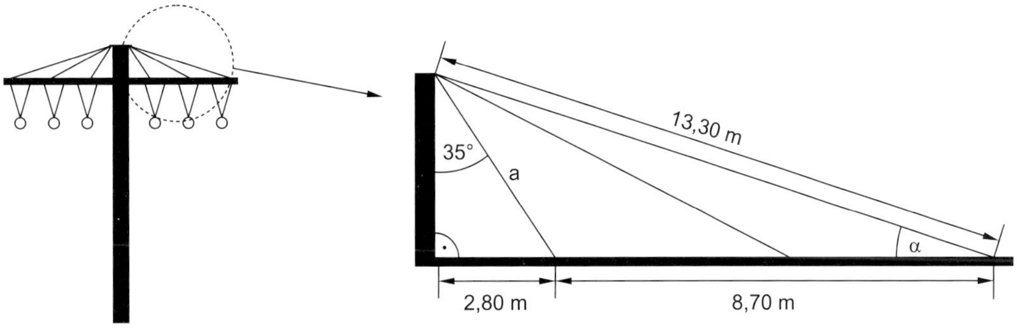

(Skizzen nicht maßstäblich)

a) Berechne die Länge der Haltestange a. 2

b) Berechne die Größe des Winkels α. 2

8. Das abgebildete Werkstück besteht aus zwei Teilkörpern.

a) Berechne das Volumen des unteren Teilkörpers. 1

Der obere Teilkörper hat ein Volumen von $V = 58\ cm^3$.

b) Berechne x. 3

Das Werkstück besteht aus Eisen.
$1\ cm^3$ Eisen hat die Masse 7,86 g.

c) Bestimme die Masse des Werkstücks. 2
(Solltest du die Teilaufgabe a nicht gelöst haben, rechne mit $V = 195{,}24\ cm^3$ weiter.)

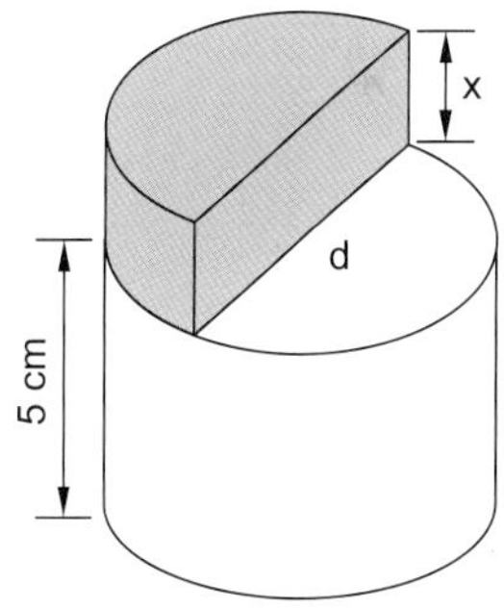

d = 7 cm

(Skizze nicht maßstäblich)

E-Kurs: Wahlteil

Wahlaufgabe 1 – Körper

Punkte

Im Spreewald (Brandenburg) steht die abgebildete Pyramide.

© Ekeha/pixabay.com

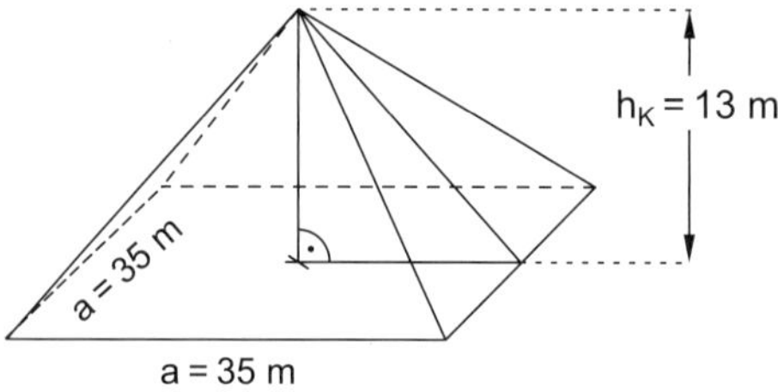

a) Berechne, wie viel Kubikmeter Erde für den Bau der Pyramide benötigt wurden. 1

Es führt eine Treppe die Pyramide hinauf.
Jede Treppenstufe ist 20 cm hoch.

b) Berechne die Anzahl der Treppenstufen. 1

c) Berechne die Treppenlänge x. 2

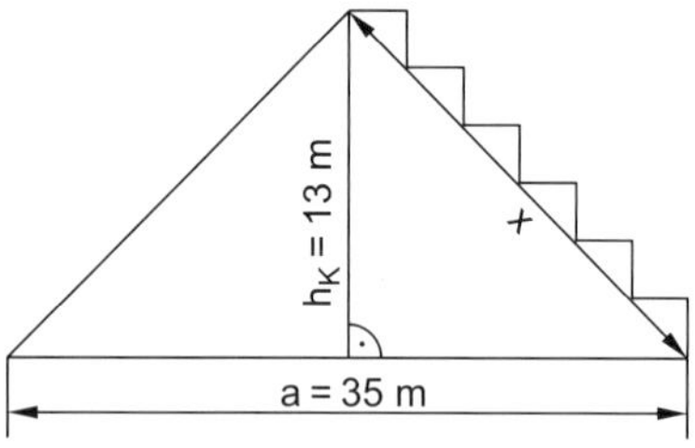

(Skizzen nicht maßstäblich)

Die Pyramide ist mit Rasen bewachsen und muss regelmäßig gemäht werden.

d) Berechne die Größe der zu mähenden Fläche. 2
(Die Treppe kann unberücksichtigt bleiben.)
(Solltest du die Teilaufgabe c nicht gelöst haben, rechne mit 21,60 m weiter.)

Neben der Pyramide soll ein Kegel gebaut werden. Die Grundflächen beider Körper sollen gleich groß sein.

e) Berechne den Radius des Kegels. 3

f) Kreuze die richtige Aussage an. 1
Haben beide Körper auch die gleiche Körperhöhe, dann ist die Treppenlänge des Kegels …
- ☐ … größer als bei der Pyramide.
- ☐ … kleiner als bei der Pyramide.
- ☐ … genauso groß wie bei der Pyramide.

Wahlaufgabe 2 – Funktionen

Nina mietet einen E-Scooter bei *ScooterOne*.

ScooterOne

Einmalige Freischaltung: 1,50 €

Fahrpreis pro Minute: 25 Cent

a) Ergänze die fehlenden Werte in der Tabelle. 2

Fahrzeit	0 min	3 min	10 min	
Preis	1,50 €		4 €	4,75 €

b) Stelle die Funktionsgleichung für das Angebot von *ScooterOne* auf. 2

Nina muss für ihre Fahrt 6,50 € zahlen.

c) Berechne die Fahrzeit. 1

Ninas Freundin Diana hat für die gleiche Fahrt einen E-Scooter von *Roller2Go* ausgewählt. Das Angebot von *Roller2Go* ist im Koordinatensystem grafisch dargestellt:

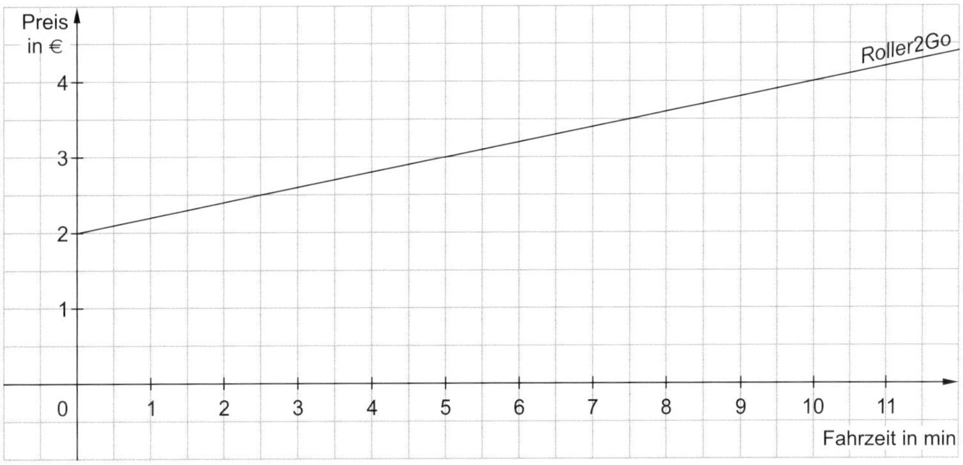

d) Ergänze im Koordinatensystem den Graphen der Funktion für das Angebot von *ScooterOne*. 2

e) Bestimme die Fahrzeit, für die *ScooterOne* und *Roller2Go* den gleichen Preis verlangen. 1

Nina betrachtet die beiden Graphen und stellt fest: „Jetzt kann ich auf einen Blick erkennen, für welche Fahrzeit ich welchen Anbieter nehmen sollte.“

f) Erkläre, was Nina damit meint. 2

Wahlaufgabe 3 – Wahrscheinlichkeit

Die Klasse 10a bietet auf dem Schulfest ein Spiel mit Glücksrädern an.

Ein Spiel besteht aus zwei Drehungen: Zuerst wird Rad 1, danach Rad 2 gedreht.

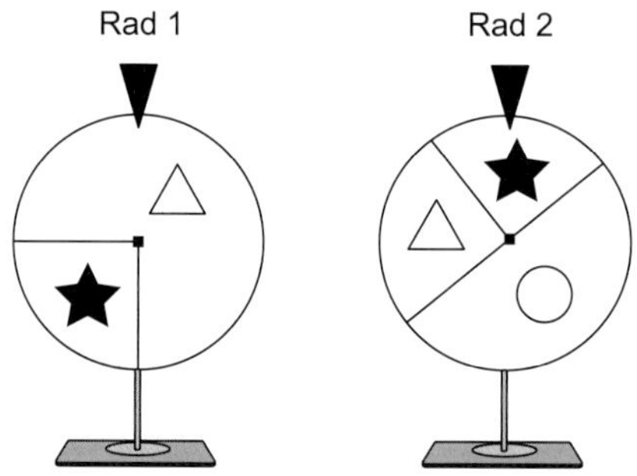

a) Gib an, welche Symbole mit der größten Wahrscheinlichkeit angezeigt werden. 1

Rad 1: ____________________

Rad 2: ____________________

b) Ergänze die fehlenden Wahrscheinlichkeiten in den gestrichelten Kästchen. 2

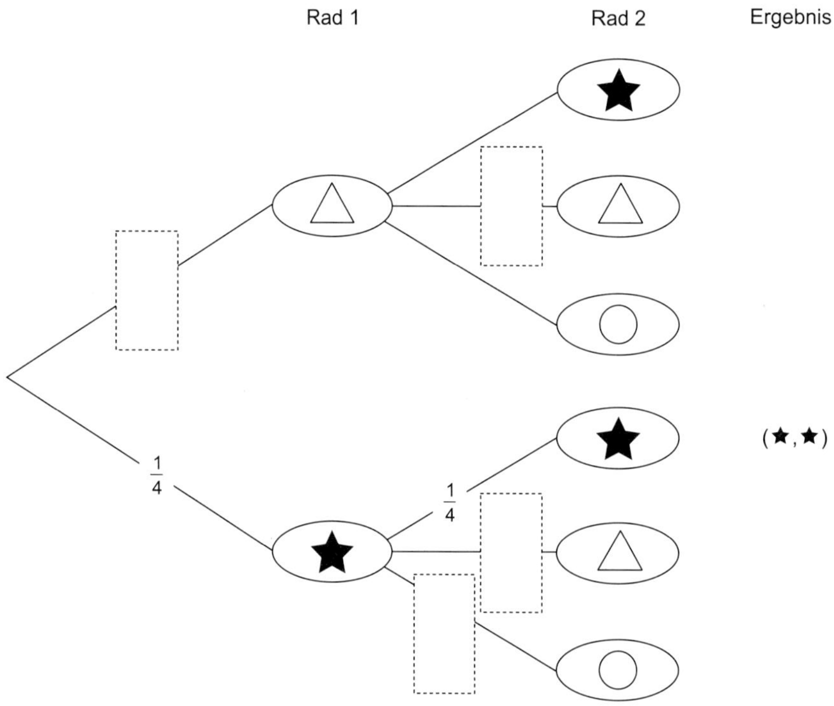

Ein Spieler gewinnt, wenn auf beiden Rädern ein Stern angezeigt wird (★,★).

c) Berechne die Wahrscheinlichkeit für einen Gewinn. 1

d) Berechne die Wahrscheinlichkeit, dass zwei verschiedene Symbole angezeigt werden. 3

Die Klasse 10a entscheidet, dass der Gewinn ein Eis ist. Sie geht davon aus, dass 1 000-mal gespielt wird.

e) Berechne, wie viele Eis bei 1 000 Spielen wahrscheinlich gewonnen werden. (Solltest du die Teilaufgabe c nicht gelöst haben, rechne mit $\frac{1}{18}$ weiter.) 2

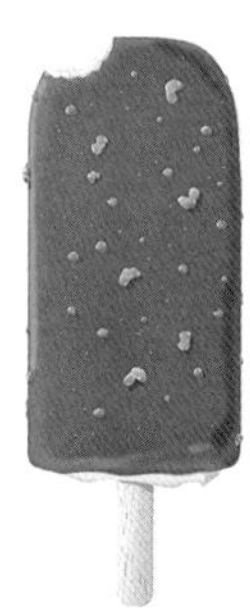

Ein Jahr später sollen die Glücksräder mit den gleichen Spielregeln erneut zum Einsatz kommen. Das zweite Glücksrad wird so umgestaltet, dass die Gewinnwahrscheinlichkeit $\frac{1}{32}$ beträgt.

f) Gestalte das zweite Glücksrad so, dass die gewünschte Wahrscheinlichkeit erzielt wird. 1

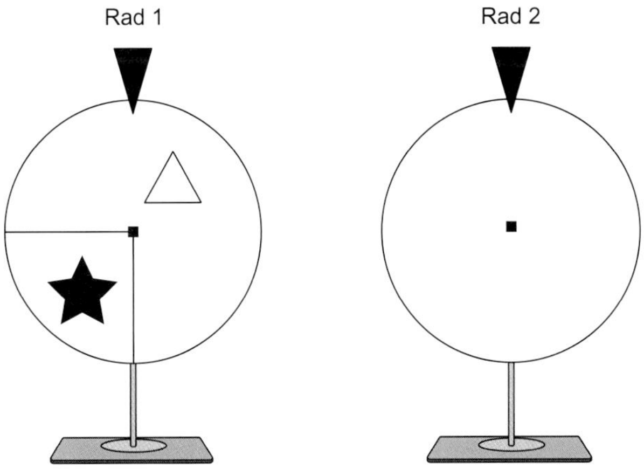

Wahlaufgabe 4 – Trigonometrie

Dilara lässt ihre Drohne über einem freien Feld fliegen.

Sie stellt drei Hütchen A, B und C auf.

Die Drohne fliegt von A über B zu C.

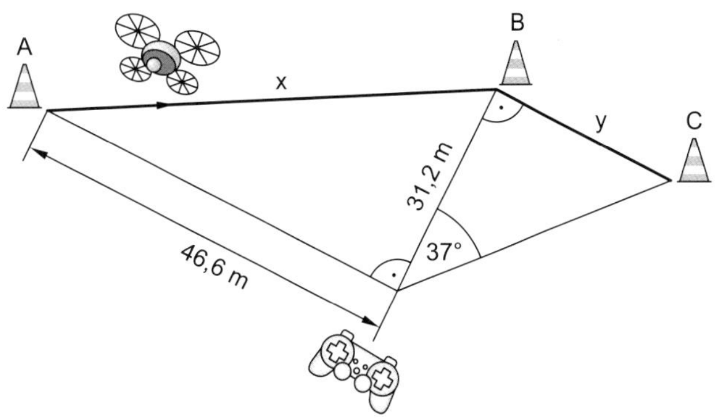

a) Berechne die Länge der Strecke x. 2

b) Berechne die Länge der Strecke y. 2

Dilara möchte die Drohne direkt über sich im Kreis fliegen lassen. Die Drohne soll aus ihrer Hand starten und auch dorthin wieder zurückfliegen.

Der Akku hat noch eine Reichweite von 1 000 m.

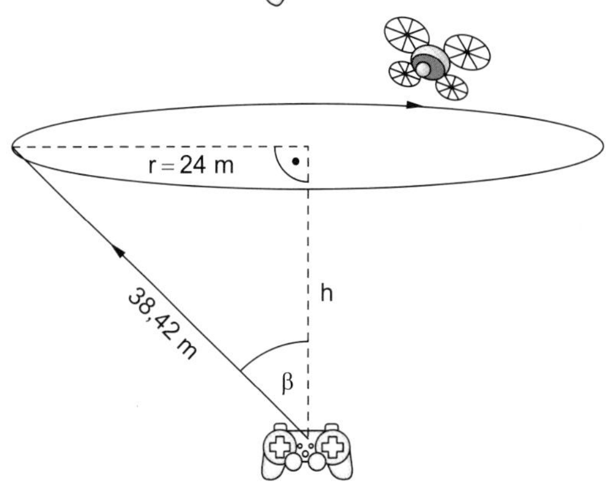

c) Berechne die Anzahl der vollen Umrundungen, bevor der Akku leer ist. Berücksichtige die Entfernung von Dilara zur Kreisbahn. 3

d) Berechne die Größe des Winkels β. 2

e) Vergrößert sich der Winkel β und die Flughöhe h bleibt gleich, dann … 1

☐ … verringert sich die Anzahl der Umrundungen, bis der Akku leer ist.

☐ … erhöht sich die Anzahl der Umrundungen, bis der Akku leer ist.

☐ … bleibt die Anzahl der Umrundungen gleich, bis der Akku leer ist.

G-Kurs: Hauptteil 2

Wichtige Hinweise:
- Runde Endergebnisse auf 2 Nachkommastellen, sofern nichts anderes angegeben ist.
- Schreibe deine Lösungswege ausführlich auf.

Aufgaben

Punkte

1. Für eine Studie wurden 1 200 Jugendliche gefragt, welche technischen Geräte sie besitzen. Das Ergebnis ist im Diagramm dargestellt.

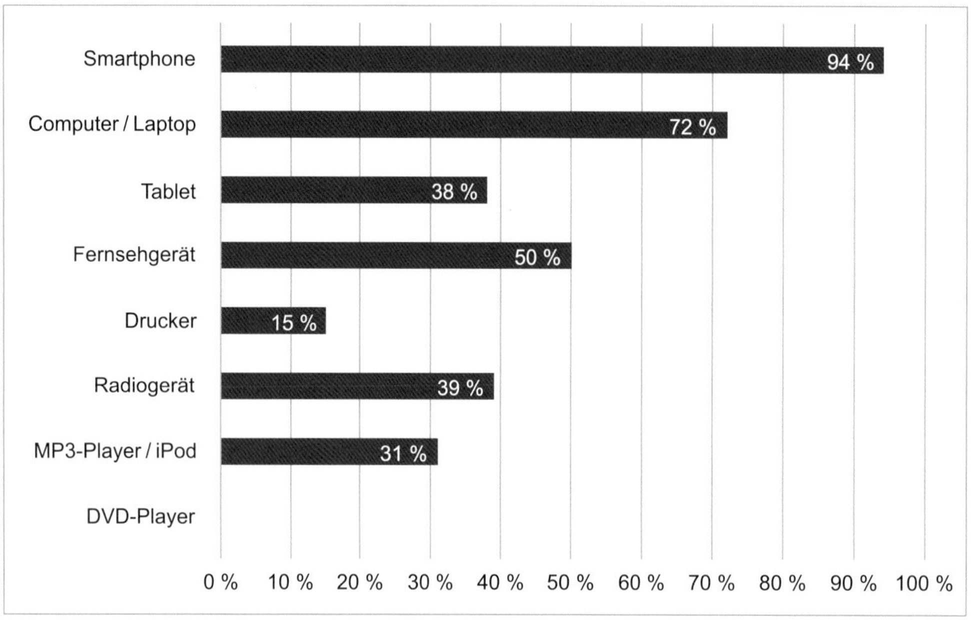

a) Fülle die Lücken aus. 2

Es sind ________ Prozent der Jugendlichen im Besitz eines Smartphones.

Die Hälfte der Jugendlichen hat ein ________________________________.

b) Berechne die Anzahl der Jugendlichen, die ein Tablet besitzen. 1

240 Jugendliche sind im Besitz eines DVD-Players.

c) Berechne den prozentualen Anteil der Jugendlichen, die ein solches Gerät besitzen. 1

d) Zeichne den fehlenden Balken für den DVD-Player in das Diagramm ein. 1
(Solltest du die Teilaufgabe c nicht gelöst haben, verwende 25 %.)

2. Eine Firma bietet folgende Fliese an:

a) Berechne den Flächeninhalt der Fliese. 2

Die Fliese hat einen Umfang von 162 cm.

b) Bestimme die Länge der Seite b. 1

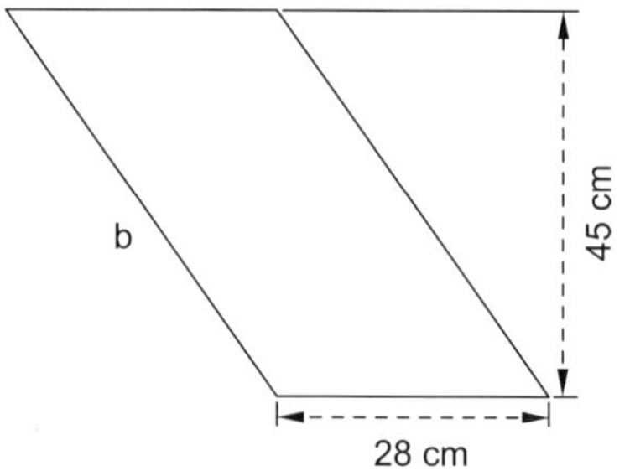

(Skizze nicht maßstäblich)

3. Simone näht eine Tischdecke für einen runden Tisch. Der Tisch hat einen Durchmesser von 85 cm. Die runde Tischdecke soll überall gleichmäßig 15 cm über den Tischrand reichen.

a) Berechne den Durchmesser der runden Tischdecke. 1

Simone schneidet die runde Tischdecke aus einem rechteckigen Stück Stoff ($A = 15\,000\ cm^2$) aus.

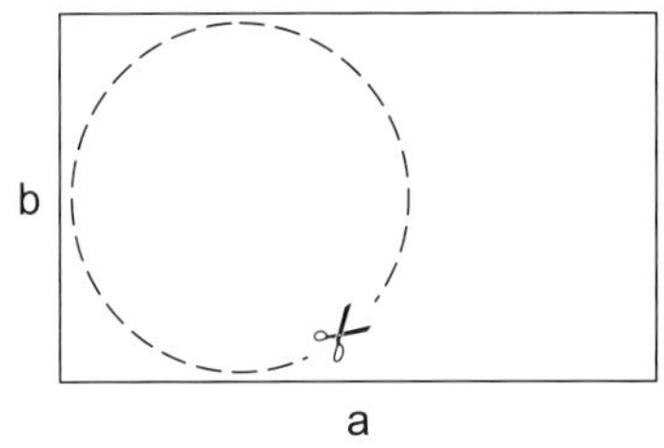

b) Gib die Maße eines rechteckigen Stück Stoffes an, das für die runde Tischdecke geeignet ist. 1

Seite a: ________ cm

Seite b: ________ cm

c) Berechne den Flächeninhalt der runden Tischdecke. (Solltest du die Teilaufgabe a nicht gelöst haben, rechne mit 117 cm weiter.) 2

4. Im Koordinatensystem sind zwei Graphen linearer Funktionen dargestellt.

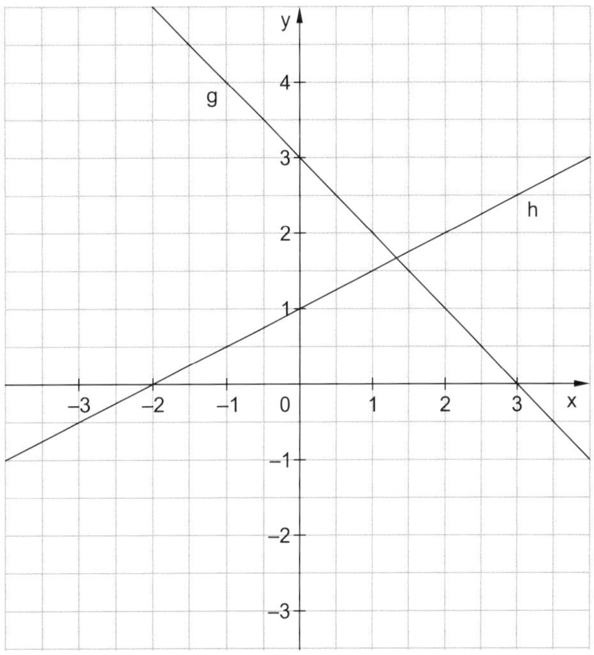

a) Ordne dem Graphen g die passende Funktionsgleichung zu. Kreuze an. 2

☐ $y = x + 3$

☐ $y = -3x + 3$

☐ $y = -x + 3$

☐ $y = 3x + 3$

b) Gib die Funktionsgleichung des Graphen h an. 2

c) Zeichne den Graphen der Funktion $y = 3x - 2$ in das Koordinatensystem. 2

5. In einer Tüte Bonbons befinden sich drei verschiedene Geschmackssorten: Zitrone, Orange und Himbeere. Von jeder Sorte sind es genau 10 Stück.

Gregor greift blind in die Tüte.

a) Bestimme die Wahrscheinlichkeit, dass er einen Orangen-Bonbon zieht. 2

© Emilian Robert Vicol/pixabay.com

Gregor hat tatsächlich einen Orangen-Bonbon gezogen und isst ihn auf. Danach greift er ein zweites Mal blind in die Tüte.

b) Bestimme die Wahrscheinlichkeit, dass er auch beim zweiten Mal einen Orangen-Bonbon zieht. 2

6. Mehrere Teile eines Spielhauses müssen repariert werden.

a) Berechne die Länge der Dachkante x. 2

b) Berechne die Länge des Stützbalkens y. 2

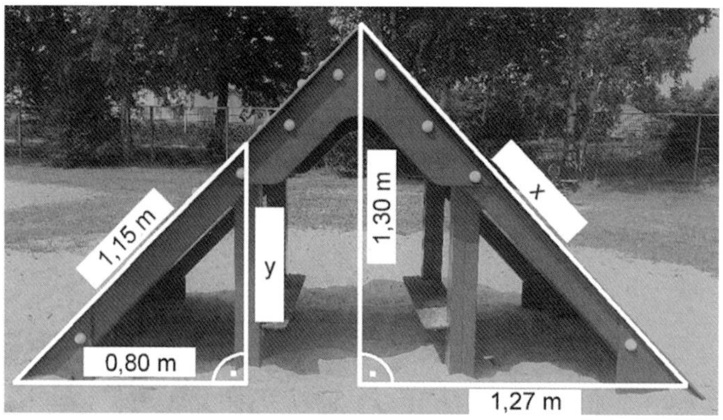

(Skizze nicht maßstäblich)

7. Das abgebildete Werkstück besteht aus einem Zylinder und einem aufgesetzten Halbzylinder. Beide Teilkörper haben einen Durchmesser von d = 7 cm.

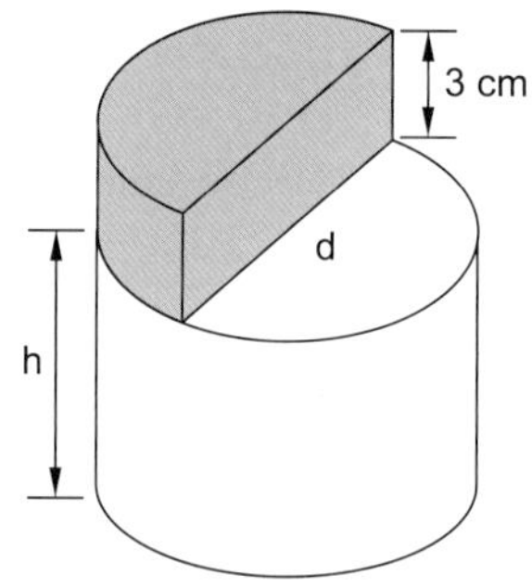

(Skizze nicht maßstäblich)

a) Berechne das Volumen des oberen Halbzylinders. 2

Der untere Zylinder hat ein Volumen von $V = 190\ \text{cm}^3$.

b) Berechne h. 2

Das Werkstück besteht aus Eisen.
$1\ \text{cm}^3$ Eisen hat die Masse 7,86 g.

c) Bestimme die Masse des Werkstücks. 2
(Solltest du die Teilaufgabe a nicht gelöst haben, rechne mit $V = 59{,}37\ \text{cm}^3$ weiter.)

8. In der Abbildung ist ein Strommast dargestellt.

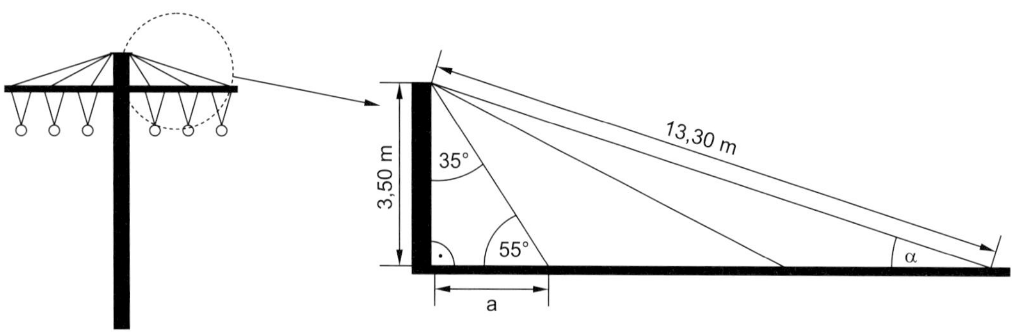

(Skizzen nicht maßstäblich)

a) Berechne die Länge der Strecke a. 2

b) Berechne die Größe des Winkels α. 2

G-Kurs: Wahlteil

Wahlaufgabe 1 – Körper

Punkte

Im Spreewald (Brandenburg) steht die abgebildete Pyramide.

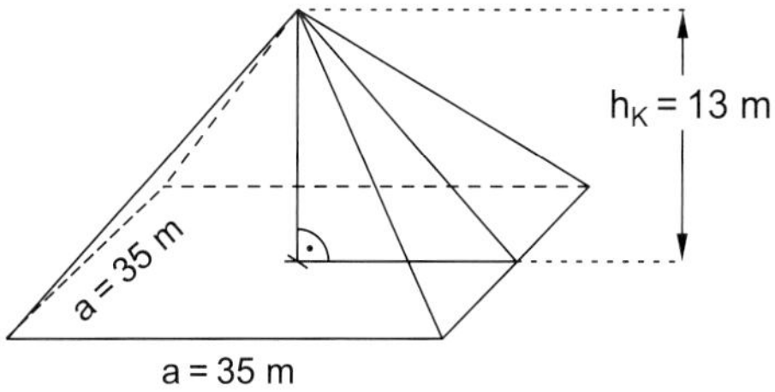

a) Berechne, wie viel Kubikmeter Erde für den Bau der Pyramide benötigt wurden. 2

Es führt eine Treppe die Pyramide hinauf. Jede Treppenstufe ist 0,20 m hoch.

b) Berechne die Anzahl der Treppenstufen. 1

c) Berechne die Treppenlänge x. 2

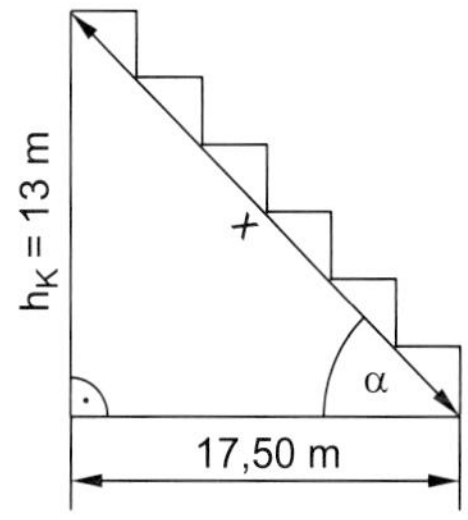

(Skizzen nicht maßstäblich)

Die Pyramide ist mit Rasen bewachsen und muss regelmäßig gemäht werden.

d) Berechne die Größe der zu mähenden Fläche. 2
(Die Treppe kann unberücksichtigt bleiben.)
(Solltest du die Teilaufgabe c nicht gelöst haben, rechne mit x = 21,60 m weiter.)

e) Berechne die Größe des Steigungswinkels α. 2

f) Kreuze die richtige Aussage an. 1

Verkleinert sich bei gleichbleibender Körperhöhe der Steigungswinkel α, dann …

- ☐ … verkleinert sich die Treppenlänge x.
- ☐ … bleibt die Treppenlänge x gleich.
- ☐ … vergrößert sich die Treppenlänge x.

Wahlaufgabe 2 – Funktionen

Nina mietet einen E-Scooter bei *ScooterOne*.

ScooterOne

Einmalige Freischaltung: 1 €

Fahrpreis pro Minute: 0,20 Cent

© Pavel Kapysh/pixabay.com

a) Ergänze die fehlenden Werte für das Angebot von *ScooterOne* in der Tabelle. 2

Fahrzeit	0 min	3 min	5 min	
Preis	1 €		2 €	2,40 €

Nina fährt 10 Minuten mit dem E-Scooter.

b) Berechne die Gesamtkosten für diese Fahrt. 1

c) Stelle die Funktionsgleichung für das Angebot von *ScooterOne* in der Form $y = m \cdot x + b$ auf. 2

In Ninas Heimatort gibt es einen zweiten Anbieter für E-Scooter *(Roller2Go)*. Das Angebot von *Roller2Go* ist im Koordinatensystem grafisch dargestellt.

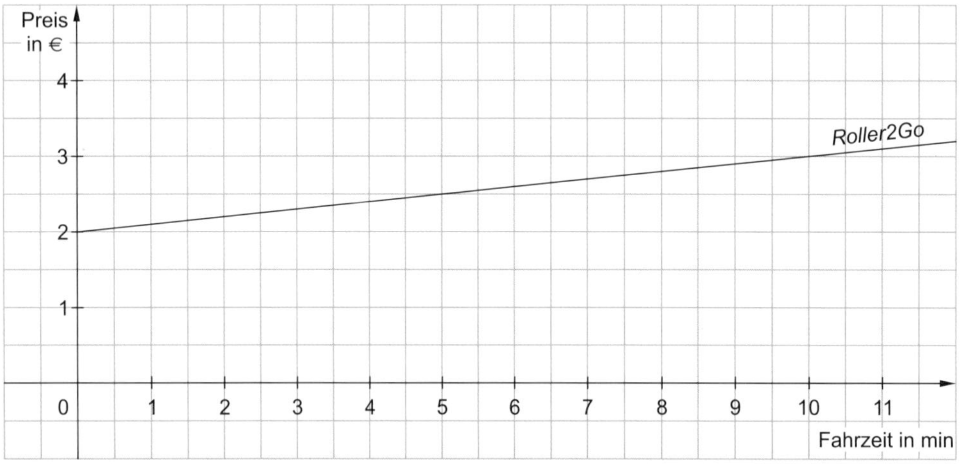

d) Ergänze im Koordinatensystem den Graphen der Funktion für das Angebot von *ScooterOne*. 2

e) Ergänze die fehlenden Werte im Angebotsschild von *Roller2Go*. 2

Roller2Go

Einmalige Freischaltung: __________ €

Fahrpreis pro Minute: __________ €

Nina vergleicht die Angebote von *ScooterOne* und *Roller2Go*.

f) Kreuze die richtige Aussage an. 1

☐ Für 3 € kann man bei *ScooterOne* länger fahren.

☐ Es gibt keine Fahrzeit, für die beide Angebote gleich teuer sind.

☐ Wenn man weniger als 10 Minuten fährt, ist *Roller2Go* teurer.

Wahlaufgabe 3 – Wahrscheinlichkeit

Die Klasse 10a bietet auf dem Schulfest ein Spiel mit Glücksrädern an.

Ein Spiel besteht aus zwei Drehungen: Zuerst wird Rad 1, danach Rad 2 gedreht.

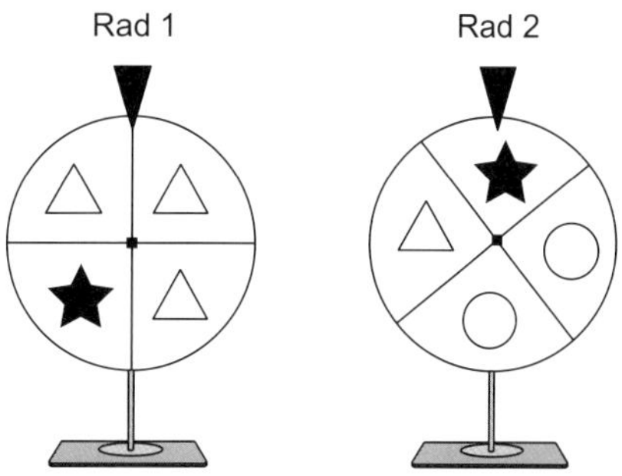

a) Gib an, welche Symbole mit der größten Wahrscheinlichkeit angezeigt werden. 2

Rad 1: ________________

Rad 2: ________________

b) Ergänze die fehlenden Wahrscheinlichkeiten in den gestrichelten Kästchen. 2

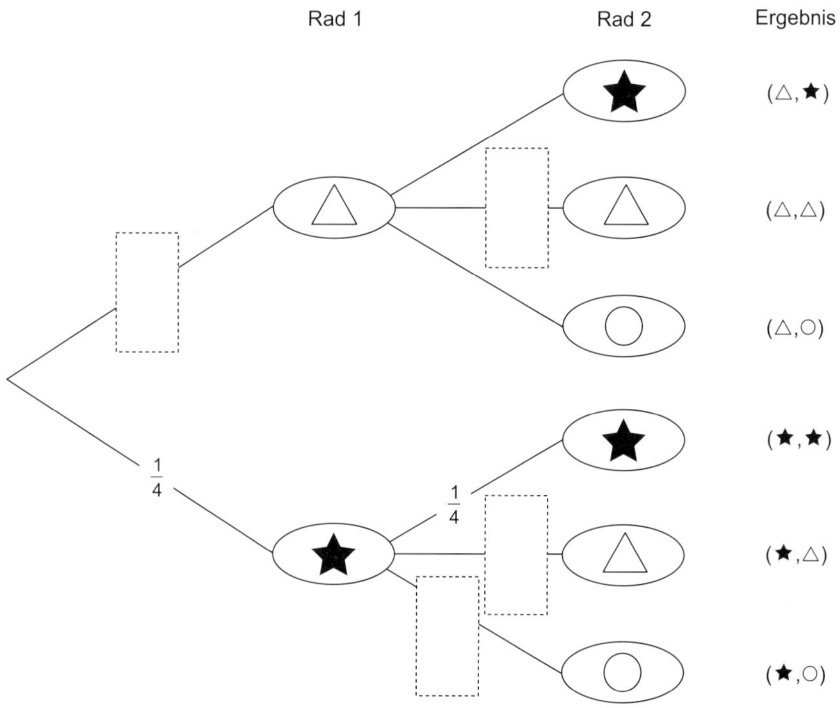

Ein Spieler gewinnt, wenn auf beiden Rädern ein Stern angezeigt wird (★,★).

c) Markiere im Baumdiagramm den Pfad für einen Gewinn und berechne die entsprechende Wahrscheinlichkeit. 2

d) Berechne die Wahrscheinlichkeit, dass zwei verschiedene Symbole angezeigt werden. 3

Ein Jahr später sollen die Glücksräder mit den gleichen Spielregeln erneut zum Einsatz kommen. Beide Glücksräder sind wie abgebildet umgestaltet worden.

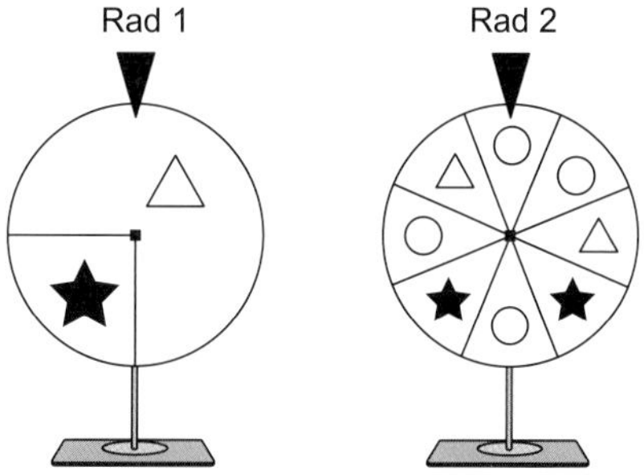

e) Kreuze die richtige Aussage an. 1

Durch die Umgestaltung …

☐ … erhöht sich die Wahrscheinlichkeit für einen Gewinn.

☐ … verringert sich die Wahrscheinlichkeit für einen Gewinn.

☐ … bleibt die Wahrscheinlichkeit für einen Gewinn gleich.

Wahlaufgabe 4 – Trigonometrie

Dilara lässt ihre Drohne über einem freien Feld fliegen. Sie stellt drei Hütchen A, B und C auf.

Hütchen A ist von ihrem Standpunkt ( ) 46,6 m entfernt. Hütchen B hat eine Entfernung von 31,2 m.

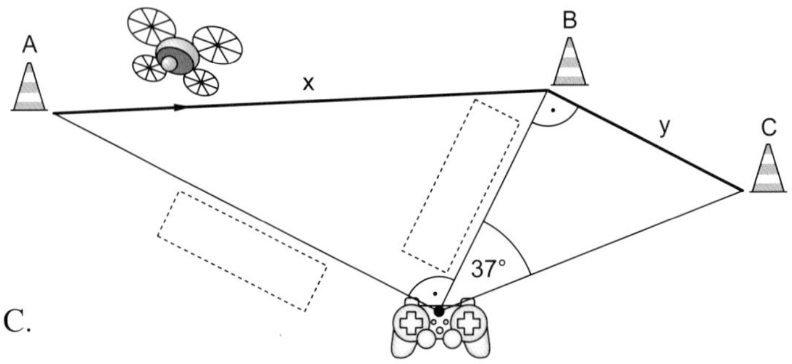

a) Trage die fehlenden Werte in die gestrichelten Kästchen ein. 2

Dilaras Drohne fliegt von A über B zu C.

b) Berechne die Länge der Strecke x. 2

c) Berechne die Länge der Strecke y. 2

(Skizzen nicht maßstäblich)

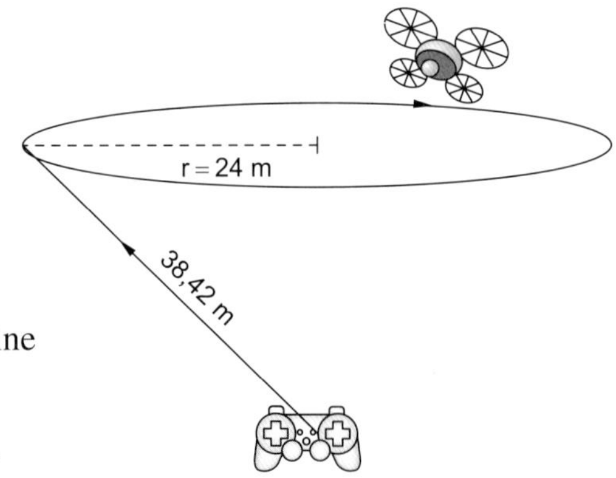

Dilara möchte die Drohne direkt über sich im Kreis fliegen lassen.

d) Berechne die Länge der Kreisbahn. 1

Die Drohne soll aus Dilaras Hand starten und auch dorthin wieder zurückfliegen. Der Akku hat noch eine Reichweite von 1 000 m.

e) Berechne die Anzahl der vollen Umrundungen, bevor der Akku leer ist. 2
(Solltest du die Teilaufgabe d nicht gelöst haben, rechne mit 140,70 m weiter.)

f) Vergrößert sich der Radius r, dann … 1

☐ … verringert sich die Anzahl der Umrundungen, bis der Akku leer ist.

☐ … erhöht sich die Anzahl der Umrundungen, bis der Akku leer ist.

☐ … bleibt die Anzahl der Umrundungen gleich, bis der Akku leer ist.

Lösungen

E-Kurs und G-Kurs: Hauptteil 1 (ohne Hilfsmittel)

Hinweise und Tipps

1. a) $\mathbf{12} \cdot 6 = 72$

Umkehraufgabe: $72 : 6 = 12$
Die 6 passt 12-mal in die 72.

b) $2{,}7 + 1{,}6 = \mathbf{4{,}3}$

Rechne schriftlich:

$$\begin{array}{r} 2{,}7 \\ +\ 1{,}6 \\ {\scriptstyle 1} \\ \hline 4{,}3 \end{array}$$

c) $\mathbf{30} - (9 + 4) = 17$

Berechne zuerst die Klammer: $9 + 4 = 13$
Umkehraufgabe: $17 + 13 = 30$

d) $\frac{1}{2} : 2 = \mathbf{\frac{1}{4}}$

Stelle dir vor, dass ein Halbkreis in 2 Teile geteilt wird.

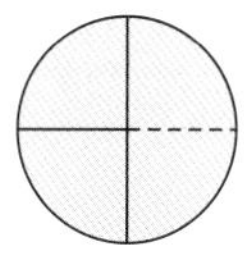

oder: $\frac{1}{2} : 2 = \frac{1}{2} \cdot \frac{1}{2} = \frac{1}{4}$

---

2. a) $2{,}3\ \text{km} + 840\ \text{m} = \mathbf{3{,}14}\ \text{km}$

Wandle in km um: $840\ \text{m} = 0{,}84\ \text{km}$

$$\begin{array}{r} 2{,}30\ \text{km} \\ +\ 0{,}84\ \text{km} \\ {\scriptstyle 1} \\ \hline 3{,}14\ \text{km} \end{array}$$

b) $0{,}5\ \text{t} + \mathbf{20}\ \text{kg} = 0{,}520\ \text{t}$

Es müssen 0,02 t addiert werden.
1 t = 1 000 kg

3.

$6{,}24\ \text{cm}^2$	$62{,}4\ \text{cm}^2$	$624\ \text{cm}^2$	$6\ 240\ \text{cm}^2$
☐	☐	☒	☐

Ein DIN-A4-Blatt ist ca. 20 cm breit und 30 cm lang.
$20\ \text{cm} \cdot 30\ \text{cm} = 600\ \text{cm}^2$

4.

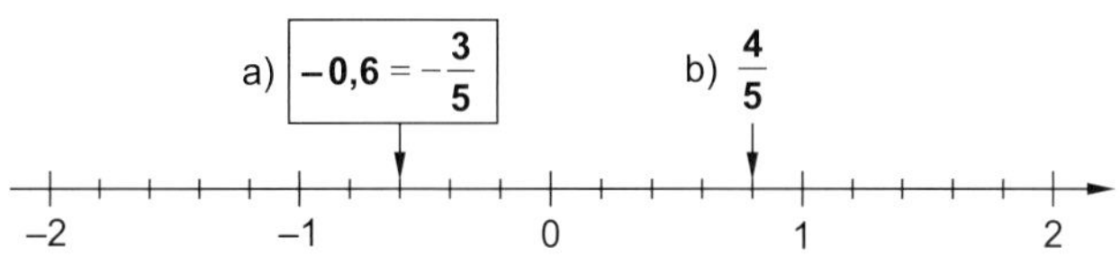

Ein kleiner Strich steht für 0,2 oder $\frac{1}{5}$.

---

5. a) $7 \cdot 2 + 12 - 5 \cdot 2 =$
$14 + 12 - 10 = \mathbf{16}$

Setze für $x = 2$ ein.
Beachte die Punkt-vor-Strich-Regel.

b)
$$\begin{aligned} -14 + 12x - 47 &= 3x - 16 \quad &&|-3x \\ -14 + 9x - 47 &= -16 \\ -61 + 9x &= -16 &&|+61 \\ 9x &= 45 &&|:9 \\ x &= \mathbf{5} \end{aligned}$$

Fasse auf der linken Seite alle Zahlen ohne x zusammen $(-14 - 47)$.
Isoliere dann die Variable.

c) $4x + 13{,}60\ € = 47{,}60\ €$

x steht für den Preis einer Eintrittskarte, 4x steht dann für den Preis von 4 Eintrittskarten.

---

6. a)

Menge	Preis „Roter Boskop“	Preis „Jonagold“
1 kg	2,80 €	3,20 €
2 kg	5,60 €	6,40 €
3 kg	8,40 €	**9,60 €**
5 kg	14,00 €	16,00 €

+ 3,20 €

b) Der Graph gehört zur Apfelsorte „**Jonagold**“.

Für 20 € erhält man bei dieser Apfelsorte etwa **6,25** kg Äpfel.

c) Den genauen Preis durch das Diagramm zu ermitteln, ist sehr schwer, da die Einteilung auf beiden Achsen zu grob ist und man dadurch keine Zwischenwerte ablesen kann.

Hinweise und Tipps

Pro kg kommen bei „Jonagold“ 3,20 € hinzu.

1 kg „Roter Boskop“ kostet 2,80 €. Von 8,40 € auf 14 € kommen 5,60 € hinzu, das sind $2 \cdot 2{,}80$ €. Also kommen 2 kg dazu.

Bei 5 kg liegt der Graph über 15 €.

Lies am Graphen die Menge bei 20 € ab.

Oder: 20 € : 3,20 €/kg = 6,25 kg

Alle Werte zwischen 6,15 kg und 6,35 kg werden als richtig gewertet.

---

7. a)

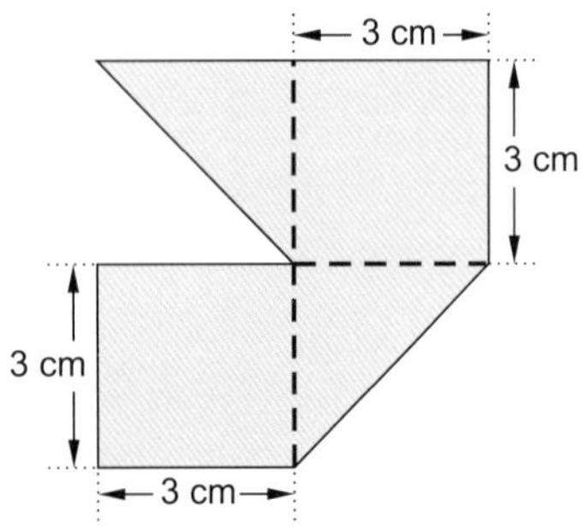

oder:

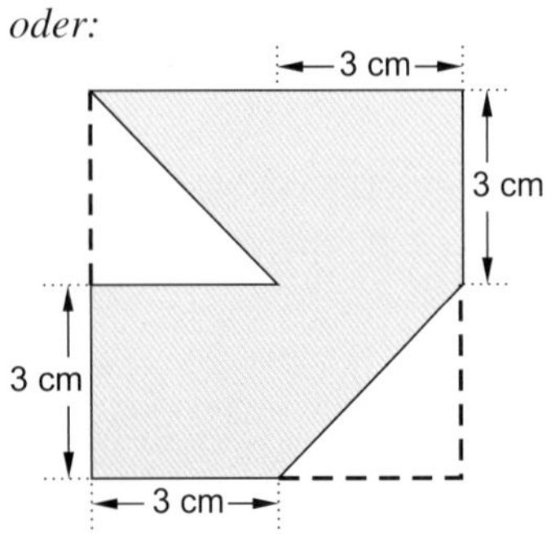

b) Berechnung des Flächeninhalts durch Zerlegen:

$A = 2 \cdot A_{Dreieck} + 2 \cdot A_{Quadrat}$

$A = 3 \cdot A_{Quadrat}$

$A = 3 \cdot a \cdot a$

$A = 3 \cdot 3\text{ cm} \cdot 3\text{ cm}$

$A = \mathbf{27}\text{ cm}^2$

oder:

Berechnung des Flächeninhalts durch Ergänzen:

$A = A_{Quadrat\ groß} - 2 \cdot A_{Dreieck}$

$A = a_{groß} \cdot a_{groß} - \cancel{2} \cdot \frac{g \cdot h}{\cancel{2}}$

$A = 6\text{ cm} \cdot 6\text{ cm} - 3\text{ cm} \cdot 3\text{ cm}$

$A = 36\text{ cm}^2 - 9\text{ cm}^2$

$A = \mathbf{27}\text{ cm}^2$

Durch Zerlegen entstehen 2 Dreiecke und 2 Quadrate.

Jede sinnvolle Zerlegung in berechenbare Teilflächen wird als richtig gewertet.

Man kann die Fläche durch 2 Dreiecke auch zu einem großen Quadrat ergänzen.

Die 2 Dreiecke kann man zu einem Quadrat ergänzen. Man muss dann den Flächeninhalt von 3 gleich großen Quadraten berechnen.

Das große Quadrat hat eine Kantenlänge von 6 cm.

Hinweise und Tipps

c) $A = 3 \cdot A_{\text{Quadrat}}$
$A = 3 \cdot 2x \cdot 2x$
$A = 3 \cdot 4x^2$
$A = \mathbf{12x^2}$

oder:

$A = A_{\text{Quadrat groß}} - 2 \cdot A_{\text{Dreieck}}$

$A = 4x \cdot 4x - \cancel{2} \cdot \frac{2x \cdot 2x}{\cancel{2}}$

$A = 16x^2 - 4x^2$

$A = \mathbf{12x}^2$

Verwende deine Zerlegung oder Ergänzung von oben.

Beachte, dass die Seitenlänge der kleinen Quadrate 2x beträgt.

8. a)

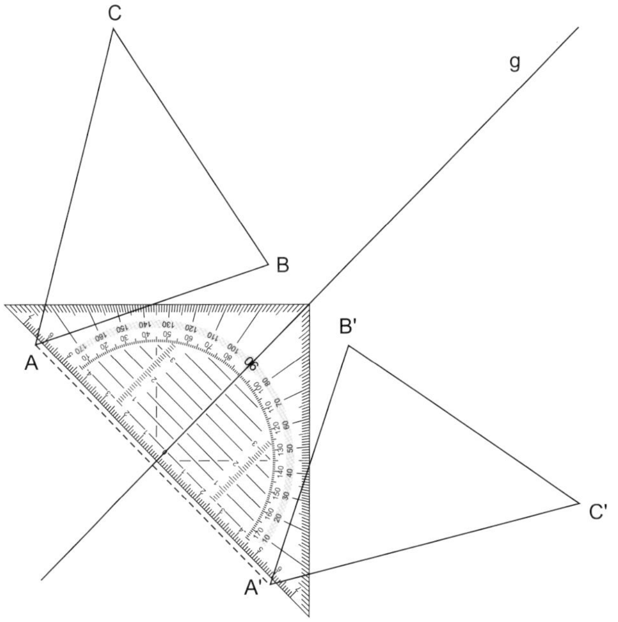

Verwende dein Geodreieck. A' muss genauso weit entfernt von g sein wie A von g.

Verbinde A', B' und C' zum Dreieck.

b)

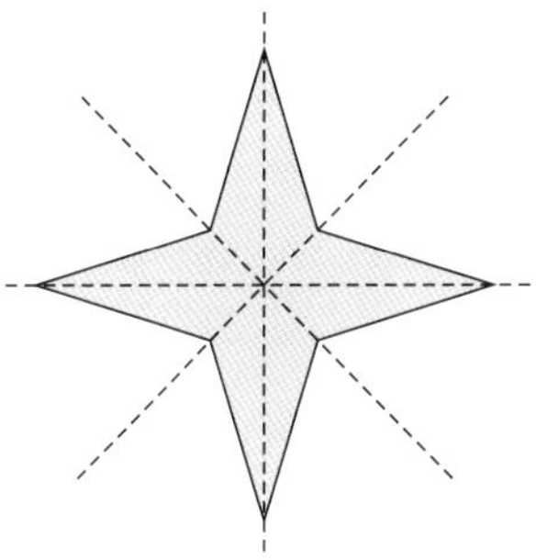

Der Stern hat 4 Symmetrieachsen.

c) Die Gerade ist keine Symmetrieachse des Verkehrszeichens, weil beim Spiegeln an der Geraden die beiden Pfeile nicht aufeinanderliegen.

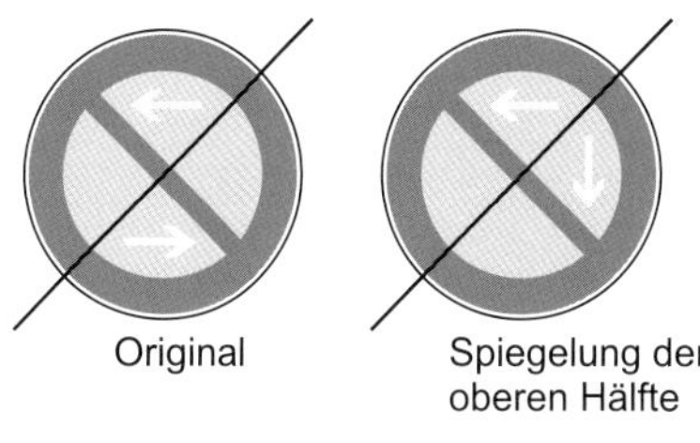

E-Kurs: Hauptteil 2

1. a) Es sind **94** Prozent der Jugendlichen im Besitz eines Smartphones. Fast drei Viertel der Jugendlichen haben einen **Computer/Laptop**.

Hinweise und Tipps: Lies aus dem Diagramm ab. drei Viertel $= \frac{3}{4} = 75\ \%$

b) Rechnung mit der Formel:

$$W = G \cdot \frac{p}{100}$$

$$W = 1\,200 \cdot \frac{38}{100}$$

$$W = 456$$

Rechnung mit dem Dreisatz:

100 % ≙ 1 200 Jugendliche
1 % ≙ 12 Jugendliche
38 % ≙ 456 Jugendliche

456 Jugendliche besitzen ein Tablet.

Aus dem Diagramm kann man herauslesen, dass 38 % von 1 200 Jugendlichen ein Tablet besitzen.

gegeben: Grundwert G = 1 200
Prozentsatz p % = 38 %
gesucht: Prozentwert W

Setze die gegebenen Werte in die Formel ein.

c) Rechnung mit der Formel:

$$W = G \cdot \frac{p}{100} \quad |\cdot 100$$

$$W \cdot 100 = G \cdot p \quad |:G$$

$$\frac{W \cdot 100}{G} = p$$

$$\frac{504 \cdot 100}{1\,200} = p$$

$$42\ \% = p\ \%$$

42 % der Jugendlichen besitzen eine tragbare Spielekonsole.

gegeben: Grundwert G = 1 200
Prozentwert W = 504
gesucht: Prozentsatz p %

Die Formel muss nach p umgestellt werden.

Setze dann die gegebenen Werte in die Formel ein.

d)

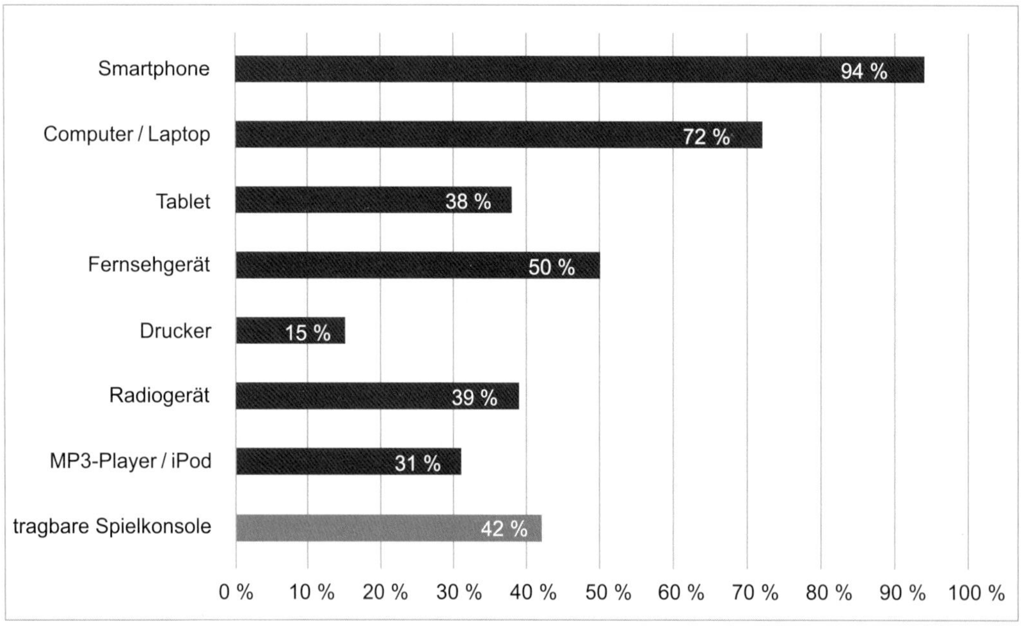

10 % entsprechen genau 1 cm, 42 % entsprechen dann 4,2 cm.

Hinweise und Tipps

2. a) $A = g \cdot h$

$A = 28\ \text{cm} \cdot 45\ \text{cm}$

$A = \mathbf{1\,260\ cm^2}$

Der Flächeninhalt eines Parallelogramms wird mit „Grundfläche mal Höhe" berechnet.

b) $A_{\text{Quadrat}} = a^2$

$1\,260\ \text{cm}^2 = a^2 \quad |\sqrt{\ }$

$\mathbf{35{,}50\ cm} \approx a$

Gesucht ist eine Seitenlänge a, die mit sich selbst multipliziert $1\,260\ \text{cm}^2$ ergibt. Die Umkehroperation ist das Wurzelziehen.

---

3. a) Berechnung des Durchmessers der runden Tischdecke:

$d = 15\ \text{cm} + 85\ \text{cm} + 15\ \text{cm}$

$d = 115\ \text{cm}$

Die Tischdecke soll überall 15 cm überhängen, daher muss man für den Durchmesser die 15 cm 2-mal zu den 85 cm addieren.

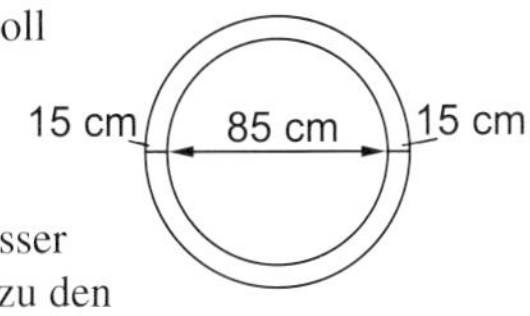

Berechnung des Flächeninhalts der Tischdecke:

$r = 115\ \text{cm} : 2 = 57{,}5\ \text{cm}$

$A = \pi \cdot r^2$

$A = \pi \cdot (57{,}5\ \text{cm})^2$

$A \approx \mathbf{10\,386{,}89\ cm^2}$

Um den Flächeninhalt der Tischdecke zu berechnen, benötigt man den Radius.

b) Verschnitt in cm^2:

$15\,000\ \text{cm}^2 - 10\,386{,}89\ \text{cm}^2 = 4\,613{,}11\ \text{cm}^2$

Rechnung mit der Formel:

$$W = G \cdot \frac{p}{100} \qquad |\cdot 100$$

$$W \cdot 100 = G \cdot p \qquad |:G$$

$$\frac{W \cdot 100}{G} = p$$

$$\frac{4\,613{,}11\ \text{cm}^2 \cdot 100}{15\,000\ \text{cm}^2} = p$$

$$30{,}75\ \% \approx p\ \%$$

Der prozentuale Anteil des Verschnitts beträgt **30,75 %**.

gegeben: Grundwert $G = 15\,000\ \text{cm}^2$
Prozentwert $W = 4\,613{,}11\ \text{cm}^2$
gesucht: Prozentsatz p %

Die Formel muss nach p umgestellt werden.

Setze dann die gegebenen Werte in die Formel ein.

---

4. a) Graph g:

☒ $y = -2x + 3$

$y = mx + b$

Der Graph schneidet die y-Achse bei +3.
$\Rightarrow b = 3$

Die Steigung m muss negativ sein, da der Graph fällt.

b) Graph h:

$\mathbf{y = \frac{1}{2}x + 1{,}5}$

oder:

$\mathbf{y = 0{,}5x + 1{,}5}$

Der Graph schneidet die y-Achse bei +1,5.
$\Rightarrow b = 1{,}5$
Steigungsdreieck: 2 Schritte nach rechts (Nenner), 1 Schritt nach oben (Zähler)

$\Rightarrow m = \frac{1}{2}$

c)

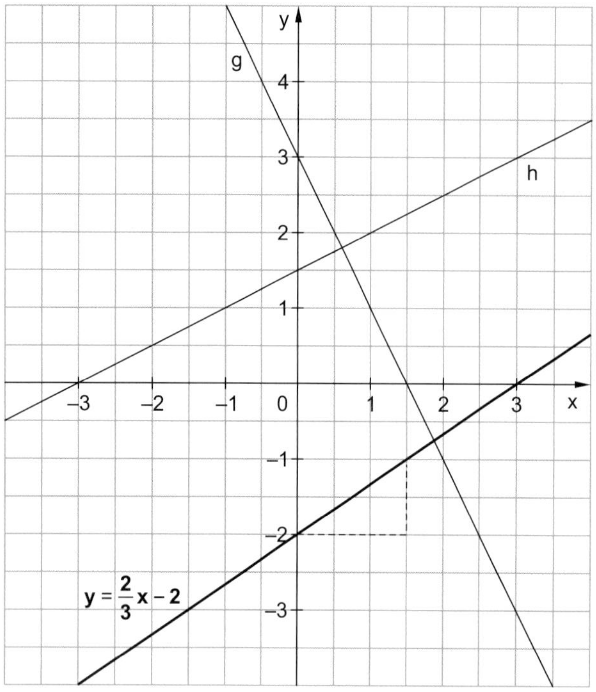

Hinweise und Tipps

$b = -2 \Rightarrow$ Der Graph schneidet die y-Achse bei –2.

$m = \frac{2}{3} \Rightarrow$ Steigungsdreieck:

3 Schritte nach rechts (Nenner) und 2 Schritte (Zähler) nach oben

---

5. a) $P(E) = \frac{\text{Anzahl der für E günstigen Ergebnisse}}{\text{Anzahl der möglichen Ergebnisse}}$

$P(\text{Orangen-Bonbon}) = \mathbf{\frac{12}{48}} = \mathbf{\frac{1}{4}}$

günstige Ergebnisse:
12 Orangen-Bonbons

mögliche Ergebnisse:
$4 \cdot 12$ Bonbons = 48 Bonbons

b) $P(E) = \frac{\text{Anzahl der für E günstigen Ergebnisse}}{\text{Anzahl der möglichen Ergebnisse}}$

$P(\text{Orangen-Bonbon}) = \mathbf{\frac{11}{47}}$

Beachte: Ein Orangen-Bonbon wurde schon gegessen.

günstige Ergebnisse: 11 Orangen-Bonbons

mögliche Ergebnisse: 47 Bonbons

---

6. a) Berechnung von x mit dem Satz des Pythagoras:

$$a^2 + b^2 = c^2$$
$$(1{,}40\text{ m})^2 + (1{,}21\text{ m})^2 = x^2$$
$$1{,}96\text{ m}^2 + 1{,}464\text{ m}^2 = x^2$$
$$3{,}424\text{ m}^2 = x^2 \quad |\sqrt{\ }$$
$$\mathbf{1{,}85\text{ m}} \approx x$$

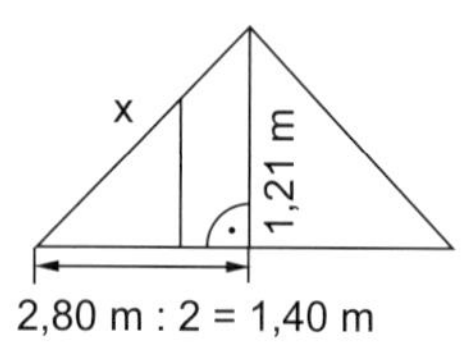

Die Katheten sind gegeben, die Hypotenuse x ist gesucht.

b) Berechnung von y mit dem Satz des Pythagoras:

$$(0{,}81\text{ m})^2 + y^2 = (1{,}07\text{ m})^2$$
$$0{,}6561\text{ m}^2 + y^2 = 1{,}1449\text{ m}^2 \quad |-0{,}6561\text{ m}^2$$
$$y^2 = 0{,}4888\text{ m}^2 \quad |\sqrt{\ }$$
$$y \approx \mathbf{0{,}70\text{ m}}$$

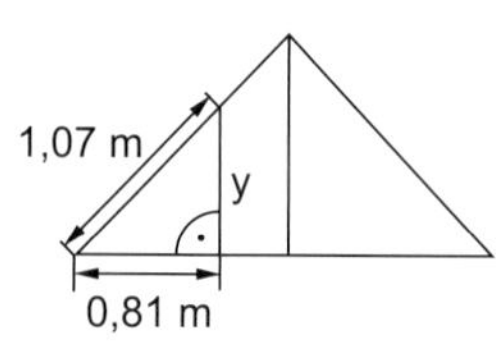

Die Kathete y ist gesucht.

Hinweise und Tipps

7. a) Berechnung von a mit dem Sinus:

$$\sin\alpha = \frac{\text{Gegenkathete}}{\text{Hypotenuse}}$$

$$\sin 35° = \frac{2{,}80\ \text{m}}{\text{a}} \quad |\cdot \text{a}$$

$$\text{a}\cdot\sin 35° = 2{,}80\ \text{m} \quad |:\sin 35°$$

$$\text{a} \approx \mathbf{4{,}88\ m}$$

gegeben: $\alpha = 35°$
Gegenkathete = 2,80 m
gesucht: Hypotenuse a
Löse die Formel nach a auf.

b) Berechnung von α mit dem Kosinus:

$$\cos\alpha = \frac{\text{Ankathete}}{\text{Hypotenuse}}$$

$$\cos\alpha = \frac{11{,}50\ \text{m}}{13{,}30\ \text{m}}$$

$$\cos\alpha = 0{,}864\ldots$$

$$\alpha \approx \mathbf{30{,}16°}$$

gegeben: Hypotenuse = 13,30 m
Ankathete = 2,80 m + 8,70 m = 11,50 m
gesucht: Winkel α

---

8. a)

$$V_{\text{Zylinder}} = G\cdot h_k$$

$$V_{\text{Zylinder}} = \pi\cdot r^2\cdot h_k$$

$$V_{\text{Zylinder}} = \pi\cdot(3{,}5\ \text{cm})^2\cdot 5\ \text{cm}$$

$$V_{\text{Zylinder}} \approx \mathbf{192{,}42\ cm^3}$$

Der untere Teilkörper ist ein Zylinder. Die Grundfläche G ist beim Zylinder ein Kreis mit $\pi\cdot r^2$.
d = 7 cm → r = 3,5 cm

b)

$$V_{\text{Halbzylinder}} = \frac{1}{2}\cdot G\cdot h_k$$

$$V_{\text{Halbzylinder}} = \frac{1}{2}\cdot\pi\cdot r^2\cdot h_k$$

$$58\ \text{cm}^3 = \frac{1}{2}\cdot\pi\cdot(3{,}5\ \text{cm})^2\cdot x$$

$$58\ \text{cm}^3 \approx 19{,}24\ \text{cm}^2\cdot x \quad |:19{,}24\ \text{cm}^2$$

$$\mathbf{3{,}01\ cm} \approx x$$

Der obere Teilkörper ist ein halber Zylinder.
x ist die Höhe des Körpers.
Setze das gegebene Volumen ein und löse die Formel nach der Höhe $h_k = x$ auf.
d = 7 cm → r = 3,5 cm

c) Berechnung des gesamten Volumens:

$$V_{\text{ges}} = V_{\text{Halbzylinder}} + V_{\text{Zylinder}}$$

$$V_{\text{ges}} = 58\ \text{cm}^3 + 192{,}42\ \text{cm}^3$$

$$V_{\text{ges}} = 250{,}42\ \text{cm}^3$$

Bestimme zuerst die Summe aus den Volumen der beiden Teilkörper.

$$\text{Masse} = 250{,}42\ \text{cm}^3\cdot 7{,}86\ \frac{\text{g}}{\text{cm}^3}$$

$$\text{Masse} \approx \mathbf{1\,968{,}30\ g}$$

Multipliziere das gesamte Volumen mit 7,86.

E-Kurs: Wahlteil

1. a) $V_{Pyramide} = \frac{1}{3} \cdot G \cdot h_k$

$V_{Pyramide} = \frac{1}{3} \cdot a^2 \cdot h_k$

$V_{Pyramide} = \frac{1}{3} \cdot (35\text{ m})^2 \cdot 13\text{ m}$

$V_{Pyramide} \approx 5\,308{,}33\text{ m}^3$

Es wurden etwa **5 308,33 m³** Erde benötigt.

b) $20\text{ cm} = 0{,}20\text{ m}$

Anzahl der Treppenstufen:
$13\text{ m} : 0{,}2\text{ m} = 65$

Es gibt **65 Treppenstufen**.

c) Berechnung der Treppenlänge x mit dem Satz des Pythagoras:

$$a^2 + b^2 = c^2$$
$$(13\text{ m})^2 + (17{,}5\text{ m})^2 = x^2$$
$$169\text{ m}^2 + 306{,}25\text{ m}^2 = x^2$$
$$475{,}25\text{ m}^2 = x^2 \quad |\sqrt{}$$
$$\mathbf{21{,}80\text{ m}} \approx x$$

d) $A = 4 \cdot A_{Dreieck}$

$A = 4 \cdot \frac{g \cdot h}{2}$

$A = 4 \cdot \frac{35\text{ m} \cdot 21{,}80\text{ m}}{2}$

$A = 1\,526\text{ m}^2$

Die zu mähende Fläche ist **1 526 m²** groß.

e) Grundfläche der quadratischen Pyramide:

$G_{Pyramide} = a^2$

$G_{Pyramide} = (35\text{ m})^2$

$G_{Pyramide} = 1\,225\text{ m}^2$

Bestimmung des Radius des Kreises über den Flächeninhalt:

$$A = \pi \cdot r^2$$
$$1\,225\text{ m}^2 = \pi \cdot r^2 \quad |:\pi$$
$$389{,}93\text{ m}^2 \approx r^2 \quad |\sqrt{}$$
$$\mathbf{19{,}75\text{ m}} \approx r$$

f) Haben beide Körper auch die gleiche Körperhöhe, dann ist die Treppenlänge des Kegels …

☒ … größer als bei der Pyramide.

Hinweise und Tipps

a) Es handelt sich um eine quadratische Pyramide.
Gesucht ist das Volumen.

b) Wandle zuerst die cm-Angabe in m um.
Dividiere die Höhe der Pyramide durch die Höhe einer Treppenstufe.

c) gegeben: Kathete $h_k = 13\text{ m}$
Kathete $\frac{a}{2} = 35\text{ m} : 2 = 17{,}5\text{ m}$
gesucht: Hypotenuse x

d) Die zu mähende Fläche besteht aus 4 Dreiecken mit $g = a = 35\text{ m}$ und $h = x = 21{,}80\text{ m}$ (Treppenlänge).

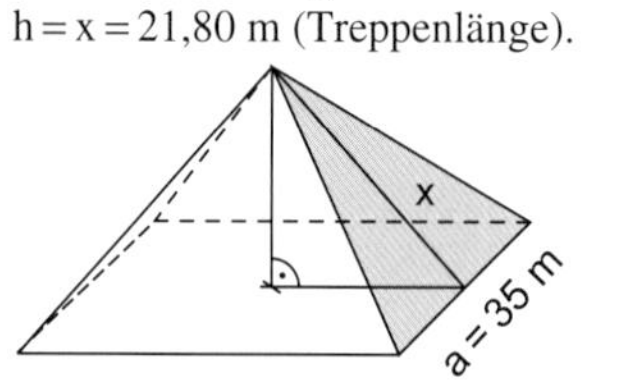

e) Berechne zuerst die Grundfläche der quadratischen Pyramide.

Die Grundfläche des Kegels ist ein Kreis. Setze für $A = 1\,225\text{ m}^2$ (Grundfläche der quadratischen Pyramide) ein.

f)
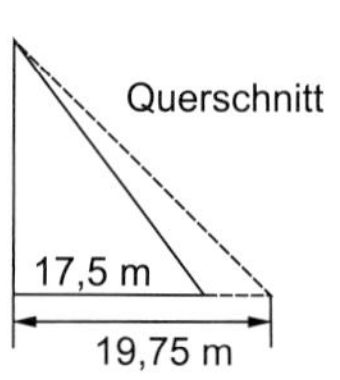

2. a)

Fahrzeit	0 min	3 min	10 min	**13 min**
Preis	1,50 €	**2,25 €**	4 €	4,75 €

Hinweise und Tipps

Grundgebühr: 1,50 €
Fahrpreis pro Minute: 0,25 €
Preis für 3 Minuten:
$1{,}50\ € + 3 \cdot 0{,}25\ € = 2{,}25\ €$
Von 4 € auf 4,75 € kommen 0,75 € dazu, das sind $3 \cdot 0{,}25\ €$. Also müssen 3 Minuten dazukommen.

b) $y = mx + b$
$\mathbf{y = 0{,}25x + 1{,}5}$

y: Gesamtpreis
Achsenabschnitt b: 1,50 € Grundgebühr
Steigung m: 0,25 € pro Minute
x: Fahrzeit in Minuten

c) $6{,}50\ € - 1{,}50\ € = 5\ €$
$5\ € : 0{,}25\ € = 20$

Nina ist **20 Minuten** gefahren.

oder:

$$\begin{aligned} 6{,}50 &= 0{,}25x + 1{,}5 \quad &|-1{,}5 \\ 5 &= 0{,}25x \quad &|:0{,}25 \\ 20 &= x \end{aligned}$$

Nina ist **20 Minuten** gefahren.

Ziehe von den Kosten zunächst die Grundgebühr ab. Dividiere dann durch die Kosten pro Minute.

Setze die Kosten für y in die Funktionsgleichung ein.

d)

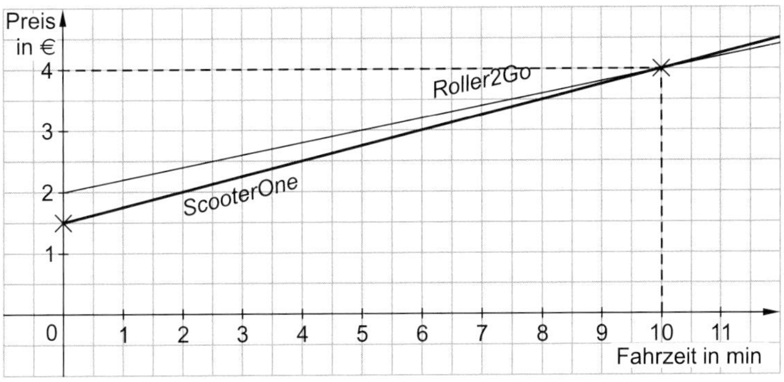

Trage die gegebenen Werte aus Aufgabe a in das Koordinatensystem ein.

e) Bei **10 Minuten** verlangen beide Anbieter den gleichen Preis.

Lies den Wert aus dem Graphen ab. Der Schnittpunkt der beiden Geraden gibt an, zu welcher Zeit der gleiche Preis verlangt wird.

f) Nina kann auf einen Blick erkennen, dass der Graph, der jeweils unter dem anderen verläuft, für die jeweilige Fahrzeit der günstigere Anbieter ist.

oder:

Links vom Schnittpunkt ist *ScooterOne* günstiger und rechts vom Schnittpunkt ist *Roller2Go* günstiger.

3. a) Rad 1: △

Rad 2: ○

Hinweise und Tipps: Das Symbol, das den größten Bereich auf dem Glücksrad einnimmt, wird auch mit der größten Wahrscheinlichkeit gedreht.

b)

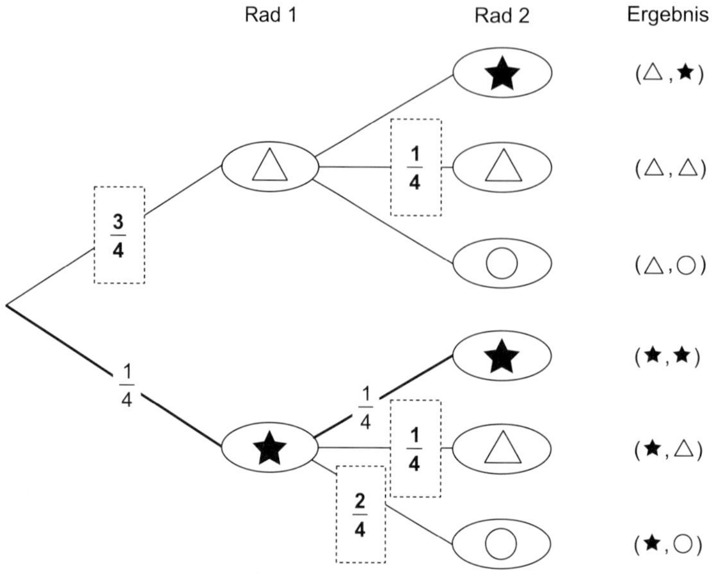

Hinweise und Tipps: Überlege, welchen Anteil des Kreises die Symbole auf den unterschiedlichen Rädern einnehmen.

Statt $\frac{2}{4}$ kannst du auch $\frac{1}{2}$ schreiben.

c) $P(★, ★) = \frac{1}{4} \cdot \frac{1}{4} = \mathbf{\frac{1}{16}}$

Hinweise und Tipps: Entlang eines Pfades gilt die Produktregel.

d) $P(△, ★) = \frac{3}{4} \cdot \frac{1}{4} = \frac{3}{16}$

$P(△, ○) = \frac{3}{4} \cdot \frac{2}{4} = \frac{6}{16}$

$P(★, △) = \frac{1}{4} \cdot \frac{1}{4} = \frac{1}{16}$

$P(★, ○) = \frac{1}{4} \cdot \frac{2}{4} = \frac{2}{16}$

$P(\text{2 verschiedene Symbole}) = \frac{3}{16} + \frac{6}{16} + \frac{1}{16} + \frac{2}{16} = \mathbf{\frac{12}{16}} = \mathbf{\frac{3}{4}}$

Hinweise und Tipps: Alle Pfade, die über 2 verschiedene Symbole gehen, führen zum Erfolg. Entlang eines Pfades gilt die Produktregel.

Die einzelnen Wahrscheinlichkeiten werden addiert (Summenregel).

e) $\frac{1}{16} \cdot 1\,000 = 62{,}5$

Es werden wahrscheinlich ca. **63 Eis** gewonnen.

Hinweise und Tipps: Die Wahrscheinlichkeit für einen Gewinn beträgt $\frac{1}{16}$ (Aufgabe c).
Im Schnitt gewinnt also jeder 16. Wurf.

f)

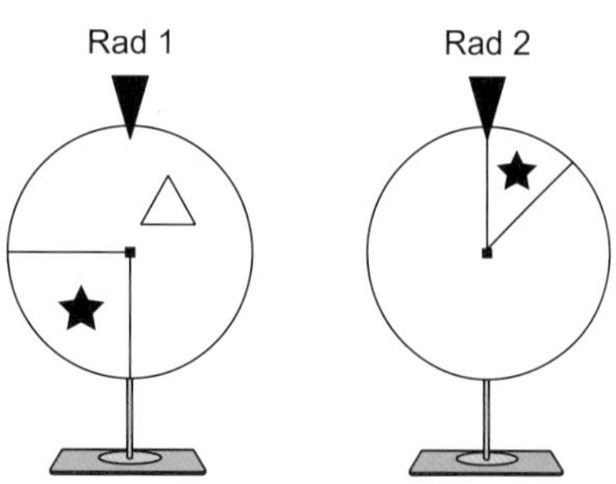

Hinweise und Tipps: Das erste Glücksrad ändert sich nicht.

$\frac{1}{32} = \frac{1}{4} \cdot \frac{1}{8}$

Der Stern muss also auf dem 2. Glücksrad ein Achtel der Fläche einnehmen.
Mit welchen Symbolen du den Rest des Glücksrads gestaltest, ist egal.

Hinweise und Tipps

4. a) Berechnung von x mit dem Satz des Pythagoras:

$$a^2 + b^2 = c^2$$
$$(46,6\ \text{m})^2 + (31,2\ \text{m})^2 = x^2$$
$$2\,171,56\ \text{m}^2 + 973,44\ \text{m}^2 = x^2$$
$$3\,145\ \text{m}^2 = x^2 \quad |\sqrt{\ }$$
$$\mathbf{56,08\ m} \approx x$$

Gegeben sind die beiden Katheten. Gesucht ist die Hypotenuse x.

b) Berechnung von y mit dem Tangens:

$$\tan\alpha = \frac{\text{Gegenkathete}}{\text{Ankathete}}$$
$$\tan 37° = \frac{y}{31,2\ \text{m}} \quad |\cdot 31,2\ \text{m}$$
$$31,2\ \text{m} \cdot \tan 37° = y$$
$$\mathbf{23,51\ m} \approx y$$

gegeben: $\alpha = 37°$
Ankathete = 31,2 m
gesucht: Gegenkathete y
Löse die Formel nach y auf.

c) $u = 2 \cdot \pi \cdot r$
$u = 2 \cdot \pi \cdot 24\ \text{m}$
$u \approx 150,79\ \text{m}$

Bestimme zuerst den Umfang der Kreisbahn. Der Radius ist in der Abbildung gegeben.

Bestimmung der Entfernung von Dilara zur Kreisbahn:
$2 \cdot 38,42\ \text{m} = 76,84\ \text{m}$

Die Drohne muss zur Kreisbahn hin- und wieder zurückfliegen.

Bestimmung der Strecke, die für die Kreisbahn bleibt:
$1\,000\ \text{m} - 76,84\ \text{m} = 923,16\ \text{m}$

Die Differenz zu 1 000 m kann die Drohne auf der Kreisbahn fliegen.

Bestimmung der Rundenzahl:
$923,16\ \text{m} : 150,79\ \text{m} \approx 6,12$

Dividiere die Differenz durch die Länge der Kreisbahn. Du erhältst die mögliche Rundenanzahl.

Die Drohne kann mit einer Akkuladung **6 vollständige Runden** fliegen.

Beachte, dass du volle Umrundungen angeben sollst.

d) Berechnung von β mit dem Sinus:

$$\sin\beta = \frac{\text{Gegenkathete}}{\text{Hypotenuse}}$$
$$\sin\beta = \frac{24\ \text{m}}{38,42\ \text{m}}$$
$$\sin\beta = 0,6247\ldots$$
$$\beta \approx \mathbf{38,66°}$$

gegeben: Gegenkathete = 24 m
Hypotenuse = 38,42 m
gesucht: Winkel β

e) Vergrößert sich der Winkel β und die Flughöhe h bleibt gleich, dann …

☒ … verringert sich die Anzahl der Umrundungen, bis der Akku leer ist.

Wenn sich der Winkel β vergrößert, verlängert sich der Radius und damit auch die Kreisbahn. Die mögliche Anzahl der Umrundungen verringert sich also.

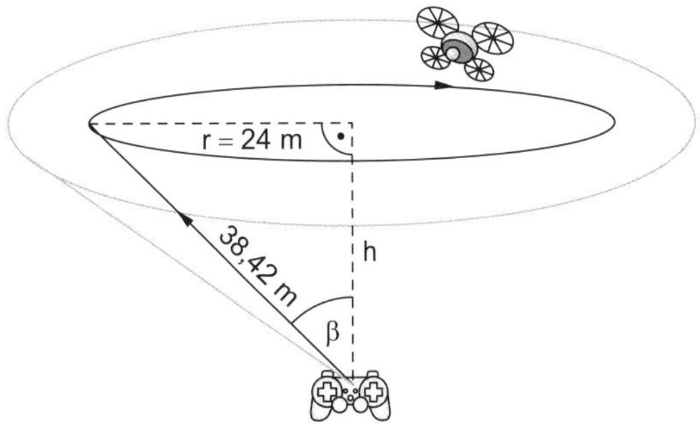

G-Kurs: Hauptteil 2

1. a) Es sind **94** Prozent der Jugendlichen im Besitz eines Smartphones. Die Hälfte der Jugendlichen hat ein **Fernsehgerät**.

b) Rechnung mit der Formel:

$$W = G \cdot \frac{p}{100}$$
$$W = 1\,200 \cdot \frac{38}{100}$$
$$W = 456$$

Rechnung mit dem Dreisatz:

100 % ≙ 1 200 Jugendliche
1 % ≙ 12 Jugendliche
38 % ≙ 456 Jugendliche

456 Jugendliche besitzen ein Tablet.

c) Rechnung mit Formel:

$$W = G \cdot \frac{p}{100} \quad |\cdot 100$$
$$W \cdot 100 = G \cdot p \quad |:G$$
$$\frac{W \cdot 100}{G} = p$$
$$\frac{240 \cdot 100}{1\,200} = p$$
$$20\,\% = p\,\%$$

20 % der Jugendlichen besitzen einen DVD-Player.

d)

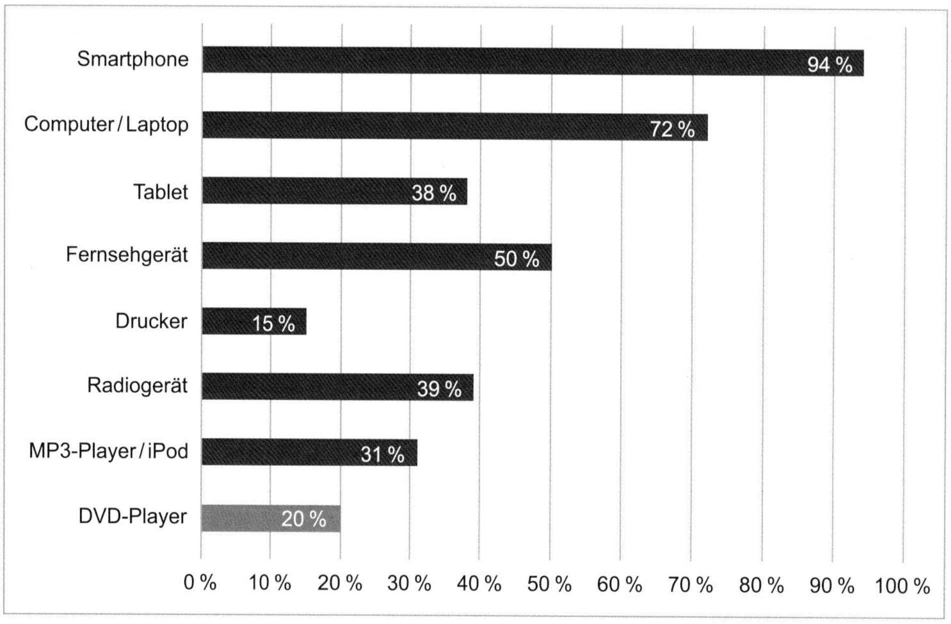

Hinweise und Tipps

a) Lies aus dem Diagramm ab.
die Hälfte $= \frac{1}{2} = 50\,\%$

b) Aus dem Diagramm kann man herauslesen, dass 38 % von 1 200 Jugendlichen ein Tablet besitzen.
gegeben: Grundwert G = 1 200
Prozentsatz p % = 38 %
gesucht: Prozentwert W
Setze die gegebenen Werte in die Formel ein.

c) gegeben: Grundwert G = 1 200
Prozentwert W = 240
gesucht: Prozentsatz p %
Die Formel muss nach p umgestellt werden.
Setze dann die gegebenen Werte in die Formel ein.

Hinweise und Tipps

2. a) $A = g \cdot h$
$A = 28\text{ cm} \cdot 45\text{ cm}$
$A = \mathbf{1\,260\text{ cm}^2}$

Der Flächeninhalt vom Parallelogramm wird mit „Grundfläche mal Höhe" berechnet.

b) Berechnung von b über den Umfang:

$u = 2 \cdot a + 2 \cdot b$
$162\text{ cm} = 2 \cdot 28\text{ cm} + 2 \cdot b$
$162\text{ cm} = 56\text{ cm} + 2 \cdot b \quad | -56\text{ cm}$
$106\text{ cm} = 2 \cdot b \quad | :2$
$\mathbf{53\text{ cm}} = b$

Der Umfang und die Länge einer Seite sind gegeben. Setze die Werte in die Formel zur Berechnung des Umfangs ein und löse nach b auf.

---

3. a) $d = 15\text{ cm} + 85\text{ cm} + 15\text{ cm}$
$d = \mathbf{115\text{ cm}}$

Die Tischdecke soll überall 15 cm überhängen, daher muss man für den Durchmesser die 15 cm 2-mal zu den 85 cm addieren.

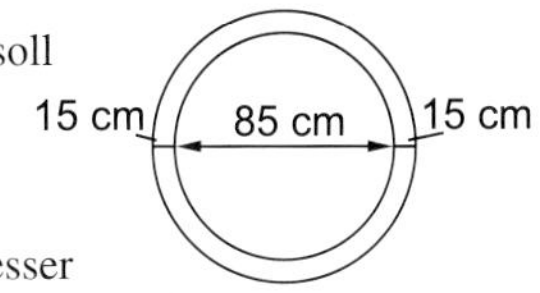

b) $A = a \cdot b$
$15\,000\text{ cm}^2 = 115\text{ cm} \cdot b \quad | :115\text{ cm}$
$130{,}43\text{ cm} \approx b$

Lösung z. B.:
Seite a: **115** cm
Seite b: **130,43** cm

Sowohl die Länge als auch die Breite des rechteckigen Stoffs müssen mindestens 115 cm betragen.
Das Produkt der beiden Seiten muss 15 000 cm² betragen.

c) $d = 115\text{ cm} \Rightarrow r = 57{,}5\text{ cm}$
$A = \pi \cdot r^2$
$A = \pi \cdot (57{,}5\text{ cm})^2$
$A \approx \mathbf{10\,386{,}89\text{ cm}^2}$

Der Durchmesser wurde in Aufgabe 3a berechnet.

---

4. a) Graph g:

☒ $y = -x + 3$

$y = mx + b$
Der Graph schneidet die y-Achse bei +3.
$\Rightarrow b = 3$
Die Steigung m muss negativ sein. Sie beträgt –1 (1 Schritt nach rechts → 1 Schritt nach unten).

b) Graph h:

$\mathbf{y = \frac{1}{2}x + 1}$

oder:

$\mathbf{y = 0{,}5x + 1}$

Der Graph schneidet die y-Achse bei +1.
$\Rightarrow b = 1$
Steigungsdreieck: 2 Schritte nach rechts (Nenner) und 1 Schritt nach oben (Zähler)
$\Rightarrow m = \frac{1}{2}$

c)

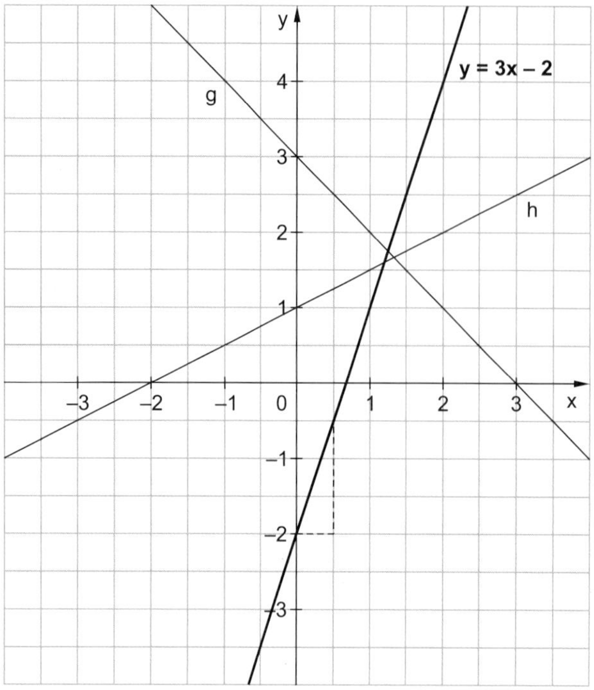

Hinweise und Tipps

$b = -2 \Rightarrow$ Der Graph schneidet die y-Achse bei –2.

$m = 3 \Rightarrow$ Steigungsdreieck:

1 Schritt nach rechts und 3 Schritte nach oben

---

5. a) $P(E) = \frac{\text{Anzahl der für E günstigen Ergebnisse}}{\text{Anzahl der möglichen Ergebnisse}}$

$P(\text{Orangen-Bonbon}) = \mathbf{\frac{10}{30} = \frac{1}{3}}$

günstige Ergebnisse:
10 Orangen-Bonbons
mögliche Ergebnisse:
$3 \cdot 10$ Bonbons = 30 Bonbons

b) $P(E) = \frac{\text{Anzahl der für E günstigen Ergebnisse}}{\text{Anzahl der möglichen Ergebnisse}}$

$P(\text{Orangen-Bonbon}) = \mathbf{\frac{9}{29}}$

Beachte: Ein Orangen-Bonbon wurde schon gegessen.
günstige Ergebnisse: 9 Orangen-Bonbons
mögliche Ergebnisse: 29 Bonbons

---

6. a) Berechnung von x mit dem Satz des Pythagoras:

$$a^2 + b^2 = c^2$$
$$(1{,}30\ \text{m})^2 + (1{,}27\ \text{m})^2 = x^2$$
$$1{,}69\ \text{m}^2 + 1{,}6129\ \text{m}^2 = x^2$$
$$3{,}3029\ \text{m}^2 = x^2 \quad |\sqrt{\ }$$
$$\mathbf{1{,}82\ m} \approx x$$

Die Hypotenuse ist gesucht und die beiden Katheten sind gegeben.

b) Berechnung von y mit dem Satz des Pythagoras:

$$(0{,}8\ \text{m})^2 + y^2 = (1{,}15\ \text{m})^2$$
$$0{,}64\ \text{m}^2 + y^2 = 1{,}3225\ \text{m}^2 \quad |-0{,}64\ \text{m}^2$$
$$y^2 = 0{,}6825\ \text{m}^2 \quad |\sqrt{\ }$$
$$y \approx \mathbf{0{,}83\ m}$$

Eine Kathete ist gesucht.

Hinweise und Tipps

7. a) $V_{Halbzylinder} = \frac{1}{2} \cdot G \cdot h_k$

$V_{Halbzylinder} = \frac{1}{2} \cdot \pi \cdot r^2 \cdot h_k$

$V_{Halbzylinder} = \frac{1}{2} \cdot \pi \cdot (3{,}5\ \text{cm})^2 \cdot 3\ \text{cm}$

$V_{Halbzylinder} \approx \mathbf{57{,}73\ cm^3}$

Die Formel $V = \pi \cdot r^2 \cdot h_k$ muss durch 2 geteilt werden, da es sich um einen halben Zylinder handelt.
$d = 7\ \text{cm} \rightarrow r = 3{,}5\ \text{cm}$

b) $V_{Zylinder} = \pi \cdot r^2 \cdot h$
$190\ \text{cm}^3 = \pi \cdot r^2 \cdot h$
$190\ \text{cm}^3 = \pi \cdot (3{,}5\ \text{cm})^2 \cdot h$
$190\ \text{cm}^3 \approx 38{,}48\ \text{cm}^2 \cdot h \quad |:38{,}48\ \text{cm}^2$
$\mathbf{4{,}94\ cm} \approx h$

Setze für V das gegebene Volumen $190\ \text{cm}^3$ ein.
Löse dann nach der Höhe h auf.
$d = 7\ \text{cm} \rightarrow r = 3{,}5\ \text{cm}$

c) Berechnung des gesamten Volumens:
$V_{ges} = V_{Halbzylinder} + V_{Zylinder}$
$V_{ges} = 57{,}73\ \text{cm}^3 + 190\ \text{cm}^3$
$V_{ges} = 247{,}73\ \text{cm}^3$

Bestimme zuerst die Summe aus den Volumen der beiden Teilkörper.

$\text{Masse} = 247{,}73\ \text{cm}^3 \cdot 7{,}86\ \frac{\text{g}}{\text{cm}^3}$
$\text{Masse} \approx \mathbf{1\,947{,}16\ g}$

Multipliziere das gesamte Volumen mit 7,86.

---

8. a) Berechnung von a mit dem Tangens:

$\tan\alpha = \frac{\text{Gegenkathete}}{\text{Ankathete}}$

$\tan 35° = \frac{a}{3{,}50\ \text{m}} \quad |\cdot 3{,}50\ \text{m}$

$3{,}50\ \text{m} \cdot \tan 35° = a$

$\mathbf{2{,}45\ m} \approx a$

gegeben: $\alpha = 35°$
Ankathete = 3,50 m
gesucht: Gegenkathete a
Löse die Formel nach a auf.

b) Berechnung von α mit dem Sinus:

$\sin\alpha = \frac{\text{Gegenkathete}}{\text{Hypotenuse}}$

$\sin\alpha = \frac{3{,}50\ \text{m}}{13{,}30\ \text{m}}$

$\sin\alpha = 0{,}263\ldots$

$\alpha \approx \mathbf{15{,}26°}$

gegeben: Hypotenuse = 13,30 m
Gegenkathete = 3,50 m
gesucht: Winkel α

G-Kurs: Wahlteil

1. a) $V_{Pyramide} = \frac{1}{3} \cdot G \cdot h_k$

$V_{Pyramide} = \frac{1}{3} \cdot a^2 \cdot h_k$

$V_{Pyramide} = \frac{1}{3} \cdot (35\ m)^2 \cdot 13\ m$

$V_{Pyramide} \approx 5\,308{,}33\ m^3$

Es wurden etwa **5 308,33 m³** Erde benötigt.

b) $13\ m : 0{,}2\ m = 65$

Es gibt **65 Treppenstufen**.

c) Berechnung der Treppenlänge x mit dem Satz des Pythagoras:

$$a^2 + b^2 = c^2$$
$$(13\ m)^2 + (17{,}5\ m)^2 = x^2$$
$$169\ m^2 + 306{,}25\ m^2 = x^2$$
$$475{,}25\ m^2 = x^2 \quad |\sqrt{\ }$$
$$\mathbf{21{,}80\ m} \approx x$$

d) $A = 4 \cdot A_{Dreieck}$

$A = 4 \cdot \frac{g \cdot h}{2}$

$A = 4 \cdot \frac{35\ m \cdot 21{,}80\ m}{2}$

$A = 1\,526\ m^2$

Die zu mähende Fläche ist **1 526 m²** groß.

e) Berechnung von α mit dem Tangens:

$\tan\alpha = \frac{\text{Gegenkathete}}{\text{Ankathete}}$

$\tan\alpha = \frac{13\ m}{17{,}5\ m}$

$\tan\alpha = 0{,}742\ldots$

$\alpha \approx \mathbf{36{,}61°}$

f) Verkleinert sich bei gleichbleibender Körperhöhe der Steigungswinkel α, dann …

☒ … vergrößert sich die Treppenlänge x.

Hinweise und Tipps

Es handelt sich um eine quadratische Pyramide.
Gesucht ist das Volumen.

Dividiere die Höhe der Pyramide durch die Höhe einer Treppenstufe.

Die Katheten sind gegeben, die Hypotenuse x ist gesucht.

Die zu mähende Fläche besteht aus 4 Dreiecken mit $g = a = 35$ m und $h = x = 21{,}80$ m (Treppenlänge).

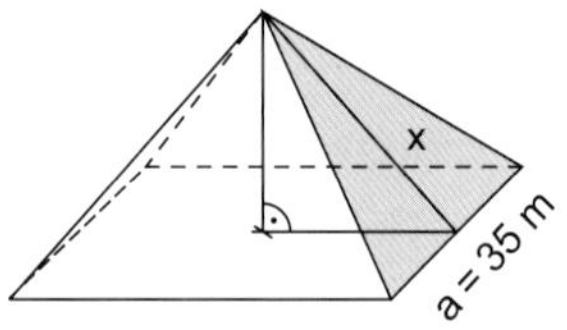

gegeben: Gegenkathete = 13 m
Ankathete = 17,50 m
gesucht: Winkel α

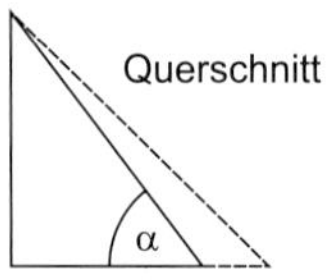

2. a)

Fahrzeit	0 min	3 min	5 min	**7 min**
Preis	1 €	**1,60 €**	2 €	2,40 €

Hinweise und Tipps

Grundgebühr: 1 €
Fahrpreis pro Minute: 0,20 €
Preis für 3 Minuten:
$1\,€ + 3 \cdot 0{,}20\,€ = 1{,}60\,€$
$2{,}40\,€ = 1\,€ + 7 \cdot 0{,}20\,€$

b) $1\,€ + 10 \cdot 0{,}20\,€ = 3\,€$

Die Gesamtkosten für die Fahrt betragen **3 €**.

c) $y = mx + b$
$\mathbf{y = 0{,}2x + 1}$

y: Gesamtpreis
Achsenabschnitt b: 1 € Grundgebühr
Steigung m: 0,20 € pro Minute
x: Fahrzeit in Minuten

d)

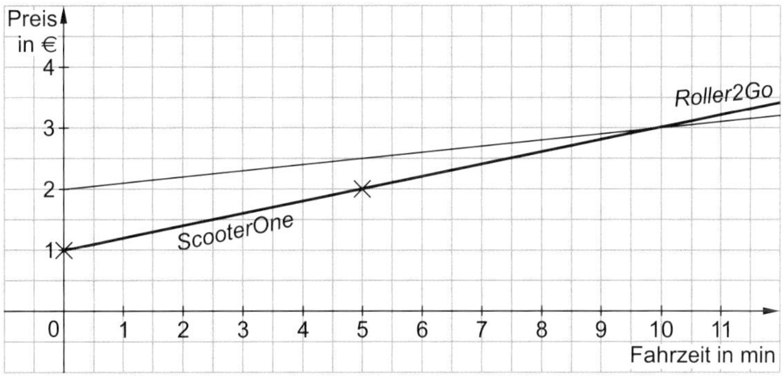

Trage die gegebenen Werte aus Aufgabe a in das Koordinatensystem ein.

e) *Roller2Go:*
Einmalige Freischaltung: **2 €**
Fahrpreis pro Minute: **0,10 €**

Der Graph schneidet die y-Achse bei 2 €. Nach 10 Minuten ist der Graph um 1 € gestiegen.
⇒ Kosten pro Minute: $1\,€ : 10 = 0{,}10\,€$

f) ☒ Wenn man weniger als 10 Minuten fährt, ist *Roller2Go* teurer.

Bis 10 Minuten verläuft der Graph von *Roller2Go* oberhalb des Graphen von *ScooterOne*.

3. a) Rad 1: △
Rad 2: ○

Das Symbol, das den größten Bereich auf dem Glücksrad einnimmt, wird auch mit der größten Wahrscheinlichkeit gedreht.

b)

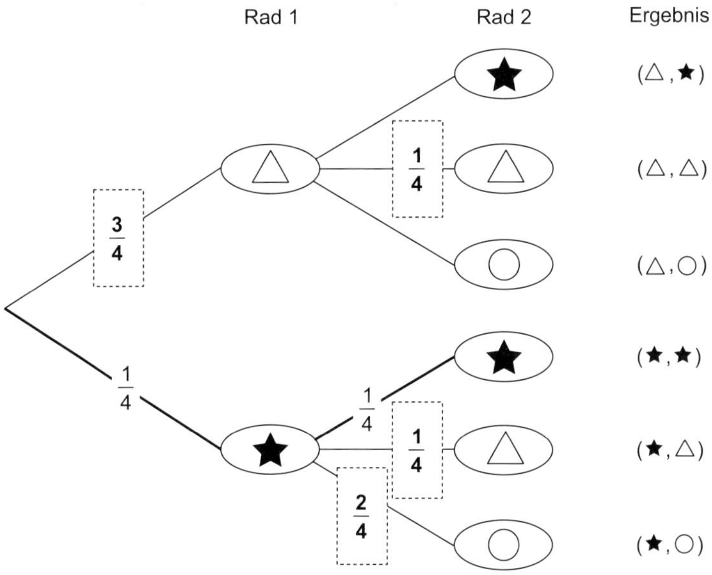

Überlege, welchen Anteil des Kreises die Symbole auf den unterschiedlichen Rädern einnehmen.

Auf 3 von 4 gleich großen Feldern steht auf Rad 1 das Dreieck.

Auf Rad 2 steht auf einem von 4 gleich großen Feldern das Dreieck.

Der Kreis steht auf Rad 2 auf 2 von 4 gleich großen Feldern.

Statt $\frac{2}{4}$ kannst du auch $\frac{1}{2}$ schreiben.

Hinweise und Tipps

c) $P(\bigstar, \bigstar) = \frac{1}{4} \cdot \frac{1}{4} = \mathbf{\frac{1}{16}}$

Entlang eines Pfades gilt die Produktregel.

d) $P(\triangle, \bigstar) = \frac{3}{4} \cdot \frac{1}{4} = \frac{3}{16}$

$P(\triangle, \bigcirc) = \frac{3}{4} \cdot \frac{2}{4} = \frac{6}{16}$

$P(\bigstar, \triangle) = \frac{1}{4} \cdot \frac{1}{4} = \frac{1}{16}$

$P(\bigstar, \bigcirc) = \frac{1}{4} \cdot \frac{2}{4} = \frac{2}{16}$

Alle Pfade, die über 2 verschiedene Symbole gehen, führen zum Erfolg.
Entlang eines Pfades gilt die Produktregel.

$P(\text{2 verschiedene Symbole}) = \frac{3}{16} + \frac{6}{16} + \frac{1}{16} + \frac{2}{16} = \mathbf{\frac{12}{16}}$

Die einzelnen Wahrscheinlichkeiten werden addiert (Summenregel).

e) $P(\bigstar, \bigstar) = \frac{1}{4} \cdot \frac{2}{8} = \frac{1}{4} \cdot \frac{1}{4} = \frac{1}{16}$

Der Stern steht bei Rad 1 auf $\frac{1}{4}$ der Fläche, bei Rad 2 auf $\frac{2}{8}$.

Durch die Umgestaltung …

☒ … bleibt die Wahrscheinlichkeit für einen Gewinn gleich.

Bei Teilaufgabe c kam auch $\frac{1}{16}$ heraus.

4. a)

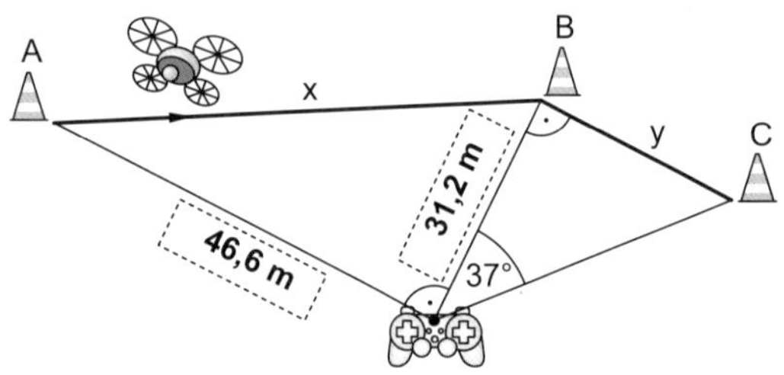

b) Berechnung von x mit dem Satz des Pythagoras:

$$a^2 + b^2 = c^2$$
$$(46{,}6\ \text{m})^2 + (31{,}2\ \text{m})^2 = x^2$$
$$2\,171{,}56\ \text{m}^2 + 973{,}44\ \text{m}^2 = x^2$$
$$3\,145\ \text{m}^2 = x^2 \quad |\sqrt{\ }$$
$$\mathbf{56{,}08\ m} \approx x$$

Gegeben sind die beiden Katheten. Gesucht ist die Hypotenuse x.

c) Berechnung von y mit dem Tangens:

$$\tan\alpha = \frac{\text{Gegenkathete}}{\text{Ankathete}}$$
$$\tan 37° = \frac{y}{31{,}2\ \text{m}} \quad |\cdot 31{,}2\ \text{m}$$
$$31{,}2\ \text{m} \cdot \tan 37° = y$$
$$\mathbf{23{,}51\ m} \approx y$$

gegeben: $\alpha = 37°$
Ankathete = 31,2 m
gesucht: Gegenkathete y
Löse die Formel nach y auf.

d) $u = 2 \cdot \pi \cdot r$
$u = 2 \cdot \pi \cdot 24\ \text{m}$
$u \approx 150{,}80\ \text{m}$

Die Länge der Kreisbahn beträgt **150,80 m**.

Der Radius ist in der Abbildung gegeben.

e) Bestimmung der Entfernung von Dilara zur Kreisbahn:
$2 \cdot 38{,}42\text{ m} = 76{,}84\text{ m}$

Bestimmung der Strecke, die für die Kreisbahn bleibt:
$1\,000\text{ m} - 76{,}84\text{ m} = 923{,}16\text{ m}$

Bestimmung der Rundenzahl:
$923{,}16\text{ m} : 150{,}80\text{ m} \approx \mathbf{6{,}12}$

Die Drohne kann mit einer Akkuladung **6 vollständige Runden** fliegen.

f) Vergrößert sich der Radius r, dann …

☒ … verringert sich die Anzahl der Umrundungen, bis der Akku leer ist.

Hinweise und Tipps

Die Drohne muss zur Kreisbahn hin- und wieder zurückfliegen.

Die Differenz zu 1 000 m kann die Drohne auf der Kreisbahn fliegen.

Dividiere die Differenz durch die Länge der Kreisbahn (Aufgabe d). Du erhältst die mögliche Rundenanzahl.

Beachte, dass du volle Umrundungen angeben sollst.

Wenn sich der Radius vergrößert, verlängert sich die Kreisbahn und die Drohne muss für eine Umrundung eine längere Strecke zurücklegen.

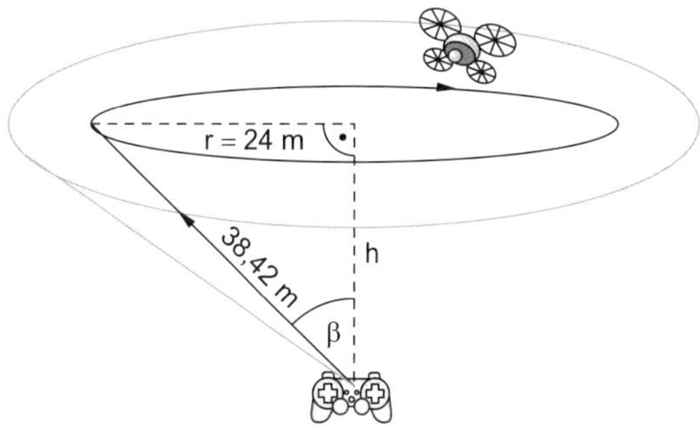

Abschlussprüfung der 10. Klasse an Hauptschulen in Niedersachsen
Mathematik 2023

E-Kurs und G-Kurs: Hauptteil 1 (ohne Hilfsmittel)

Wichtiger Hinweis: Bearbeite alle Aufgaben auf den Aufgabenblättern.

Aufgaben

Punkte

1. Wandle in die angegebene Einheit um.

a) $8\text{ km} = \_\_\_\_\_\_\_\_\_\_\ \text{m}$ — 1

b) $3{,}12\text{ cm}^2 = \_\_\_\_\_\_\_\_\_\_\ \text{mm}^2$ — 1

c) $150\text{ min} = \_\_\_\_\_\_\_\_\_\_\ \text{h}$ — 1

2. Frau Spar tankt 5 Liter Benzin.

Preis pro Liter
Benzin 2,038 €

a) Berechne den Preis. — 2

An der Tankstelle müssen die Preise oft gerundet werden.

b) Runde den Preis 34,2552 € auf zwei Nachkommastellen. — 1

34,2552 € ≈ ____________ €

3. Tasja hat von zwei Schokoladentafeln jeweils einen Teil gegessen. Die grau gefärbten Anteile sind übrig.

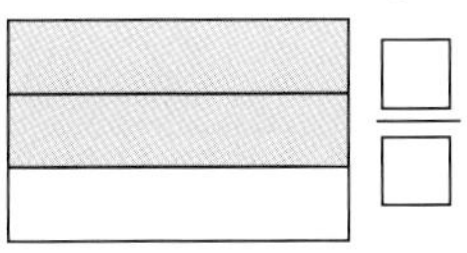

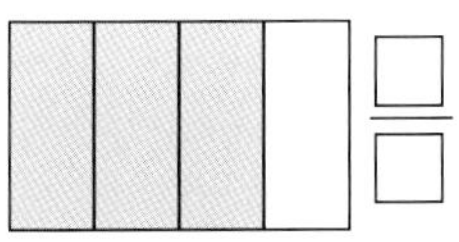

a) Gib die grau gefärbten Anteile jeweils als Bruch an. Schreibe den Bruch neben die Abbildung. — 1

Tasja behauptet: „Wenn ich nur die übrig gebliebenen Anteile von beiden Schokoladentafeln esse, dann esse ich mehr als eine ganze Schokoladentafel.“

b) Zeige, dass Tasja recht hat. — 2

In der Abbildung ist ein Anteil grau gefärbt.

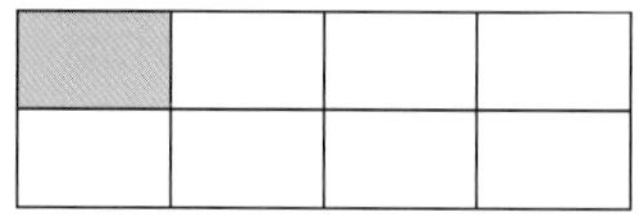

c) Kreuze die vier richtigen Angaben für den grau gefärbten Anteil an. 2

0,125	1,25	1,25 %	12,5 %	$\frac{1}{8}$	$\frac{1}{4}$	$\frac{125}{100}$	$\frac{125}{1\,000}$
☐	☐	☐	☐	☐	☐	☐	☐

4. In einer Eisdiele gibt es vier verschiedene Sorten Eis. Am Vormittag wurden 40 Kugeln Eis verkauft.
Das Diagramm zeigt die Anzahl der Kugeln für jede Sorte.

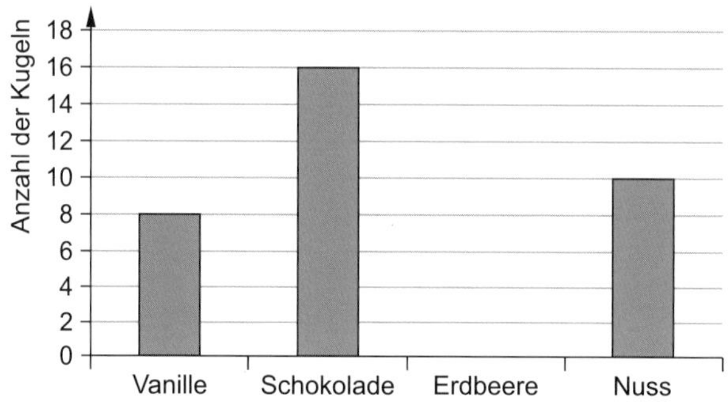

a) Zeichne die Säule für die Sorte „Erdbeere" in das Diagramm ein. 1

b) Erkläre, wie du die Anzahl der Kugeln der Sorte „Erdbeere" berechnet hast. 1

____

____

____

Die Anzahl der Kugeln für jede Sorte wird in einem Kreisdiagramm dargestellt.

c) Kreuze das passende Kreisdiagramm an. Begründe deine Entscheidung. 2

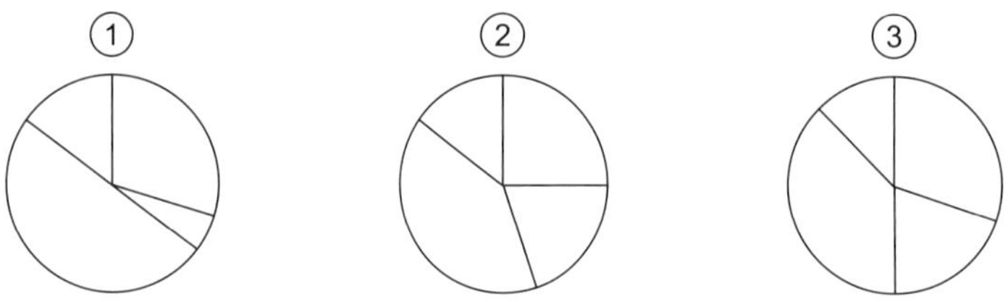

☐ ☐ ☐

____

____

Nora bestellt zwei verschiedene Sorten Eis. Die Kugeln werden nebeneinander in eine Schale gelegt.

d) Ermittle die Anzahl der Möglichkeiten, eine Schale mit zwei verschiedenen Sorten Eis zusammenzustellen. 1

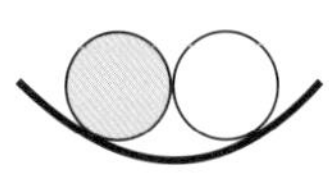

Es gibt ________ Möglichkeiten.

5. Zu jedem Graphen gehört genau eine Zuordnung. 2
Verbinde jeden Graphen mit der passenden Zuordnung.

Graphen

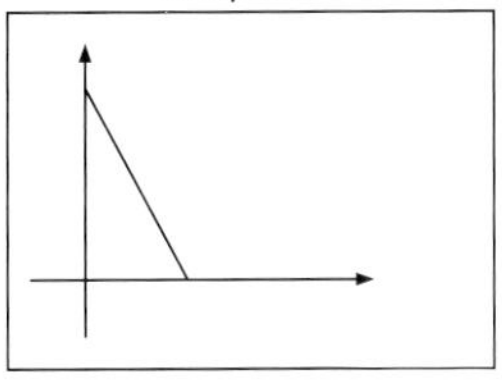

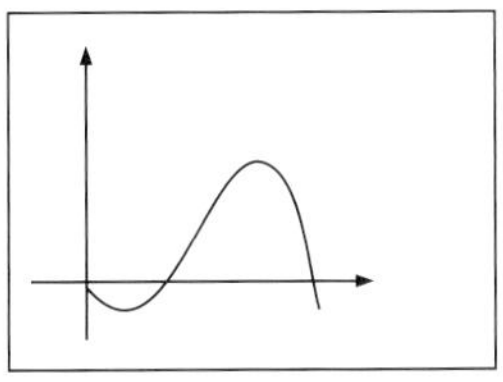

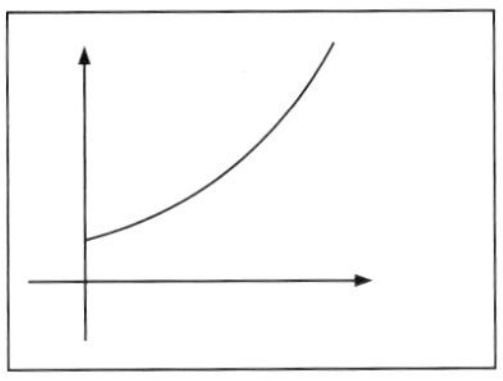

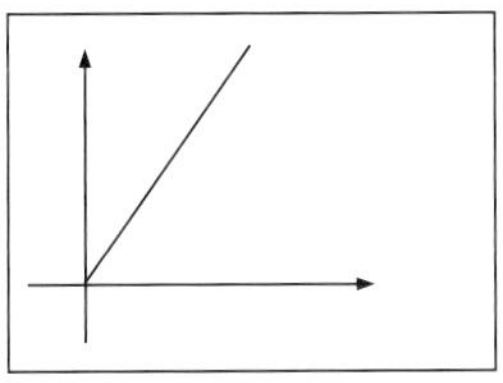

Zuordnungen

Zeit → Bakterienanzahl in einer Nährlösung

Zeit → Weg, den ein Auto mit gleichbleibender Geschwindigkeit zurücklegt

Zeit → Höhe einer brennenden Kerze

Zeit → Anzahl der benötigten Bauarbeiter für ein Projekt

Zeit → Temperaturverlauf an einem Tag

6. Ein Quader wird so halbiert, dass das abgebildete Dreiecksprisma entsteht.

a) Berechne das Volumen des Dreiecksprismas. 2

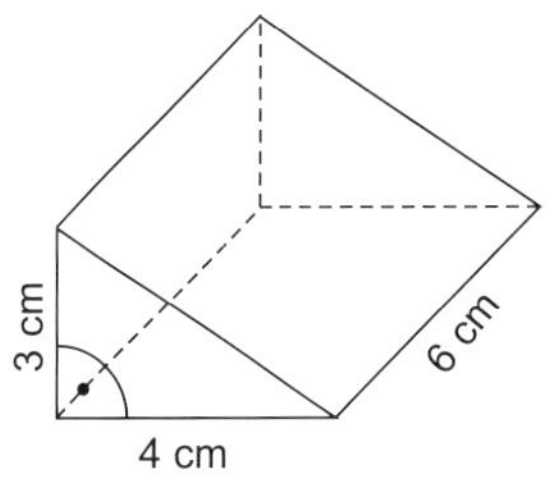

(Skizze nicht maßstäblich)

V = ________ cm^3

Das Volumen eines anderen Dreiecksprismas soll berechnet werden.

b) Stelle eine allgemeine Formel zur Berechnung des Volumens in Abhängigkeit von x auf. 2
Fasse die Formel so weit wie möglich zusammen.

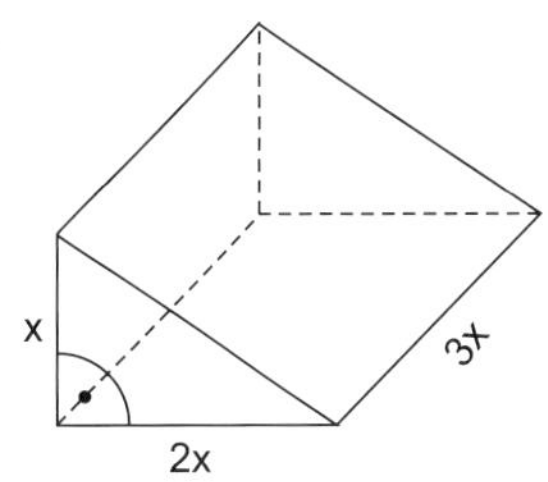

(Skizze nicht maßstäblich)

V = ____________

7. Zeichne das Netz des abgebildeten Dreiecksprismas. 2

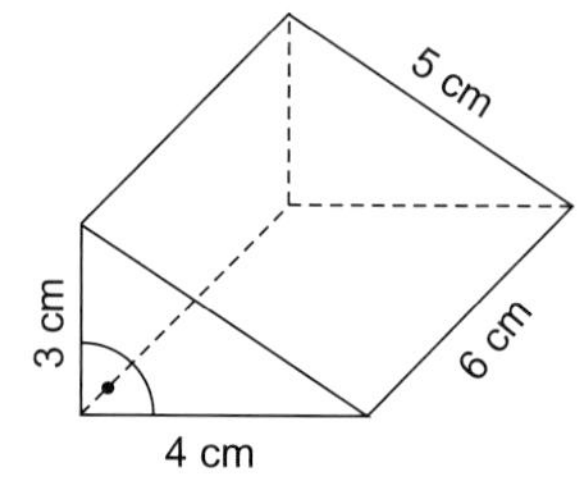

(Skizze nicht maßstäblich)

8. Die Abbildung zeigt die ersten drei Figuren eines Musters.

Figur 1 | Figur 2 | Figur 3

a) Vervollständige die unten abgebildete Figur 4 des Musters. Achte auf genaues Zeichnen. 2

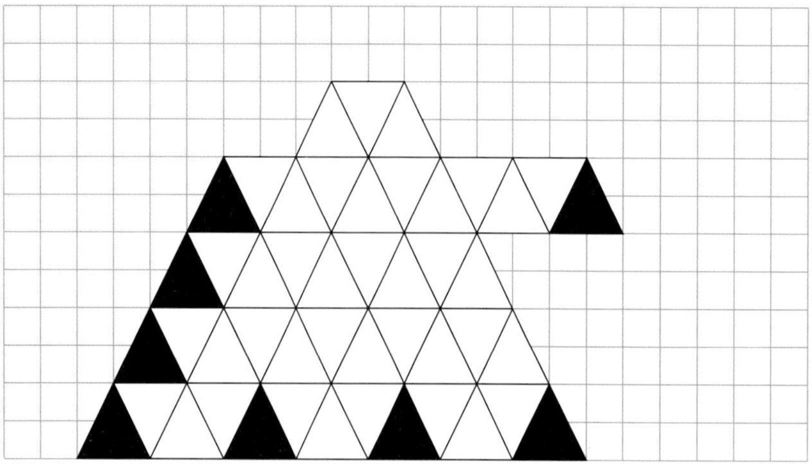

b) Gib die Anzahl der schwarzen Dreiecke der nicht abgebildeten Figur 6 des Musters an. 1

In der Figur 6 gibt es _______ schwarze Dreiecke.

Lucas möchte die Anzahl der schwarzen Dreiecke in einer beliebigen Figur x des Musters bestimmen. Dafür hat er vier Terme zur Auswahl.

c) Kreuze den passenden Term an. 1

$3x+1$	$x+3$	$4x-3$	$3x+4$
☐	☐	☐	☐

E-Kurs: Hauptteil 2

Wichtige Hinweise:
- Runde Endergebnisse auf 2 Nachkommastellen, sofern nichts anderes angegeben ist.
- Schreibe deine Lösungswege ausführlich auf.

Aufgaben

Punkte

1. In einer Umfrage wurden 1 100 Personen befragt.

1) Haben Sie Haustiere? **2) Nur Personen, die Haustiere haben, wurden gefragt: Welche Haustiere haben Sie?**

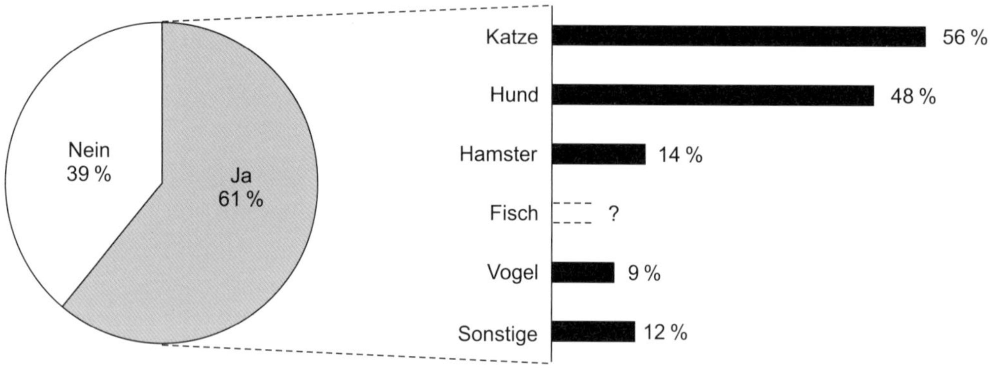

a) Berechne die Anzahl der Personen, die Haustiere haben. 2

70 Personen haben Fische.

b) Berechne den prozentualen Anteil der Haustierbesitzer, die Fische haben. 2
(Solltest du die Teilaufgabe a nicht gelöst haben, rechne mit 587 Personen weiter.)

Michael behauptet: „Bei einer Umfrage muss die Addition der Prozentsätze immer 100 % ergeben."

c) Begründe, dass Michael nicht recht hat. 1

2. Die Sitzfläche eines Hockers hat die Form eines Dreiviertelkreises und wird mit Leder bezogen.

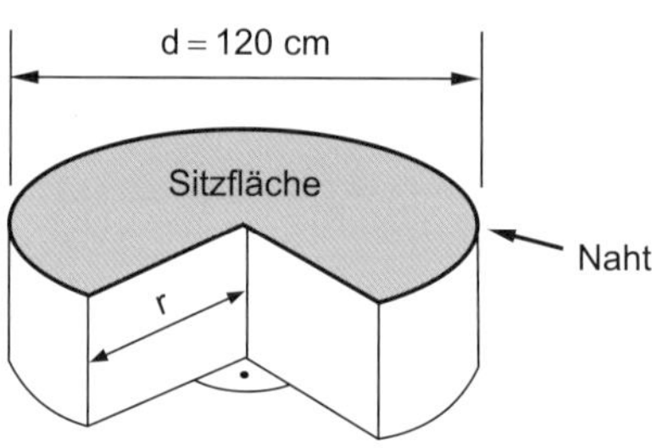

(Skizze nicht maßstäblich)

a) Berechne die Größe der Sitzfläche. 3

Die Sitzfläche wird mit einer Naht umfasst.

b) Berechne die Länge der Naht. 3

Jana hat einen Term zur Berechnung der Länge der Naht aufgestellt: $\frac{3}{4} \cdot \pi \cdot 2 \cdot r + r^2$
In ihrem Term befindet sich ein Fehler.

c) Markiere den Fehler. 1

3. In einem Eimer befinden sich insgesamt 500 Lose. Davon sind 70 Gewinne und der Rest Nieten.

a) Bestimme die Wahrscheinlichkeit, einen Gewinn zu ziehen. 1

Du darfst als erste Person aus diesem Eimer ziehen.

b) Berechne die Wahrscheinlichkeit, nacheinander zwei Gewinne zu ziehen. 3

4.

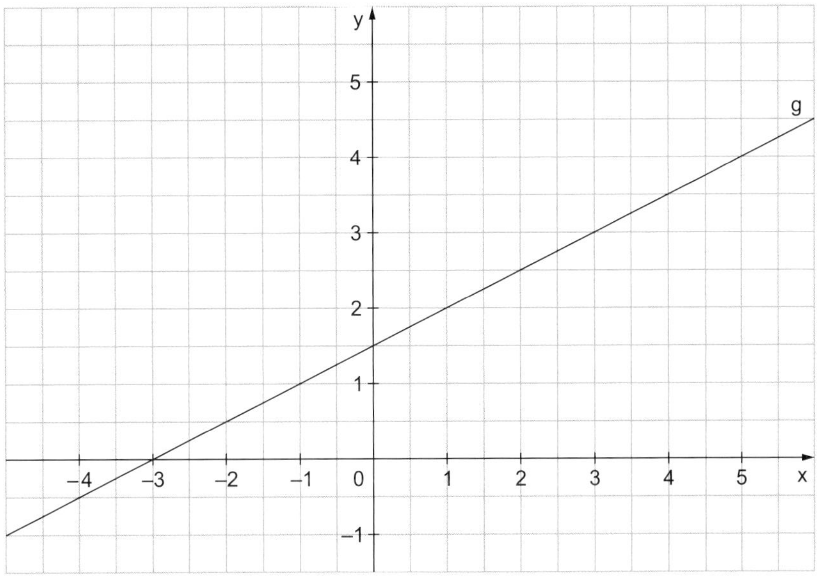

a) Ergänze die Funktionsgleichung der Geraden g. 2

y = ________ x + ________

b) Zeichne die Gerade h mit der Funktionsgleichung $y = \frac{3}{2}x + 3$ in das Koordinatensystem. 2

5. Familie Altan möchte Urlaub an der Nordsee machen. Der Vermieter einer Ferienwohnung verlangt 89 € pro Übernachtung und für die Endreinigung zusätzlich noch eine einmalige Gebühr von 150 €.

a) Berechne den Gesamtpreis für zehn Übernachtungen. 1

b) Stelle die Funktionsgleichung zur Berechnung des Gesamtpreises in der Form $y = m \cdot x + b$ auf. 2

Familie Altan hat 1 800 € für eine Ferienwohnung zur Verfügung.

c) Berechne die maximale Anzahl der Übernachtungen, die Familie Altan buchen kann. 2

6. Abgebildet ist ein Bauplan für einen Lenkdrachen.

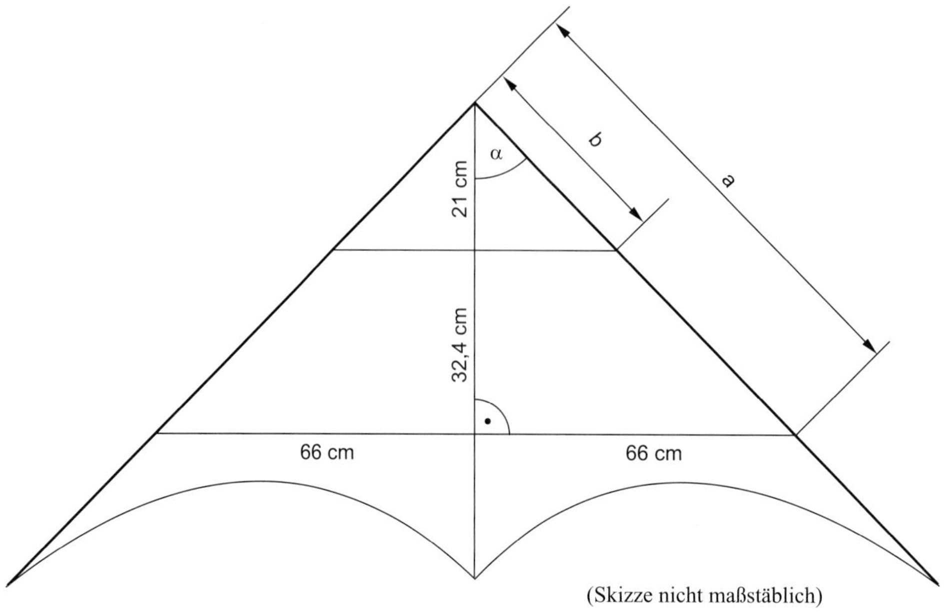

(Skizze nicht maßstäblich)

a) Berechne die Länge der Strecke a. 3

b) Berechne die Größe des Winkels α. 2

c) Berechne die Länge der Strecke b. 2
(Solltest du die Teilaufgabe b nicht gelöst haben, rechne mit 53,04° weiter.)

7. Eine Pyramide mit quadratischer Grundfläche hat ein Volumen von 150 cm^3.
Die Grundkante a hat eine Länge von 5 cm.

a) Berechne h_K. 3

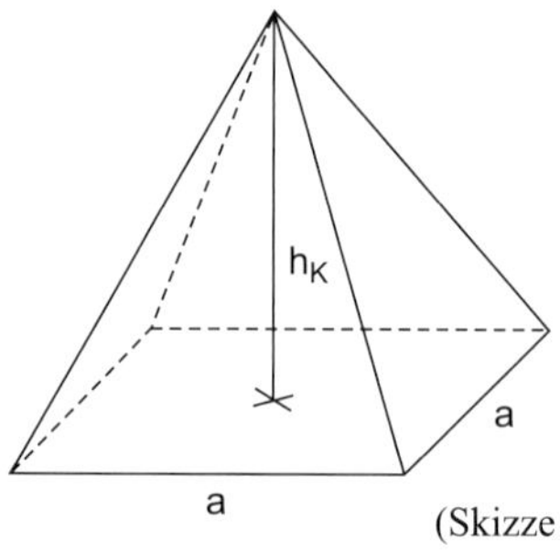

(Skizze nicht maßstäblich)

Gegeben sind zwei Pyramiden mit quadratischer Grundfläche und gleicher Körperhöhe h_K.
Das Volumen der ersten Pyramide ist viermal so groß wie das Volumen der zweiten Pyramide.

b) Kreuze die richtige Aussage an. 1

Die Grundkante der ersten Pyramide ist …

- ☐ doppelt so lang wie die Grundkante der zweiten Pyramide.
- ☐ dreimal so lang wie die Grundkante der zweiten Pyramide.
- ☐ viermal so lang wie die Grundkante der zweiten Pyramide.

E-Kurs: Wahlteil

Wahlaufgabe 1 – Körper

Punkte

In Braunschweig steht ein kugelförmiger Gasspeicher. Die Kugel hat einen Außenradius von $r = 13{,}5$ m.

© TeWeBs/Wikipedia, CC BY-SA 4.0

a) Berechne die Oberfläche der Kugel. 2

Der Pfeil zeigt auf einen Ring, der kreisförmig um die Mitte des Gasspeichers verläuft. Der Ring ist 90 m lang.

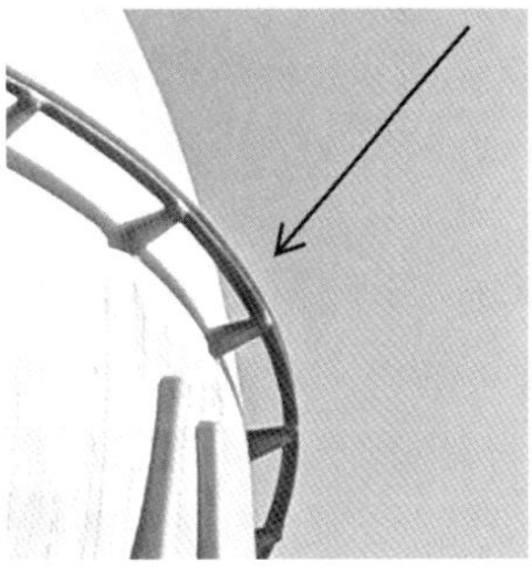

b) Berechne den Abstand zwischen dem Gasspeicher und dem Ring. 3

Für Reparaturarbeiten am Gasspeicher wird ein Kran aufgestellt.

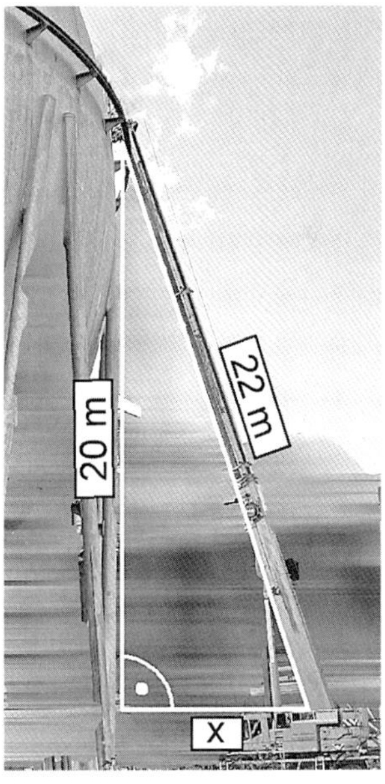

(Skizze nicht maßstäblich)

c) Berechne die Länge x. 2

Die Metallwand des Gasspeichers ist 0,03 m dick.

d) Berechne das Volumen des Hohlraums der Kugel. 2

In einer anderen Stadt steht ein weiterer kugelförmiger Gasspeicher, der einen doppelt so großen Durchmesser hat.

e) Begründe, dass dieser Gasspeicher ein achtmal so großes Volumen besitzt. 1

Wahlaufgabe 2 – Wachstumsprozesse

Ein Boiler dient zur Erwärmung von Wasser in Küche und Bad.

Wenn der Boiler eingeschaltet wird, erhöht sich die Wassertemperatur pro Minute um 15 °C.

Zu Beginn hat das Wasser im Boiler eine Temperatur von 20 °C.

© Baloncicis / Shutterstock.com

a) Berechne die Wassertemperatur nach 3 Minuten. 1

b) Stelle die Funktionsgleichung zur Berechnung der Wassertemperatur in der Form $y = m \cdot x + b$ auf. 2

Nach Abschalten des Boilers um 12:00 Uhr fällt die Temperatur des Wassers pro Stunde um ca. 15 %.

c) Vervollständige die Tabelle. 1

Uhrzeit	12:00	13:00	14:00	15:00	16:00	17:00	18:00
Temperatur in °C	80	68	57,8	49,1		35,5	30,2

d) Zeichne die Wertepaare in das Koordinatensystem und verbinde sie sinnvoll. 5

Fülle die Lücken aus.

Um 12:45 Uhr beträgt die

Temperatur __________ °C.

Um ______________ Uhr

ist die Temperatur um 35 °C gefallen.

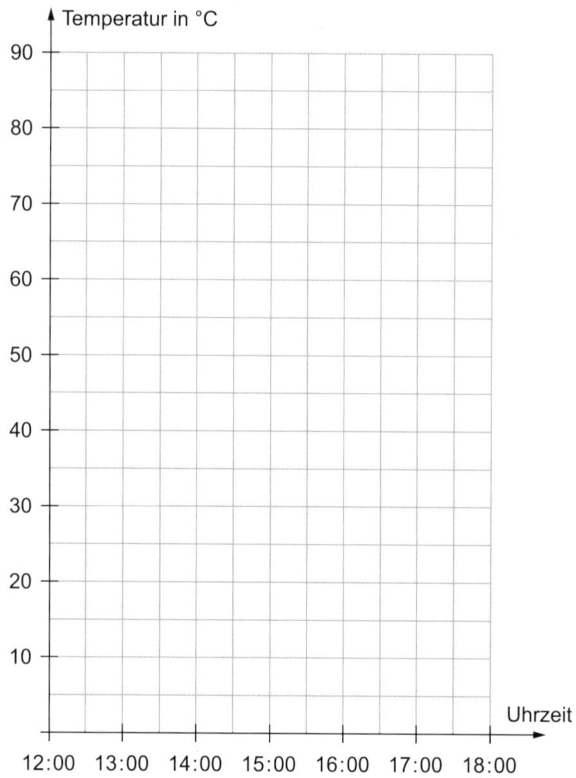

e) Kreuze an. 1

Die im Graph dargestellte Zuordnung ist …

☐ linear. ☐ proportional. ☐ exponentiell.

Wahlaufgabe 3 – Wahrscheinlichkeit

Pia und Lea trinken gern Tee. Sie haben diese Teebeutel unsortiert in einer Teebox:

- 10 Beutel Kamillentee (K)
- 4 Beutel Erdbeertee (E)
- 6 Beutel Apfeltee (A)

Pia greift, ohne hinzusehen, in die Teebox und zieht nacheinander zwei Teebeutel heraus.

a) Ergänze im Baumdiagramm die fehlenden Wahrscheinlichkeiten. 2

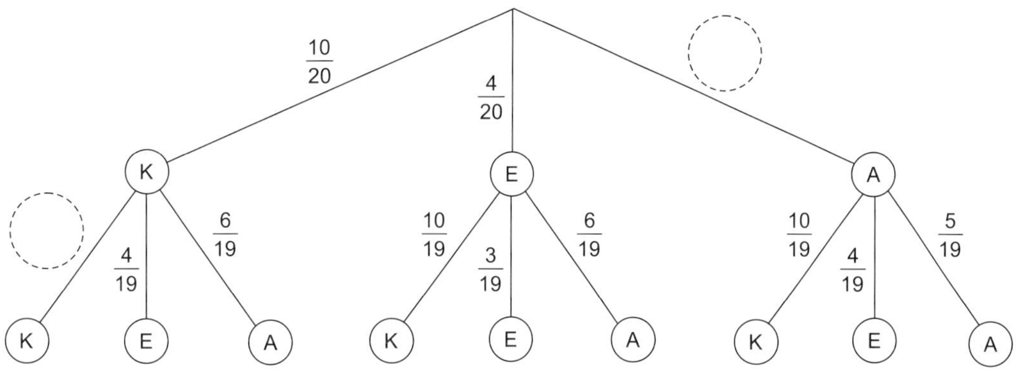

b) Berechne die Wahrscheinlichkeit, dass Pia erst Kamillentee und dann Apfeltee zieht. 2

Pia und Lea mögen keinen Erdbeertee.

c) Berechne die Wahrscheinlichkeit, dass Pia keinen Erdbeertee zieht. 3

Lea berechnet die Wahrscheinlichkeit für ein Ereignis mit der folgenden Rechnung:

$$P = 1 - \left(\frac{4}{20} \cdot \frac{3}{19}\right)$$

d) Gib das passende Ereignis an. 2

Pia hat ein Glücksrad gebaut und behauptet: „Statt zweimal aus der Teebox zu ziehen, können wir auch zweimal am Glücksrad drehen."

e) Begründe, dass das Glücksrad nicht zum Baumdiagramm aus Aufgabenteil a passt. 1

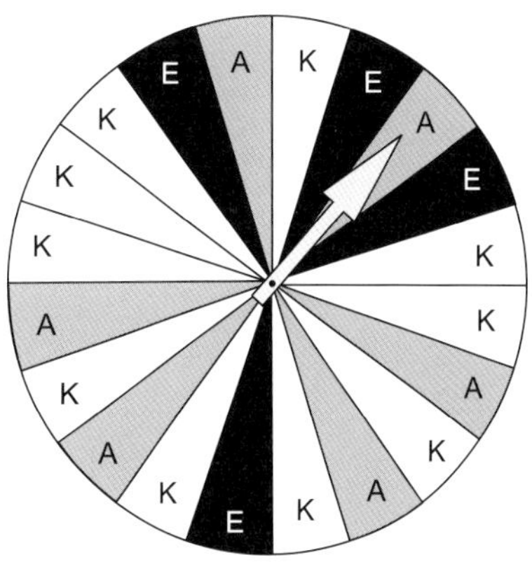

Wahlaufgabe 4 – Trigonometrie

Die Bergbahn „Waldi“ fährt von einer Talstation zu einer Bergstation. Danny hat eine Skizze gezeichnet und einige Streckenlängen eingetragen.

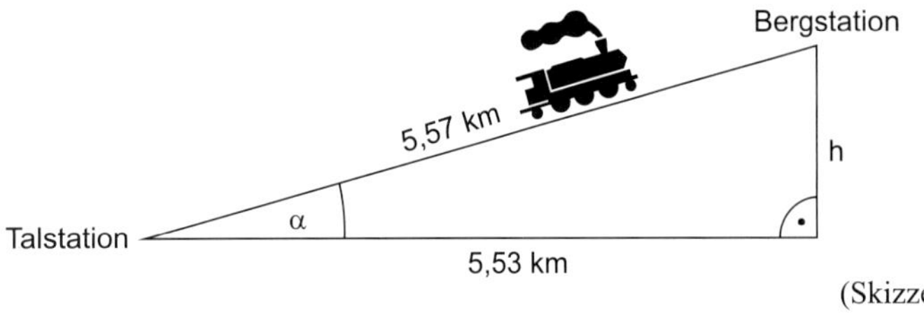

(Skizzen nicht maßstäblich)

a) Berechne den Höhenunterschied h. 2

b) Berechne die Größe des Steigungswinkels α. 2

Die Bergbahn „Rosi“ hat eine Steigung von 9 %.

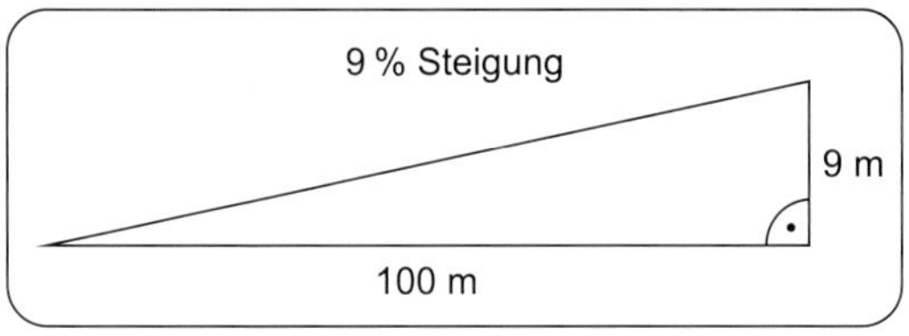

c) Entscheide mithilfe einer Rechnung, welche Bergbahn die größere Steigung hat. 3

Danny behauptet: „Die Steigung einer Strecke kann höchstens 100 % betragen.“

d) Zeige, dass Dannys Behauptung falsch ist. 1

Damit Züge in Kurven schneller fahren können, werden die Gleise etwas geneigt. Die maximale Geschwindigkeit hängt vom Neigungswinkel α ab.

e) Bestimme die maximale Geschwindigkeit, mit der ein Zug bei einem Höhenunterschied von u = 217 mm durch die Kurve fahren darf. 2

Neigungswinkel α	max. Geschwindigkeit
0° bis 4,3°	$60\ \frac{km}{h}$
über 4,3° bis 8,6°	$80\ \frac{km}{h}$
über 8,6°	$90\ \frac{km}{h}$

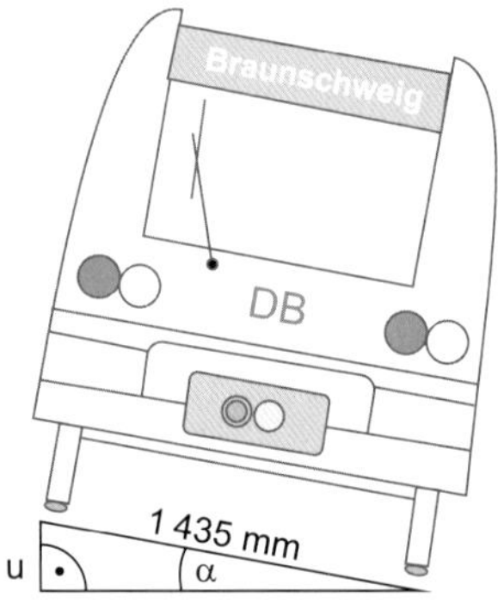

(Skizze nicht maßstäblich)

G-Kurs: Hauptteil 2

Wichtige Hinweise:
- Runde Endergebnisse auf 2 Nachkommastellen, sofern nichts anderes angegeben ist.
- Schreibe deine Lösungswege ausführlich auf.

Aufgaben

Punkte

1. In einer Umfrage wurden 1 100 Personen befragt.

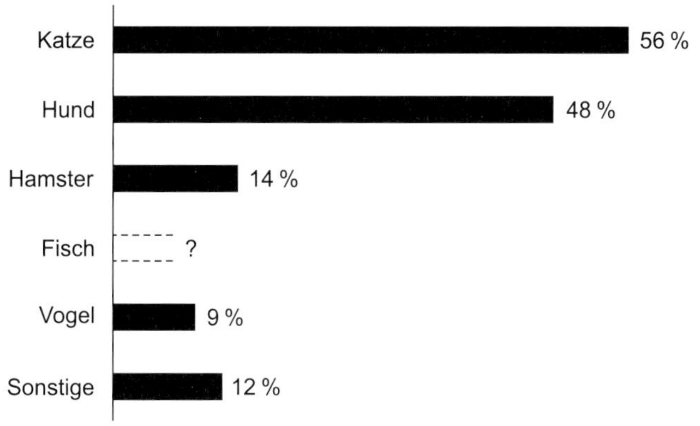

a) Beurteile die Aussagen mithilfe des Balkendiagramms. Kreuze an. 2

	richtig	falsch
Mehr als die Hälfte der Personen hat eine Katze.		
Es gibt Personen, die mehrere Haustierarten haben.		

b) Berechne die Anzahl der Personen, die einen Hund haben. 2

132 Personen haben Fische.

c) Berechne den prozentualen Anteil der Personen, die Fische haben. 2

2. Die Sitzfläche eines kreisrunden Hockers wird mit Leder bezogen.

a) Berechne die Größe der Sitzfläche. 2

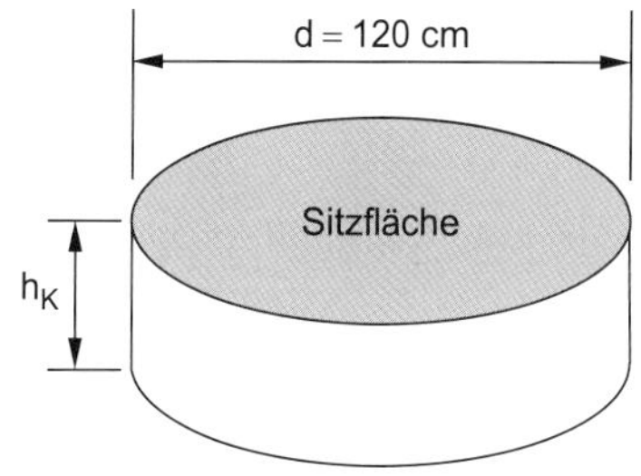

(Skizze nicht maßstäblich)

Der Sitzhocker besteht im Innern komplett aus Schaumstoff und hat eine Höhe von $h_K = 40$ cm.

b) Berechne die Menge an Schaumstoff, die zur Herstellung des Sitzhockers benötigt wird. (Solltest du die Teilaufgabe a nicht gelöst haben, rechne mit 11 312,68 cm^2 weiter.) 2

Den Hocker gibt es auch in einer Sonderausführung mit einer Sitzfläche in Form eines Dreiviertelkreises und gleicher Höhe ($h_K = 40$ cm).

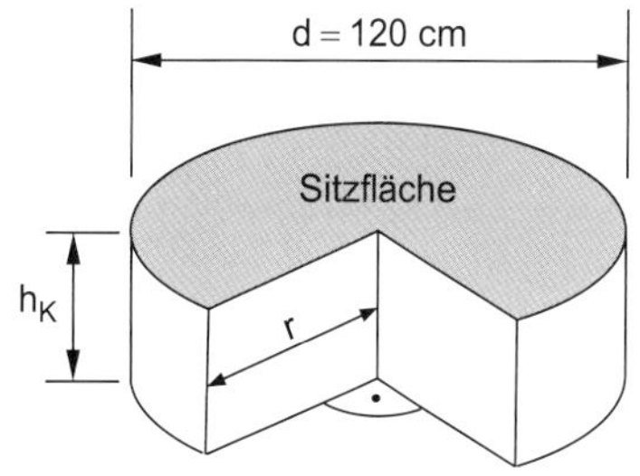

(Skizze nicht maßstäblich)

c) Berechne die Schaumstoffmenge für diesen Hocker. (Solltest du die Teilaufgabe b nicht gelöst haben, rechne mit 451 962,87 cm^3 weiter.) 2

3. a) Notiere die Funktionsgleichung der Geraden g. 2

y = ________ x + ________

b) Zeichne die Gerade h mit der Funktionsgleichung $y = 4x - 2$ in das Koordinatensystem. 2

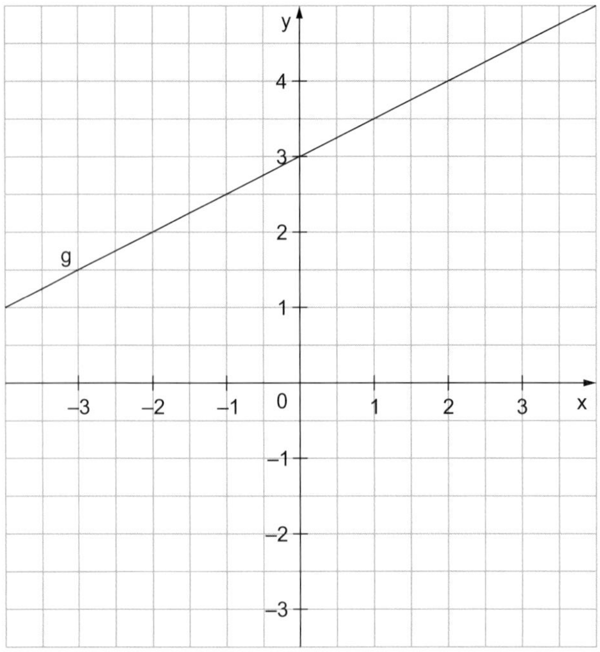

4. Familie Altan möchte Urlaub an der Nordsee machen. Der Vermieter einer Ferienwohnung verlangt 90 € pro Übernachtung und für die Endreinigung zusätzlich noch eine einmalige Gebühr von 110 €.

© Billion Photos / Shutterstock.com

a) Berechne den Gesamtpreis für 10 Übernachtungen. 1

b) Stelle die Funktionsgleichung zur Berechnung des Gesamtpreises in der Form $y = m \cdot x + b$ auf. 2

Familie Altan hat 2 000 € für eine Ferienwohnung zur Verfügung.

c) Berechne die maximale Anzahl der Übernachtungen, die Familie Altan buchen kann. 2

5. Im Eimer befinden sich insgesamt 500 Lose: 70 Gewinne (G) und 430 Nieten (N). Timo zieht nacheinander zwei Lose.

a) Trage die fehlenden Wahrscheinlichkeiten in das Baumdiagramm ein. 2

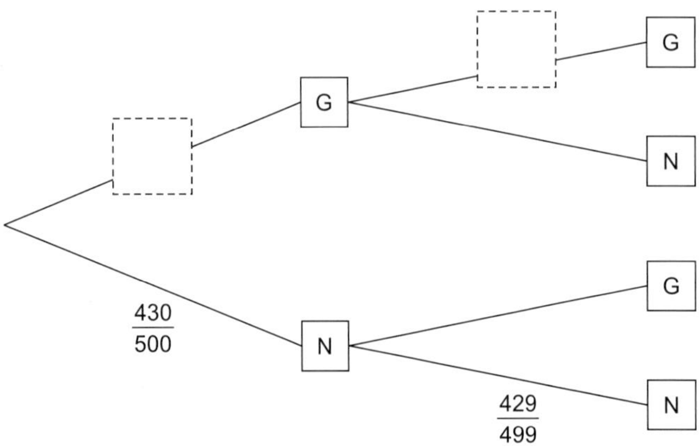

b) Berechne die Wahrscheinlichkeit, nacheinander zwei Nieten zu ziehen. 2

6. Abgebildet ist ein Bauplan für einen Lenkdrachen.

a) Berechne die Länge einer Leitkante. 3

b) Berechne die Größe des Winkels α. 2

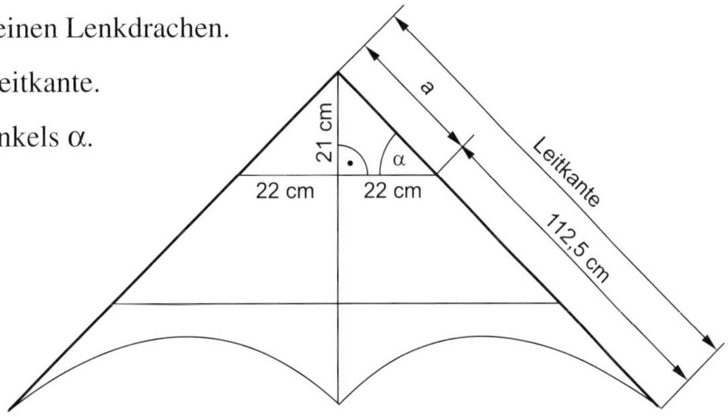

(Skizze nicht maßstäblich)

7. Die abgebildete Pyramide mit quadratischer Grundfläche besteht aus Kupfer. Die Körperhöhe h_K beträgt 8 cm.

1 cm^3 Kupfer hat eine Masse von 8,9 g.

a) Berechne das Volumen der Pyramide und anschließend ihre Masse. 3

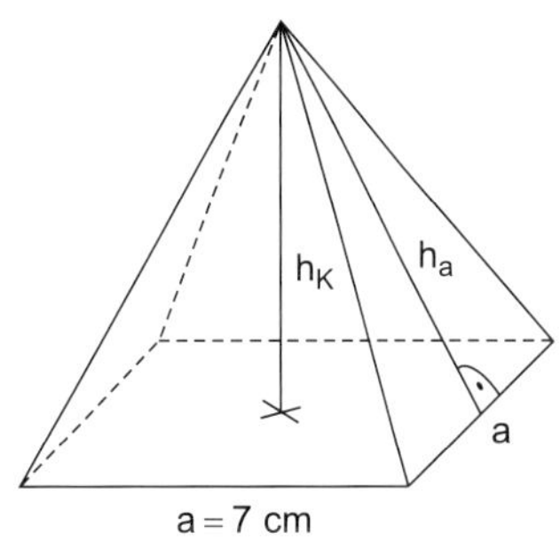

(Skizze nicht maßstäblich)

Die Seitenhöhe h_a ist 8,73 cm lang.

b) Berechne die Mantelfläche der Pyramide. 2

c) Kreuze die richtige Aussage an. 1

Wenn sich die Seitenhöhe h_a halbiert und der Flächeninhalt der dreieckigen Seitenfläche unverändert bleibt, dann …

☐ verdoppelt sich die Länge der Grundkante a.

☐ vervierfacht sich die Länge der Grundkante a.

☐ halbiert sich die Länge der Grundkante a.

G-Kurs: Wahlteil

Wahlaufgabe 1 – Körper

Punkte

In Braunschweig steht ein kugelförmiger Gasspeicher. Die Kugel hat einen Radius von $r = 13$ m.

a) Berechne die Oberfläche der Kugel. 2

Der Pfeil zeigt auf einen Ring, der kreisförmig um die Mitte des Gasspeichers verläuft. Der Abstand zwischen Ring und Kugel beträgt 0,5 m.

b) Berechne die Länge des Rings. 3

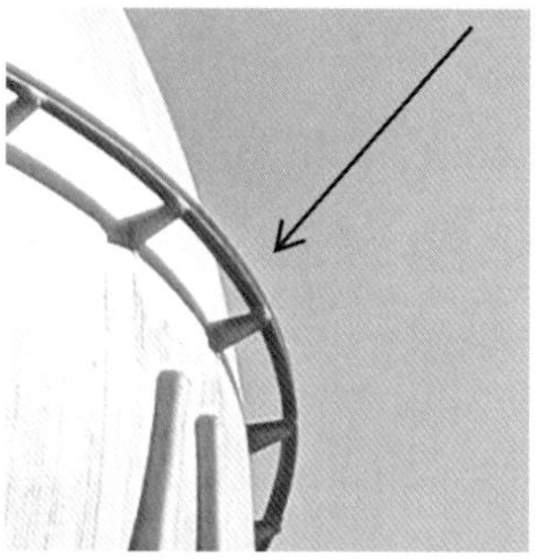

Für Reparaturarbeiten am Gasspeicher wird ein Kran aufgestellt.

c) Berechne die Länge x. 2

(Skizze nicht maßstäblich)

Die Metallwand des Gasspeichers ist 0,03 m dick.

d) Berechne das Volumen des Hohlraums der Kugel. 2

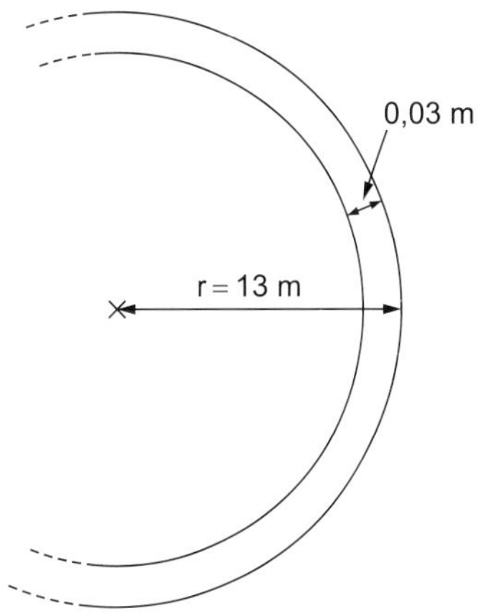

(Skizze nicht maßstäblich)

In einer anderen Stadt steht ein weiterer kugelförmiger Gasspeicher, der einen doppelt so großen Durchmesser hat.

e) Kreuze an. 1

Das Volumen dieses Gasspeichers ist …

… halb so groß.	… doppelt so groß.	… viermal so groß.	… achtmal so groß.
☐	☐	☐	☐

Wahlaufgabe 2 – Wachstumsprozesse

© Baloncicis / Shutterstock.com

Ein Boiler dient zur Erwärmung von Wasser in Küche und Bad.

Wenn der Boiler eingeschaltet wird, erhöht sich die Wassertemperatur pro Minute um 15 °C.

a) Fülle die Lücken aus. 3

Zeit in Minuten	0	1	2	…	
Temperatur in °C	20	35		…	95

Es handelt sich um ein ______________________ Wachstum.

Nach Abschalten des Boilers um 12:00 Uhr fällt die Temperatur des Wassers pro Stunde um ca. 15 %.

b) Vervollständige die Tabelle. 1

Uhrzeit	12:00	13:00	14:00	15:00	16:00	17:00	18:00
Temperatur in °C	80		57,8	49,1	41,8	35,5	30,2

c) Ergänze im Koordinatensystem die fehlenden Wertepaare. Verbinde sinnvoll. 5

Fülle die Lücken aus.

Um 15:30 Uhr beträgt die Temperatur __________ °C.

Um etwa ______________ Uhr beträgt die Temperatur 63 °C.

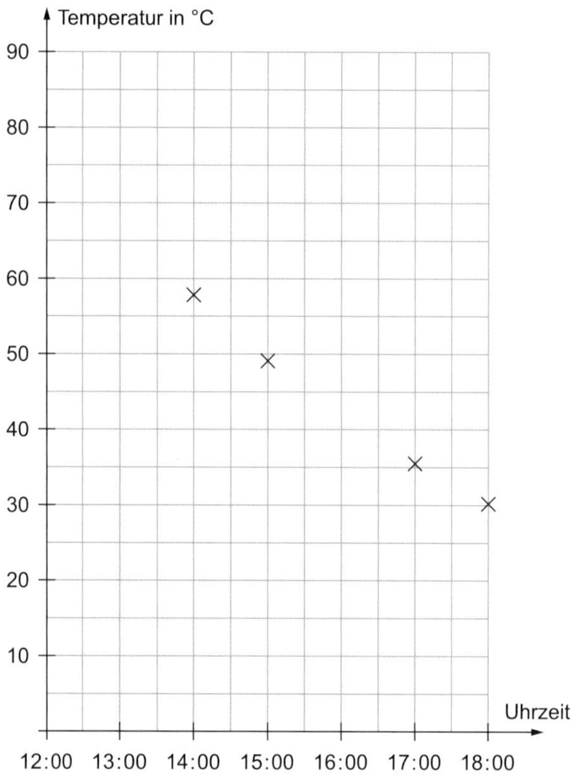

d) Kreuze an. 1

Die im Graph dargestellte Temperaturabnahme ist …

☐ linear. ☐ proportional. ☐ exponentiell.

Wahlaufgabe 3 – Wahrscheinlichkeit

Pia und Lea trinken gern Tee. Sie haben diese Teebeutel unsortiert in einer Teebox:

- 10 Beutel Kamillentee (K)
- 4 Beutel Erdbeertee (E)
- 6 Beutel Apfeltee (A)

Pia greift, ohne hinzusehen, in die Teebox und zieht nacheinander zwei Teebeutel heraus.

a) Ergänze im Baumdiagramm die fehlenden Wahrscheinlichkeiten. 2

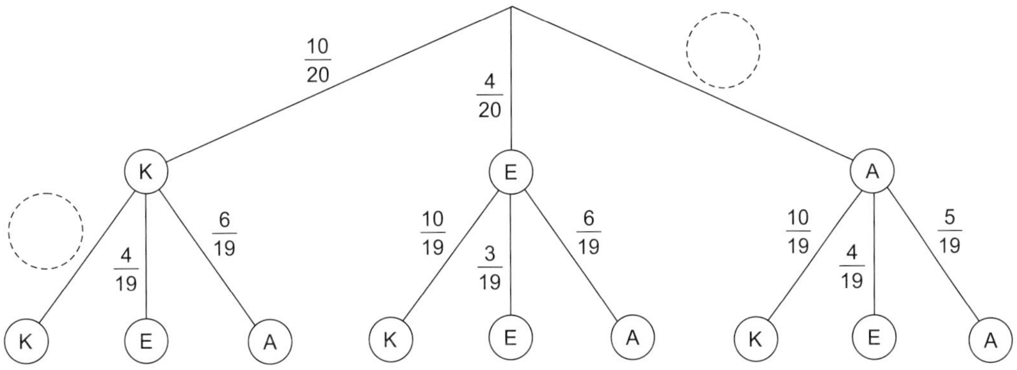

Lea berechnet die Wahrscheinlichkeit für ein Ereignis mit der folgenden Rechnung:

$$P = \left(\frac{4}{20} \cdot \frac{3}{19}\right)$$

b) Gib das passende Ereignis an. 1

c) Berechne die Wahrscheinlichkeit, dass Pia erst Kamillentee und dann Apfeltee zieht. 2

Pia möchte einen Erdbeertee und Lea einen Kamillentee trinken.

d) Markiere alle betreffenden Pfade und berechne die Wahrscheinlichkeit, dass ein Erdbeertee und ein Kamillentee gezogen werden. 4

Pia hat ein Glücksrad gebaut und behauptet: „Statt zweimal aus der Teebox zu ziehen, können wir auch zweimal am Glücksrad drehen.“

e) Kreuze die zutreffende Begründung an. 1

Das Glücksrad passt nicht zum Baumdiagramm aus Aufgabenteil a, weil …

☐ … das Glücksrad zu viele Felder hat.

☐ … die Anzahl der Felder für Erdbeertee falsch ist.

☐ … die Wahrscheinlichkeiten bei beiden Drehungen gleich sind.

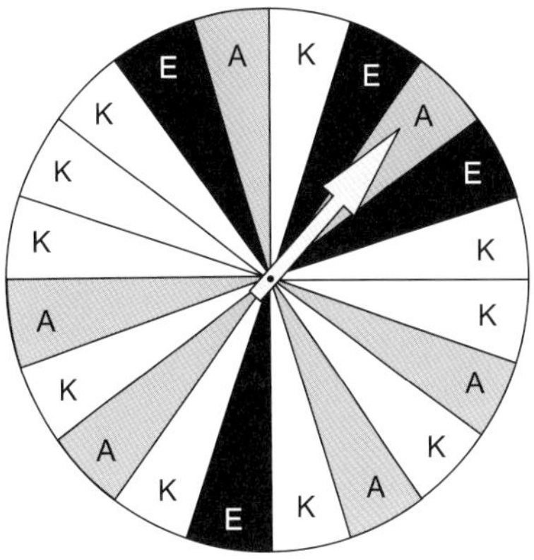

Wahlaufgabe 4 – Trigonometrie

Die Bergbahn „Waldi" fährt von der Talstation A zur Bergstation.

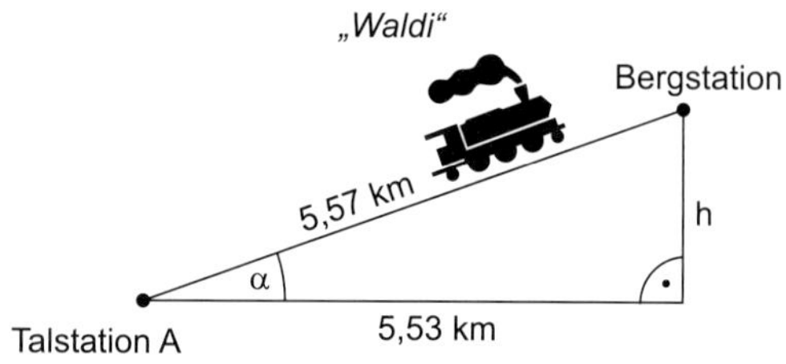

(Skizze nicht maßstäblich)

a) Berechne den Höhenunterschied h. Gib das Ergebnis in m an. 3

b) Berechne die Größe des Steigungswinkels α. 3

Die Bergbahn „Rosi" fährt von der Talstation B zur Bergstation.

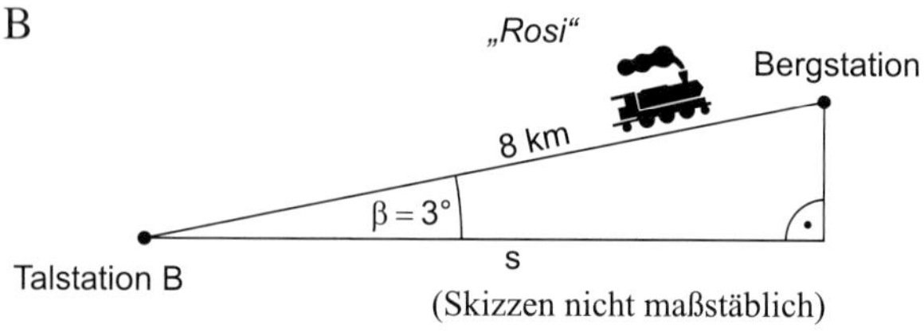

(Skizzen nicht maßstäblich)

c) Berechne s. 2

d) Bestimme die Steigung von Rosis Strecke in Prozent. (Solltest du die Teilaufgabe c nicht gelöst haben, rechne mit $s = 7{,}95$ km weiter.) 2

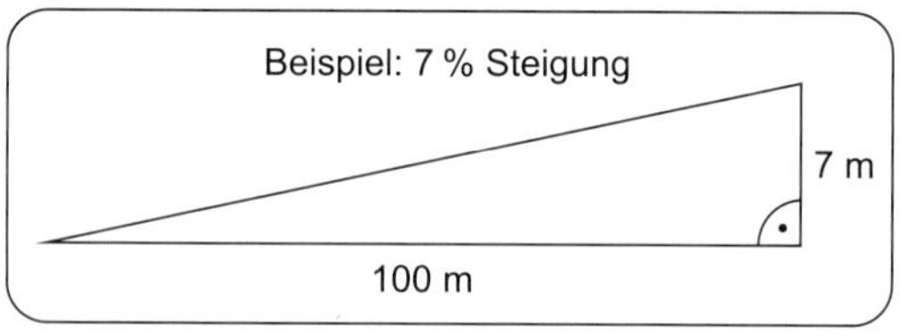

Lösungen

E-Kurs und G-Kurs: Hauptteil 1 (ohne Hilfsmittel)

Hinweise und Tipps

1. a) 8 km = **8 000** m

1 km = 1 000 m

b) 3,12 cm^2 = **312** mm^2

1 cm^2 = 100 mm^2

c) 150 min = **2,5** h

60 min = 1 h

---

2. a)

2,	0	3	8	·	5
	1		1	4	
	1	0,	1	9	0

Der Preis für 5 Liter Benzin ist **10,19 €**.

Rechne schriftlich.
Wenn in der Aufgabenstellung drei Nachkommastellen sind, sind auch im Ergebnis drei Nachkommastellen.

b) 34,25<u>5</u>2 € ≈ **34,26 €**

Schau dir die dritte Stelle nach dem Komma an.
Beachte, ab <u>5</u> wird aufgerundet.

---

3. a)

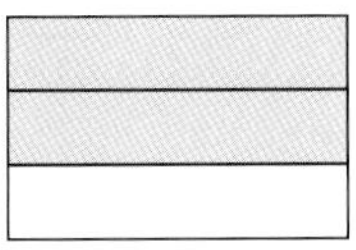

$\frac{2}{3}$

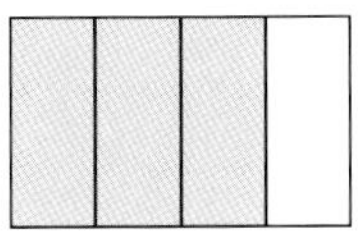

$\frac{3}{4}$

2 von 3 Anteilen sind grau gefärbt.
3 von 4 Anteilen sind grau gefärbt.

b) $\frac{2}{3}+\frac{3}{4}=\frac{2\cdot 4}{3\cdot 4}+\frac{3\cdot 3}{4\cdot 3}=\frac{8}{12}+\frac{9}{12}=\frac{17}{12}=1\frac{5}{12}$

$\mathbf{\frac{17}{12}>1}$ bzw. $\mathbf{1\frac{5}{12}>1}$

Die übrig gebliebenen Anteile sind die grau gefärbten Anteile.
Addiere sie. Bringe dazu die beiden Brüche auf den gleichen Nenner (12).
Vergleiche das Ergebnis mit einer ganzen Schokoladentafel.

c)

0,125	1,25	1,25 %	12,5 %	$\frac{1}{8}$	$\frac{1}{4}$	$\frac{125}{100}$	$\frac{125}{1000}$
☒	☐	☐	☒	☒	☐	☐	☒

Einer von 8 Anteilen ist grau gefärbt.
$\frac{1}{8}$ entspricht $\frac{125}{1000}$ oder 0,125 oder 12,5 %.

---

4. a) $\underbrace{8 \text{ Kugeln}}_{\text{Vanille}} + \underbrace{16 \text{ Kugeln}}_{\text{Schokolade}} + \underbrace{10 \text{ Kugeln}}_{\text{Nuss}} = 34 \text{ Kugeln}$

Addiere zuerst alle Kugeln Eis, die im Diagramm dargestellt sind.

$40 \text{ Kugeln} - 34 \text{ Kugeln} = \underbrace{6 \text{ Kugeln}}_{\text{Erdbeere}}$

Subtrahiere dann diese Summe von den 40 Kugeln Eis.

oder:

$8+16+E+10=40$

$34+E=40 \quad |-34$

$E=6$

Löse die Aufgabe mit einer Gleichung.

Hinweise und Tipps

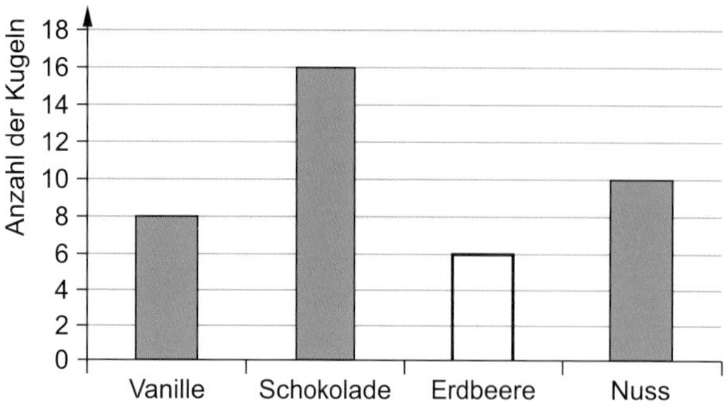

b) Ich habe zuerst alle Kugeln Eis, die im Diagramm dargestellt sind, addiert.
Dann habe ich die Summe von den 40 Kugeln Eis subtrahiert.

oder:

Ich habe für die Sorte Erdbeere eine Gleichung aufgestellt und gelöst.

Beschreibe dein Vorgehen in Worten.

c)

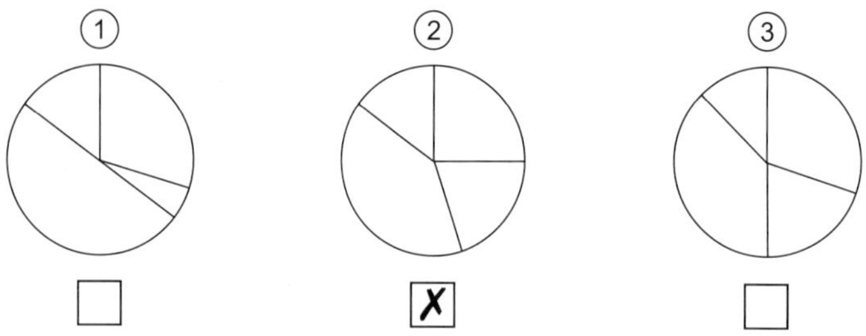

Es wurden 10 Kugeln der Sorte „Nuss“ verkauft.
Das sind von den 40 Kugeln, die insgesamt verkauft wurden, genau $\frac{1}{4} = 0,25 = 25\ \%$.
Das Kreisdiagramm ② bildet als einziges einen Viertelkreis ab.

oder:

- Diagramm ① scheidet aus, da hier eine Sorte als Halbkreis dargestellt ist. Von keiner Sorte wurden jedoch $40 : 2 = 20$ Kugeln verkauft.
- Diagramm ③ scheidet ebenfalls aus, da hier die zwei rechten Sektoren und die zwei linken Sektoren jeweils einen Halbkreis bilden. Die Summe aus zwei beliebigen Sorten ergibt jedoch nie 20 Kugeln.
- Übrig bleibt Diagramm ②.

d) Es gibt **6** Möglichkeiten.

Vanille – Schokolade
Vanille – Erdbeere
Vanille – Nuss
Schokolade – Erdbeere
Schokolade – Nuss
Erdbeere – Nuss

Achte darauf, dass du keine Kombination doppelt zählst. „Schokolade – Vanille“ ist z. B. das gleiche wie „Vanille – Schokolade“.

Hinweise und Tipps

5.

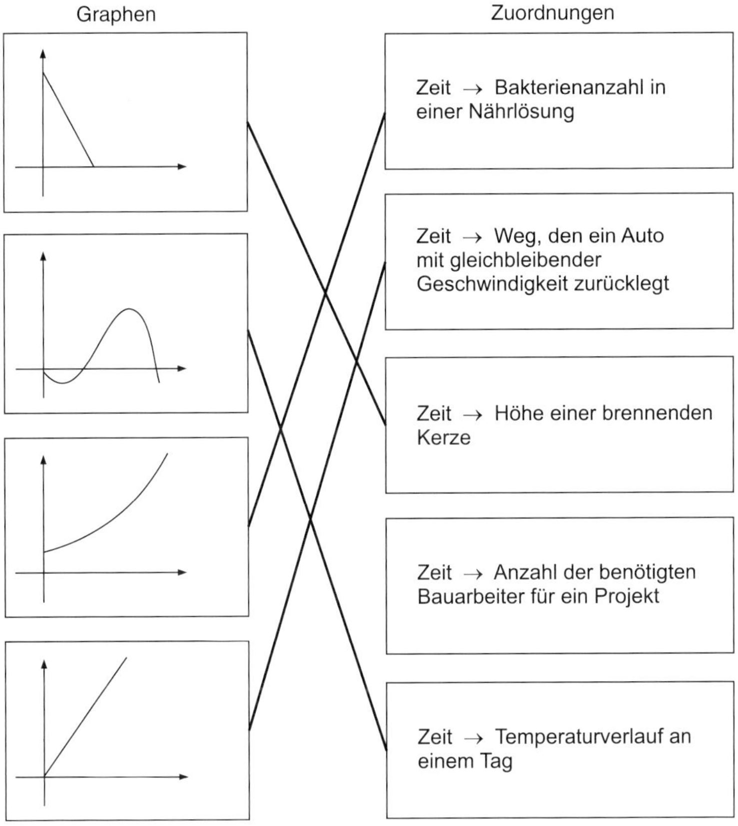

Die Bakterienanzahl in einer Nährlösung nimmt exponentiell zu. Der passende Graph ist eine Kurve mit zunehmender Steigung.

Der Weg, den ein Auto mit gleichbleibender Geschwindigkeit zurücklegt, wird durch eine steigende Gerade dargestellt.

Eine brennende Kerze verliert gleichmäßig an Höhe. Dies entspricht einer fallenden Geraden.

Die Anzahl der benötigten Bauarbeiter für ein Projekt verhält sich antiproportional zur Zeit. Keiner der dargestellten Graphen zeigt den Verlauf einer antiproportionalen Zuordnung.

In der Regel sinkt die Temperatur nachts ab, tagsüber steigt sie dann und Richtung Abend hin fällt sie wieder. Dieser Verlauf wird durch eine fallende, dann steigende und anschließend wieder fallende Kurve dargestellt.

6. a)

$$V = \frac{g \cdot h}{2} \cdot h_K$$

$$V = \frac{4\,\text{cm} \cdot 3\,\text{cm}}{2} \cdot 6\,\text{cm}$$

$$V = 6\,\text{cm}^2 \cdot 6\,\text{cm}$$

$$V = \mathbf{36}\,\text{cm}^3$$

Berechne das Volumen des Dreiecksprismas, indem du die Grundfläche (Fläche des Dreiecks) mit der Körperhöhe multiplizierst.

$$V = G \cdot h_K = \frac{g \cdot h}{2} \cdot h_K$$

b)

$$V = \frac{\not{2}x \cdot x}{\not{2}} \cdot 3x$$

$$V = x^2 \cdot 3x$$

$$V = \mathbf{3x^3}$$

Setzte anstatt der Zahlen nun die angegebenen Variablen in die Formel ein.

$g \mathrel{\hat{=}} 2x$

$h \mathrel{\hat{=}} x$

$h_K \mathrel{\hat{=}} 3x$

7.

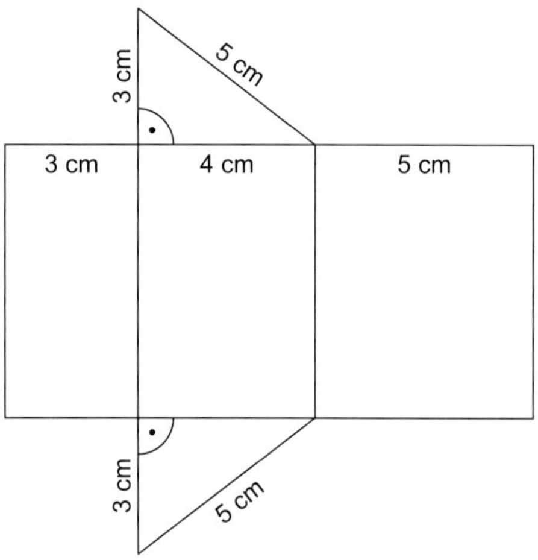

Maßstab 1 : 2

Hinweise und Tipps

Achte darauf, dass Seitenlängen, die beim Zusammenfalten des Netzes aneinander liegen, gleich lang sind.

Aus Platzgründen ist das Netz hier verkleinert dargestellt.

Es gibt auch andere Möglichkeiten das Netz zu zeichnen, z. B.:

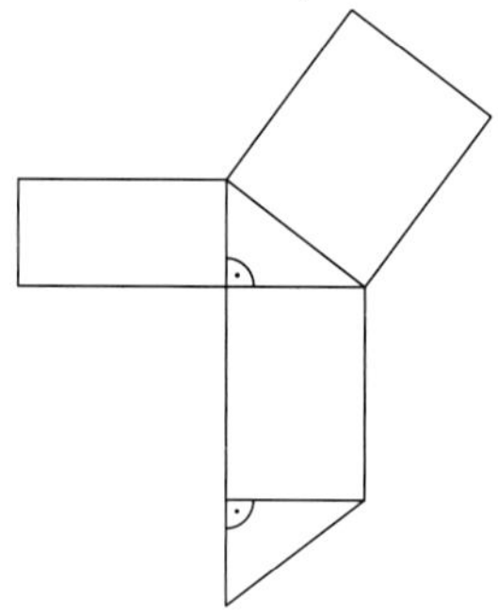

---

8. a)

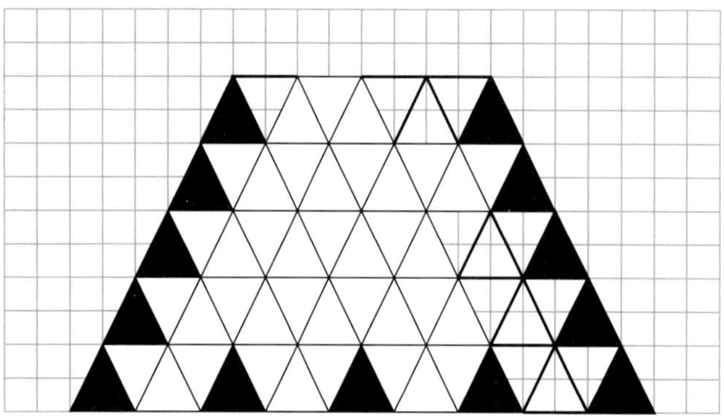

Von Figur zu Figur wird das Muster eine Zeile höher und entsprechend breiter.

Vergiss nicht, die jeweiligen Dreiecke am Rand schwarz einzufärben.

b) In der Figur 6 gibt es **19** schwarze Dreiecke.

Figur 1: 4 schwarze Dreiecke
Figur 2: 7 schwarze Dreiecke (+3)
Figur 3: 10 schwarze Dreiecke (+3)
Figur 4: 13 schwarze Dreiecke (+3)
Figur 5: 16 schwarze Dreiecke (+3)
Figur 6: 19 schwarze Dreiecke (+3)

c)

$3x+1$	$x+3$	$4x-3$	$3x+4$
☒	☐	☐	☐

Überprüfe die Terme durch Einsetzen.

Figur 1 ($x=1$): $3\cdot 1+1=4$ ✓
$1+3=4$ ✓
$4\cdot 1-3=1$ Term 3 ist falsch
$3\cdot 1+4=7$ Term 4 ist falsch

Figur 2 ($x=2$): $3\cdot 2+1=7$ ✓
$2+3=5$ Term 2 ist falsch

Term 1 ist passend.

oder:

Stelle selbst einen Term auf.

Figur 1: 4
Figur 2: $4+3$
Figur 3: $4+3+3$
Figur 4: $4+3+3+3$
$\vdots$

$$\text{Figur } x\text{: } 4+\underbrace{3+3+\ldots+3}_{(x-1)\text{-mal}}=4+3\cdot(x-1)$$
$$=4+3x-3$$
$$=3x+1$$

Term 1 ist passend.

E-Kurs: Hauptteil 2

Hinweise und Tipps

1. a) Rechnung mit der Formel:

$W = G \cdot \frac{p}{100}$

$W = 1100 \cdot \frac{61}{100}$

$W = 671$

oder:

Rechnung mit dem Dreisatz:

$100\,\% \mathrel{\hat{=}} 1100 \quad |:100$

$1\,\% \mathrel{\hat{=}} 11 \quad |\cdot 61$

$61\,\% \mathrel{\hat{=}} 671$

671 Personen haben Haustiere.

gegeben: Grundwert G = 1 100 Personen
Prozentsatz p % = 61 %
gesucht: Prozentwert W
Setze die gegebenen Werte in die Formel ein oder berechne mit dem Dreisatz.

b) Rechnung mit der Formel:

$p\,\% = \frac{W \cdot 100}{G}\,\%$

$p\,\% = \frac{70 \cdot 100}{671}\,\%$

$p\,\% \approx 10{,}43\,\%$

oder:

Rechnung mit dem Dreisatz:

$671 \mathrel{\hat{=}} 100\,\% \quad |:671$

$1 \mathrel{\hat{=}} \frac{100}{671}\,\% \quad |\cdot 70$

$70 \mathrel{\hat{=}} 10{,}43\,\%$

10,43 % der Haustierbesitzer haben Fische.

gegeben: Grundwert G = 671 Personen
Prozentwert W = 70 Personen
gesucht: Prozentsatz p %

c) Nein, Michael hat nicht recht. Die Summe der Prozentsätze kann durch Mehrfachnennungen mehr als 100 % betragen. Ein Haustierbesitzer kann mehrere Haustiere besitzen.

Berücksichtige, dass eine Person z. B. einen Hund und Fische als Haustiere haben kann.

---

2. a) $A = \frac{3}{4} \cdot \pi \cdot r^2$

$A = \frac{3}{4} \cdot \pi \cdot (60\text{ cm})^2$

$A \approx \frac{3}{4} \cdot 11\,309{,}73\text{ cm}^2$

$A \approx 8\,482{,}30\text{ cm}^2$

Die Sitzfläche ist **8 482,30 cm²** groß.

Für die Größe der Sitzfläche bestimme den Flächeninhalt des Dreiviertelkreises.

$A = \frac{3}{4} \cdot \pi \cdot r^2$

Für den Radius gilt:

$r = \frac{d}{2} = \frac{120\text{ cm}}{2} = 60\text{ cm}$

b) $u = \frac{3}{4} \cdot \pi \cdot d$

$u = \frac{3}{4} \cdot \pi \cdot 120\text{ cm}$

$u \approx 282{,}74\text{ cm}$

$u_{Naht} = u + r + r = 282{,}74\text{ cm} + 60\text{ cm} + 60\text{ cm} = 402{,}74\text{ cm}$

Die Naht ist **402,74 cm** lang.

Für die Länge der Naht bestimme den Umfang des Dreiviertelkreises und addiere zweimal den Radius r.

$u = \frac{3}{4} \cdot \pi \cdot d$

$u_{Naht} = u + r + r$

Hinweise und Tipps

c) $\frac{3}{4} \cdot \pi \cdot 2 \cdot r + \mathbf{r^2}$

Der Fehler ist r^2. Man muss $2 \cdot r$ oder $r + r$ addieren.

---

3. a) $P(\text{Gewinn}) = \mathbf{\frac{70}{500}} = \frac{7}{50} = \mathbf{0{,}14 = 14\ \%}$

$P(\text{Gewinn}) = \frac{\text{Anzahl der günstigen Ergebnisse}}{\text{Anzahl der möglichen Ergebnisse}}$

günstige Ergebnisse: 70 Gewinne
mögliche Ergebnisse: 500 Lose

b) Wahrscheinlichkeit, beim 1. Mal einen Gewinn zu ziehen: $\frac{70}{500}$

(siehe Aufgabe a)

Wahrscheinlichkeit, beim 2. Mal einen Gewinn zu ziehen: $\frac{69}{499}$

Nachdem du das 1. Mal einen Gewinn gezogen hast, sind nur noch 69 Gewinne und insgesamt 499 Lose im Eimer.

$P(\text{zwei Gewinne}) = \frac{70}{500} \cdot \frac{69}{499} = \mathbf{\frac{4\,830}{249\,500}} \approx \mathbf{0{,}0194 = 1{,}94\ \%}$

Wende die Produktregel an und multipliziere die Wahrscheinlichkeiten.

---

4. a) $y = \mathbf{0{,}5}x + \mathbf{1{,}5}$ oder $y = \mathbf{\frac{1}{2}}x + \mathbf{1{,}5}$

y = ______ x + ______
↓ Steigung ↓ Schnittpunkt mit der y-Achse

Die Gerade g hat eine Steigung von 0,5. (Steigungsdreieck: 1 Einheit nach rechts und 0,5 Einheiten nach oben.)

Die Gerade g schneidet die y-Achse bei 1,5.

b)

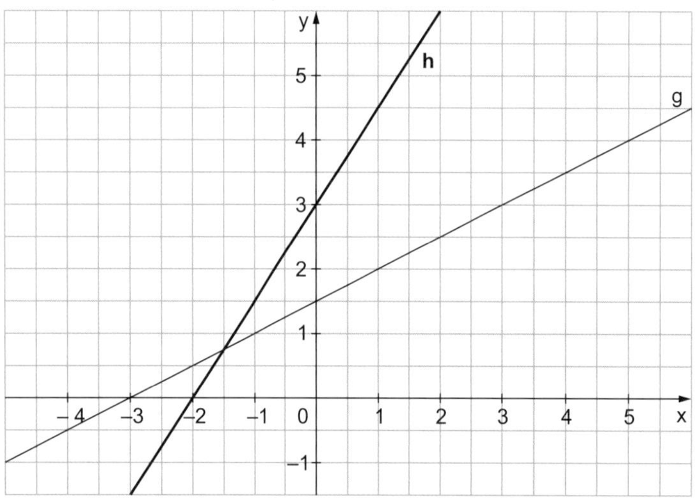

$y = \frac{3}{2}x + 3$
↓ Steigung ↓ Schnittpunkt mit der y-Achse

Steigungsdreieck: 2 Einheiten nach rechts und 3 Einheiten nach oben.

---

5. a) $150\ € + 10 \cdot 89\ € = 1\,040\ €$

Der Gesamtpreis für zehn Übernachtungen beträgt **1 040 €**.

Der Gesamtpreis setzt sich aus der einmaligen Gebühr und den Kosten für zehn Übernachtungen zusammen.

b) $\mathbf{y = 89 \cdot x + 150}$

m ≙ Preis pro Übernachtung
b ≙ einmalige Gebühr für die Endreinigung

c) $1\,800 = 89 \cdot x + 150 \quad | -150$
$1\,650 = 89x \quad | :89$
$18{,}54 \approx x$

$y = 89 \cdot x + 150$ (Aufgabe b)
y steht für den Gesamtpreis.
x steht für die Anzahl der Übernachtungen.

Hinweise und Tipps

oder:

10 Übernachtungen: $89\,€ \cdot 10 + 150\,€ = 890\,€ + 150\,€ = 1\,040\,€$
20 Übernachtungen: $89\,€ \cdot 20 + 150\,€ = 1\,780\,€ + 150\,€ = 1\,930\,€$
19 Übernachtungen: $89\,€ \cdot 19 + 150\,€ = 1\,691\,€ + 150\,€ = 1\,841\,€$
18 Übernachtungen: $89\,€ \cdot 18 + 150\,€ = 1\,602\,€ + 150\,€ = 1\,752\,€$

Bestimme die Anzahl der maximal möglichen Übernachtungen durch Probieren.

Familie Altan kann maximal **18 Übernachtungen** buchen.

Du musst abrunden, denn für 19 Übernachtungen reicht das Geld nicht.

---

6. a) Berechnung von a mit dem Satz des Pythagoras:

$$(32{,}4\text{ cm} + 21\text{ cm})^2 + (66\text{ cm})^2 = a^2$$
$$(53{,}4\text{ cm})^2 + (66\text{ cm})^2 = a^2$$
$$2\,851{,}56\text{ cm}^2 + 4\,356\text{ cm}^2 = a^2$$
$$7\,207{,}56\text{ cm}^2 = a^2 \quad |\sqrt{\;}$$
$$84{,}90\text{ cm} \approx a$$

Die Strecke a ist **84,90 cm** lang.

Achte beim Aufstellen der Formel darauf, dass a die längste Seite im rechtwinkligen Dreieck ist und alleine stehen muss.

b) Berechnung von α mit dem Tangens:

$$\tan\alpha = \frac{66\text{ cm}}{32{,}4\text{ cm} + 21\text{ cm}}$$
$$\tan\alpha = \frac{66\text{ cm}}{53{,}4\text{ cm}}$$
$$\tan\alpha = 1{,}2359\ldots \quad |\tan^{-1}$$
$$\alpha \approx 51{,}02°$$

Der Winkel α ist **51,02°** groß.

Der gesuchte Winkel α liegt in dem rechtwinkligen Dreieck.
gegeben: Ankathete 32,4 cm + 21 cm
Gegenkathete 66 cm
gesucht: Winkel α

$$\tan ∢ = \frac{\text{Gegenkathete}}{\text{Ankathete}}$$

c) Berechnung von b mit dem Kosinus:

$$\cos 51{,}02° = \frac{21\text{ cm}}{b} \quad |\cdot b$$
$$\cos 51{,}02° \cdot b = 21\text{ cm} \quad |:\cos 51{,}02°$$
$$b = \frac{21\text{ cm}}{\cos 51{,}02°}$$
$$b \approx 33{,}38\text{ cm}$$

Die Strecke b ist **33,38 cm** lang.

Die gesuchte Seitenlänge b ist die Hypotenuse in dem kleinen rechtwinkligen Dreieck oben in der Abbildung.
gegeben: Winkel $\alpha = 51{,}02°$ (Aufgabe b)
Ankathete 21 cm
gesucht: Hypotenuse b

$$\cos ∢ = \frac{\text{Ankathete}}{\text{Hypotenuse}}$$

---

7. a)

$$V = \frac{1}{3} \cdot a^2 \cdot h_K$$
$$150\text{ cm}^3 = \frac{1}{3} \cdot (5\text{ cm})^2 \cdot h_K \quad |\cdot 3$$
$$450\text{ cm}^3 = 25\text{ cm}^2 \cdot h_K \quad |:25\text{ cm}^2$$
$$18\text{ cm} = h_K$$

Die Höhe h_K der Pyramide beträgt **18 cm**.

Setze alle bekannten Werte in die Volumenformel für eine quadratische Pyramide ein.

$$V = \frac{1}{3} \cdot G \cdot h_K = \frac{1}{3} \cdot a^2 \cdot h_K$$

Stelle die Formel so um, dass h_K alleine steht.

b) Die Grundkante der ersten Pyramide ist …

- [x] doppelt so lang wie die Grundkante der zweiten Pyramide.
- [ ] dreimal so lang wie die Grundkante der zweiten Pyramide.
- [ ] viermal so lang wie die Grundkante der zweiten Pyramide.

In die Volumenformel fließt die Länge der Grundkante a quadratisch ein.

$$V = \frac{1}{3} \cdot a^2 \cdot h_K = \frac{1}{3} \cdot a \cdot a \cdot h_K$$

Bei doppelter Länge von a ergibt sich eine Vervierfachung:
$a \cdot a \;\Rightarrow\; 2a \cdot 2a = 4a^2$

E-Kurs: Wahlteil

1. a) $O = 4 \cdot \pi \cdot (13{,}5\text{ m})^2$
$O = 4 \cdot \pi \cdot 182{,}25\text{ m}^2$
$O \approx 2\,290{,}22\text{ m}^2$

Die Oberfläche der Kugel beträgt **2 290,22 m²**.

b) Berechnung des Radius des Ringes:

$$90\text{ m} = 2 \cdot \pi \cdot r_{Ring} \quad |:(2 \cdot \pi)$$

$$\frac{90\text{ m}}{2 \cdot \pi} = r_{Ring}$$

$$14{,}32\text{ m} \approx r_{Ring}$$

Berechnung des Abstands:

$$r_{Ring} - r_{Gasspeicher} = 14{,}32\text{ m} - 13{,}5\text{ m} = 0{,}82\text{ m}$$

Der Abstand zwischen dem Gasspeicher und dem Ring beträgt **0,82 m** (= 82 cm).

c) Berechnung von x mit dem Satz des Pythagoras:

$$(20\text{ m})^2 + x^2 = (22\text{ m})^2$$

$$400\text{ m}^2 + x^2 = 484\text{ m}^2 \quad |-400\text{ m}^2$$

$$x^2 = 84\text{ m}^2 \quad |\sqrt{\ }$$

$$x \approx 9{,}17\text{ m}$$

Die Länge x beträgt **9,17 m**.

d) Radius des Hohlraums:

$$r_{Hohlraum} = 13{,}5\text{ m} - 0{,}03\text{ m} = 13{,}47\text{ m}$$

Berechnung des Volumens des Hohlraums:

$$V = \frac{4}{3} \cdot \pi \cdot (13{,}47\text{ m})^3$$

$$V \approx 10\,237{,}44\text{ m}^3$$

Der Hohlraum der Kugel hat ein Volumen von **10 237,44 m³**.

e) Wenn der Durchmesser doppelt so groß ist, ist auch der Radius r doppelt so groß.

Da der Radius in der Volumenformel von Kugeln in der dritten Potenz auftaucht, verachtfacht sich das Ergebnis.

$(2r)^3 \Rightarrow 2r \cdot 2r \cdot 2r = \mathbf{8}r^3$

Hinweise und Tipps

zu a): $O_{Kugel} = 4 \cdot \pi \cdot r^2$

zu b): Um den Abstand des Ringes zum Gasspeicher zu berechnen, vergleiche den Radius des Gasspeichers mit dem Radius des Ringes.
Berechne zuerst den Radius des Ringes aus dem gegebenen Umfang.
$u = 2 \cdot \pi \cdot r$

zu c): Achte beim Aufstellen der Formel darauf, dass x eine Kathete ist.

zu d): Der Radius des Hohlraums ist 0,03 m kleiner als der Außenradius der Kugel.
Nutze anschließend die Volumenformel.
$V = \frac{4}{3} \cdot \pi \cdot r_{Hohlraum}^3$

zu e): $V = \frac{4}{3} \cdot \pi \cdot r^3$

2. a) $20\,°C + (3 \cdot 15\,°C) = 20\,°C + 45\,°C = 65\,°C$

Nach 3 Minuten liegt die Wassertemperatur bei **65 °C**.

b) $\mathbf{y = 15 \cdot x + 20}$

Hinweise und Tipps

zu a): In 3 Minuten erwärmt sich das Wasser um $3 \cdot 15\,°C$, also um 45 °C.

zu b): $m \mathrel{\hat{=}}$ Temperaturanstieg (15 °C pro Minute)
$b \mathrel{\hat{=}}$ Ausgangstemperatur zu Beginn (20 °C)

Hinweise und Tipps

c) Berechnung mit der Formel

$$W = 49{,}1\,°C \cdot \frac{15}{100} = 49{,}1\,°C \cdot 0{,}15 = 7{,}365\,°C$$

oder:

Berechnung mit dem Dreisatz:

$100\,\% \mathrel{\hat{=}} 49{,}1\,°C \quad | :100$

$1\,\% \mathrel{\hat{=}} 0{,}491\,°C \quad | \cdot 15$

$15\,\% \mathrel{\hat{=}} 7{,}365\,°C$

Temperatur um 16:00 Uhr:
$49{,}1\,°C - 7{,}365\,°C \approx$ **41,74 °C**

Berechne 15 % von 49,1 °C.
gegeben: Grundwert G = 49,1 °C
Prozentsatz p % = 15 %
gesucht: Prozentwert W
Setze die gegebenen Werte in die Formel ein oder berechne mit dem Dreisatz.

Ziehe das Ergebnis von den 49,1 °C um 15:00 Uhr ab.

d)

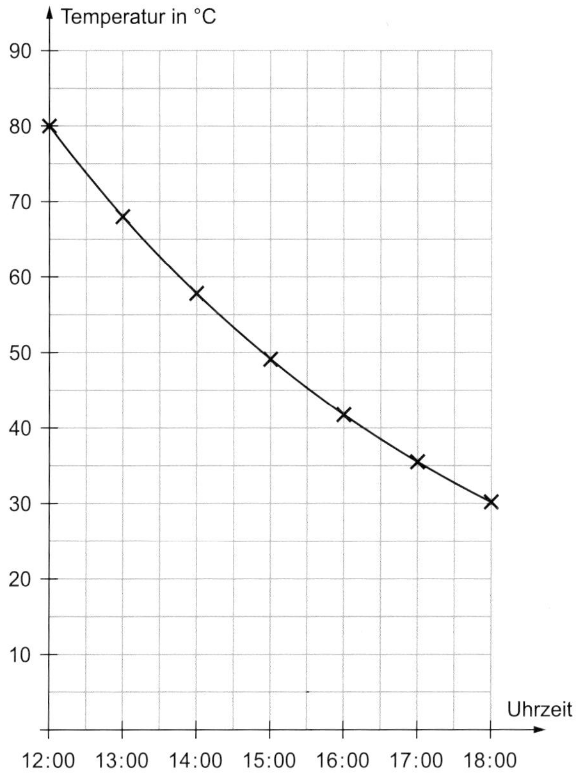

Zeichne die Wertepaare ein und verbinde sie mit einer Kurve.

Um 12:45 Uhr beträgt die Temperatur **ca. 71** °C.

Um **ca. 15:30** Uhr ist die Temperatur um 35 °C gefallen.

Lies am Graphen ab, welche Temperatur zu 12:45 Uhr gehört.
Die Temperatur ist um 35 °C gefallen, wenn sie noch 80 °C − 35 °C = 45 °C beträgt. Lies am Graphen ab, welche Uhrzeit zu dieser Temperatur gehört.

e) Die im Graph dargestellte Zuordnung ist …

☐ linear. ☐ proportional. ☒ exponentiell.

Pro Zeitspanne verringert sich die Temperatur immer um den gleichen Prozentsatz (Faktor). Der Grundwert ändert sich ständig. Der Graph der Zuordnung ist eine Kurve.
→ exponentieller Zerfall

3. a)

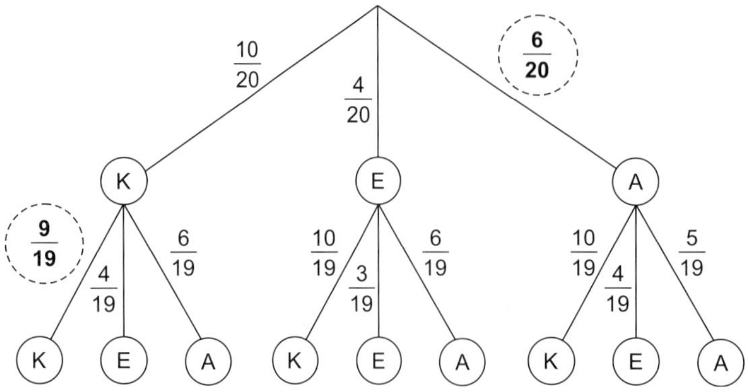

Hinweise und Tipps

$P = \frac{\text{Anzahl der günstigen Beutel}}{\text{Anzahl aller Beutel in der Teebox}}$

- Wahrscheinlichkeit für Kamillentee (K) beim zweiten Ziehen:
  Es sind nur noch 9 Beutel Kamillentee (K) und insgesamt noch 19 Beutel in der Teebox.
  $\Rightarrow \frac{9}{19}$
- Wahrscheinlichkeit für Apfeltee (A) beim ersten Ziehen:
  Es sind 6 Beutel Apfeltee (A) und noch alle 20 Beutel in der Teebox.
  $\Rightarrow \frac{6}{20}$

b) $P(K \mid A) = \frac{10}{20} \cdot \frac{6}{19} = \mathbf{\frac{60}{380}}$

Wende die Produktregel an.

Du kannst das Ergebnis auch als Dezimalzahl oder in Prozent angeben.

$\frac{60}{380} = \frac{6}{38} \approx 0{,}1579 = 15{,}79\ \%$

c) $P(K \mid K) = \frac{10}{20} \cdot \frac{9}{19} = \frac{90}{380}$

$P(K \mid A) = \frac{10}{20} \cdot \frac{6}{19} = \frac{60}{380}$

$P(A \mid K) = \frac{6}{20} \cdot \frac{10}{19} = \frac{60}{380}$

$P(A \mid A) = \frac{6}{20} \cdot \frac{5}{19} = \frac{30}{380}$

$P(\text{kein E}) = \frac{90}{380} + \frac{60}{380} + \frac{60}{380} + \frac{30}{380} = \mathbf{\frac{240}{380}} = \mathbf{\frac{12}{19}}$

Alle Pfade, die keinen Erdbeertee (E) enthalten, führen zum Erfolg:
- Kamillentee (K); Kamillentee (K)
- Kamillentee (K); Apfeltee (A)
- Apfeltee (A); Kamillentee (K)
- Apfeltee (A); Apfeltee (A)

Wende entlang der Pfade die Produktregel an.

Addiere dann die Wahrscheinlichkeiten der vier Ergebnisse (Summenregel).

d) $P = \underbrace{1 - \underbrace{\left(\frac{4}{20} \cdot \frac{3}{19}\right)}_{P(E \mid E)}}_{\text{Gegenereignis}}$

„Es wird nicht zweimal hintereinander Erdbeertee gezogen."

Überlege dir anhand des Baumdiagramms, zu welchem Pfad das Produkt $\frac{4}{20} \cdot \frac{3}{19}$ gehört.

Beachte, dass durch den Ausdruck „1 –" ein Gegenereignis beschrieben wird.

Durch Pias Rechnung wird die Wahrscheinlichkeit für alle Kombinationen außer „Erdbeertee (E); Erdbeertee (E)" berechnet.

e) Das Glücksrad passt nicht zum Baumdiagramm aus Aufgabenteil a, weil die Wahrscheinlichkeiten bei beiden Drehungen gleich sind. Das Drehen des Glücksrads beschreibt ein Zufallsexperiment mit Zurücklegen und das Baumdiagramm eines ohne Zurücklegen.

Auf dem Glücksrad gibt es 10 Felder mit (K), 4 Felder mit (E) und 6 Felder mit (A). Die Anzahlen stimmen mit denen der Teebeutel überein.

Beim Ziehen der Teebeutel ändern sich im zweiten Zug die Wahrscheinlichkeiten. Eine Teesorte wurde gezogen und es sind dann nur noch 19 und nicht mehr 20 Beutel in der Box.

Ändern sich die Wahrscheinlichkeiten beim zweiten Mal Drehen des Glücksrads auch?

Teebox → ohne Zurücklegen
Glücksrad → mit Zurücklegen

Hinweise und Tipps

4. a) Berechnung von h mit dem Satz des Pythagoras:

$$(5{,}53\text{ km})^2 + h^2 = (5{,}57\text{ km})^2$$

$$30{,}5809\text{ km}^2 + h^2 = 31{,}0249\text{ km}^2 \quad |-30{,}5809\text{ km}^2$$

$$h^2 = 0{,}444\text{ km}^2 \quad |\sqrt{\ }$$

$$h \approx 0{,}67\text{ km}$$

Der Höhenunterschied beträgt **0,67 km** (670 m).

Achte beim Aufstellen der Formel darauf, dass h eine Kathete ist.

b) Berechnung von α mit dem Kosinus:

$$\cos\alpha = \frac{5{,}53\text{ km}}{5{,}57\text{ km}}$$

$$\cos\alpha = 0{,}9928\ldots \quad |\cos^{-1}$$

$$\alpha \approx 6{,}87°$$

Der Steigungswinkel ist **6,87°** groß.

gegeben: Ankathete 5,53 km
Hypotenuse 5,57 km
gesucht: Winkel α

$$\cos \sphericalangle = \frac{\text{Ankathete}}{\text{Hypotenuse}}$$

c) Prozentualer Vergleich der beiden Steigungen:
Berechnung der Steigung von „Waldi" in %:

$$p\,\% = \frac{W \cdot 100}{G}\,\%$$

$$p\,\% = \frac{0{,}67\text{ km} \cdot 100}{5{,}53\text{ km}}\,\%$$

$$p\,\% \approx 12{,}12\,\%$$

Die Bergbahn „**Waldi**" hat mit **12,12 %** die **größere Steigung** als die Bergbahn „Rosi" mit 9 %.

Um die Steigungen in Prozent vergleichen zu können, berechne die prozentuale Steigung der Bergbahn „Waldi".
gegeben: Grundwert G = 5,53 km
Prozentwert W = h = 0,67 km
gesucht: Prozentsatz p %

oder:
Vergleich der beiden Steigungen anhand der Winkelgrößen:
Berechnung des Steigungswinkels α von „Rosi":

$$\tan\alpha = \frac{9\text{ m}}{100\text{ m}}$$

$$\tan\alpha = 0{,}09 \quad |\tan^{-1}$$

$$\alpha \approx 5{,}14°$$

Die Bergbahn „**Waldi**" hat mit **6,87°** (siehe Aufgabe b) die **größere Steigung** als die Bergbahn „Rosi" mit 5,14°.

Um die Steigungen anhand der Winkelgrößen vergleichen zu können, berechne den Steigungswinkel der Bergbahn „Rosi".
gegeben: Gegenkathete 9 m
Ankathete 100 m
gesucht: Winkel α

$$\tan \sphericalangle = \frac{\text{Gegenkathete}}{\text{Ankathete}}$$

d) Zu einem Steigungswinkel von 45° gehört z. B. ein Höhenunterschied von 100 m auf 100 m Länge. Das entspricht einer Steigung von 100 %.
Jeder Winkel über 45° entspricht somit einer Steigung von über 100 %.
Dannys Behauptung ist also falsch, da auch größere Steigungen als 100 % möglich sind.

Überlege dir, welcher Winkel zu einer Steigung von 100 % gehört und ob größere Steigungen möglich sind.

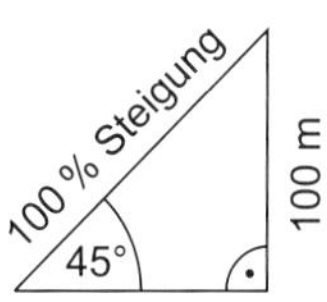

e) Bestimmung des Neigungswinkels α mit dem Sinus:

$$\sin\alpha = \frac{217\text{ mm}}{1\,435\text{ mm}}$$

$$\sin\alpha = 0{,}1512\ldots \quad |\sin^{-1}$$

$$\alpha \approx 8{,}70°$$

Der Zug darf mit einer maximalen Geschwindigkeit von **90 $\frac{\textbf{km}}{\textbf{h}}$** durch die Kurve fahren.

Bestimme den Neigungswinkel α.
gegeben: Gegenkathete u = 217 mm
Hypotenuse 1 435 mm
gesucht: Winkel α

$$\sin \sphericalangle = \frac{\text{Gegenkathete}}{\text{Hypotenuse}}$$

Ermittle aus der Tabelle, welche max. Geschwindigkeit zum Neigungswinkel α = 8,70° gehört.

G-Kurs: Hauptteil 2

1. a)

	richtig	falsch
Mehr als die Hälfte der Personen hat eine Katze.	✗	
Es gibt Personen, die mehrere Haustierarten haben.	✗	

Hinweise und Tipps

- 56 % sind mehr als die Hälfte (50 %).
- Addiere die Prozentsätze:
  $56\,\% + 48\,\% + 14\,\% + 9\,\% + 12\,\% = 139\,\%$
  Wenn es mehr als 100 % sind, gab es Mehrfachnennungen.

b) Rechnung mit der Formel:

$$W = G \cdot \frac{p}{100}$$

$$W = 1\,100 \cdot \frac{48}{100}$$

$$W = 528$$

oder:

Rechnung mit dem Dreisatz:

$100\,\% \mathrel{\hat{=}} 1\,100 \quad |:100$

$1\,\% \mathrel{\hat{=}} 11 \quad |\cdot 48$

$48\,\% \mathrel{\hat{=}} 528$

528 Personen haben einen Hund.

gegeben: Grundwert G = 1 100 Personen
Prozentsatz p % = 48 %
gesucht: Prozentwert W

Setze die gegebenen Werte in die Formel ein oder berechne mit dem Dreisatz.

c) Rechnung mit der Formel:

$$p\,\% = \frac{W \cdot 100}{G}\,\%$$

$$p\,\% = \frac{132 \cdot 100}{1\,100}$$

$$p\,\% = 12\,\%$$

oder:

Rechnung mit dem Dreisatz:

$1\,100 \mathrel{\hat{=}} 100\,\% \quad |:1\,100$

$1 \mathrel{\hat{=}} \frac{100}{1\,100}\,\% \quad |\cdot 132$

$132 \mathrel{\hat{=}} 12\,\%$

12 % der befragten Personen haben Fische.

gegeben: Grundwert G = 1 100 Personen
Prozentwert W = 132 Personen
gesucht: Prozentsatz p %

2. a) $A = \pi \cdot r^2$

$A = \pi \cdot (60\text{ cm})^2$

$A \approx 11\,309{,}73\text{ cm}^2$

Die Sitzfläche ist **11 309,73 cm²** groß.

Bestimme den Flächeninhalt des Kreises.

$A = \pi \cdot r^2$

Für den Radius gilt:

$r = \frac{d}{2} = \frac{120\text{ cm}}{2} = 60\text{ cm}$

b) $V = A \cdot h_K$

$V = 11\,309{,}7335\ldots\text{ cm}^2 \cdot 40\text{ cm}$

$V \approx 452\,389{,}34\text{ cm}^3$

Zur Herstellung des Sitzhockers werden **452 389,34 cm³** Schaumstoff benötigt.

Der Hocker hat die Form eines Zylinders.

Bestimme zur Berechnung der Menge des Schaumstoffs sein Volumen.

Verwende für die Grundfläche A am besten den ungerundeten Wert aus Aufgabe a. Wenn du mit dem gerundeten Wert rechnest, ergibt sich als Volumen $V = 452\,389{,}20\text{ cm}^3$.

Hinweise und Tipps

c) $452\,389{,}34\ \text{cm}^3 \cdot \frac{3}{4} \approx 339\,292{,}01\ \text{cm}^3$

Für die Sonderausführung des Hockers werden **339 292,01 cm³** Schaumstoff benötigt.

Zur Berechnung der Schaumstoffmenge des „Dreiviertelhockers" teile das berechnete Volumen aus Aufgabe b durch 4 und multipliziere dann mit 3.

3. a) $y = \mathbf{0{,}5}x + \mathbf{3}$ oder $y = \frac{\mathbf{1}}{\mathbf{2}}x + \mathbf{3}$

y = ____ x + ____
↓ Steigung ↓ Schnittpunkt mit der y-Achse

Die Gerade g hat eine Steigung von 0,5. (Steigungsdreieck: 1 Einheit nach rechts und 0,5 Einheiten nach oben.)

Die Gerade g schneidet die y-Achse bei 3.

b)

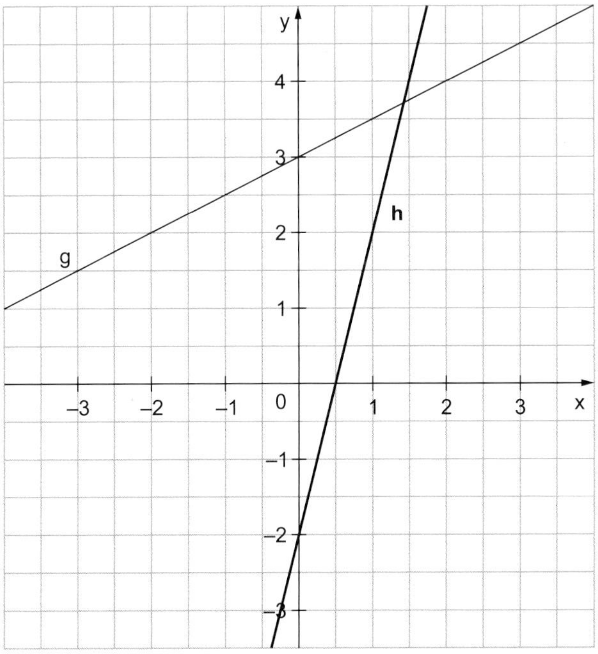

y = 4x – 2
↓ Steigung ↓ Schnittpunkt mit der y-Achse

Steigungsdreieck: 1 Einheit nach rechts und 4 Einheiten nach oben.

4. a) $110\ € + 10 \cdot 90\ € = 1\,010\ €$

Der Gesamtpreis für 10 Übernachtungen beträgt **1 010 €**.

Der Gesamtpreis setzt sich aus der einmaligen Gebühr und den Kosten für 10 Übernachtungen zusammen.

b) $\mathbf{y = 90 \cdot x + 110}$

m ≙ Preis pro Übernachtung
b ≙ einmalige Gebühr für die Endreinigung

c) $2\,000 = 90 \cdot x + 110 \quad | -110$
$1\,890 = 90x \quad | :90$
$21 = x$

oder:

10 Übernachtungen: $90\ € \cdot 10 + 110\ € = 900\ € + 110\ € = 1\,010\ €$
20 Übernachtungen: $90\ € \cdot 20 + 110\ € = 1\,800\ € + 110\ € = 1\,910\ €$
21 Übernachtungen: $90\ € \cdot 21 + 110\ € = 1\,890\ € + 110\ € = 2\,000\ €$

Familie Altan kann maximal **21 Übernachtungen** buchen.

$y = 90 \cdot x + 110$ (Aufgabe b)
y steht für den Gesamtpreis.
x steht für die Anzahl der Übernachtungen.

Bestimme die Anzahl der maximal möglichen Übernachtungen durch Probieren.

Hinweise und Tipps

5. a)

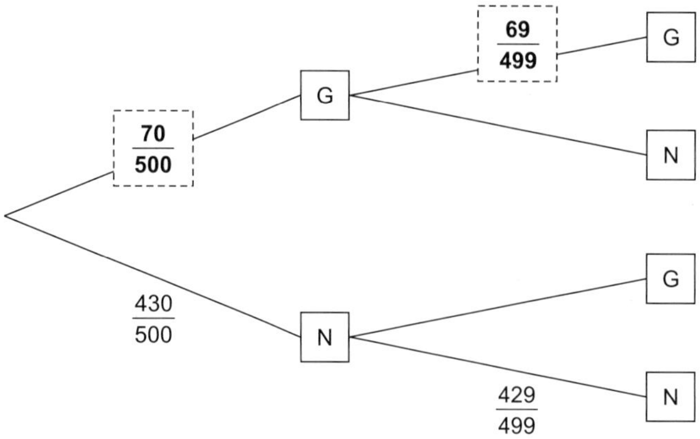

$P = \frac{\text{Anzahl der günstigen Ergebnisse}}{\text{Anzahl der möglichen Ergebnisse}}$

- Wahrscheinlichkeit für G beim ersten Ziehen:
  Es sind 70 Gewinne (G) und noch alle 500 Lose im Eimer.
  $\Rightarrow \frac{70}{500}$
- Wahrscheinlichkeit für G beim zweiten Ziehen:
  Nachdem Timo das erste Mal einen Gewinn G gezogen hat, sind nur noch 69 Gewinnlose und insgesamt 499 Lose im Eimer.
  $\Rightarrow \frac{69}{499}$

b) $P(N \mid N) = \frac{430}{500} \cdot \frac{429}{499} = \mathbf{\frac{184\,470}{249\,500}}$

Wende die Produktregel an und multipliziere die beiden Brüche entlang des Pfades N; N.

Du kannst das Ergebnis auch als Dezimalzahl oder in Prozent angeben.

$\frac{184\,470}{249\,500} = \frac{18\,447}{24\,950} \approx 0{,}7394 = 73{,}94\ \%$

---

6. a) Berechnung von a mit dem Satz des Pythagoras:

$(21\text{ cm})^2 + (22\text{ cm})^2 = a^2$

$441\text{ cm}^2 + 484\text{ cm}^2 = a^2$

$925\text{ cm}^2 = a^2 \quad |\sqrt{\ }$

$30{,}41\text{ cm} \approx a$

Berechnung der Länge der Leitkante:

$a + 112{,}5\text{ cm} = 30{,}41\text{ cm} + 112{,}5\text{ cm} = 142{,}91\text{ cm}$

Die Leitkante ist **142,91 cm** lang.

Um die Länge der Leitkante bestimmen zu können, berechne zuerst die Seitenlänge a mit dem Satz des Pythagoras.

Achte beim Aufstellen der Formel darauf, dass a die längste Seite im rechtwinkligen Dreieck ist und alleine stehen muss.

Für die Länge der Leitkante addiere die Seitenlänge a mit der gegebenen Länge 112,5 cm.

b) Berechnung von α mit dem Tangens:

$\tan\alpha = \frac{21\text{ cm}}{22\text{ cm}}$

$\tan\alpha = 0{,}9545\ldots \quad |\tan^{-1}$

$\alpha \approx 43{,}67°$

Der Winkel α ist $\mathbf{43{,}67°}$ groß.

Der gesuchte Winkel α liegt in einem rechtwinkligen Dreieck.

gegeben: Ankathete 22 cm
Gegenkathete 21 cm
gesucht: Winkel α

$\tan \sphericalangle = \frac{\text{Gegenkathete}}{\text{Ankathete}}$

---

7. a) $V = \frac{1}{3} \cdot a^2 \cdot h_K$

$V = \frac{1}{3} \cdot (7\text{ cm})^2 \cdot 8\text{ cm}$

$V = \frac{1}{3} \cdot 49\text{ cm}^2 \cdot 8\text{ cm}$

$V \approx 130{,}67\text{ cm}^3$

Bestimme das Volumen mit der Volumenformel für quadratische Pyramiden.

$V = \frac{1}{3} \cdot G \cdot h_K = \frac{1}{3} \cdot a^2 \cdot h_K$

Berechnung der Masse:

$\text{Masse} = 130{,}67\ \text{cm}^3 \cdot 8{,}9\ \frac{\text{g}}{\text{cm}^3}$

$\text{Masse} \approx 1\,162{,}96\ \text{kg}$

Die Pyramide hat ein Volumen von **130,67 cm³** und ihre Masse beträgt **1 162,96 g** (≈ 1,16 kg).

Hinweise und Tipps

Multipliziere das Volumen mit der gegebenen Masse $8{,}9\ \frac{\text{g}}{\text{cm}^3}$.

b) $M = 4 \cdot \frac{a \cdot h_a}{2}$

$M = 4 \cdot \frac{7\ \text{cm} \cdot 8{,}73\ \text{cm}}{2}$

$M = 4 \cdot 30{,}555\ \text{cm}^2$

$M = 122{,}22\ \text{cm}^2$

Die Mantelfläche der Pyramide beträgt **122,22 cm²**.

Die Mantelfläche der Pyramide besteht aus vier gleichen Dreiecken mit der Grundseite $a = 7$ cm und der Höhe $h_a = 8{,}73$ cm.

$M = 4 \cdot A_{\text{Dreieck}} = 4 \cdot \frac{a \cdot h_a}{2}$

c) Wenn sich die Seitenhöhe h_a halbiert und der Flächeninhalt der dreieckigen Seitenfläche unverändert bleibt, dann …

☒ verdoppelt sich die Länge der Grundkante a.

☐ vervierfacht sich die Länge der Grundkante a.

☐ halbiert sich die Länge der Grundkante a.

Für den Flächeninhalt der dreieckigen Seitenfläche gilt:

$$A_{\text{Dreieck}} = \frac{a \cdot h_a}{2} = \frac{\cancel{2}a \cdot \frac{h_a}{\cancel{2}}}{2}$$

Damit der Flächeninhalt bei halber Seitenhöhe h_a unverändert bleibt, muss sich die Länge der Grundkante a verdoppeln.

G-Kurs: Wahlteil

1. a) $O = 4 \cdot \pi \cdot (13\text{ m})^2$
$O = 4 \cdot \pi \cdot 169\text{ m}^2$
$O \approx 2\,123{,}72\text{ m}^2$

Die Oberfläche der Kugel beträgt **2 123,72 m²**.

Hinweise und Tipps: $O_{Kugel} = 4 \cdot \pi \cdot r^2$

b) Berechnung des Radius des Rings:
$r_{Ring} = 13\text{ m} + 0{,}5\text{ m} = 13{,}5\text{ m}$

Berechnung der Länge des Rings:
$u_{Ring} = 2 \cdot \pi \cdot 13{,}5\text{ m}$
$u_{Ring} \approx 84{,}82\text{ m}$
Der Ring ist **84,82 m** lang.

Hinweise und Tipps: Der Radius des Rings setzt sich aus dem Radius der Kugel und dem Abstand zwischen Ring und Kugel zusammen.
Die Länge des Rings entspricht dem Umfang des Rings.
$u_{Ring} = 2 \cdot \pi \cdot r_{Ring}$

c) Berechnung von x mit dem Satz des Pythagoras:
$(20\text{ m})^2 + (9\text{ m})^2 = x^2$
$400\text{ m}^2 + 81\text{ m}^2 = x^2$
$481\text{ m}^2 = x^2 \quad |\sqrt{}$
$21{,}93\text{ m} \approx x$

Die Länge x beträgt **21,93 m**.

Hinweise und Tipps: Achte beim Aufstellen der Formel darauf, dass x die Hypotenuse (längste Seite) ist.

d) Radius des Hohlraums:
$r_{Hohlraum} = 13\text{ m} - 0{,}03\text{ m} = 12{,}97\text{ m}$

Berechnung des Volumens des Hohlraums:
$V = \frac{4}{3} \cdot \pi \cdot (12{,}97\text{ m})^3$
$V \approx 9\,139{,}21\text{ m}^3$

Der Hohlraum der Kugel hat ein Volumen von **9 139,21 m³**.

Hinweise und Tipps: Der Radius des Hohlraums ist 0,03 m kleiner als der Radius der Kugel.
Berechne das Volumen des Hohlraums mit der Volumenformel.
$V = \frac{4}{3} \cdot \pi \cdot r^3_{Hohlraum}$

e) Das Volumen dieses Gasspeichers ist …

… halb so groß.	… doppelt so groß.	… viermal so groß.	… achtmal so groß.
☐	☐	☐	☒

Hinweise und Tipps: Wenn der Durchmesser doppelt so groß ist, ist auch der Radius r doppelt so groß.
Da der Radius in der Volumenformel $V = \frac{4}{3} \cdot \pi \cdot r^3$ von Kugeln in der dritten Potenz auftaucht, verachtfacht sich das Ergebnis.
$(2r)^3 \Rightarrow 2r \cdot 2r \cdot 2r = 8r^3$

---

2. a)

Zeit in Minuten	0	1	2	…	**5**
Temperatur in °C	20	35	**50**	…	95

Es handelt sich um ein **lineares** Wachstum.

Hinweise und Tipps:
- nach 2 Min. → 35 °C + 15 °C = 50 °C
- 95 °C = 50 °C + 45 °C
  = 50 °C + 3 · 15 °C
  ↓ ↓
  2 Min. + 3 Min. = 5 Min.

Im gleichen Zeitraum erhöht sich die Wassertemperatur immer um den gleichen Wert.
→ lineares Wachstum

Hinweise und Tipps

b) Berechnung mit der Formel

$$W = 80\,°C \cdot \frac{15}{100} = 80\,°C \cdot 0{,}15 = 12\,°C$$

oder:

Berechnung mit dem Dreisatz:

100 % ≙ 80 °C	| :100
1 % ≙ 0,8 °C	| ·15
15 % ≙ 12 °C	

Temperatur um 13:00 Uhr:

80 °C − 12 °C = **68 °C**

Berechne 15 % von 80 °C.

gegeben: Grundwert G = 80 °C

Prozentsatz p % = 15 %

gesucht: Prozentwert W

Setze die gegebenen Werte in die Formel ein oder berechne mit dem Dreisatz.

Ziehe das Ergebnis von den 80 °C um 12:00 Uhr ab.

c)

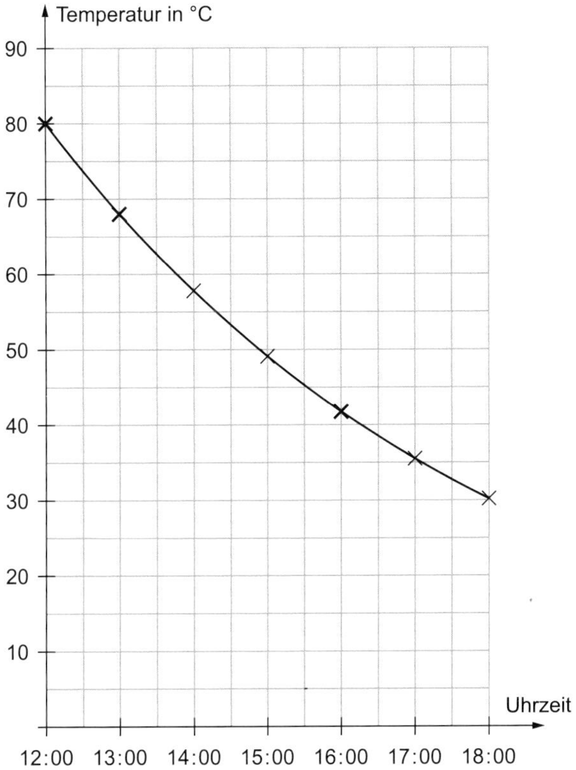

Zeichne die fehlenden Wertepaare um 12:00 Uhr, 13:00 Uhr und 16:00 Uhr ein und verbinde sie mit einer Kurve.

Um 15:30 Uhr beträgt die Temperatur **45** °C.

Lies am Graphen ab, welche Temperatur zu 15:30 Uhr gehört oder bestimme die Temperatur durch Rechnung.

Berechne 7,5 % von 49,1 °C:

49,1 °C · 0,075 ≈ 3,68 °C

49,1 °C − 3,68 °C ≈ 45,42 °C ≈ 45 °C

Um etwa **13:30** Uhr beträgt die Temperatur 63 °C.

Lies am Graphen ab, welche Uhrzeit etwa zu 63 °C gehört.

d) Die im Graph dargestellte Temperaturabnahme ist …

☐ linear. ☐ proportional. ☒ exponentiell.

Pro Zeitspanne verringert sich die Temperatur immer um den gleichen Prozentsatz (Faktor). Der Grundwert ändert sich ständig. Der Graph der Zuordnung ist eine Kurve.

→ exponentieller Zerfall

3. a)

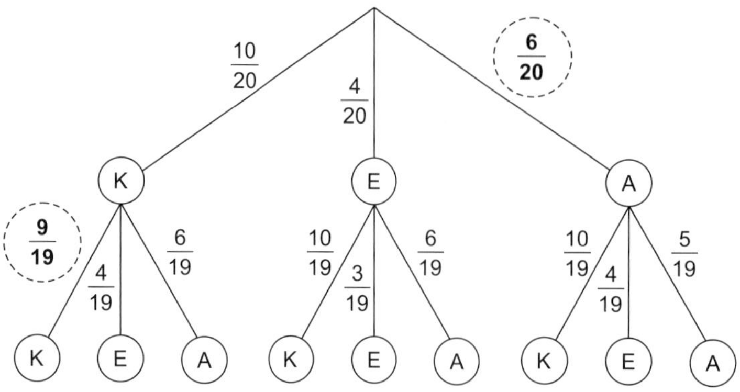

Hinweise und Tipps

$P = \frac{\text{Anzahl der günstigen Beutel}}{\text{Anzahl aller Beutel in der Teebox}}$

- Wahrscheinlichkeit für Kamillentee (K) beim zweiten Ziehen:
  Es sind nur noch 9 Beutel Kamillentee (K) und insgesamt noch 19 Beutel in der Teebox.
  $\Rightarrow \frac{9}{19}$
- Wahrscheinlichkeit für Apfeltee (A) beim ersten Ziehen:
  Es sind 6 Beutel Apfeltee (A) und noch alle 20 Beutel in der Teebox.
  $\Rightarrow \frac{6}{20}$

b) $P = \underbrace{\left(\frac{4}{20} \cdot \frac{3}{19}\right)}_{P(E \mid E)}$

„Es wird zweimal hintereinander Erdbeertee gezogen."

Überlege dir anhand des Baumdiagramms, zu welchem Pfad das Produkt $\frac{4}{20} \cdot \frac{3}{19}$ gehört und formuliere ein passendes Ereignis.

c) $P(K \mid A) = \frac{10}{20} \cdot \frac{6}{19} = \mathbf{\frac{60}{380}}$

Wende die Produktregel an.

Du kannst das Ergebnis auch als Dezimalzahl oder in Prozent angeben.

$\frac{60}{380} = \frac{6}{38} \approx 0{,}1579 = 15{,}79\ \%$

d)

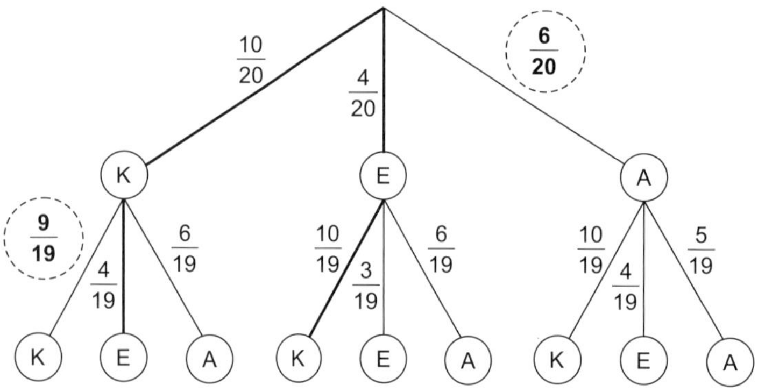

Es ist egal, ob erst der Erdbeertee (E) und dann der Kamillentee (K) oder andersherum gezogen werden.

Zum Erfolg führen folgende Pfade:

- Erdbeertee (E); Kamillentee (K)
- Kamillentee (K); Erdbeertee (E)

$P(E \mid K) = \frac{4}{20} \cdot \frac{10}{19} = \frac{40}{380}$

$P(K \mid E) = \frac{10}{20} \cdot \frac{4}{19} = \frac{40}{380}$

Wende entlang der Pfade die Produktregel an.

$P(E \text{ und } K) = \frac{40}{380} + \frac{40}{380} = \mathbf{\frac{80}{380}} = \mathbf{\frac{4}{19}}$

Addiere dann die Wahrscheinlichkeiten der beiden Ergebnisse (Summenregel).

e) Das Glücksrad passt nicht zum Baumdiagramm aus Aufgabenteil a, weil …

☐ … das Glücksrad zu viele Felder hat.

☐ … die Anzahl der Felder für Erdbeertee falsch ist.

☒ … die Wahrscheinlichkeiten bei beiden Drehungen gleich sind.

- Das Glücksrad hat 20 Felder.
- Auf dem Glücksrad gibt es 4 Felder mit (E).
- Beim Glücksrad bleiben die Wahrscheinlichkeiten bei den Drehungen gleich, da sich die Anzahl der Felder nicht verändert. Beim Ziehen der Teebeutel ändern sich dagegen im zweiten Zug die Wahrscheinlichkeiten.
  Teebox → ohne Zurücklegen
  Glücksrad → mit Zurücklegen

Hinweise und Tipps

4. a) Berechnung von h mit dem Satz des Pythagoras:

$$(5{,}53\ \text{km})^2 + h^2 = (5{,}57\ \text{km})^2$$

$$30{,}5809\ \text{km}^2 + h^2 = 31{,}0249\ \text{km}^2 \quad |-30{,}5809\ \text{km}^2$$

$$h^2 = 0{,}444\ \text{km}^2 \quad |\sqrt{\ }$$

$$h \approx 0{,}66633\ \text{km}$$

$$h = 666{,}33\ \text{m}$$

Der Höhenunterschied beträgt **666,33 m**.

Achte beim Aufstellen der Formel darauf, dass h eine Kathete ist.

Vergiss nicht am Ende in Meter umzurechnen.

b) Berechnung von α mit dem Kosinus:

$$\cos\alpha = \frac{5{,}53\ \text{km}}{5{,}57\ \text{km}}$$

$$\cos\alpha = 0{,}9928\ldots \quad |\cos^{-1}$$

$$\alpha \approx 6{,}87°$$

Der Steigungswinkel ist **6,87°** groß.

gegeben: Ankathete 5,53 km
Hypotenuse 5,57 km
gesucht: Winkel α

$$\cos\sphericalangle = \frac{\text{Ankathete}}{\text{Hypotenuse}}$$

c) Berechnung von s mit dem Kosinus:

$$\cos 3° = \frac{s}{8\ \text{km}} \quad |\cdot 8\ \text{km}$$

$$7{,}99\ \text{km} \approx s$$

Die Strecke s ist **7,99 km** lang.

gegeben: Winkel $\beta = 3°$
Hypotenuse 8 km
gesucht: Ankathete s

$$\cos\sphericalangle = \frac{\text{Ankathete}}{\text{Hypotenuse}}$$

d) Berechnung des Höhenunterschieds h von „Rosi“ mit dem Sinus:

$$\sin 3° = \frac{h}{8\ \text{km}} \quad |\cdot 8\ \text{km}$$

$$0{,}4187\ \text{km} \approx h$$

Für die Steigung wird der Höhenunterschied h von „Rosi“ benötigt.

gegeben: Winkel $\beta = 3°$
Hypotenuse 8 km
gesucht: Gegenkathete h

$$\sin\sphericalangle = \frac{\text{Gegenkathete}}{\text{Hypotenuse}}$$

Berechnung der Steigung von Rosis Strecke in Prozent:

$$p\,\% = \frac{W \cdot 100}{G}\,\%$$

$$p\,\% = \frac{0{,}4187\ \text{km} \cdot 100}{7{,}99\ \text{km}}\,\%$$

$$p\,\% \approx 5{,}24\,\%$$

Die Steigung beträgt **5,24 %**.

Berechne nun die Steigung in Prozent.

gegeben: Grundwert G = 7,99 km
Prozentwert W = h = 0,4187 km
gesucht: Prozentsatz p %

Abschlussprüfung der 10. Klasse an Hauptschulen in Niedersachsen
Mathematik 2024

Um dir die Prüfung 2024 schnellstmöglich zur Verfügung stellen zu können, bringen wir sie in digitaler Form heraus.

Sobald die Original-Prüfungsaufgaben 2024 freigegeben sind, können sie als PDF auf der Plattform **MySTARK** heruntergeladen werden (Zugangscode vgl. Umschlaginnenseite).

Aktuelle Prüfung

www.stark-verlag.de/mystark